Poschmann · Georg Büchner

Dokumentation
Essayistik
Literaturwissenschaft

Henri Poschmann

Georg Büchner
Dichtung der Revolution und Revolution der Dichtung

Aufbau-Verlag Berlin und Weimar 1988

Poschmann, Henri:
Georg Büchner : Dichtung d. Revolution u. Revolution d. Dichtung. — 3. Aufl.
Berlin ; Weimar: Aufbau-Verl., 1988. — 345 S.
(Dokumentation, Essayistik, Literaturwissenschaft)

3. Auflage 1988
© Aufbau-Verlag Berlin und Weimar 1983
Einbandgestaltung Wolfgang Kenkel unter Verwendung
einer Zeichnung von Alexis Muston
Lichtsatz Karl-Marx-Werk, Graphischer Großbetrieb, Pößneck V 15/30
Druck und Binden LVZ-Druckerei „Hermann Duncker“, Leipzig III/18/138
Printed in the German Democratic Republic
Lizenznummer 301. 120/260/88
Bestellnummer 612 622 3
01080

ISBN 3-351-01267-5

Jahrgang 1813. Zwischen zwei Revolutionen

1

Der 17. Oktober 1813, an dem Georg Büchner in Goddelau, einem hessischen Dorf in der Rheinebene zwischen Darmstadt und Worms, geboren wurde, gehört zu einem einschneidenden historischen Ereignis. Am Tag zuvor griffen die verbündeten Truppen Preußens, Österreichs, Rußlands und Schwedens bei Leipzig die Armee Napoleons an, die im voraufgegangenen Winter bei Moskau ihre erste Niederlage auf ihrem Eroberungsfeldzug erlitten hatte.

Der Ausgang der sogenannten Völkerschlacht bei Leipzig entschied über den Charakter der Zeit, in der die Generation Büchners aufwachsen sollte. Ein heroisches Kapitel Geschichte im Gefolge der Französischen Revolution ging zu Ende. Die mit der Herrschaft Napoleons in Europa geschaffene veränderte Machtordnung zerbrach, die alten, teilweise durch Reformen stabilisierten Feudalregime gingen einer Periode der Restauration entgegen, in der sie nun die mit der patriotischen Volksbewegung erstarkten liberalen Gegenkräfte im Inneren auszuschalten trachteten.

Das mit dem Wiener Kongreß 1815 endgültig besiegelte Ende der Ära Napoleon löste verständlicherweise ein sehr geteiltes Echo aus, wohnte doch sowohl der Herrschaft des wirtschaftlich und politisch fortgeschrittenen französischen Kaiserreichs über die unterworfenen rückständigen König- und Fürstentümer als auch der nationalen Befreiungsbewegung gegen die äußere Unterdrückung eine Zwiespältigkeit inne, die ihre Nachwirkungen haben mußte. Der Kampf gegen die Fremdherrschaft hatte über die zahlreichen feudalstaatlichen Landesgrenzen hinweg das einigende Bewußtsein einer gemeinsamen deutschen Nationalität vertieft. Aber wer den Fortschritt, der in den Rheinbundstaaten eingeleitet worden war, wer die bürgerlichen Rechte und Freiheiten zu schätzen wußte, die viele der Einführung des Code civil verdankten, wer vom weltgeschichtlichen Format der Persönlichkeit Napoleons fasziniert war, das sich kontrastierend vor dem Hintergrund der sehr mittelmäßigen, korrupten absolutistischen Duodezherrscher von Gottes Gnaden abhob, der konnte des Sieges unter den Fahnen der Heiligen Allianz kaum froh werden.

Im Hause der jungen Familie Büchner jedenfalls trafen sehr verschiedene Empfindungen über den Ausgang und die Folgewirkungen der Schlacht bei Leipzig aufeinander. Der Vater, Ernst Büchner, seit kurzem Distriktarzt in Goddelau, hing Napoleon mit unwandelbarer Bewunderung an. Er hatte unter ihm gedient; als dienstverpflichteter Feldscher hatte er mit holländischen Truppenteilen fünf Jahre lang an den Siegeszügen der Großen Armee durch Europa teilgenommen. Die Mutter dagegen, Caroline Reuß, Tochter eines Regierungsbeamten, war im Geiste der antinapoleonischen Befreiungsbewegung aufgewachsen, die die Namen Schillers, Theodor Körners und Fichtes auf ihre Fahnen geschrieben hatte und in romantischer Begeisterung die gemeinsame Kultur der politisch zerrissenen deutschen Nation beschwor.

Der Vater stand dem Denken der französischen Aufklärung weit näher, dem Atheismus wohl auch. Der nüchterne Realitätssinn, der ihm als Sproß einer im Hessischen altansässigen Familie von praktischen Ärzten, Dorfchirurgen und Badern mitgegeben war,[1] machte ihn für deutsche Romantik und Poesie kaum empfänglich. Wie Wilhelm Büchner, Georgs drei Jahre jüngerer Bruder, später berichtete,[2] liebte es der Vater, abends im Kreise der Familie aus der populären Heftreihe „Unsere Zeit", einer Zusammenstellung von Quellen zu den „merkwürdigsten Ereignissen von 1789 bis 1830", vorzulesen und die mit großer Anteilnahme aufgenommene Lektüre durch das Erzählen von eigenen Erlebnissen aus der Zeit der Revolutionskriege zu ergänzen. Bis zum neunten Lebensjahr wurde Georg Büchner von seiner Mutter unterrichtet. Die Bücher, aus denen sie am liebsten vorlas, waren von Schiller, Matthisson und Jean Paul. Vor allem aber verdankte ihr der Sohn das Erlebnis der Volkspoesie. Liebevoll vermittelte sie ihm alte Märchen und Lieder, die nachhaltigen Eindruck auf ihn machten.

Kam Büchner schon als Kind in Berührung mit den widerspruchsvoll aufeinander einwirkenden Tendenzen und Anschauungen der Zeit, so waren Vater und Mutter zweifellos auch als Charakterpole von nicht geringer Bedeutung für seine Entwicklung. Behauptete sich der väterliche Einfluß durch das Bestehen auf strengen Grundsätzen und einem Autoritätsanspruch, so der mütterliche vor allem durch Herzlichkeit und Liebe. Verließ Ernst Büchner sich ganz auf seinen Rationalismus und die praktische Erfahrung, so konnte seine Frau nicht zum wenigsten auch ihrer Einfühlung und Phantasie vertrauen. Zusammen mit ihrer im Hause lebenden Mutter muß es ihr gelungen sein, Gegensätze zwischen Vater und ältestem Sohn, die — ebenso wie zwischen den Eheleuten selbst — nicht ausblieben, auszugleichen, bevor sie sich zuspitzen konnten. Eugen Boeckel, ein Freund aus Straßburg, der Büchners Familie 1836 in Darmstadt besuchte, versichert, Caroline Büchner sei „eine der angenehmsten u. unterhaltensten[!] Personen welche ich jemalen gesehn habe"[3].

Seit 1816 lebte die Familie in Darmstadt, der Residenz des Großherzogtums Hessen-Darmstadt, wo der Vater eine Stellung als Bezirksarzt antrat und bald zum Medizinalrat, später zum Obermedizinalrat ernannt wurde. Durch Veröffentlichungen in Fachzeitschriften erwarb er sich einen geachteten Namen. Alle freie Zeit, die die ärztliche Praxis ihm übrigließ, widmete er der naturwissenschaftlichen Forschung. In seinem selbsteingerichteten Laboratorium hielt er auch anatomische und physiologische Kurse. Die unerfüllte Hoffnung, sich einmal ausschließlich der Forschung widmen zu können, übertrug er auf seinen Ältesten. Die aufmerksame Förderung, die er dessen Ausbildung angedeihen ließ, und auch die Bitterkeit der späteren Enttäuschung über ihn finden von daher ihr Maß. Denn die Inkriminierung des Sohnes, auf dessen Begabung er so viel setzte, als „Hochverräter" und dessen Flucht ins Ausland kurz vor Studienabschluß kompromittierten den Vater nicht nur, sie bedeuteten zugleich den Zusammenbruch seiner schönsten Erwartungen in dem Augenblick, als ihre Erfüllung nahezurücken schien.

Der Aufstieg Ernst Büchners aus bescheidenen Verhältnissen, den er zweifellos seiner Tüchtigkeit, Energie und zuverlässigen Pflichterfüllung verdankte, mußte ihn in dem zunehmend erdrückenden Klima der Restaurationspolitik und Demagogenverfolgung peinlich darauf bedacht sein lassen, keinen Zweifel an seiner Loyalität aufkommen zu lassen. Doch mehr als dies: Ungeachtet seiner offen an den Tag gelegten Freisinnigkeit in weltanschaulichen und religiösen Fragen war Ernst Büchner allem Anschein nach in der Tat „in politischen Dingen nicht bloß loyal und conservativ, sondern stramm reaktionär, von tiefster Abneigung gegen alle liberalen, geschweige denn demokratischen Strebungen"[4]. Dem Anpassungszwang, den seine Stellung als großherzoglicher Beamter bedingte, unterwarf er sich offenbar nicht gegen bessere Überzeugung.

Die Frage, wie es möglich war, daß sich in diesem Mann der Geist der Großen Revolution der Franzosen mit dem Untertanengeist engsten deutschen Kleinstaatformats versöhnen konnte, muß um so mehr interessieren, weil hier mit großer Wahrscheinlichkeit ein tiefer liegender Punkt der Reizung und frühzeitigen radikalen Abstoßung Georg Büchners zu vermuten ist. Seine Motivation zum Widerspruch, seine uranfängliche Auflehnung gegen das ihm vorgelebte und ihm abverlangte Einverständnis mit den autoritären Machtverhältnissen hat nicht zuletzt auch eine psychologische Komponente, die im Sohn-Vater-Verhältnis angelegt ist. Indessen versteht es sich fast von selbst, daß der Generationskonflikt, der hier heranreifte, weder rein allgemeiner, zeitloser Natur noch von absoluter Bedeutung war. Ludwig Börne und Friedrich Ludwig Weidig, die Vertreter der radikalsten demokratischen Opposition, der sich der junge Arztsohn schon bald — wenn auch nicht kritiklos — anschloß, gehörten derselben Generation (Börne dem gleichen Jahrgang) an wie Ernst Büchner.

Der konkrete politische Inhalt des Konflikts mit dem Vater liegt auf der Hand. Dieser konnte ungeachtet seiner Bewunderung der Tradition und des Geistes der Französischen Revolution ein überzeugter Anhänger des Prinzips der persönlichen Macht sein, weil er das Resultat der Revolutionsepoche seit 1789 in Napoleon verkörpert und aufgehoben sah. Im Lichte der Deformierung der von den Demokraten vertretenen Volkssouveränität zum Bonapartismus erscheint seine Anerkennung und Befürwortung der Monarchie als eine natürliche Konsequenz. Die unter dem französischen Kaiser ausgebildete Autoritätsgläubigkeit und Subordinationsbereitschaft ließ sich, den Umständen entsprechend, auch auf einen feudalen deutschen Kleinstaatpotentaten übertragen.

„Anhänglichkeit an das angestammte Fürstenhaus" und „Gehorsam gegen Behörden und Gesetze"[5] waren die erklärten Erziehungsforderungen, mit denen der Heranwachsende auch in der Schule zunehmend drastisch konfrontiert wurde. Das großherzogliche humanistische Gymnasium zu Darmstadt, das Büchner von März 1825 bis März 1831 besuchte, genoß zu jener Zeit den Ruf eines der besten Gymnasien in Deutschland. Ein hohes Niveau hatte insbesondere die Ausbildung in den alt- und neuphilologischen Fächern, namentlich im Hinblick auf die vielfältig gepflegten Formen mündlicher und schriftlicher Redebeherrschung im Deutschen und Lateinischen. Ihr widmete das Lehrprogramm gegenüber den noch kaum ernsthaft betriebenen naturwissenschaftlichen Disziplinen die meiste Zeit, ganz wie es dem klassischen Typ dieser Art Bildungseinrichtung entsprach, dessen Aufgabe es war, ein Kaderreservoir der Feudalbürokratie heranzubilden.

Die Schulzeit lag noch nicht sehr lange zurück, als Büchner darüber hinaus bereits die allgemeinere soziale Bestimmung der sogenannten höheren Bildung, ihre Rolle als Herrschaftsmittel und Medium des elitären Selbstbewußtseins der privilegierten Klassen kritisch zu analysieren wußte. Anfang 1834, inzwischen Student in Gießen, bekannte er den Eltern seinen Haß gegen die Privilegierten, „die im Besitze einer lächerlichen Aeußerlichkeit, die man Bildung, oder eines todten Krams, den man Gelehrsamkeit heißt, die große Masse ihrer Brüder ihrem verachtenden Egoismus opfern". Darin lag schon, direkt ausgesprochen, die Kampfansage gegen den dünkelhaften und menschenverachtenden „Aristocratismus" auf Kosten so vieler „leidender, gedrückter Gestalten" ohne Bildung, weil ohne Recht und Besitztum, gegen ihn kehrte er „seine eigenen Waffen"[6].

Das hieß, das Gelernte umzufunktionieren gegen den staatlich intendierten Bildungszweck, hieß, sich gegen die eigene Klassenbestimmung wenden. Die Klarheit und Entschiedenheit, mit der das geschah, beruhte auf der materialistischen Überzeugung, daß es „in Niemands Gewalt liegt, kein Dummkopf oder kein Verbrecher zu werden, — weil wir durch gleiche Umstände wohl Alle gleich würden, und weil die Umstände außer uns liegen"[7]. Damit nahm der Zwanzigjährige eine Position ein, die weit ab führte von den ideologischen Fixpunkten, die im damaligen Deutschland vorgegeben waren. Woher diese Selbständigkeit? An welchem Punkt der Erfahrung, des fortschreitenden Denkens setzte sie ein, welche Faktoren der Entwicklung bewirkten die Ablösung und den revolutionären Neuansatz? Trotz des Erkenntniszuwachses der zurückliegenden Forschungsperiode[8] steht eine befriedigende Beantwortung dieser Fragen noch aus. Sie ist aber nicht nur für Historiker, Philosophen und Literaturwissenschaftler von Interesse.

2

Erinnerungen von Mitschülern, Schulnotizen und Abiturzeugnis enthalten Hinweise auf die Charakter- und Interessenäußerungen des Sechzehn- bis Siebzehnjährigen. Bei dem Versuch, sich Ausgangssituation, Richtung und Eigenart der beginnenden selbständigen Entwicklung Büchners zu vergegenwärtigen, ist man auf sie angewiesen. So unvollständig die Anhaltspunkte auch sind, die jene Zeugnisse bieten, so deutlich treten aus ihnen doch ausgeprägte Persönlichkeitszüge und Grundeinstellungen hervor. Ludwig Luck, der seit 1828 mit Büchner befreundet war, hat noch 1878 erstaunlich genau dessen Bild vor Augen: ein Gesicht „von bürgerlich gediegnem, tatkräftigem, aber auch liebenswürdig übermütigem Ausdruck. Es lag darin Zurückhaltung, Entschlossenheit, skeptische Verachtung alles Nichtigen und Niederträchtigen. Die zuckenden Lippen verrieten, wie oft er mit der Welt im Widerspruch und Streit lag . . .“ Er ging — ein Grundzug, der schon früh an ihm auffiel — „gradaus auf das los, was er als das Wesen und den Kern der Dinge erkannte“. Mit seiner „unerbittlichen Kritik“ mußten alle diejenigen rechnen, „die sich und andere mit wesenlosen Formeln abspeisten“.[9]

Lust am Parodieren, satirischer Übermut, die sich an schulischen Anlässen und den residenzstädtischen Zuständen entzündeten, waren weitere Eigenschaften, die ihn — bei aller seiner sonstigen Liebenswürdigkeit — für die Lehrer bestimmt nicht zu einem angenehmen Schüler machten. In Glossen, die er in Schulhefte kritzelte, machte er verschiedentlich seiner tiefen Abneigung gegen alle tote Buchstabengelehrsamkeit und seinen Klagen über die „Langeweile und Abspannung“ Luft, die ihm das „Philolog. Schandvolk“ bereitete.[10] Zwischen gelangweilte Aufzeichnungen über antike Schriftkunde notierte er Volksliedverse („Zu Lauterbach hast du dein Strumpf verlorn . . .“), Shakespeare-Zitate, mit denen er ständig lebte, und einen Dithyrambus auf die Freiheit im Stil der Patrioten von 1813 und der verbotenen Burschenschaften.

Nach dem Bericht des Mitschülers Friedrich Zimmermann warf Büchner sich „frühzeitig auf religiöse Fragen, auf metaphysische und ethische Probleme, in einem inneren Zusammenhang mit Angelegenheiten der Naturwissenschaften, für deren Studium er sich frühe entschied"[11]. Preist er noch in einem konventionellen Gelegenheitsgedicht, das er den Eltern 1828 zu Weihnachten schenkt, „Gottes Lieb und Gnade" und die „Allmacht" des Weltenlenkers,[12] so war er schon bald wenn auch noch „nicht Atheist", so doch zumindest schon „ein kühner Skeptiker" in religiöser Hinsicht.[13] Seine Interessen an schöner Literatur und modernen Geistesströmungen lebte er in einem Freundeskreis von Mitschülern aus, der sich mit Vorliebe in freier Natur versammelte, um sich vor allem der Lektüre von Shakespeares Dramen („Kaufmann von Venedig", „Othello", „Romeo und Julia", „Hamlet", „Richard III." u.a.) hinzugeben.[14] Zimmermann berichtet über diese Zeit zwischen 1829 und 1831: „Büchner liebte vorzüglich Shakespeare, Homer, Goethe, alle Volkspoesie, die wir auftreiben konnten, Aischylos und Sophokles; Jean Paul und die Hauptromantiker wurden fleißig gelesen. Bei der Verehrung Schillers hatte Büchner doch vieles gegen das Rhetorische in seinem Dichten einzuwenden. Übrigens erstreckte sich der Bereich des Schönliterarischen, das er las, sehr weit; auch Calderon war dabei. Für Unterhaltungslektüre hatte er keinen Sinn; er mußte beim Lesen zu denken haben. Sein Geschmack war elastisch. Während er Herders ,Stimmen der Völker' und ,Des Knaben Wunderhorn' verschlang, schätzte er auch Werke der französischen Literatur ... Für die Antike und für das Seelenbezwingende in der Dichtung neuerer Zeiten hatte er gleiche Empfänglichkeit, übrigens so, daß er sich dem einfach Menschlichen mit Vorliebe zuwandte."[15]

Auch zu religiösen und philosophischen Diskussionen gaben die Spaziergänge der Freunde Gelegenheit. Das überschwengliche Zirkeltreiben dieser Primaner, von denen mehrere einige Jahre später Mitglieder von Büchners Gesellschaft der Menschenrechte wurden, war Ausdruck beginnender gemeinsamer Oppositionsregungen, zumindest einer Reaktion gegen den trockenen Schulunterricht, in dem die Meisterwerke der Literatur nur zu Beispielsammlungen der Lehre des schönen Stils verzettelt wurden.

Wieweit die Vereinigung über die literarischen Interessen hinaus auch insgeheim politischen Charakter trug, kann nur vermutet werden. Immerhin ist bekannt, daß Rektor Dilthey sich in einer 1828 gehaltenen Rede gegen den behördlichen Vorwurf zu verteidigen hatte, das Darmstädter Gymnasium könne „eine Vorschule verbotener Verbindungen und Umtriebe genannt werden"[16]. Dieser Vorwurf und die ständige Bekämpfung der gefürchteten Politisierung der Gymnasiasten, die Beschwörung der Gefahr, sie könnten dem „mit Dolch und Meineid freches Spiel treibenden Wahnwitz"[17] des Aufruhrs verfallen, durch Dilthey, der zu dieser Zeit auch Büchners Klassenlehrer war, haben reale Hintergründe. Denn dem Amtsvorgänger Diltheys, dem Altphilologen Johann Georg Zimmermann, Direktor von 1803 bis 1826, wurde nicht ohne Grund nachgesagt, er gehöre zu den „geistigen Vätern der deutschen Burschenschaft"[18]. Tatsächlich befanden sich unter den „Gießener Schwarzen", der radikalsten Gruppe innerhalb der deutschen Burschenschaftsbewegung, auffallend viele Abgänger des Darmstädter Gymnasiums. „Dolch und Meineid" (d.h. individueller Terror gegen einzelne besonders verhaßte Vertreter der Restaurationsregime nach dem Muster der Ermordung Kotzebues durch den Jenenser Studenten Sand 1819 und die Ablehnung jeder moralischen Verantwortlichkeit gegenüber der feudalbürokratischen Willkürjustiz) gehörten für die „Schwarzen" oder auch „Unbedingten" zu den erlaubten Mitteln des Kampfes gegen die Fürstenherrschaft und die territorialstaatliche Zersplitterung Deutschlands.[19]

Die Radikalisierung an der Spitze des linken Flügels der Bewegung für Freiheit und nationale Einheit in der Tradition von Fichtes Reden an die deutsche Nation war im Gegenzug gegen die Unterdrückung jeder politischen Betätigung und die Knebelung der freien Meinungsäußerung durch Polizei, Zensur und geheime Überwachung erfolgt, gegen den reaktionären Geist der Karlsbader Beschlüsse also, der die 38 „souveränen" Staaten des Deutschen Bundes unter dem österreichischen Protektorat notdürftig genug zusammenkittete. Karl Follen, der Gründer der „Unbedingten" innerhalb der Burschenschaften (bis 1818 Student in Gießen, anschließend kurze Zeit Dozent der Rechtswissenschaft in Jena), mußte 1820 in die Schweiz emigrieren, 1824 wanderte er nach Amerika aus. Aber die jakobinisch radikalen nationalrevolutionären Tendenzen der von ihm angeführten Bewegung blieben auch nach dem Scheitern der Studentenbewegung und den Demagogenverfolgungen die zwanziger Jahre hindurch virulent, so schmal die Basis auch war, die sie allerdings nur innerhalb der geheimen burschenschaftlichen Zirkel hatte. Die zögernde, sehr eingeschränkte Einlösung der Verfassungsversprechungen der Wiener Bundesakte von 1815 in einigen Staaten konnte diese außerhalb der Legalität weiterwirkenden Tendenzen nicht entkräften. Im Gegenteil, gerade das Offenkundigwerden der Grenzen des süddeutschen Kammerliberalismus und die Enttäuschung der auf die Pressefreiheit gerichteten Erwartungen waren geeignet, ihnen zunehmend neue Nahrung zu geben.

Das Großherzogtum Hessen, seit Ende 1820 eine konstitutionelle Erbmonarchie, hatte — nach Sachsen-Weimar, Bayern, Baden und Württemberg — als zunächst letzter unter den süddeutschen Staaten eine Verfassung angenommen, die das absolutistische Regierungssystem in ein System der beschränkten Mitbestimmung durch ein quasi ständisches Zweikammern-Deputiertensystem umwandeln sollte. Gerade die hessisch-darmstädtische Verfassungswirklichkeit, im Widerspruch selbst zu den beschränkten auf dem Papier gewährten Rechten, die Unantastbarkeit des korrupten Kabinetts du Thil und insbesondere die Querelen um den weder vom Volk legitimierten noch wirklich machtbefugten Landtag, auf den viele liberale Hoffnungen gerichtet waren, trugen dann maßgeblich zur Erschütterung des Glaubens an die Möglichkeit von Fortschritten auf dem Wege friedlicher konstitutioneller Übereinkunft und freiwilliger Selbstbeschränkung der fürstlichen Macht bei.[20] Das aber konnte nur zwei Arten von Reaktionen nach sich ziehen: Resignation und Fatalismus oder die verstärkte Tendenz zur Änderung der Machtverhältnisse durch Gewalt.

Eine Voraussetzung der relativ großen Spannungen zwischen konkreten Erwartungen und drängenden Forderungen auf der einen und der tatsächlichen Unergiebigkeit der Verfassungskämpfe auf der anderen Seite lag in den politisch-geographischen Besonderheiten des Großherzogtums Hessen, die sich aus wiederholten Veränderungen der buntscheckigen politischen Landkarte Deutschlands zuletzt infolge der Napoleonischen Kriege ergaben. Das Land bestand aus zwei nicht zusammenhängenden Gebieten, die auch in sich keinen einheitlichen politisch-rechtlichen Status hatten. Die Provinz Oberhessen im Norden mit der Universitätsstadt Gießen als Zentrum war von der Provinz Starkenburg im Süden mit der Landeshauptstadt Darmstadt durch einen schmalen Gebietsstreifen des Nachbarstaates Kurhessen getrennt. In diesem Streifen lag zudem die Freie Stadt Frankfurt am Main, ein Verbindungspunkt des wirtschaftlichen und politischen Lebens im vormärzlichen Deutschland, an dem der Deutsche Bundestag seinen Sitz hatte. Die Häufung zahlreicher bis 1834 mehrfach wechselnder Zollgrenzen auf engstem Raum führte trotz der günstigen Lage an zentralen Verkehrsadern und in unmittelbarer Nachbarschaft eines der größten städtischen Sammelpunkte des Kapitals nahezu zur Erdrosselung von Handel und Gewerbe im Großherzogtum Hessen. Eine wachsende materielle Notlage, die den weitaus größten Teil der Bevölkerung erfaßte, war die Folge.

Zu den beiden rechtsrheinischen Provinzen war als Gebietszuwachs nach 1815 das relativ weitentwickelte linksrheinische Rheinhessen mit Worms, Bingen und der Hauptstadt Mainz hinzugekommen, wo die deutschen Jakobiner um Johann Georg Forster 1793 die erste bürgerlich-demokratische Republik auf deutschem Boden errichtet hatten. Während der Revolutionskriege hatten die bürgerlichen Reformen nach französischem Vorbild hier so fest Wurzel gefaßt, daß auf jeden Versuch, sie wieder rückgängig zu machen, verzichtet werden mußte. So war in Rheinhessen auch unter dem Großherzog von Hessen-Darmstadt der Code Napoléon in Kraft geblieben. Gerade ein so anschauliches Vergleichsmodell innerhalb des eigenen Staates bewirkte, daß von dieser Provinz eine aufreizende Beispielwirkung ausging. Die außer in Rheinhessen auch in Rheinbayern erhalten gebliebenen sogenannten „rheinischen Institutionen" (d. h. politische, soziale, juristische bürgerliche Gleichheitsrechte, Gewerbefreiheit, Freiheit der Person, Trennung der Justiz von der Verwaltung) bildeten in allen deutschen Ländern den Maßstab für Vergleiche. Führende Demokraten wie Siebenpfeiffer beriefen sich auf sie. Schon allein die unterschiedliche Rechtspraxis macht das verständlich. Gewährleistete die liberale französische Gesetzgebung unabhängige Gerichte, öffentliche Prozeßführung und das Recht der Verteidigung für den Angeklagten, so stand dem in den Stammprovinzen des Großherzogtums Hessen die willkürliche Rechtsprechung von Gerichten gegenüber, die direkt von der Regierung gelenkt wurden — wohlverstanden: auf der Grundlage der Verfassung von 1820, in der ausdrücklich die Landgräfliche Gerichtsordnung von 1726 und sogar Bestimmungen der „Hals- oder peinlichen Gerichtsordnung Karls V." neu festgeschrieben waren.[21] „Eine solche Verfassung ist ein elend jämmerlich Ding"[22], steht 1834 im „Hessischen Landboten", der die zu dieser Zeit schärfste in Deutschland geschriebene Abrechnung mit dem Konstitutionalismus enthält. Friedrich Ludwig Weidig, der Mitherausgeber, mußte nach mehr als zweijähriger Folterhaft als Untersuchungsgefangener in einem Gefängnis des Großherzogtums sterben. Später konnte man aus den Denkwürdigkeiten des seinerzeitigen Staatsministers du Thil erfahren, daß der Großherzog Ludwig I. mit der Gewährung der Verfassung von 1820 keinen anderen Zweck verfolgte, als „den Massen Sand in die Augen zu streuen"[23].

Ungleiche Prinzipien der inneren Ordnung herrschten noch in anderer Weise als im Verhältnis zu Rheinhessen auch innerhalb der beiden Hauptprovinzen des großherzoglichen Staates. Für die sogenannten Souveränitätslande — das waren Gebiete ehemaliger reichsunmittelbarer Feudalherren wie Grafen und Fürsten — galten zusätzlich zu den Landesgesetzen noch besondere Hoheitsrechte der ehemaligen Souveräne wie eigene Gerichtsbarkeit, eigene Polizeirechte und Verwaltungsbefugnisse. Die Bewohner dieser Gebiete waren als Untertanen des Landesherren und ihres Standesherren doppelt steuerpflichtig. Die Bauern, gezwungen, sich aus der Leibeigenschaft durch hohe Ablösungssummen, die sie nicht erwirtschaften konnten, freizukaufen, waren unter dem Druck der Feudallasten (Frondienste, Zehnter und zuletzt — bis 1848 — Grundrenten) in hoffnungslose Verschuldung geraten, die sie zu immer weiteren Landabtretungen zwang und sie ruinierte. Ein Viertel der Fläche des wirtschaftlich ohnehin unterentwickelten Oberhessen waren solche standesherrschaftlichen Souveränitätslande.

Der ärmste, doppelt ausgebeutete und am meisten entrechtete Teil der Bevölkerung in diesen ländlichen Regionen lebte beträchtlich unter dem an sich schon äußerst niedrigen durchschnittlichen Niveau des Großherzogtums. Der Hunger und die Erbitterung, die in „Dantons Tod" die Massen mit Urgewalt auf die Straße treiben, waren hier bedrängende gegenwärtige Realität. „Wenn es nicht bald anders wird und die Abgaben gelinder", heißt es in einem Brief an den Bürgermeister von Alsfeld, „so stecken wir einen Landrathsbezirk nach dem andern in Brand ..." Und: „Zittern sollt ihr vor den Schrecknissen die wir werden anrichten wenn es nicht anders wird!"[24] In diesen Regionen Oberhessens und den angrenzenden Gebieten des Kurfürstentums Hessen (Kassel) brach 1830 ein Aufstand aus, der sich zur „größten bäuerlich-antifeudalen und plebejisch-revolutionären Insurrektionsbewegung im Inneren Deutschlands seit den Bauernkriegen"[25] ausweitete. Die hier überwiegend in Großdörfern und Kleinstädten ansässige Bevölkerungsgruppe — zum großen Teil Bauern mit unwirtschaftlichen Kleinbetrieben, die meist zu einem Nebenerwerb im Textilverlagswesen gezwungen waren, und ein relativ großes Landproletariat — bildete den engeren Adressatenkreis, den dann 1834 der „Hessische Landbote" ansprach. Die spezifische Situation und die konkreten allerjüngsten Erfahrungen dieser sozialen Gruppe griff Büchner (zu der Zeit knapp 21 Jahre alt und Medizinstudent im letzten Semester) als empirischen Ansatzpunkt für seine Agitation auf. Man muß sich fragen, wie er dazu kam.

3

Am 29. September 1830, als in Oberhessen der spontane Aufstand der Landarmut gegen Grundadel, staatliche und kirchliche Einrichtungen seinem Höhepunkt entgegeneilte, hielt Büchner auf dem öffentlichen Redewettstreit des Darmstädter Gymnasiums seine Schülerrede „Zur Vertheidigung des Cato von Utika", um vor den Lehrern, Mitschülern und Eltern über die von ihm erworbenen ausgezeichneten rhetorischen Fähigkeiten Rechenschaft abzulegen. Mit welchem Feuereifer er sich seiner Aufgabe entledigte, hat seine Schwester Louise Büchner, die liberale Frauenrechtlerin des Nachmärz, in der Schlüsselnovelle „Ein Dichter" geschildert.[26]

Nach der Plünderung von Bäckerläden vereinigten sich die kurhessischen und großherzoglich-hessischen Aufständischen zum Sturm auf die Zollstation zwischen Hanau und Frankfurt und zwangen danach in wenigen Tagen auf beiden Seiten der Grenze die Grundherren, schriftlich auf ihre Privilegien und Steueransprüche zu verzichten. In mehreren Zügen rückten etwa 5000 Menschen — „mit ihren Pfarrern, Schulherren und Ortsvorständen, die sofern sie nicht gutwillig mitgingen, dazu gezwungen worden waren"[27] — von Dorf zu Dorf vor, zerstörten die Anlagen von Zollstationen, griffen Landgerichte, Bürgermeistereien, Steuerämter und Forstbehörden an und verbrannten Zollregister, Steuerlisten, Amtsregistraturen und andere Papiere.[28] Der Bundestag bereitete den Einsatz auswärtiger Truppen vor.

Und während in Darmstadt wie im ganzen Land und in allen Nachbarstaaten das Militär mobilisiert wurde, pries Büchner Cato als den letzten großen Helden des alten Roms, das unter Cäsar der Tyrannei verfiel, und beschwor das erhabene Beispiel, das Cato seinem Volke gab, indem er sein Leben für die Ideale Freiheit und Vaterland opferte. Ein großer Zug Aufständischer marschierte auf die oberhessische Provinzhauptstadt Gießen zu. Die Bourgeoisie fühlte sich mit bedroht und rüstete sich „zum Widerstand gegen die ‚Anarchie' und für das Eigentum"[29]. Eine Getreidegroßhandlung in Hanau war geplündert worden, als schließlich die Dragoner des Prinzen Emil in dem Dorf Södel, einem Zentrum der Leinenverleger, unter der kaum bewaffneten Menge ein Blutbad anrichteten und die Auflösung des Massenaufruhrs einleiteten. Die Liberalen waren an der Niederwerfung des Aufstands so unrühmlich beteiligt, daß die gemeinsame Basis des antifeudalen Kampfbündnisses hier bereits ihren ersten Riß erhielt. Der Sprecher der liberalen Landtagsopposition, Ernst Emil Hoffmann, hatte der Regierung die sofortige unterwürfige Unterstützung der „Volksvertreter" zur Wiederherstellung von Ruhe und Ordnung angeboten. Neben die Erklärung des Standrechts durch den Großherzog wurde an die Anschlagbretter der Gemeinden ein Aufruf Hoffmanns geheftet, in dem es hieß: „Freunde, alles, was diese Nachbarn wünschen, haben wir; wir haben einen edlen Fürsten, Stände und Minister, die es redlich meinen und die dahin arbeiten, daß vom 1. Januar 1831 an bedeutende Erleichterung dem Volke zuteil würde. Wie kann aber dieses stattfinden, wenn die Gesetze verletzt, Staatseigentum ruiniert und dadurch neue Ausgaben notwendig werden. Die Einnahme der Maut, die jährlich 60 000 fl. beträgt, kommt meistenfalls aus den Taschen der Reichen. Hört diese Einnahme auf, so müßten diese 60 000 fl. der direkten Steuer beigeschlagen und auf diesem Wege meistens vom Landmann getragen werden ... nun denn, glaubt meinen Worten, unterstützt die Obrigkeit und haltet den Namen der Hessen makel-frei.[30]“

Die politische Kampffront zwischen antifeudaler Bewegung und den mit bürgerlicher Beteiligung herrschenden Feudalmächten hatte sich verschoben bzw. wurde überlagert durch den akuten sozialen Konflikt der verelendeten Massen mit den „Reichen“, d. h. mit beiden besitzenden Klassen: Grundadel und Bourgeoisie.

Die abstrakte rhetorische Propaganda für die Ideale der Freiheit und des Vaterlands, zu der das Cato-Thema dem Gymnasiasten Büchner bei seinem öffentlichen Auftritt eine seltene Gelegenheit bot, ging an der Wirklichkeit und dem konkreten Inhalt der Kämpfe in diesem Augenblick völlig vorbei. Der idealisierende Hinweis auf Beispiele antiker Größe und republikanischer Tugend im Altertum als indirekte antifeudale Zeitkritik und bürgerliche Selbstermutigung im Stil des 18. Jahrhunderts ging ins Leere.

Der Abstand zwischen der klassischen Rhetorik der Cato-Rede, für die es keinen gesellschaftlichen Adressaten mehr gab, und der sozialrevolutionären Flugschrift, in der dreieinhalb Jahre danach die materiellen Interessen der Ausgebeuteten den Angelpunkt bilden, ist groß. Die Entwicklung, die Büchner in der Zwischenzeit durchlief, ist nur in Zusammenhang mit den Folgewirkungen der französischen Julirevolution von 1830 auf Europa erklärbar, in deren Zusammenhang auch die hessischen Ereignisse von 1830 bis 1834 neben zahlreichen Volksaktionen in anderen deutschen Staaten und den Aufstandsbewegungen von Polen bis Belgien ihren geschichtlichen Stellenwert haben.[31] Beeinflußt wurde seine Weltsicht und Auffassungsweise aber nicht zuletzt auch durch die naturwissenschaftlich-medizinische Richtung seiner beruflichen Interessen.

Im November 1831 begann er an der Universität Straßburg das Studium der Medizin. Nichts war geeigneter, seinen Beobachtungssinn und die exakte, logische Konsequenz seines Denkens zu schärfen und zu entwickeln, als die naturwissenschaftliche Betätigung. Sie bildete zugleich den ruhenden kraftspendenden Pol, dessen er bedurfte, um allen Wirrnissen und Stürmen innerer und äußerer Kämpfe zu trotzen. Die Natur vermittelte ihm den Eindruck einer Harmonie, die er in der von Widersprüchen zerrissenen Gesellschaft schmerzlich vermißte. Und es war nicht zuletzt die übereinstimmende Verbundenheit der unverbildeten, praktisch tätigen Menschen des Volkes mit der Natur, die seine Sympathie weckte und ihn tief vom Recht dieser Entrechteten überzeugte.

Neben der naturwissenschaftlich sachlichen Betrachtungsweise übte vor allem auch das Ethos des Arztberufes, das Büchner früh vertraut war, einen bestimmenden Einfluß auf sein werdendes Weltbild aus, das sich auf die unbedingte Hochschätzung des Lebens und die vorurteilsfreie Achtung des Menschen gründete. Die politische und soziale Richtung erhielt der auf tätige Hilfe orientierte Humanitätsgedanke Büchners durch die Auswirkungen der Julirevolution. Sie lenkte die Aufmerksamkeit auf die gesellschaftliche Bedingtheit des existentiellen, als Not der Zeit erfahrenen „Leidens", das dem Naturrecht zu leben und der menschlichen Würde widersprach und daher gleichermaßen sein wissenschaftliches und politisches wie bald darauf auch sein künstlerisches Engagement herausforderte.

Die Opposition gegen das Bürgerkönigtum hatte außer in Paris und Lyon auch im Elsaß ein beachtliches Zentrum. Unzufriedenheit mit den wirtschaftlichen Verhältnissen und politische Gegnerschaft gegen die neue Monarchie bewegten die Gemüter. Starken Anteil an der Freiheitsbewegung nahmen die Studenten, unter ihnen besonders die Angehörigen der Medizinischen Fakultät. Schon der erste erhaltene Brief des Straßburger Studenten an seine Familie zeigt ihn mitten im politischen Geschehen.

Die Gegner der Julimonarchie — abgesehen von den reaktionären Anhängern der gestürzten Bourbonen, den Karlisten, vor allem Angehörige des Kleinbürgertums, Arbeiter, Intellektuelle, Studenten — bildeten keine einheitliche soziale Kraft und unterschieden sich in ihren politisch-ideologischen Konzeptionen. Die Skala reichte von den Anhängern eines gemäßigten liberalen Konstitutionalismus über die Partei der radikalen Republikaner bis zu einem revolutionär-demokratischen linken proletarischen Flügel, der über Verfassungsforderungen hinaus zu einer Kritik an den sozialen Grundlagen der Gesellschaft vorstieß und auf eine selbständige Interessenvertretung der Arbeiterklasse drängte. Ihr organisatorisches Zentrum hatte die Opposition in der Gesellschaft der Menschenrechte.[32]

Während die neojakobinischen Republikaner in ihrer Propaganda bei den neubelebten, nichtsdestoweniger abstrakten Revolutionslosungen von 1793 stehenblieben und so den veränderten Bedingungen der Praxis nicht gerecht werden konnten, hatten viele revolutionäre Demokraten bereits die sozialkritischen Erkenntnisse der utopischen Sozialisten, insbesondere Saint-Simons, rezipiert. Die Feststellung des gesellschaftlichen Widerspruchs zwischen Armen und Reichen, zwischen Arbeitenden und parasitären Müßiggängern richtete sich nicht mehr allein gegen die feudale Aristokratie, sie bezog die neue „Aristokratie des Geldes", die kapitalistische Ausbeuterordnung, mit in die Kritik ein. Das Hauptproblem, auf das sich alle Bemühungen immer mehr konzentrierten, war das sich ausbreitende Massenelend, das zu einer Existenzfrage der modernen Gesellschaft wurde.

Neben den utopisch-sozialistischen Schriften von Enfantin und Bazard sowie von Fourier, die die Diskussion dieser Frage stark beeinflußten, spielte das 1828 veröffentlichte Buch über „Babeufs Verschwörung für die Gleichheit" von Filippo Buonarroti eine besondere Rolle, das die Tradition der frühesten, aus den Volkskämpfen der Französischen Revolution hervorgegangenen praktischen kommunistischen Bewegung aufgriff (eine Titelauflage erschien 1830). Das politische und soziale Geschehen wurde hier als Krieg der Armen, vom Wohlstand Ausgeschlossenen gegen die Reichen begriffen. Gleichzeitig mit dem Höhepunkt der saint-simonistischen Propaganda in Straßburg 1831 gewann die frühkommunistische Richtung Buonarottis, die erstmals auf das eigenständige revolutionäre Klasseninteresse des Proletariats orientierte, an Einfluß.[33] Louis-Auguste Blanqui, der diese Richtung am entschiedensten in die praktische politische Bewegung überführte, benutzte im Januar 1832 eine Verteidigungsrede vor Gericht, um als Proletarier im Namen seiner Klassenbrüder den Privilegierten öffentlich den Krieg zu erklären. In dieser Rede, die sofort als Broschüre verbreitet wurde, wird die Wirtschaft des Landes als eine komplizierte Maschine zur Ausbeutung der arbeitenden Armen durch die Minderheit der reichen Müßiggänger (Kapitalbesitzer, Grundbesitzer, Beamte, Aristokraten) analysiert. Die Gesetze des Staates, besonders das Steuerrecht, erklärt Blanqui als das Instrument, dessen sich die Minderheit zur Ausbeutung der großen Mehrheit bedient. Diese Argumentation findet man in Büchners „Hessischem Landboten" wieder.

In einer Aufsehen erregenden weiteren Rede nach seiner Freilassung sprach Blanqui am 2. Februar 1832 in Paris über den neu entstandenen Klassengegensatz zwischen Bourgeoisie und arbeitendem Volk. Durch Heines Bericht in der Augsburger „Allgemeinen Zeitung" ist diese Rede weithin bekannt geworden, und es ist kaum denkbar, daß Büchner sie nicht gekannt hat. Aus den jüngst durch Thomas Michael Mayer entdeckten Protokollen des Straßburger Studentenzirkels Eugenia, den Büchner besuchte, geht unter anderem hervor, daß dort einige Monate danach von Büchner „mit außerordentlicher Lebhaftigkeit" über „das Unnatürliche unsers gesellschaftlichen Zustandes, besonders in Beziehung auf Reich u. Arm, debattirt" wurde.[34]

Während seiner Straßburger Studienjahre verlor Büchner die Vorgänge in Deutschland nicht aus dem Auge. Die Erkenntnisse, die er sammelte, ließen ihn von Anfang an die Frage nach ihrer Anwendbarkeit in der Heimat stellen. In dem Brief vom 5. April 1833 bekennt er sich gegenüber den besorgten Eltern offen zu seiner revolutionären Gesinnung. Die Eltern hatten ihm von dem gescheiterten Sturm auf die Frankfurter Hauptwache berichtet, der den Anstoß zu einer Revolution in ganz Deutschland geben sollte, und wollten sich seines Nichtbeteiligtseins versichern. Büchner war in die Aktion nicht verwickelt, trotzdem war seine Antwort alles andere als geeignet, die Eltern zu beruhigen. In diesem Brief zieht er gleichsam die Summe seiner politischen Lehrjahre: „Man wirft den jungen Leuten den Gebrauch der Gewalt vor. Sind wir denn aber nicht in einem ewigen Gewaltzustand? Weil wir im Kerker geboren und großgezogen sind, merken wir nicht mehr, daß wir im Loch stecken und mit angeschmiedeten Händen und Füßen und einem Knebel im Munde. Was nennt Ihr denn *gesetzlichen Zustand*? *Ein Gesetz*, das die große Masse der Staatsbürger zum frohnenden Vieh macht, um die unnatürlichen Bedürfnisse einer unbedeutenden und verdorbenen Minderzahl zu befriedigen? Und dies Gesetz, unterstützt durch eine rohe Militärgewalt und durch die dumme Pfiffigkeit seiner Agenten, dies Gesetz ist eine *ewige, rohe Gewalt*, angethan dem Recht und der gesunden Vernunft, und ich werde mit *Mund* und *Hand* dagegen kämpfen, wo ich kann. Wenn ich an dem, was geschehen, keinen Theil genommen und an dem, was vielleicht geschieht, *keinen Theil* nehmen werde, so geschieht es weder aus Mißbilligung, noch aus Furcht, sondern nur weil ich im gegenwärtigen Zeitpunkt jede revolutionäre Bewegung als eine vergebliche Unternehmung betrachte und nicht die Verblendung Derer theile, welche in den Deutschen ein zum Kampf für sein Recht bereites Volk sehen."[35]

Büchner hat oft versucht, die Besorgnisse der Eltern über seinen politischen Weg zu zerstreuen. In diesem Falle läßt er den Schleier ironischer Distanzierung fallen, nichts von verharmlosender oder ausweichender Darstellung. Hier haben wir das geschlossene Bild des Revolutionärs in authentischer Selbstdarstellung vor Augen. Schon an diesem Brief des noch nicht Zwanzigjährigen fällt auf, wie das leidenschaftliche Aufbegehren durch ein klar konstatierendes, illusionslos realistisches Einschätzungsvermögen straff am Zügel gehalten wird. Das revolutionäre Feuer, so mächtig es ihn ergriffen hat, es reißt ihn nicht dazu hin, die „deutsche Indifferenz", die politische Unreife und ängstliche Untertanenmoral, die zunächst alle Hoffnungen „zuschanden macht", zu unterschätzen. Man erkennt leicht, daß hier mehr als studentische Überschwenglichkeit am Werke ist.

Im Juni 1833, zwei Monate nach dem zitierten Brief, weiß Büchner die Einschränkung, der das revolutionäre Wollen des einzelnen unterworfen ist, bereits auf materialistische Weise zu präzisieren. Er hat einsehen gelernt, „daß nur das nothwendige Bedürfniß der großen Masse Umänderungen herbeiführen kann, daß alles Bewegen und Schreien der *Einzelnen* vergebliches Thorenwerk ist"[36].

Die Straßburger Zeit von 1831 bis 1833 ist die einzige seines Lebens, die Büchner als „glücklich" bezeichnet hat. Nicht nur, daß er in diesen beiden Jahren in einer aufgeschlossenen geistigen Atmosphäre den Grund zu seiner wissenschaftlichen Ausbildung legte und seine entscheidenden politischen Erkenntnisse gewann, er schloß in Straßburg herzliche Freundschaften und erfuhr hier das Glück der ersten Liebe. Wilhelmine Jaeglé, die Tochter des protestantischen Pfarrers Johann Jakob Jaeglé, eines liberal denkenden, poetisch interessierten Mannes, in dessen Haus Büchner wohnte, wurde seine Braut. So fiel ihm der Wechsel von Straßburg nach Gießen doppelt schwer. Die hessischen Gesetze verlangten von den Studierenden, mindestens vier Semester an der Landesuniversität zu absolvieren. Man hoffte, die jungen Akademiker auf diese Weise in die kleinlichen, rückständigen Verhältnisse des Großherzogtums einzugewöhnen und sie zu treuen Untertanen zu erziehen. Bei Büchner konnte von solcher Anpassung freilich nicht die Rede sein.

An August Stöber wendet er sich mit dem Ausruf: „Die politischen Verhältnisse könnten mich rasend machen. Das arme Volk schleppt geduldig den Karren, worauf die Fürsten und Liberalen ihre Affenkomödie spielen. Ich bete jeden Abend zum Hanf und zu d. Laternen."[37]

Mit dem Eifer des leidenschaftlich Suchenden warf er sich auf das Studium der Geschichte der Französischen Revolution. Bei dem Versuch, in das Geheimnis der Geschichte einzudringen, die treibenden Kräfte des vermeintlichen Mechanismus zu ergründen, stieß er — mehr ahnend noch als schon erkennend — auf jenes „eherne Gesetz", das den handelnden Menschen unerbittlich zur Ohnmacht zu verdammen schien. Im Innersten betroffen, schrieb er der Braut: „Ich studierte die Geschichte der Revolution. Ich fühlte mich wie zernichtet unter dem gräßlichen Fatalismus der Geschichte. Ich finde in der Menschennatur eine entsetzliche Gleichheit, in den menschlichen Verhältnissen eine unabwendbare Gewalt, Allen und Keinem verliehen. Der Einzelne nur Schaum auf der Welle, die Größe ein bloßer Zufall, die Herrschaft des Genies ein Puppenspiel, ein lächerliches Ringen gegen ein ehernes Gesetz, es zu erkennen das Höchste, es zu beherrschen unmöglich. Es fällt mir nicht mehr ein, vor den Paradegäulen und Eckstehern der Geschichte mich zu bücken."[38]

Büchner war durchaus nicht bereit, sich mit dem fatalistischen Ergebnis abzufinden, bis zu dem ihn sein geschichtsphilosophisches Suchen führte. Obwohl er philosophisch über eine streng deterministische Auffassung, die dem einzelnen keinen Raum zu wirksamem Handeln zu lassen schien, nicht hinausgelangte, beschied er sich nicht in tatenloser Resignation. Genau an dem Punkt, an dem die theoretische Einsicht dem revolutionären Willen zur Veränderung Einhalt gebot, wo der Weg des Erkennens im undurchdringlichen Dunkel endete, setzte Büchner den Vorstoß mit den Mitteln der Praxis fort. Was in der Reflexion als nicht erreichbar erschien, sollte in der Praxis — der letzten Instanz für den Materialisten — versucht werden. Man geht nicht fehl, wenn man Büchners aktives Eingreifen in die hessische Politik nach seiner Genesung mit dem Experiment des Naturwissenschaftlers vergleicht, das die theoretisch gewonnenen Erkenntnisse bestätigen und zugleich weiter vorantreiben soll.

Über das Konzept, mit dem er zu Werke ging, geben die späteren gerichtlichen Angaben August Beckers zuverlässig Aufschluß. Danach hatte Büchner dem Freund erklärt: „Die Versuche, welche man bis jetzt gemacht hat, um die Verhältnisse in Deutschland umzustoßen, sagte er, beruhen auf einer durchaus knabenhaften Berechnung, indem man, wenn es wirklich zu einem Kampf, auf den man sich doch gefaßt machen müßte, gekommen wäre, den deutschen Regierungen und ihren zahlreichen Armeen nichts hätte entgegen stellen können, als eine handvoll undisciplinierte Liberale. Soll jemals die Revolution auf eine durchgreifende Art ausgeführt werden, so kann und darf das nur durch die große Masse des Volkes geschehen, durch deren Überzahl und Gewicht die Soldaten gleichsam erdrückt werden müssen. Es handelt sich also darum, diese große Masse zu gewinnen, was vorderhand nur durch *Flugschriften* geschehen kann."[39]

Die Befreiung der großen Masse des Volkes aus ihrem Elendsdasein, das entscheidende Ziel der Revolution, kann nur das Werk der Volksmassen selbst sein: Nach diesem Grundsatz, der ihn über die Schwelle der bürgerlichen Revolution hinaus zur Konzeption einer sozialen Volksrevolution hinführte, begann Büchner seine politisch-propagandistische Arbeit. Die Masse des Volkes bildeten in Hessen die Bauern; sie zu gewinnen und so einen Beitrag zur Vorbereitung der Revolution in Deutschland zu leisten, darin bestand das Ziel. Büchner wußte, daß nur dann die Aussicht eines Erfolges bestand, wenn er an die bestehende Oppositionsbewegung anknüpfte, die gerade zu dieser Zeit, während der Vorbereitung neuer Landtagswahlen, einen Aufschwung erlebte.

August Becker machte Büchner mit dem Haupt aller geheimen politischen Umsturzbestrebungen in Hessen, dem Butzbacher Schulrektor und protestantischen Pfarrer Friedrich Ludwig Weidig, bekannt. Obwohl diesen die sozialrevolutionäre Konsequenz von Büchners Konzept schreckte, verband er sich mit dem neuen Mitkämpfer und räumte ihm den verlangten Spielraum innerhalb der Gesamtbewegung ein. Während der revolutionäre Demokrat Weidig nur einen lockeren Zusammenhalt der Gesinnungsfreunde für zweckmäßig hielt, um auch breitere Kreise der Intelligenz und des liberalen Bürgertums mit heranzuziehen, vertrat Büchner den Gedanken eines straffen organisatorischen

Zusammenschlusses, der seinem Ziel am dienlichsten schien. Nach französischem Vorbild gründete er zuerst in Gießen im April oder Mai 1834 und später auch in Darmstadt eine Gesellschaft der Menschenrechte — die erste frühkommunistisch orientierte Geheimorganisation in Deutschland.[40] Die Mitglieder, zu denen außer Studenten auch revolutionäre Handwerker zählten, wurden auf eine Erklärung der Menschenrechte vereidigt. Eine Abhandlung, die Büchner in diesem Zusammenhang verfaßte, ist nicht mehr erhalten.

Nach den Berichten seiner Freunde blieb er jedem, der ihn auf den geheimen Zusammenkünften gehört hatte, als mitreißender Agitator in Erinnerung. Die Lektüre des „Hessischen Landboten" bestätigt diesen Eindruck. Im Juli 1834 wurde die Flugschrift durch die Vermittlung Weidigs, der sich eine Bearbeitung ausbedungen hatte, illegal in Offenbach gedruckt.

Worin sich der „Landbote" von der Vielzahl der oppositionellen bürgerlichen Flugschriften unterschied, hat Büchner nach einer Zeugenaussage von August Becker selbst charakterisiert: In diesen war „die Rede vom Wiener Congreß, Preßfreiheit, Bundestagsordonnanzen u. dgl., lauter Dinge, um welche sich die *Bauern* ... nicht kümmern, solange sie noch mit ihrer materiellen Noth beschäftigt sind; denn diese Leute haben aus sehr nahe liegenden Ursachen durchaus keinen Sinn für die Ehre und Freiheit ihrer Nation, keinen Begriff von den Rechten des Menschen u.s.w., sie sind gegen all' das gleichgültig, und in dieser *Gleichgültigkeit allein beruht* ihre angebliche *Treue* gegen die *Fürsten* und ihre Theilnahmslosigkeit an dem liberalen Treiben der Zeit; gleichwohl scheinen sie unzufrieden zu sein, und sie haben Ursache dazu, weil man den dürftigen Gewinn, welchen sie aus ihrer saueren Arbeit ziehen, und der ihnen zur Verbesserung ihrer Lage so nothwendig wäre, als Steuer von ihnen in Anspruch nimmt."[41] Deutlich bricht der Gegensatz zwischen den Anhängern des Liberalismus und den sozialrevolutionären Demokraten auf, der auch innerhalb des Bündnisses erhalten bleibt. Um die Bauern aus dem Zustand politischer Gleichgültigkeit zu erwecken, verweist Büchner sie auf ihre materiellen Interessen. Patriotische Phrasen liegen ihm fern, sie würden von den Bauern ohnehin nicht verstanden. Durch Tatsachen, die sie am eigenen Leibe spüren, will er sie zum Bewußtsein ihrer Lage führen.

An Hand statistischer Angaben rechnet der Verfasser den

Bauern vor, was ihnen abgepreßt wird und was mit ihren Abgaben geschieht. Die es mit ihrem Schweiß bezahlen, sollen wissen, wieviel Gulden der großherzogliche Hofstaat verschlingt, wieviel für die Ministerien, die Beamten, die Polizei, das Militär und für die Pensionen bestimmt sind. Posten für Posten zerpflückt Büchner den großherzoglich-hessischen Haushaltsplan und entlarvt dabei den Staat mit seinen verschiedenen Einrichtungen als eine erbarmungslose Ausbeutungsmaschinerie im Dienste der Reichen. Die Ordnung im Lande, zu deren Aufrechterhaltung das Volk einen kostspieligen staatlichen Unterdrückungsapparat bezahlt, erweist sich als Ordnung des sozialen Unrechts: „In Ordnung leben heißt hungern und geschunden werden." Das Gesetz ist das Machwerk der Herrschenden, Polizei und Militär sind nichts als die „gesetzlichen Mörder", bestellt, die „gesetzlichen Räuber" zu schützen.[42] Am Ende der Rechnung steht der Appell, sich zum Aufstand zu sammeln, der ganz Deutschland erfassen sollte.

Der „Hessische Landbote" ist nur in der abgeschwächten Bearbeitung Weidigs bekannt. Die soziale Umwälzung, die Büchner anstrebte, richtete sich gegen die feudalaristokratischen wie gegen die neuen bürgerlich-kapitalistischen „Presser" des Volkes. Weidig, darauf bedacht, die liberalen Oppositionellen nicht zurückzustoßen, nahm der Schrift die antikapitalistische Spitze. Wo Büchner von dem Gegensatz zwischen Armen und Reichen sprach, ersetzte er überall das Wort „Reiche" durch „Vornehme". Doch auch durch die Änderungen, Streichungen und Einfügungen von Bibelzitaten verlor der Aufruf nicht seine revolutionäre Brisanz.

Vom „Hessischen Landboten" zu „Dantons Tod"

Aktion und Drama. Autor und handelnde Person

1

Die Literaturgeschichte kennt nicht wenige Beispiele, daß ein Erstlingswerk einem Unbekannten auf spektakuläre Weise zu Ruhm und unsterblichem Namen verholfen hat. Die Art und Weise aber, wie Büchner unter die Schriftsteller seiner Zeit trat und sich mit dem Drama „Dantons Tod" zu Wort meldete, fällt aus dem Rahmen literaturgeschichtlicher Merkwürdigkeiten. Sie erinnert in nichts an das, was man gemeinhin mit der Vorstellung von einem Debüt verbindet. Sein „Eintritt" in die Literatur nimmt sich mehr wie ein Einbruch aus.

So klingt auch der Brief, mit dem er am 21. Februar 1835 das gerade beendete Manuskript Karl Gutzkow anvertraute, der als Kritiker rasch großen Einfluß auf die Entfaltung der fortschrittlichen Literatur gewonnen hatte und seit Anfang des Jahres in Frankfurt das vielbeachtete „Literatur-Blatt" der liberalen Tageszeitung „Phönix" herausgab. Unwillkürlich drängt sich das Bild eines Überfalls auf, wenn Büchner, die Zwangslage andeutend, in der er sich befand, schreibt:

„Sie werden wohl einsehen, . . . und werden sich also nicht wundern, wie ich Ihre Thüre aufreiße, in Ihr Zimmer trete, Ihnen ein Manuskript auf die Brust setze und ein Allmosen abfordere. Ich bitte Sie nämlich, das Manuscript so schnell wie möglich zu durchlesen, es, im Fall Ihnen Ihr *Gewissen als Kritiker dies erlauben sollte,* dem Herrn Sauerländer zu empfehlen und sogleich zu antworten.

Ueber das Werk selbst kann ich Ihnen nichts weiter sagen, als daß unglückliche Verhältnisse mich zwangen, es in höchstens fünf Wochen zu schreiben. Ich sage dies, um Ihr Urtheil über den Verfasser, nicht über das Drama an und für sich, zu motiviren. . . .

Ich wiederhole meine Bitte um schnelle Antwort; im Falle eines günstigen Erfolgs können einige Zeilen von Ihrer Hand, wenn Sie noch vor nächstem Mittwoch hier eintreffen, einen Unglücklichen vor einer sehr traurigen Lage bewahren.

Sollte Sie vielleicht der Ton dieses Briefes befremden, so bedenken Sie, daß es mir leichter fällt, in Lumpen zu betteln, als im Frack eine Supplik zu überreichen und fast leichter, die Pistole in der Hand: la bourse ou la vie! zu sagen, als mit bebenden Lippen ein: Gott lohn' es! zu flüstern."[43]

Das war die affektive Sprache von einem, der sich in äußerster Bedrängnis befand und dem keine Wahl blieb, als sein Heil für sich und die Sache, von der er sich nicht trennen kann, augenblicklich in einer fremden Sphäre zu suchen. Das war für ihn die zu dieser Zeit von Verfolgungen noch relativ unbehelligte Literatur. Den Entschluß zur Flucht ins Ausland hatte er erst jetzt — frühestens gegen Ende der Arbeit am Drama, im Februar 1835 — gefaßt, als eine unmittelbar zu befürchtende Verhaftungswelle dem Wirken auch der letzten revolutionären Verbindung in Hessen ein Ende bereiten sollte. Das fertige Werk noch rasch seiner Bestimmung zuzuführen war jetzt seine Sorge. Er warf damit zugleich einen Anker aus, an dem sich, wie er hoffte, eine künftige, noch ungewisse Existenz — vielleicht als Schriftsteller? — festmachen ließ. Während er noch an seinem Drama schrieb, hatte er den Gedanken an Flucht, den die fortschreitende Gefahr schon seit einigen Monaten — spätestens seit der Verhaftung des Butzbachers Karl Zeuner im November — nahelegte, noch ebenso von sich gewiesen wie der Danton seines Dramas, den er in vergleichbarer Lage den Rat, sich ins Exil zu retten, mit dem historisch überlieferten Argument abweisen läßt: „Nimmt man das Vaterland an den Schuhsohlen mit?"[44] In der Beruhigung, die Danton dem hinzufügt („sie werden's nicht wagen"[45]), hatte sich auch der Autor geübt, bis wiederholte Vorladungen zu gerichtlichen Vernehmungen und offenkundige polizeiliche Überwachung[46] keinen Zweifel mehr ließen an der akuten Bedrohung. Erfahrung Büchners mit sich selbst gibt sich schließlich auch in Dantons Abwarten zu erkennen, in dem zeitweilig aufkommenden Phlegma, das die historischen Quellen dem durch seine Tatkraft berühmten Heroen der Großen Revolution bescheinigen. Lacroix im Drama nennt es „Nichts als Faulheit! Er will sich lieber guillotiniren lassen, als eine Rede halten."[47] Einige Zeit später hält Gutzkow, der ihn bald zu erneuter literarischer Produktion anfeuern möchte, dem Zögernden vor: „Sie haben selbst viel Ähnlichkeit mit Ihrem Danton: genial u träge."[48] Die Neigung, einem Gefühl der Müdigkeit nachzugeben, die jedes Tun als fragwürdig erscheinen läßt — „das ist mir der Mühe zuviel, das Leben ist nicht die Arbeit werth, die man sich macht, es zu erhalten" (Danton)[49] —, hat Büchner zweifellos selbst angewandelt, zumindest als undeutliche Empfindung. Im Stück erscheint sie als Haltung der dramatischen Figur deutlich herausgestellt. Im Schreiben machte Büchner sich von ihr frei, indem er sie an Danton delegiert, möglicherweise in einem Augenblick, als sie seine jetzt so notwendige Entschlußkraft zu lähmen drohte. Die Dinge an sich herankommen zu lassen, hieß für ihn nicht, sich ihnen passiv auszusetzen. Der Unterschied der Position und des Verhaltens tritt hervor, das Stück arbeitet ihn heraus, denn der Autor teilt nicht die Perspektivlosigkeit der Titelfigur seines Stückes und deren Preisgabe des Sinnes politischen Handelns, er kämpft vielmehr schreibend wie auch praktisch dagegen an. Einzelne Momente spontaner Identifikation, die sich in der Wirkung des Stückes mitunter irritierend geltend machen, können das nicht verdecken.

Gutzkow gewann noch am Abend des Tages, an dem er das Manuskript zusammen mit dem zitierten Brief erhalten hatte, ohne sich die Zeit zu nehmen, es zu Ende zu lesen, den Verleger Sauerländer für die Veröffentlichung.[50] Vier Wochen darauf erschien ein gekürzter Vorabdruck in Fortsetzungen im „Literatur-Blatt" des „Phönix". Drei Monate danach, gegen Mitte Juli, folgte die Buchausgabe.

Gutzkow hatte augenblicks nicht nur die Einzigartigkeit des Werks, sondern zugleich damit das Auffällige der Haltung und das Außerordentliche der Situation des Autors, die dem Text seine Prägung gaben, erfaßt. Seinen ersten Eindruck schildernd, schrieb er 1837 in seinem Nachruf für Büchner: „Man sahe es der Produktion an, mit welcher Eile sie hingeworfen war. Es war ein zufällig ergriffener Stoff, dessen künstlerische Durchführung der Dichter abgehetzt hatte. Die Scenen, die Worte folgten sich rapid und stürmend. Es war die ängstliche Sprache eines Verfolgten, der schnell noch etwas abzumachen und dann sein Heil in der Flucht zu suchen hat. Allein diese Hast hinderte den Genius nicht, seine außerordentliche Begabung in kurzen scharfen Umrissen schnell, im Fluge, an die Wand zu schreiben."[51]

Die Bemerkung, der zündkräftige Stoff des Dramas sei zufällig gewählt, mag ein Irrtum oder, was wahrscheinlicher ist, eine bewußte Verharmlosung sein, berechnet auf argwöhnische Demagogenriecher, mit denen Gutzkow, der selbst verfolgte exponierte Sprecher und Organisator der politisierten bürgerlichen literarischen Opposition, in Deutschland erfahrungsgemäß zu rechnen hatte. Doch konnte er wohl kaum ahnen, daß er bereits damals in dem „gesellig verbundenen Kreis von älteren und jüngeren Kunstgenossen und Wahrheitsfreunden" in Frankfurt, dem er aus dem frisch empfangenen Manuskript vorlas, von Geheimagenten Metternichs umgeben war.[52]

· Begeistert über seine unverhoffte Entdeckung, begrüßte er den unbekannten Verfasser als willkommenen Verbündeten in der vordersten Front der literarischen Revolution, der sich nach der erneuten politischen Revolution von 1830 in Frankreich die junge Generation deutscher Schriftsteller im Gefolge Börnes und Heines verschrieben hatte. Er brannte darauf, sich mit ihm zu treffen, ihn kennenzulernen — „Ich freue mich sehr darauf: ich stelle mir in Ihnen einen nicht über 5 Fuß hohen Kerl oder Menschen oder Mann, wie Sie wollen, vor, und zwar fröhlicher Laune; doch haben Sie dunkles Haar"[53]. Kurz zuvor, im März 1835, schrieb er: „Nun scheint es aber, als hätten Sie große Eile. Wo wollen Sie hin? brennt es Ihnen wirklich an den Sohlen? Ich kann Alles hören, nur nicht, daß Sie nach Amerika gehen. Sie müssen sich in der Nähe halten (Schweiz, Frankr.), wo Sie Ihre herrlichen Gaben in die deutsche Literatur hineinflechten können; denn ihr Danton verrät einen tiefen Fond, in den viel hineingeht, u viel heraus, u das sollten Sie ernstlich bedenken. Solche versteckte Genies, wie Sie, kommen mir gerade recht; denn ich möchte, daß meine Prophezeiung für die Zukunft nicht ohne Belege bliebe, u Sie haben ganz das Zeug dazu, mitzumachen."[54] Zwei Jahre später ist Büchner tot — eine wiederholt geplante Begegnung hatten die sich dramatisch verwickelnden Umstände „dieses für die Geschichte unsrer neuern schönen Literatur so stürmischen Jahres"[55] verhindert — und Gutzkow berichtet nun bereits aus der Rückschau über den verlorenen Mitstreiter: „Ich hatte indessen große Mühe mit seinem *Danton*. Ich hatte vergessen, daß solche Dinge, wie sie Büchner dort hingeworfen, solche Ausdrücke sogar, die er sich erlaubte, heute nicht gedruckt werden dürfen. Es tobte eine wilde Sansculottenlust in der Dichtung; die Erklärung der Menschenrechte wandelte darin auf und ab, nackt und nur mit Rosen bekränzt. Die Idee, die das Ganze zusammenhielt, war die rothe Mütze."[56]
Es gehörte außer einem unvoreingenommenen literarischen

Urteil auch Mut dazu, sich eines Werks von so verdächtigem Gepräge und aus so undurchsichtiger Quelle mit solcher Entschiedenheit anzunehmen, wie Gutzkow und Sauerländer es taten. Und es ist fraglich, ob ein anderer Fürsprecher und ein anderer Verleger sich zu diesem Zeitpunkt dazu entschlossen hätten. Der Preis dafür, daß es unter den herrschenden Zensurverhältnissen überhaupt erscheinen konnte, war hoch, wie Gutzkow bekannte: „Als ich nun, um dem Censor nicht die Lust des Streichens zu gönnen, selbst den Rothstift ergriff und die wuchernde Demokratie der Dichtung mit der Schere der Vorcensur beschnitt, da fühlt' ich wohl, wie grade der Abfall des Buches, der unsern Sitten und unsern Verhältnissen geopfert werden mußte, der beste, nämlich der individuellste, der eigenthümlichste Theil des Ganzen war. Lange zweideutige Dialoge in den Volksscenen, die von Witz und Gedankenfülle sprudelten, mußten zurückbleiben. Die Spitzen der Wortspiele mußten abgestumpft werden oder durch aushelfende dumme Redensarten, die ich hinzusetzte, krumm gebogen. Der *ächte Danton* von Büchner ist *nicht* erschienen. Was davon herauskam ist ein nothdürftiger Rest, die Ruine einer Verwüstung, die mich Ueberwindung genug gekostet hat."[57] Die größte, das Anliegen des Autors verkehrende Entstellung war allerdings der Untertitel, den der gemäßigt liberale Redakteur Eduard Duller der Buchausgabe gegeben hatte: „Dramatische Bilder aus Frankreichs Schreckensherrschaft".

Es war nicht allein und an sich das aktuelle Interesse an Stoff und Thema, durch das ein unvoreingenommener Leser wie Gutzkow sich hingerissen fühlen mußte. Was sich aus der fiktiven Wirklichkeit des Dramas heraus ungewohnt erlebnisnah mitteilt, ist angetrieben vom Pulsschlag echten Lebens, der in jede Szene eingegangen ist und den nur jemand vermitteln konnte, der sich an seinem Ort in gleicher Sache mit dem Einsatz der eigenen Person und dem Risiko seiner Existenz tief in die empirische Wirklichkeit eingelassen hatte.

Zwar hatten auch die jungdeutschen Autoren in den ersten dreißiger Jahren programmatisch verkündet, die im Laufe der „Kunstperiode" dem Leben entfremdete Literatur wieder mit diesem verbinden zu wollen. Doch äußerte sich ihr Bestreben vorwiegend in gedanklichen Reflexionen. Ihr Gegenstand war weniger die Lebenswirklichkeit selbst als vielmehr alte und neue

Auffassungen vom Leben, die sie aus der Sicht des modernen „Zeitgeistes" kritisch und oft nur dürftig literarisch eingekleidet debattierten. Büchners Auftreten fällt mit dem Höhepunkt dieser literarischen Erneuerungsbewegung zusammen. Doch was die Jungdeutschen, die das Schreiben erstmals zu einem festen bürgerlichen Beruf machten, abstrakt proklamierten — die Verbindung von Wort und Tat —, war für ihn, den Nichtliteraten, von vornherein reale Ausgangsbasis.

Die Entstehungsgeschichte von „Dantons Tod" läßt nicht nur den grundlegenden Zusammenhang zwischen der politischen Bewußtseinsentwicklung Büchners und seinem literarischen Wirken erkennen,[58] sie gibt konkreten Aufschluß darüber, wie sich vor allem aus dem unmittelbaren Praxisbezug, aus der eigenen revolutionären Tätigkeit, die ästhetische Eigenart und die spezifische Wirkungspotenz seiner literarischen Produktion konstituiert.

Den „Charakter der Charakterlosigkeit", in dem Ludwig Börne das gemeinsame nationale Kennzeichen sah, das den deutschen Dichtern anhing, bestimmbar als „unsere bürgerliche Unmündigkeit und unser großes Maul am Schreibtisch"[59], kann man Büchner nicht nachsagen. Welche Ausnahmeerscheinung er bildet, wird vor der Charakteristik Börnes, die eine Jahrhunderterfahrung zusammenfaßt, deutlich: „Der Deutsche reflektiert über alles, sieht alles aus der Vogelperspektive und ist darum nie in der Mitte der Sache."[60] Der revolutionär-demokratische Theaterkritiker Börne sah gerade hierin das entscheidende Hindernis für die Entwicklung der deutschen Dramatik, die im Epigonentum erstarrt war.

Gewiß ist auch das Revolutionsstück „Dantons Tod" in hohem Grade poetische Reflexion, aber eben die dem Gegenständlichen verhaftete Reflexion eines selbst Handelnden, der mit seiner ganzen Person betroffen ist und daher auch als Schreibender nicht über, sondern „in der Mitte der Sache" steht. Als Büchner sein Stück schrieb, war er selbst handelnde Person eines Dramas.

Die Chronologie der Tatsachen entkräftet die verbreitete Legende, der Gründer der revolutionären Geheimorganisation mit dem seinerzeit fortgeschrittensten Gesellschaftskonzept habe sich nach dem Fehlschlag der Unternehmung des „Hessischen Landboten" als enttäuschter Revolutionär aus der politischen

Praxis zurückgezogen, um als „Dichter" seine eigentliche Bestimmung zu finden.

Die vorzeitige Entdeckung der Flugblattaktion und die danach einsetzende Phase forcierter Gegenreaktionen des großherzoglichen Staatsapparates lähmten zunächst weder die Aktivität der revolutionären Bewegung in Hessen insgesamt noch das tätige persönliche Engagement Büchners. Im Gegenteil — die Folge dieser Zuspitzung und der Erregung, die sie auslöste, war eine Aktivierung der zusammenarbeitenden geheimen Gruppen. Ihre führenden Kräfte, allen voran Weidig und Büchner, vervielfachten ihre Anstrengungen. Erst die endgültige Zerschlagung der geheimen Organisation im Frühjahr 1835 bewirkte die unfreiwillige Beendigung ihrer Tätigkeit.

Die dramatische Wende des Geschehens vom Sommer 1834 war am Abend des 1. August 1834 eingetreten, als Karl Minnigerode in Gießen mit den für die Verteilung in diesem Raum bestimmten Exemplaren der Flugschrift festgenommen wurde. Dieses erste Zuschlagen signalisierte, daß der Einsatz des mobilisierten Machtapparates begonnen hatte und die herausgeforderte Partei des Regimes jetzt offen die Verfolgung aufnahm. Sie wußte von Anfang an, daß sie dabei nicht nur mit energischer Gegenwehr, sondern zugleich mit einer Ausbreitung der aufrührerischen Stimmungen im Lande zu rechnen hatte. Dem damaligen Universitätsrichter Georgi, der im Auftrag der großherzoglichen Regierung die Festnahme Minnigerodes wegen des Verdachts „revolutionärer Umtriebe" veranlaßt hatte, wurden zusätzlich zu den zwei Gendarmen, die den Verhafteten im Karzer der Universität zu bewachen hatten, noch vier Soldaten zur Verfügung gestellt, da man wußte, daß der „Arrestant mit vielen jungen Bürgern und Studenten, die der sog. liberalen Partei angehören, befreundet" war, und man einen Befreiungsversuch nicht für ausgeschlossen hielt.[61] Demonstrationen am Abend der Verhaftung und in der Nacht vor der Wohnung Georgis, wobei „unpassende Gesänge und Geschrei erfolgten"[62], bestätigten, daß solche Befürchtungen nicht unbegründet waren.

Noch in der Nacht bemühte sich der Universitätsrichter (der zugleich als bevollmächtigter Regierungskommissar die staatliche Überwachung der Universität ausübte) um eine Übergabe des Festgenommenen an die Justizbehörden. Weil man in Gießen den Ausbruch von Studentenunruhen befürchtete und die

Sicherheit der dortigen Hafteinrichtungen nicht ausreichend erschien, wurde der Gefangene dem Landesgericht Friedberg übergeben, wo bereits gegen Verfasser revolutionärer Schriften ermittelt wurde. Das Landesgefängnis für politische Gefangene in Friedberg, eine alte Klosterkaserne, in das Minnigerode eingeliefert wurde, hatte 1833/34 schon zur Gefangenhaltung der beim Frankfurter Wachensturm Verhafteten gedient. Es wurde im Hinblick auf das befürchtete weitere Anschwellen der politischen Untergrundbewegung 1835 durch einen modernen sicheren Gefängnisneubau ersetzt.

Minnigerodes engste Gefährten konnten ebensowenig wie er selbst wissen, daß er in eine sorgfältig vorbereitete Falle geraten war, die auch schon für die nächsten Opfer vorbereitet wurde.[63] Sie ahnten nicht, daß kein Zufall, sondern Verrat die Verfolger auf die richtige Spur gebracht hatte. Erst 1844, als umfangreiches Aktenmaterial über die Vorgänge in Hessen an die Öffentlichkeit kam, das der neu erstandenen bürgerlich-demokratischen Kampffront in den deutschen Ländern Argumentationsmittel gegen die feudalbürokratische Willkürjustiz an die Hand gab, wurde bekannt, aus welcher Quelle die Informationen der Regierung stammten.[64]

Der Verräter, der sein Mitwissen nach und nach auf sehr ökonomische Weise verkaufte, war der Butzbacher Konrad Kuhl, ein ehemals reicher, aber wirtschaftlich herabgekommener Landwirt, der sich 1832 dem Kreis um Weidig angeschlossen hatte. Durch großen Eifer für die revolutionäre Sache hatte er sich das Vertrauen der Verschworenen erworben. Schon seit März 1833 diente er als Spitzel und Agent provocateur, nachdem der Großherzog ihm urkundlich Straffreiheit und Geheimhaltung seines Namens zugesichert hatte.[65] Seine Brauchbarkeit als Informant hatte er glaubhaft gemacht, als er den für April 1833 geplanten bewaffneten Aufstand in Frankfurt einen Tag vor dem festgesetzten Termin verriet. Das „Honorar", das er dafür aus dem Großherzoglich Hessischen Zentral-Fiskus erhielt, betrug 2000 Gulden — ein Posten, um den die Aufstellung des „Hessischen Landboten", in der Büchner den Untertanen vorrechnet, was sie für ihre eigene Unterdrückung bezahlen müssen, noch zu ergänzen wäre.

Auch Minnigerodes Verhaftung lag eine Denunziation Kuhls zugrunde, der in die „Landboten"-Aktion eingeweiht war und den Zeitpunkt angeben konnte, wann Minnigerode und der Gießener Jurastudent Schütz mit einem Teil der in Offenbach gedruckten Auflage in Gießen eintreffen mußten. Dieser Information ließ Kuhl nun immer neue folgen, und zwar so, daß auch die weiteren Verhaftungen als zufällig erscheinen konnten und es zunächst noch möglich war, die illegale Tätigkeit fortzusetzen. Die Beteiligten blieben auf diese Weise im unklaren über den Ermittlungsstand der Untersuchungsorgane. So hat Büchner nie erfahren, daß er noch am gleichen Tage wie Minnigerode von Kuhl angezeigt worden war und daraufhin bereits am 1. August 1834 eine Anweisung des Innen- und Justizministeriums an den Universitätsrichter ergangen war, ihn verhaften zu lassen.

Das Schreiben des Ministeriums an Georgi im Anschluß an die Minnigerode betreffende Verfügung lautet:

Mit Bezug auf unser Rescript vom heutigen bemerken wir Ihnen weiter, daß nach den uns zugekommenen Anzeigen der Student Büchner zu Gießen der Verfasser der in Rede stehenden revolutionären Druckschrift seyn soll. Wir halten es nicht allein wegen dieses gegen denselben vorliegenden Verdachtes, sondern auch um Collusionen vorzubeugen, für dringend nöthig, daß derselbe alsbald verhaftet und seine Effekten unter Siegel gelegt werden. Wir beauftragen Sie, dieses unverzüglich zu bewerkstelligen und davon das Gr. Hofgericht zu benachrichtigen.

Mundiert am 1. August 1834[66]

Georgi ließ noch in derselben Nacht, in der ihm die Order zuging, um das Haus, in dem Büchner wohnte, Wachen aufstellen, die sein Entkommen verhindern sollten. Er selbst erschien frühmorgens, um den Haftbefehl zu vollstrecken. Da er den Gesuchten nicht in seinem Quartier antraf, durchsuchte er das Zimmer, beschlagnahmte Papiere und ließ anschließend den Schrank versiegeln. Den vorgefundenen Briefen konnte er entnehmen, daß Büchner sich mit seinem Straßburger Freund Eugen Boeckel in Frankfurt treffen wollte. Daraufhin erhielt das Polizeiamt Frankfurt von Georgi unverzüglich ein Fahndungsgesuch mit dieser Personenbeschreibung:

Signalement des stud. med. Georg Büchner von Darmstadt:
Alter: 20 Jahre. — Größe: 6 Schuh 9 Zoll hessisches Maas. —

Haare: blond. — Stirn: sehr gewölbt. — Augenbrauen: blonde. —
Augen: graue. — Nase: stark. — Mund: klein. — Bart: blond, etwas am Kinne und schwacher Schnurrbart. — Kinn: rund. — An-
gesicht: oval. — Gesichtsfarbe: frisch. — Besondere Zeichen:
düstern, nach der Erde gesenkten Blick, dem Anscheine nach
kurzsichtig, trägt zuweilen eine Brille. Geht etwas einseitig. —
Wahrscheinliche Kleidung: runder schwarzer Hut; Rock: blau-
tüchner, eine Art Polonaise mit Schnüren auf der Brust und Rük-
ken, sog. Blattlitzen; Beinkleider: unbekannt; Stiefeln: gewöhnlich.[67]

2

Der Autor der entdeckten Flugschrift, dem zu dieser Zeit von alledem nur die Verhaftung Minnigerodes bekannt war und der
sich seiner Anonymität noch sicher wähnte, hatte unterdessen
die glänzendste Probe dafür angetreten, daß er nicht nur verstand, scharfsinnig zu reflektieren und zu schreiben, sondern
auch fähig war, mit der Tat für sein Wort einzustehen. Die Aktivität, die er von dieser Stunde an bis zu seiner Flucht nach der
Niederschrift und der Absendung von „Dantons Tod" entwik-
kelte, bezeugt, wie er rasches unerschrockenes Handeln mit um-
sichtiger Überlegung, taktischer Zielgerichtetheit und sicherer
psychologischer Einschätzung zu verbinden wußte.
Die Gießener Mitglieder der Gesellschaft der Menschenrechte waren durch das augenblickliche Bekanntwerden der
Verhaftung Minnigerodes rechtzeitig gewarnt. Schon eine halbe
Stunde später machte sich Büchner auf den Weg, um die unmittelbar gefährdeten auswärtigen Freunde zu verständigen; zuerst
in Butzbach, wo er gegen Mitternacht ankam. Nach Karl Zeuner[68], der die für das Butzbacher Gebiet bestimmten „Landboten"-Exemplare abgeholt hatte, suchte er Weidig auf, der den
organisatorischen Ablauf der Unternehmung leitete und bei dem
sich auch August Becker befand. Seinen Weg schnellstens von
Butzbach über Friedberg bis Offenbach fortsetzend, konnte er
noch rechtzeitig Schütz erreichen, der inzwischen einen weiteren Posten des „Landboten" zur Verteilung nach Darmstadt befördert hatte. Schütz, über dessen unmittelbare Gefährdung kein
Zweifel bestand, tauchte für kurze Zeit abwechselnd an verschiedenen Orten bei Freunden unter und brachte sich dann durch die

Flucht über die französische Grenze in Sicherheit. In Offenbach, wo Büchner nach seinem nächtlichen Marsch am 2. August um Mittag bei dem Buchhändler Karl Preller ankam, sorgte er mit diesem dafür, daß der Satz und alles belastende Material beseitigt wurden. Die Benachrichtigung der Verbindungsmänner in Darmstadt übernahm Preller.

In Frankfurt, wo Büchner sich anschließend bis zum 4. August aufhielt, waren die Führer der dortigen Geheimverbindungen schon informiert und konnten ihm mitteilen, daß nach Schütz bereits gefahndet wurde.[69] Dies und die unverzüglich erfolgte ergebnislose Haussuchung bei Preller in Offenbach waren die Bestätigung dafür, daß Büchner den dreitägigen Wettlauf mit der Zeit nur mit äußerst knappem Vorsprung gewonnen hatte.

In dem Brief aus Frankfurt an die Familie, in dem der soeben Angekommene seine Reise schildert, ist ihm nichts von seiner Atemlosigkeit anzumerken. Da nimmt der Marathonlauf zur Abwendung akuter Gefährdungen sich wie ein idyllischer Mondscheinausflug aus: *„Freitag Abends* ging ich von Gießen weg; ich wählte die Nacht der gewaltigen Hitze wegen, und so wanderte ich in der lieblichsten Kühle unter hellem Sternenhimmel, an dessen fernstem Horizonte ein beständiges Blitzen leuchtete. Theils zu Fuß, theils fahrend mit Postillonen und sonstigem Gesindel, legte ich während der Nacht den größten Theil des Wegs zurück. Ich ruhte mehrmals unterwegs. Gegen Mittag war ich in Offenbach. Den kleinen Umweg machte ich, weil es von dieser Seite leichter ist, in die Stadt zu kommen, ohne angehalten zu werden. Die Zeit erlaubte mir nicht, mich mit den nöthigen Papieren zu versehen."[70] So suchte der Briefschreiber zu erwartenden Besorgnissen der Eltern vorzubeugen und zugleich sein Alibi zu untermauern, das ihm der Zufall und dessen kluge Nutzung verschafften; denn wirklich hatte er u. a. auch nicht versäumt, sich in Frankfurt mit Boeckel zu treffen, was der vorgebliche Zweck der Reise war.

Nichts ahnend von einer Denunziation und dem schon gegen ihn vorliegenden Haftbefehl nebst Fahndungsanweisung, baute er fest auf dieses Alibi und auf die Tatsache, daß er in der halben Stunde zwischen Minnigerodes Verhaftung und seinem Aufbruch nach Butzbach, Offenbach und Frankfurt dafür gesorgt hatte, daß sich unter seinen zurückgelassenen Papieren in Gießen *„keine* Zeile, die mich compromittiren könnte"[71], befand.

Minnigerodes Verschwiegenheit stand ihm außer jedem Zweifel. Auf diese Sicherheit sowie auf die Einschätzung der Rechtslage auf Grund genauer Kenntnis der Gesetze, die eine Haussuchung in Abwesenheit des Bewohners nach so kurzer Zeit nur unter bestimmten Ausnahmebedingungen gestatteten, die nicht gegeben schienen,[72] gründete sich die offensive Taktik, zu der Büchner sich entschloß, als er, nach Gießen zurückgekehrt, sein Zimmer durchsucht und seinen Schrank versiegelt fand.

Ohne zu zögern, ging er zum Universitätsgericht, um sich zu beschweren und eine Erklärung zu verlangen. Unbeirrbar in der Konsequenz seiner auf Überraschung und Entwaffnung des Gegners berechneten Taktik, geht er noch einen Schritt weiter. Er verklagt Georgi beim Disziplinargericht und bittet um „Schutz gegen die Willkür des Universitätsrichters"[73]. So schöpft er voll die Rolle des empörten Unschuldigen aus, die er in seinen brieflichen Berichten auch den Eltern vorspielt. Einige Monate später läßt er seinen Danton sagen: „. . . wir stehen immer auf dem Theater, wenn wir auch zuletzt im Ernst erstochen werden."[74] Sätze wie diese erhellen blitzartig die Dialektik, die Büchner im Verhältnis von Kunst und Leben, von Spiel und Wirklichkeit empirisch gewahrte.[75]

Das unerschrockene Auftreten vor dem Universitätsrichter verfehlte nicht die beabsichtigte Wirkung. Seiner Sache unsicher geworden, ohne eine Bestätigung der vorliegenden Verdachtsmomente und damit auch ohne Rechtfertigung für sein bisheriges Vorgehen, wagte es Georgi nicht, im Anschluß an die Vernehmung die angeordnete Verhaftung vorzunehmen.[76] Vor dem Innen- und Justizministerium rechtfertigte er das damit, daß „bis jetzt kein bestimmter Anhaltspunkt gegeben ist, und *Büchner sich gewiß nicht gestellt haben würde, wenn er sich nicht hinlänglich sicher wüßte; so habe ich es gewagt, die befohlene Verhaftung nicht zu vollziehen*"[77].

Er bat darum, zunächst nähere Angaben von dem Erstatter der Anzeige einzuholen, dessen Name, wie vom Großherzog garantiert, auch vor den ermittelnden Beamten streng geheimgehalten wurde. Da auch bei den Haussuchungen in Offenbach nichts gefunden worden war, was den vorliegenden Verdacht hätte bestätigen können, müssen — als Erfolg der ebenso raschen wie umsichtigen Spurenbeseitigung durch Büchner — zeitweise Zweifel an der Stichhaltigkeit der Denunziationen Kuhls aufgekommen sein. So erklärt sich, daß in dem Reskript des Ministeriums vom 7. August die Unterlassung der Verhaftung Büchners durch Georgi „unter den obwaltenden Umständen" gebilligt wurde.[78]

Büchner hatte also mehr Grund, als er selbst ahnte, mit dem Erfolg seiner Abwehraktion zufrieden zu sein. Wie knapp und vorläufig er davongekommen war, geht aus dem 1920 von Wilhelm Diehl entdeckten Schriftwechsel zwischen dem großherzoglichen Innen- und Justizministerium in Darmstadt und dem Gießener Universitätsgericht hervor. Danach hatte der Verdacht gegen den mutmaßlichen Verfasser des als „hochverrätherische", weil „unzweifelhaft revolutionäre" Schrift klassifizierten „Hessischen Landboten"[79] sich keinesfalls zerstreut, vielmehr durch die Ergebnisse eingehender Nachforschungen zunehmend verdichtet. Schon am 7. August war das Ministerium auf den Nachweis aus, daß das Zusammentreffen mit dem ganz unverdächtigen Straßburger Studienfreund nur der „ostensible Zweck" von Büchners Reise nach Frankfurt war, die in Wirklichkeit „dazu gedient haben kann, andere bei der Entstehung, dem Druck und der Verbreitung des ‚Landboten' interessierte Personen schnell von dem Vorgang in Gießen in Kenntnis zu setzen"[80]. Um den Nachweis dafür zu erbringen, wurden alle Personen, mit denen Büchner nach eigener Aussage auf dem Weg nach Frankfurt und zurück nach Gießen in Berührung gekommen war, vernommen. Dabei zutage geförderte Unstimmigkeiten, vor allem die Angaben des ahnungslosen Boeckel, der auf der Rückwanderung von Frankfurt nach Straßburg in Mainz von der Polizei aufgefangen und verhört wurde, brachten das scheinbar perfekte Alibi ins Wanken. Und am 17. August hatte Georgi bereits so „erhebliche Anhaltspunkte" beisammen, daß die weiteren Ermittlungen im Fall Büchner den Landesjustizorganen übertragen wurden.[81] Ab Mitte August begann die Verteilung der „Landboten"-Blätter, deren Mehrzahl nicht entdeckt worden war.[82] Im September fand sie ihren durchaus nicht — wie gemeinhin behauptet — erfolglosen Abschluß.

Die Erfahrung, der Eifer und die schlaue Geschicklichkeit, die Georgi beim Aufdecken der „revolutionären Umtriebe" in Hessen bewiesen hatte,[83] qualifizierten ihn dazu, im folgenden Frühjahr als Untersuchungsrichter an das Großherzoglich-Hessische Hofgericht in Darmstadt berufen zu werden, wo er bei der Vorbereitung der zahlreichen Hochverratsprozesse während der folgenden drei Jahre eine berüchtigte Rolle spielte. Der Ruf, den er sich durch seine Hemmungslosigkeit als stadtbekannter Alkoholiker erworben hatte, stand seiner Laufbahn nicht entgegen. Besonders der von ihm verschuldete grausame Tod Ludwig Weidigs 1837 im Darmstädter Untersuchungsgefängnis und die Enthüllungen über die gegen Weidig angewandten Torturen haben Georgis Namen unrühmlich bekannt gemacht und das System, das sich seiner bediente und dessen Produkt er war, bloßgestellt. Georgi machte jedoch nur auffälliger von den Mitteln der Willkür und Gewalttätigkeit Gebrauch, die die geltende Gerichtsordnung an die Hand gab, indem sie den Angeklagten ohne Verteidigungsmöglichkeit einem geheimen Inquisitionsverfahren unterwarf. Zweck dieser Praxis war es, fehlende Beweise und mangelnde Geständniswilligkeit durch erzwungene Aussagen zu ersetzen. Minnigerode, der ebenso standhaft schwieg wie Weidig und sich weigerte, andere zu belasten, entging nur knapp demselben Schicksal. Er wurde 1837 nach ebenfalls zweijähriger Isolier- und Folterhaft ohne Urteilsspruch, körperlich und psychisch zerrüttet, als haftunfähig entlassen. Viele namenlos gebliebene andere wurden derselben Art von „Gesetzlichkeit" ausgeliefert. Nach zahlreichen polizeilichen Vorladungen und Verhören, die vom Herbst 1834 bis zum Frühjahr 1835 zunahmen, begann Anfang April eine große Verhaftungswelle. Insgesamt weiß man von mehr als 70 Personen, gegen die zu jener Zeit Prozesse wegen staatsverräterischer Umtriebe angestrengt wurden. 27 von ihnen konnten sich durch die Flucht ins Ausland retten. Über die Zahl der Verurteilten und der ohne Urteil Eingekerkerten liegen abweichende Angaben vor. Allein am 5. November 1835 wurden 30 Angeklagte wegen revolutionärer Betätigung in Oberhessen zu Freiheitsstrafen bis zu zehn Jahren verurteilt.[84] August Becker, Gustav Klemm und andere nahe Freunde und Vertraute, die — wie Weidig — kurz nach Büchners Flucht verhaftet wurden, befanden sich darunter. Der Bau moderner Gefängnisse begleitete den Fortschritt der industriellen Revolution in dieser frühen Phase. So erhielt jetzt auch Darmstadt ein Arresthaus für politische Gefangene.

Der Hofgerichtsrat Georgi, der ein Großteil der Verhaftungen veranlaßte, unterzeichnete am 13. Juni 1835 einen weiteren Steckbrief gegen den zu dieser Zeit bereits entkommenen Büchner.[85] Es ist eine durchaus naheliegende Vermutung, daß er eine Gelegenheit, sich an Büchner zu rächen, nicht weniger grausam benutzt hätte als im Falle Weidigs, dessen Behandlung auf Grund einer ähnlichen Konstellation den Charakter einer besonders ausgefallenen persönlichen Abrechnung annahm.

3

In der geschilderten Situation wird man einigen näheren Anhalt finden, wenn man die Frage zu beantworten sucht, wie ein durch keine literarische Ambition vorbelasteter einundzwanzigjähriger Medizinstudent, der sich ganz der materiellen Umwälzung der Gesellschaft verschrieben hat, dazu kommt, unter solchen Umständen ein Drama zu dichten.

An der Wiege von Kunst pflegt man sich Musen zu denken, mitunter auch Dämonen. Aber schwerlich kann man sich im vorliegenden Fall mit dem Hinweis auf das „Mysterium der Kunst" und ihrer Herkunft aus „den Fittichen der Dämonen" als Erklärung zufriedengeben, wie dies Gottfried Benn in seiner Rede bei der Verleihung des Georg-Büchner-Preises 1951 tat.[86] Die Muse, die den jungen Dichter des „Buches der Lieder" beflügelte, hieß Amalie, und man weiß, daß sie keineswegs von jenem beglückenden göttlichen Charakter war, der den Musen während vergangener Hohezeiten der Kunst zugeschrieben wurde. Im Falle des Autors von „Dantons Tod" ist soviel gewiß, daß seine Muse nicht — auch nicht in einem so eingeschränkten Sinne — Wilhelmine hieß.

Einmal, inzwischen Anatomiedozent in Zürich, hätte er sich von seiner Braut fast zu einer poetischen Phrase hinreißen lassen: „Das Beste ist, meine Phantasie ist thätig, und die mechanische Beschäftigung des Präparirens läßt ihr Raum. Ich sehe dich immer so halb durch zwischen Fischschwänzen, Froschzehen u.s.w. Ist das nicht rührender, als die Geschichte von Abälard, wie sich ihm Heloise immer zwischen die Lippen und das Gebet drängt?"[87] Aber die selbstkommentierende Wendung, die er unmittelbar daran anschließt, ist ernüchternd ironisch: „O, ich werde jeden Tag poetischer, alle meine Gedanken schwimmen in Spiritus."

Sich in jungen Jahren mehr oder weniger dilettierend der Poesie hinzugeben gehörte in jener kunstseligen Zeit geradezu obligatorisch zum Bildungsgang für Angehörige aller auch nur halbwegs gehobenen Schichten. So selbstverständlich der Umgang mit Gedichten zum geistigen Haushalt der bürgerlichen Familie gehörte, so allgemein verbreitet war es auch, sich selbst im Verseschreiben zu versuchen. Der im Vergleich zu Büchner etwas jüngere Philosophiestudent Karl Marx machte darin ebensowenig eine Ausnahme wie zuvor der um einiges ältere Kaufmannslehrling Harry Heine oder ein beliebiger anderer junger Mann von anderem Beruf und vergleichbarer Herkunft. Als der neunzehnjährige Büchner einen freundschaftlichen Vermittlungsdienst a conto „Muse der teutschen Dichtkunst" leistete, tat er es schon mit auffälliger ironischer Distanziertheit.[88] Eineinhalb Jahre später kann er seinen poesiebeflissenen Freunden nicht verhehlen: „das ästhetische Geschlapp steht mir am Hals"[89].

Seine „Musen" — das Wort erhält einen veränderten Ausdruckswert durch ihn — waren nach dem Selbstzeugnis des „Danton"-Autors „die Darmstädtischen Polizeidiener" gewesen.[90] In den hessischen Staatsgefängnissen, in den Dunkelzellen, wo seine Genossen an Ketten geschlossen, mit Hungerstrafen belegt und mit dem Ochsenziemer geschlagen wurden (wie sogar ein zur Selbstrechtfertigung im Regierungsauftrag angefertigter offizieller Bericht[91] bestätigt), war der Sitz der „Dämonen", die Büchner bis in die Fieberphantasien seiner letzten Lebenstage verfolgten.

„Es liegt schwer auf mir, wenn ich mir Darmstadt vorstelle", schreibt er, noch nicht lange im französischen Exil, wo noch immer der Schatten einer drohenden Auslieferung über ihm schwebt, am 16. Juli 1835 an die Eltern, „ich sehe unser Haus und den Garten und dann unwillkührlich das abscheuliche Arresthaus. Die Unglücklichen! Wie wird das enden? Wohl wie in Frankfurt, wo Einer nach dem Andern stirbt und in der Stille begraben wird. Ein Todesurtheil, ein Schafott, was ist das? Man stirbt für seine Sache. Aber so im Gefängniß auf eine langsame Weise aufgerieben zu werden! Das ist entsetzlich!"[92] Und aus Zürich am 20. November 1836 (auf Grund einer Nachricht, die sich nicht bestätigte): „Minnigerode ist todt, wie man mir schreibt, das heißt, er ist drei Jahre lang todtgequält worden. Drei Jahre! Die französischen Blutmänner brachten einen doch in ein paar Stunden um, das Urtheil und dann die Guillotine! Aber drei Jahre! Wir haben eine gar menschliche Regierung, sie kann kein Blut sehen. Und so sitzen noch an vierzig Menschen, und das ist keine Anarchie, das ist Ordnung und Recht . . ."[93]

Den Eltern, denen er das schreibt, hatte er schon am 9. März 1835 (sogleich nach dem Überschreiten der französischen Grenze) den günstigsten Verlauf des Schicksals ausgemalt, das ihn in Hessen erwartet hätte, selbst wenn ihm, wie er unterstellte, keine Schuld nachgewiesen werden konnte: „Ich konnte mich unserer politischen Inquisition stellen; von dem Resultat einer Untersuchung hatte ich nichts zu befürchten, aber alles von der Untersuchung selbst . . . Ich bin überzeugt, daß nach einem Verlaufe von zwei bis drei Jahren meiner Rückkehr nichts mehr im Wege stehen wird. Diese Zeit hätte ich im Falle des Bleibens in einem Kerker zu Friedberg versessen; körperlich und geistig zerrüttet wäre ich dann entlassen worden. Dies stand mir so deutlich vor Augen, dessen war ich so gewiß, daß ich das große Übel einer freiwilligen Verbannung wählte."[94]

Dann kommentiert er die Bestätigung seiner Voraussicht an anderen, die der willkürlich ausdehnbaren Untersuchungshaft nicht entgangen waren: „Das heiße ich einen doch lebendig begraben. Mich schaudert, wenn ich denke, was vielleicht mein Schicksal gewesen wäre!"[95] Er kannte die Verhältnisse, wußte über genügend Einzelheiten Bescheid, konnte absehen, welchen doppelten Gefährdungen ihn seine Sensibilität aussetzen mußte, und verfügte über eine ausreichend zuverlässige Phantasie, um sich vorzustellen: „ich wäre in so einem Loch verrückt geworden"[96].

Auch ohne die wohlbekannte maliziöse Verfolgungssucht Georgis in Rechnung zu stellen, konnte Büchner sich keiner Täuschung über die Bedrohlichkeit seiner Situation hingeben, als er an jenem 5. August 1834 die Herausforderung parierte und sich, rasch entschlossen, der Konfrontation mit dem Beauftragten des Regimes stellte. Schon die Aussagen des „Landboten"-Textes und ihre prompte detailreiche Bestätigung durch die handgreifliche Reaktion, die sie auslösten, ließen keinen Zweifel, was der zu erwarten hatte, der in die Mühlen der Justiz dieser „Ordnung" geriet. Büchner wußte gut, was er tat, und kannte sehr genau das Risiko. Und er ist der Konsequenz seines Handelns, auch als er schon zu schreiben begonnen hatte, nicht ausgewichen.

Der Zeitraum von sieben Monaten zwischen der vorzeitigen

Entdeckung der Aktion und seiner Flucht, in dessen letzten Teil die Niederschrift des „Danton" fällt, beweist das. Hätte er sein erstes Stück nicht während der noch andauernden Phase des akuten Kampfes mit einem keinesfalls unterschätzten Gegner, sondern erst nach der Flucht, im relativ sicheren Exil geschrieben, könnte die Theorie vom Bruch zwischen dem Revolutionär und dem Dichter Büchner, die den Ursprung seines künstlerischen Schaffens in der enttäuschten Abkehr von der Politik sucht, wenigstens den Schein einer gewissen Möglichkeit für sich beanspruchen. Die Umstände der Entstehung des Werks legen dagegen unabweisbar nahe, daß „Dantons Tod" nicht als enttäuschte Absage an den bisherigen Weg, sondern vielmehr als Bestandteil des Ringens um die gefährdete Perspektive — d. h. um neu zu gewinnenden Handlungsspielraum — der in die Krise geratenen revolutionären Bewegung und, unablöslich damit verknüpft, der eigenen Existenz entstanden ist. „Danton" und der „Landbote" sind unterschiedliche Momente eines einheitlichen, obschon in sich widerspruchsvollen Aktionszusammenhangs.

Es hieße freilich, die Kontinuität, die dieser Zusammenhang erkennen läßt, mißdeuten, faßte man das nun einsetzende literarische Schaffen Büchners lediglich als einsträngige Fortsetzung seiner bisherigen direkt politischen Aktivität mit anderen, nunmehr ästhetischen Mitteln auf.[97] Mit der Befragung des gesellschaftlichen Prozesses und der literarischen Durchleuchtung der ungelösten Revolutionsproblematik war für den Autor die Reflexion der eigenen Rolle notwendig verbunden. Es entspringt zweifellos dem dringlich gewordenen Bedürfnis Büchners nach Selbstvergewisserung, wenn in seinem Stück zugleich mit dem Schicksal der Massen die Situation des Individuums — in Gestalt der unterschiedlich betroffenen handelnden Personen — zum Gegenstand des Interesses wird. Das geschieht so konsequent, daß die empirische Sicht auf die Totalität menschlicher Beziehungen in Büchners Revolutionsstück trotz genauester historischer Treue die herkömmliche Genregrenze des historischen Dramas sprengt.[98] Bedeutende geschichtliche Aktion zeigt sich durchdrungen von gewöhnlich Alltäglichem, Öffentliches von Privatem, Erotik entfaltet sich als eigenwertige Lebensäußerung neben Politik. Auch der Vergleichbarkeit mit der rein politischen Dichtung des Vormärz — abgesehen von einigen Parallelen zu

Heine — entzieht sich Büchners erstes Drama. Das gilt noch mehr für seine folgenden Werke. Gerade in ihrem komplexen Zugriff aber bezeichnen diese Texte eine epochengeschichtliche Wendemarke und machen dabei deutlich, daß der Eintritt Büchners in die Literatur seinen unvertauschbaren historischen Ort hat, den die Werkinterpretation zu beachten hat, wenn sie sich nicht ins Spekulative verlieren will.

Der Einschnitt, der sich auf Büchners Leben und seine weiteren Wirkungsmöglichkeiten folgenreich auswirken mußte, ist nicht ein zufällig auf diesen Zeitpunkt treffendes Ergebnis individueller Entwicklung, er ist gleichermaßen ein Moment hessischer „Winkelpolitik" und europäischer Zeitgeschichte zwischen den Revolutionen von 1830 und 1848. In sie war mit dem ersten politischen Auftreten des industriellen Proletariats in Frankreich ein neues Element gekommen.[99] An der Knebelung der republikanischen Opposition in Frankreich, in der das proletarische Element sowie frühe sozialistische und kommunistische Gedanken rasch Auftrieb erhielten, und in den deutschen Ländern — insbesondere an der massiven Unterdrückung der politisierten bürgerlichen Emanzipationsliteratur seit 1835 — läßt sich ablesen, wie umfassend es den regierenden Mächten gelungen war, die Initiative des Handelns noch einmal zurückzugewinnen, den Politisierungsprozeß noch einmal zu stoppen und sich eine Zeitlang unangefochten als Beherrscher der Szene zu behaupten, bis in den vierziger Jahren schließlich die zweite, nicht mehr eindämmbare, von einer breiten sozialen Basis getragene Offensive der revolutionären Kräfte einsetzte. Die kurz bemessene Zeit von Büchners literarischem Schaffen fällt mitten in die Phase des tiefsten Abschwungs der Bewegung. Er fängt in dem Augenblick zu sprechen an, als die neue Literatur zu verstummen beginnt. Er nimmt das Thema der Revolution im umfassendsten Sinne und in seiner fortgeschrittensten Fragestellung auf, als es still wird im eben noch so stürmisch rauschenden deutschen Dichterwald, als man sich rundum darauf verwiesen sieht, ins Private und Poetisch-Allgemeine auszuweichen. Wer noch kann, schreibt Gedichte; wer schreiben muß, um davon zu leben, oder was zu erzählen hat, schreibt Prosa. Dramen, die man wirklich so nennen kann, kommen da ganz unvermutet. Aus dem Tiefpunkt der Bewegung, der Phase des Rückzugs und Atemholens, ragt wie ein einzelner Brückenpfeiler einer nicht weitergeführten Trasse in eine ungewisse, noch nicht absehbare Zukunft das Werk Büchners, eines nicht von Berufs wegen und nicht aus literarischem Ehrgeiz schreibenden Außenseiters.

4

Wie aber können Polizeibüttel Musendienste leisten? Und wie setzt sich eine bestimmte Art praktischen Verhaltens in der Realität in die Produktion einer bestimmten Art von Kunstwirklichkeit um?

Offenkundig besteht zwischen beidem ein Zusammenhang, der einen Übergang vom einen ins andere ermöglicht und der das eine durch das andere zu erhellen vermag. Anhaltspunkte dafür, die helfen, die Dialektik in diesem Verhältnis von Handeln und Schreiben einsehbar zu machen, sind gegeben.

Die Erfahrung der Wirklichkeit als des Raumes, in dem die Dinge hart aufeinander stoßen, belehrt den praktisch Handelnden über den Unterschied zwischen der Realität des Lebens auf der einen und der Kunst als vorgestelltem, fiktivem Leben auf der anderen Seite. Das eine mit dem anderen zu verwechseln lag gerade Autoren der Generation Büchners besonders nahe, die enthusiastisch die Losung der Vereinigung von Wort und Tat, von Literatur und Leben aufgegriffen hatten. So wollte Theodor Mundt, daß man in seinem 1835 erschienenen reflexionsüberladenen Prosabuch „Madonna. Unterhaltungen mit einer Heiligen" „eigentlich gar kein Buch" sehen sollte, „sondern bloß ein Stück Leben, das sich, wie Schlangenhäutung auf diesen zerstreuten Blättern abgelöst" habe.[100] Herausgefordert worden war der Aktivismus, der hier Deklaration blieb, durch die vertiefte Entfremdung der dem Idealen zugewandten Kunst von den nächstliegenden Bedürfnissen der Menschen in der Periode der nachnapoleonischen Restauration. Die alte Ordnung hatte Veranlassung, sich ihre historische Überständigkeit und die Scheinhaftigkeit ihrer mehr und mehr ausgehöhlten Werte zu verbergen; die Opposition der bloßen Gesinnung dagegen, die meinte, die Macht der Umstände ohne wirkliches Risiko überspringen zu können, verbarg sich auf ihre Weise die eigene Ohnmacht.

Aus der Sicht des für wirkliche Veränderung wirklich Eintretenden mußte es aber von besonderem Nutzen sein, Schein und Sein, die sich in Kunst und Gesellschaft vielfach im Zwielicht zeigten, in ihrem wahren Verhältnis zueinander, nämlich in den Funktionsmomenten, die dieses Verhältnis in sich barg, zu erfassen. Er hatte zwischen tatsächlich eingreifender und nur scheinhafter Aktion kritisch zu unterscheiden, er brauchte Klarheit über die jeweilige Grenze des nach Wunsch und Plan Machbaren. Im objektiv Festgelegten Freiräume des Handelns abzustecken war sein Interesse. Das war Anlaß genug für Büchner, das empirische Material, das ihm die persönliche Erfahrung und das Studium historischer Überlieferung einbrachten, auf jede Weise, die genauere Auskunft versprach, zu befragen und kritisch durchzuspielen.

Genau das tat er, indem er sein Drama schrieb. Das Durchprobieren vorgegebener Rollen, d. h. Positionen, Interessenstandpunkte, Aktionsradien und Aktionsweisen, das er dort betreibt, beginnt im realen Raum und wendet sich im Ergebnis zuletzt an den wiederum im realen Raum durch den Zwang der Umstände zum Handeln Gedrängten, wie auch immer das Ergebnis ausfällt. Es sind vornehmlich Krisensituationen, die solchen Spielzwang auslösen. In ihnen werden Rollen auf die Probe gestellt, ihre Träger gezwungen, sich in ihnen ihrer selbst bewußt zu werden, oder sie werden genötigt, ihre Rollen, soweit sie erschöpft sind, aufzugeben oder neu zu bestimmen. Das widerfährt den Figuren seines Stückes an ihrem in der ästhetischen Fiktion aus geschichtlicher Vergangenheit heraufbeschworenen Ort wie ihm selbst an seinem wirklichen, gegenwärtigen. Die empirische Erschöpfung des realen Spielraums, das Stoßen an die Schranke, forderte genau an dem Punkt, wo vorausgeplantes Handeln nicht mehr weiterhalf, spontanes Reagieren, improvisiertes Spiel heraus, daß den Widerspruch, der in der jeweiligen Situation selbst lag, auszunutzen trachtete. Das erforderte, sich auf deren konkrete Besonderheit praktisch einzustellen und auch ihr Zufälliges mitzuerfassen.

Über die Begrenztheit dieses Hier und Jetzt hinweg eröffnete sich ein anderes Probierfeld, das weit uneingeschränkter war und das zugleich das Unwiederholbare zu wiederholen und den Augenblick festzuhalten erlaubte. Was sich unter den einmaligen, fest vorgegebenen Bedingungen der Wirklichkeit des Tages als nicht zu Ende führbar erwies, konnte hier im Bereich ästhetischer Vergegenständlichung einer Analyse und Verallgemeinerung zugeführt werden, zu der sich die wissenschaftliche Theorie erst zehn Jahre später das geeignete Rüstzeug erwarb.

Daß dies nicht als Rückzug in ein ästhetisches Refugium zu verstehen ist, darauf deutet nicht nur der schon zitierte Ausspruch Dantons hin: „... wir stehen immer auf dem Theater, wenn wir auch zuletzt im Ernst erstochen werden." Dieser enthält aber immerhin, abgesehen von seinem Stellenwert in dem Motivkreis, dem er angehört, einen Schlüssel zu dem Vorgang, der in der Niederschrift des Stückes manifest wird. Das Verhältnis von Spiel und Ernst gibt hier den geheimen Umschlag, den es in sich birgt, zu erkennen. Das Stück selbst und bereits die Geschichte seiner Entstehung verweisen von diesem Punkt aus auf verschiedene Übergänge zwischen Wirklichkeit und Theater.

Das Spiel, das die Kunst vorführt, insbesondere das Schauspiel auf dem Theater, bietet — bei Ersparung eines Risikos — die Möglichkeit, den Ernst des wirklichen Lebens mit gesteigerter Eindringlichkeit erscheinen zu lassen — und es belohnt das (eingebildete!) „augenblickliche Leiden", wie Schiller sagt, „mit wollüstigen Thränen, und einem herrlichen Zuwachs an Muth und Erfahrung"[101]. Ohne wirklichen Einsatz bleibt es freilich auch ohne wirkliche Folgen. Im Gespräch mit Danton hebt Büchners Camille Desmoulins diesen Punkt hervor: „Die Griechen wußten, was sie sagten, wenn sie erzählten Pygmalions Statue sey wohl lebendig geworden, habe aber keine Kinder bekommen."[102]

Andererseits ist, was auf der Bühne nur scheinhaft und folgenlos geschieht, nicht ohne Entsprechung in der wirklichen Welt. Die Wirklichkeit selbst kann, wenn sie in die Krise gerät und dem Handelnden uneingestanden entgleitet, in „Theater" übergehen. Sie wird dann zur verfälschten Wirklichkeit. Die üppige Scheinblüte des Theaterwesens der Metternichschen Restaurationszeit sowie deren allgemeiner Kunstfetischismus haben hierin ihren Nährboden.

Wie die Geschichte selbst solcherart „Komödien" produziert, konnte Büchner von Grabbe lernen, der in „Napoleon oder Die hundert Tage" das Restaurationsregime der Bourbonen als anachronistisch-groteske Komödie Revue passieren läßt und in einem Gegenstück dazu auch die mit feierlichem Pomp vollzogene Verkündigung der scheindemokratischen konstitutionellen Zusatzakte durch Napoleon als theatralische Farce entlarvte.

Schon die Romantiker hatten in der wirklichen Welt das Surrogathafte, Vorgetäuschte und Theaterhafte gesehen und das individuelle Leben als Rollenspiel aufgefaßt. In Heine vor allem, dem das Bild von der Bühne der Weltgeschichte geläufig war, hatte Büchner ein Muster vor Augen, wie die Enthüllung des Theaterhaften in den Dienst der kritischen Analyse politischer Zeitvorgänge gestellt werden konnte. So beschrieb Heine in dem Korrespondentenbericht aus Paris vom 12. Februar 1832 seine Desillusionierung über den Ministerpräsidenten der Julimonarchie Casimir Périer als die Entdeckung des Schauspielers im Politiker: „Man muß Hrn. Perier auf der Tribüne gesehen haben, um nicht mehr zu zweifeln, wie es mit seinem ministeriellen Gewissen beschaffen ist. Dort wird er völlig zum Schauspieler, hebt und senkt seine Stimme, deklamirt, als stände er auf den Brettern des Théatre français, ja er verschmäht es nicht zuweilen einen Ton anzunehmen, als wäre sein Herz gepreßt und müßte er Thränen zurükhalten…"[103] Den Anlaß zu dieser Beobachtung, über den sich Heine nicht äußert, gab eine Parlamentsdebatte zur Niederschlagung des Warschauer Aufstands durch zaristische Truppen. Wortreiche Solidaritätsbeteuerungen mit den besiegten polnischen Patrioten bemäntelten in dieser Debatte lediglich das tatenlose Zuschauen Frankreichs.

Büchner selbst bewies schon früh einen Blick für das Theaterhafte an realen, aber nichtsdestoweniger scheinhaften Handlungen. Im Parlamentarismus der konstitutionellen süddeutschen Liberalen sah er nichts als eine „Affenkomödie" auf Kosten des Volkes.[104] Und es lag auf der gleichen Ebene, wenn er auf der Suche nach den wirklichen Triebkräften der Geschichte im Frühjahr 1834 schrieb, daß es ihm nicht mehr einfalle, sich vor den „Paradegäulen", die das offizielle Geschichtsbild beherrschten, zu bücken.[105]

Schon der erste Brief Büchners, der überliefert ist, aus Straßburg vom 4. Dezember 1831, ist eine perfekte Probe aufs Exempel. Büchner schildert darin den Empfang der in ganz Europa gefeierten exilierten Helden des gescheiterten polnischen Aufstands: „Als sich das Gerücht verbreitete, daß Ramorino durch Straßburg reisen würde, eröffneten die Studenten sogleich eine Subscription und beschlossen, ihm mit einer schwarzen Fahne entgegenzuziehen. Endlich traf die Nachricht hier ein, daß Ramorino den Nachmittag mit den Generälen Schneider und Langermann ankommen würde. Wir versammelten uns sogleich in der Academie; als wir aber durch das Thor ziehen wollten, ließ der Offizier, der von der Regierung Befehl erhalten hatte, uns mit der Fahne nicht passiren zu lassen, die Wache unter das Gewehr treten, um uns den Durchgang zu wehren. Doch wir brachen mit Gewalt durch und stellten uns drei- bis vierhundert Mann stark an der großen Rheinbrücke auf. An uns schloß sich die Nationalgarde an. Endlich erschien Ramorino, begleitet von einer Menge Reiter; ein Student hält eine Anrede, die er beantwortet, ebenso ein Nationalgardist. Die Nationalgarden umgeben den Wagen und ziehen ihn; wir stellen uns mit der Fahne an die Spitze des Zugs, dem ein großes Musikchor vormarschirt. So ziehen wir in die Stadt, begleitet von einer ungeheuren Volksmenge unter Absingung der Marseillaise und der Carmagnole; überall erschallt der Ruf: Vive la liberté! vive Ramorino! à bas les ministres! à bas le juste milieu! Die Stadt selbst illuminirt, an den Fenstern schwenken die Damen ihre Tücher, und Ramorino wird im Triumph bis zum Gasthof gezogen, wo ihm unser Fahnenträger die Fahne mit dem Wunsch überreicht, daß diese Trauerfahne sich bald in Polens Freiheitsfahne verwandeln möge. Darauf erscheint Ramorino auf dem Balkon, dankt, man ruft Vivat! – und die Comödie ist fertig."[106]

Die hier ausgewiesene Fähigkeit, Übergänge zwischen Wirklichkeit und Schein zu erfassen, besitzt bereits die Qualität geschichtlicher Erfahrung, die aus eigener aktiver Beteiligung entspringt. Der enthüllende Umschlag, den der Schlußsatz bringt, bezieht seine besondere Wirkung daraus, daß der Schreiber nicht etwa ein von vornherein distanzierter Beobachter, sondern ein zunächst spontan Mitagierender ist, der erst am Ende als Kommentator aus dem durchschauten Vorgang heraustritt. Die den polnischen Freiheitshelden entgegengebrachte Solidarität wird nicht zurückgenommen. Was bei dem Teilnehmer der geschilderten Szene ein ernüchterndes Unbefriedigtsein hinterläßt, ist das Gewahrwerden der objektiven Wirkungslosigkeit der ganzen Aktion, die damit den Charakter des Wirklichen einbüßt, zu bloßem Schein, zur „Komödie" wird. Nicht immer ist solches Übergehen von Wirklichkeit in Theater komödienhaft, wie „Dantons Tod" zeigt.

Dem Sozialrevolutionär auf der Höhe der Juli-Ära konnte die Revolution von 1789 nicht mehr als Muster der notwendigen Umwälzungen genügen, hatte sie doch selbst unbeabsichtigt den neuen sozialen Widersprüchen zur Entfaltung verholfen, die für Büchner bereits das Kernproblem der modernen Gesellschaft bildeten. In der Auseinandersetzung mit ihren Konsequenzen kam Büchner dazu, den Charakter des weltgeschichtlichen heroischen Dramas, als das diese Revolution erschien, auf bis dahin unbekannte Weise zu beleuchten. Die Methode, einen revolutionären kritischen Zugang zur Realität durch das empirische Auffinden ihrer ästhetischen Qualitätsmerkmale zu erschließen, kann Büchner in seinem Erstlingswerk schon meisterhaft anwenden, da er sich zuvor bereits als praktisch Handelnder erfolgreich darin geübt hatte. Seine Teilnahme am Empfang der Polen in Straßburg und sein gefahrvolles Spiel mit Georgi sind Proben, die das veranschaulichen. Die selbstgewonnenen Erfahrungen mit Übergängen zwischen Wirklichkeit und Spiel, Aktion und Theatralik, die Erfahrungen im Auffinden und Entziffern ästhetischer Merkmale, die im Wahrnehmbaren unterschiedliche Qualitäten des Wirklichen (oder Scheinhaften) anzeigen, gaben Büchner auch für die literarische Analyse des Vergangenheitsstoffes äußerst aufschlußreiche Kriterien an die Hand.

Die Züge von Theatralik, die das revolutionäre Geschehen auf seinem Höhe- und Krisenpunkt bereits 1793 angenommen hat, werden zum Indiz für die Ohnmacht der Jakobiner gegenüber dem für das weitere Schicksal der Revolution entscheidenden Problem. Das Schauspiel, in das die Revolution übergeht, entbindet seinerseits allerdings blutigen Ernst, indem der sich ausbreitende Terror zur Ersatzhandlung der machtausübenden Fraktion wird.

In der Zeit vom Frühjahr 1793 bis zum Sturz Robespierres am 27. Juli 1794 (9. Thermidor) waren in Frankreich die Köpfe „wie Dachziegel" gefallen und die Hinrichtungen (allein in Paris mehr als 2600) zu einem permanenten öffentlichen Spektakulum geworden, das ein enormes Publikum in Atem hielt. Gleichzeitig wich die regierende Partei im selben Maße, wie die unbeherrschte tatsächliche Entwicklung der gesellschaftlichen Verhältnisse ihren realen politischen Handlungsraum einengte, auf die Ebene reiner Darstellung aus. Großartig inszenierte Revolutionsfeiern, Bürgerfeste mit gewaltigen Massenaufgeboten, deren Organisation und künstlerische Regie dem vielgerühmten klassizistischen Maler der Revolution Jacques-Louis David anvertraut worden war, sollten — über die sich vertiefende Kluft materieller Ungleichheit hinweg — die alle vereinende patriotische Begeisterung beflügeln. Der Staatskult, der im „Kult des Höchsten Wesens" gipfelte, den Robespierre zuletzt noch der Nation als verbindliche Ersatzreligion verordnete, lenkte diese Begeisterung mehr und mehr ins Transzendente ab.[107]

Im zweiten Akt seines Stücks sollte Büchner in scharfer polemischer Wendung gegen das Prinzip idealistischer Kunst vehement auf die empirische Bindung an die ungeschminkte Wirklichkeit insistieren. Die Ablehnung der dogmatisierenden statuarischen Malweise Davids durch Danton als Vergewaltigung der lebendigen Natur und Entwürdigung des Menschen scheint aus dem dramatischen Kontext ebenso herauszufallen wie der Germanizismus der Attacke Camille Desmoulins' gegen Marionetten, „deren Gelenke bei jedem Schritt in fünffüßigen Jamben krachen", im selben Zusammenhang.[108] Um so auffälliger gibt sich dieser Dialog als Schlüsselstelle zu erkennen. Nichts kann in der Tat den Ansatz Büchners zu seinem Drama pointierter kennzeichnen als der ästhetische Gegensatz, in den er sich ausdrücklich zu der idealisierenden Darstellung der Revolution und ihrer Heroen in den malerischen Arrangements Davids begibt, des Klassizisten, in dessen Hände Robespierre die Leitung der staatlichen Kunstkommission gelegt hatte und der später der Hofmaler Napoleons wurde.

Büchner setzte sich damit in seiner Art zu schreiben nicht schlechthin von einem Kunstmodell der Vergangenheit ab (wie er auch den Stoff zu seinem Stück nicht eigentlich als Vergangenheitsstoff auffaßte), er stellte sich, indem er das tat, vor allem gegen ein ästhetisches Programm bürgerlicher Oppositioneller für die Gegenwart, wie es z.B. Philipp Jakob Siebenpfeiffer in patriotischer Hambacher-Fest-Stimmung empfahl: „Der Dichter und der Künstler fänden in der Geschichte der Vergangenheit, in den Thaten der Gegenwart und in den Ansichten der Zukunft würdige Gegenstände für bleibende geniale Schöpfungen, womit sie die Nationalfeste würdig und edel schmückten und erhöheten."[109]

Heine, der das mit großen Worten gefeierte Hambacher Fest einen „Kirmestaumel", und zwar „mehr in den Gedanken als in den Handlungen" nannte, erzählt, Börne habe ihm anvertraut, wie in Hambach nach der begeisternden Rede Siebenpfeiffers ein alter Bauer an den Wortführer der radikalen Demokraten

herangetreten wäre und ihm ins Ohr geraunt hätte: „Herr Siebenpfeiffer, wenn Sie König sein wollen, wir machen Sie
dazu!"[110] Heine hätte nicht boshafter und nicht genauer den
schwachen Punkt der wirklichkeitsfremden pathetischen Dar-
stellungsform treffen können, die zuließ, daß Inhalt, Tendenz
und Adressaten der Aussage im Nebel des mystischen Gefühls,
das sie anreizt, allzuleicht verwechselbar und nach Bedarf auch
austauschbar waren.

Von den zeitgeschichtlichen Zusammenhängen, in die Büchner durch seine Art des Umgangs mit der Wirklichkeit schreibend einzugreifen bestrebt war, muß darüber hinaus das „in
Deutschland herrschende *Marmorfieber*", das auch Gutzkow kritisch aufs Korn nahm, genannt werden: der bildungsbürgerliche
Kult geheiligter Geistesgrößen der Vergangenheit, der es liebte,
sich durch allerlei Denkmalserrichtungen gegen unerwünschte
heftig ausschlagende Bewegungen der Gegenwart abzuschir-
men.[111] Verwandelte der Kult der Heroen die Vergangenheit „in
abgemachte Begriffe, in Bildsäulen, in Beschönigungen jener lei-
digen Ungewißheit und Unklarheit", in der die Zeitgenossen der
mittdreißiger Jahre sich befanden, so trachtete Büchner danach,
im Vergangenen das Aktuelle aufzufinden, um es der Analyse zu
unterziehen, der die Praxis bedurfte. Unmittelbarer als eine Idee
der Zukunft leitete ihn dabei die Notwendigkeit der Gegenwart,
mehr als Wertschätzungen für die Ewigkeit die Realität des
Augenblicks, die der wirklich Handelnde nicht überspringen
kann.

Schiller hat in seiner Abhandlung „Die Schaubühne als eine
moralische Anstalt betrachtet" auf die Rolle von „Zufall und
Plan" im Leben als Quelle von Dramatik hingewiesen.[112] Man
muß nicht lange suchen, um das Wechselverhältnis von Spiel und
Ernst, von dem das Theater lebt, als Bewegungsfaktor im Leben
selbst aufzufinden. Spiel heißt nicht nur auf der Bühne planvolle
Benutzung des Zufalls, den eine gegebene Situation bietet. Die
Ungewißheit des Ausgangs erzeugt hier wie da dramatische
Spannung, wenn auch wirklicher Einsatz und wirkliches Risiko
hier erspart und dort unabdingbar gefordert sind. Im Ernstfall
spielen heißt damit rechnen müssen, daß man am Ende wirklich
erstochen wird. Das war auch der Fall, in dem der führend an
„revolutionären Umtrieben" beteiligte Büchner sich befand, als

er am 5. August 1834 vor dem Universitätsrichter und Regierungskommissär Georgi stand. Die Situation, die der Brief an die Eltern vom 8. August festhält, zeigt, wie wirkliche Aktion in dramatische Aktion übergehen kann, und verschafft Einblick in das Phänomen des ohne künstlerisch-literarische Vorübung vollkommen selbständig auftretenden Dramatikers Büchner, die nichts von einem Mysterium an sich hat.

Der Verfasser des Briefs zeigt sich geübt im Spiel mit Rollen. Zunächst sucht er den Eltern seine Unbeteiligtheit an der aufgedeckten Konspiration glaubhaft zu machen, indem er von dem Vorfall der Haussuchung im Ton fassungsloser Empörung berichtet: „Das Verletzen meiner heiligsten Rechte und das Einbrechen in alle meine Geheimnisse, das Berühren von Papieren, die mir Heiligthümer sind, empörten mich zu tief, als daß ich nicht jedes Mittel ergreifen sollte, um mich an dem Urheber dieser Gewaltthat zu rächen."[113] Dann tritt plötzlich ein verräterischer Wechsel des Tonfalls ein, der daher rührt, daß er nun schildert, wie er in derselben Sache an anderer Stelle eine ganz andere Rolle ausspielte, wobei er den Spaß an seinem gelungenen Spiel nicht unterdrücken kann: „Den Universitätsrichter habe ich mittelst des höflichsten Spottes fast ums Leben gebracht. Wie ich zurückkam, mein Zimmer mir verboten und mein Pult versiegelt fand, lief ich zu ihm und sagte ihm ganz kaltblütig mit der größten Höflichkeit, in Gegenwart mehrerer Personen: wie ich vernommen, habe er in meiner Abwesenheit mein Zimmer mit seinem Besuche *beehrt*, ich komme, um ihn um den Grund seines gütigen Besuches zu fragen etc. — Es ist Schade, daß ich nicht nach dem Mittagessen gekommen, aber auch so barst er fast und mußte diese beißende Ironie mit der größten Höflichkeit beantworten."[114]

In dieser Szene des wirklichen Dramas, dessen handelnde Person Büchner war, hatte der Ernst einer scheinbar aussichtslosen Situation den Bedrängten zur Erfindung einer Rolle genötigt, die ihm neuen Bewegungsraum eröffnete. Der in die Enge Getriebene läßt es darauf ankommen und verschafft sich durch die glaubhafte Verwandlung in den zu Unrecht Verdächtigen die Möglichkeit, nun seinerseits spontan zum Angriff überzugehen. Das Spiel — mit vollem wirklichem Einsatz und wirklich erfolgreichem Ausgang — hatte sich als Mittel, das Letztmögliche im Wirklichen auszuschöpfen, bewährt.

Wiederholte behördliche Vorladungen und Verhöre in Offenbach und Friedberg nötigten Büchner in den folgenden Monaten noch mehrmals dazu, vor argwöhnischen Untersuchungsrichtern den Unschuldigen zu spielen. Er griff die jeweilige Situation nicht nur wagemutig, sondern auch mit Talent und nicht ohne Spaß am Erfolg auf, wie manchen seiner brieflichen Äußerungen zu entnehmen ist. Mal schien er sich dabei in schlicht biederer, mal in närrisch ausgefallener Maskierung zu gefallen. Ein ehemaliger Gießener Jurastudent, der für die Zusammenarbeit mit der Gesellschaft der Menschenrechte gewonnen werden sollte, teilte gegen Ende Oktober 1834 mit, es sei dem großherzoglichen Ministerium bekannt geworden, „daß Büchner, wie ein Hanswurst verkleidet in geheimen Aufträgen zu Offenbach war"[115].

In der Lust zum Kampf lebt immer auch Freude am Spiel. Der vertrauteste Gefährte Büchners während der letzten Zeit, der revolutionäre demokratische Publizist Wilhelm Schulz, mit dem er das Exil teilte, bezeugt aus dem täglichen Umgang „tausenderlei Zeichen" der übermütig sprudelnden mimetischen Begabung seines jungen Freundes.[116] In seinem Artikel über Büchner aus dem Jahre 1851 schreibt Schulz: „. . . aus seiner Gabe, bald tragisch erschütternde Auftritte, bald die seltsamsten und lustigsten Verwicklungen nur so als beiläufige Zugabe zur Unterhaltung zu improvisieren, leuchtete deutlich genug hervor, daß er mit voller dramatischer Schöpfungskraft ausgerüstet war."[117] Und Schulz versichert, „in Dem, was er nur *geschrieben*" hatte, habe sich dies kaum „auch nur andeutend offenbart".[118] Der konkrete Zugriff auf die Wirklichkeit, mit dem der entschlossen Handelnde sich jeweils in die Mitte der Sache begibt, und die scharf umreißende, unverblümte Wiedergabe, die Büchner als den geborenen Dramatiker erscheinen lassen, entsprangen einer ausgeprägten Begabung, die im Praktischen schon so viel Übung erworben hatte, daß sie im Poetischen von Anfang an mit einer erstaunlich vollkommen ausgebildeten eigenen Diktion auf den Plan treten konnte.

Als Büchner Ende Februar, während er sein Stück gerade abschloß, eine Vorladung zur Vernehmung ins Darmstädter Arresthaus erhielt, war das Verwirrungsspiel mit den Untersuchungsbehörden mit einiger Sicherheit erschöpft und damit der noch verbliebene Rest von Handlungsfreiheit. Zu dieser Zeit hatte er sich schon darauf vorbereitet, den Schauplatz nötigenfalls sehr rasch, doch möglichst keinen Augenblick zu früh zu verlassen. „Wir hatten schon tagelang eine Leiter in den Garten an die Mauer gelehnt, mit deren Hülfe er in andere Gärten flüchten wollte, wenn die Häscher kämen"[119], berichtet Wilhelm Büchner, der seinerzeit siebzehnjährige Bruder, der von Georg als einziger Angehöriger im Haus ins Vertrauen gezogen worden war. Um aber möglichst genau herauszufinden, welche reale Chance die Situation allenfalls auch jetzt noch in sich barg, ließ der zum Richter Beorderte sich ein letztes Mittel komödiantischer Täuschung einfallen, durch das er die weitere Absicht des Gegners zu erkunden gedachte. Der Bruder, den er an seiner Stelle zum Termin der Vernehmung schickte, erinnert sich: „... ich war dahin instruiert, mich nicht früher zu erkennen zu geben, als bis das Protokoll angefangen würde, und ich möge beobachten, ob man die Absicht zeige, mich (für ihn) in Haft zu nehmen."[120]

Nicht nur vor den Behörden war Büchner während seines letzten halben Jahres in Deutschland genötigt, sich in der Kunst eines Rollenspiels mit hohem Einsatz zu versuchen. Ein „seltsames Doppelleben"[121], in das er sich einließ, um sein Wirken unter komplizierter gewordenen Bedingungen fortsetzen zu können, forderte ein äußerstes Maß an seelischer, geistiger und physischer Anspannung.

Auch vor seinen Angehörigen mußte er verbergen, was ihn in dieser Zeit am intensivsten beschäftigte. Seit September 1834 lebte er im Haus des Vaters scheinbar zurückgezogen, um sich ungestört auf den Abschluß des Universitätsstudiums vorzubereiten. Das sollte ihn, so hoffte der Vater, davor bewahren, in die geheimen politischen „Umtriebe" verwickelt zu werden und sich den von Gießen ausgehenden, seit dem Sommer verstärkt eingeleiteten Untersuchungen und Verfolgungen auszusetzen, wie es selbst Unbeteiligten auf einen vagen Verdacht hin geschehen konnte.[122]

Dem durch Gerüchte beunruhigten Vater bot er das erwünschte Bild des fleißig seine Studien und anatomischen Präparierübungen betreibenden Kandidaten der Medizin, der dazu noch den Winter hindurch für Abgänger des Gymnasiums, die sich auf das Universitätsstudium vorbereiten, einen Anatomiekursus veranstaltete. Er täuschte diese Rolle keineswegs nur vor, sondern füllte sie wirklich aus. Zugleich aber hatte sie für ihn die Funktion eines Alibis, durch das er erfolgreich die andere, gefährliche Rolle verbergen konnte, die er als Revolutionär auf der fortgeschrittensten politischen Position seiner Zeit nach wie vor spielte, sosehr die äußeren und inneren Konflikte, die ihm daraus erwuchsen, sich auch verschärften.

Es wird ihm kaum gelungen sein, den Verdacht, in irgendeiner Weise mit der illegalen Oppositionsbewegung im Lande in Beziehung zu stehen, ganz zu zerstreuen; dazu lag es ihm zu wenig, seine Meinung zu verhehlen oder gar eine ihm fremde zu heucheln. Differenzen mit dem Vater, dem loyalen großherzoglichen Medizinalrat, vermochte er nicht zu überdecken. Doch weder die Eltern noch Wilhelmine, die nach Bekanntgabe der bis dahin heimlichen Verlobung im September aus Straßburg zu Besuch nach Darmstadt kam, konnten und durften wissen, welche Aktivitäten der mit dem Abschluß seiner Berufsausbildung anscheinend vollauf beschäftigte Sohn und hingebungsvolle Bräutigam zur gleichen Zeit insgeheim entfaltete. Wissenschaftliche Fachprobleme boten genügend Stoff zur Diskussion mit dem Vater, und in dem Gedankenaustausch mit Wilhelmine standen literarische Interessen und frische gemeinsame Leseeindrücke (Byron, Goethe und Tieck) im Mittelpunkt. Von seiner wiederholten intensiven Beschäftigung mit der Geschichte der Französischen Revolution jedoch erfuhren Eltern und Braut kaum etwas, geschweige denn von den Schlußfolgerungen aus den historischen und den eigenen praktischen Erfahrungen, die er in einem Grundsatzpapier niederlegte, das der Gesellschaft der Menschenrechte in Darmstadt und späterhin noch dem dortigen Zelt des Bundes der Geächteten als Schulungsmaterial diente, bis es Adam Koch, dem es Büchner überlassen hatte, kurz vor seiner Verhaftung im Winter 1840/41 verbrannte.[123]

Auch die Arbeit an seinem Drama verbarg Büchner vor seiner nächsten Umgebung. In unbeaufsichtigten Tag- und Nachtstunden brachte er das Werk am Seziertisch im Labor des Vaters zu Papier. Medizinische Bücher und anatomische Tafeln lagen bereit, um das Manuskript zu verdecken, falls der Hausherr dazukam.[124] Die Furcht, vorzeitig entdeckt zu werden, trieb ihn um so mehr an, als die zunehmende doppelte Überwachung durch Vater und Polizei seinen Handlungsspielraum einengte, so daß — allem Anschein nach ab Februar 1835 — schließlich alle ursprünglich direkt außengerichtete politische Aktivität allein auf die Arbeit am Drama hingedrängt wurde. Angst und „Zorn gegen den Polizeistaat"[125], das Gefühl, sich „wie im Kerker"[126] zu befinden, und Zeichen nervöser Überreizung flossen mit ein. Besonders im letzten Teil des Stücks, in den Gefängnisszenen und in der emotionalen Identifizierung mit den ihre Hinrichtung erwartenden Gefangenen, die mitunter die kritische Distanzierung aufhebt, wird das spürbar.

Die umfassende Mobilisierung seiner individuellen Kräfte, Fähigkeiten, Erfahrungen und Kenntnisse während des unfreiwillig-freiwilligen Doppellebens in Darmstadt gipfelt darin, daß Büchner sich aus der Bedrängnis heraus, in die ihn die Rollen brachten, die er sich zu ein und derselben Zeit zu spielen genötigt sah, über diese hinaus eine letztmögliche neue Rolle schuf: die des Autors — eine Über-Rolle sozusagen, die eine Verfremdung und Verknüpfung aller übrigen — privaten und politischen — auf einer übergreifenden Ebene erlaubte. Im Drama, dem neuen Raum einer fiktiven Wirklichkeit, war es ihm dabei zugleich möglich, die praktisch nicht weiterführbare Teilung der Rollen noch zu potenzieren und diese an ein ganzes Ensemble stellvertretend agierender Personen zu delegieren, um sie zur Erprobung ihrer Handlungstragfähigkeit unbehindert durchzuspielen.

Das heißt nicht, daß Büchner sich der Dichtung als einem unbegrenzten Freiraum zuwandte. Er tat es unter dem Spielzwang, unter dem bereits sein außerliterarisches praktisches Verhalten stand. Voraussetzungen und Rahmenbedingungen des Spiels waren objektiv vorgegeben. In Gang gesetzt wurde es durch Not, die erfinderisch macht, durch die Suche nach einem Weg von dem Punkt aus, wo jeder gangbare Weg revolutionärer Veränderung im gegebenen Augenblick zunächst abgeschnitten war.

Bürgerliche Revolution und früher kommunistischer Horizont

1

Die Herbst- und Wintermonate 1834/35 bis zu der Niederschrift des „Danton" und der anschließenden Flucht des Autors fanden in der Büchner-Literatur gewöhnlich nur flüchtige Beachtung. Abgestempelt als „einige gehetzte Monate"[127] der Verzweiflung, des Insichgehens und fatalistischer „Thermidorstimmung"[128], wurden sie dennoch vielfach dafür in Anspruch genommen, das verbreitete Bild von Büchner als einem Dichter der Ausweglosigkeit zu stützen.[129] Die Tatsachen ergeben ein anderes Bild der politischen Bilanz Büchners, und sie führen genauer auf die Ausgangspunkte zu seinem Drama.

Zusammen mit seinen Freunden setzte Büchner nach der Aktion des „Hessischen Landboten" seine politische Tätigkeit, soweit und solange die zunehmend erschwerten Bedingungen es noch erlaubten, mit verstärkter Energie fort. Von allen regionalen revolutionären Bewegungen, die sich in den frühen dreißiger Jahren in Deutschland entwickelt hatten, widerstand die hessische mit den Gruppierungen um Weidig in Butzbach, Büchner in Gießen und Darmstadt, dem Marburger Kreis um Eichelberg und den Angehörigen der Union in Frankfurt (dem zentralen deutschen Vermittlungsplatz zu den Revolutionären in Frankreich) am längsten der koordinierten staatlichen Gegenoffensive. Mit der Strafversetzung Weidigs, gegen den die Ermittlungsorgane noch Beweismaterial sammelten, in das entlegene oberhessische Dorf Ober-Gleen und Büchners gleichzeitigem Abgang von Gießen nach Darmstadt Anfang September 1834 sowie der Ausbreitung der Untersuchungen waren die Aktionszentren Butzbach und Gießen empfindlich getroffen und der Handlungszusammenhang der verbündeten Gruppen gestört.

Das taktische Zusammenwirken, das — wiederum durch Weidig — danach noch zustande kam, konzentrierte sich vorrangig auf das gemeinsame Ziel, die in Friedberg gefangengehaltenen Kampfgenossen zu befreien.

Über eine bald aufgebaute, längere Zeit funktionierende Nachrichtenverbindung mit ihnen wußte man, daß Minnigerode, der durch Mißhandlungen zu Aussagen über seine Freunde gezwungen werden sollte, am schwersten unter den Haftbedingungen litt. Die Ausführung eines sorgfältig ausgearbeiteten Befreiungsplans — zwei Wärter waren dafür gewonnen, Nachschlüssel angefertigt; der Kerkermeister sollte mit Opium betäubt werden, für die Beförderung über die Grenze war gesorgt — mußte verschoben werden, weil Minnigerodes Gesundheitszustand sich so verschlechtert hatte, daß er der Flucht kaum gewachsen gewesen wäre.[130] Als man sich dann doch dazu entschloß, war der Plan bereits entdeckt, und die Bewachung wurde entsprechend verschärft.

Gefangenenbefreiungen wurden seit dem Einsetzen der ersten Verhaftungswellen nach dem Frankfurter Wachensturm eine Kampfform, die eine relativ breit ausstrahlende politische Wirksamkeit versprach. Eine nur teilweise geglückte Befreiungsaktion, die Anfang Mai 1834 von der Union der kleinbürgerlichen revolutionären Demokraten in Frankfurt unternommen worden war, ist — nach dem Urteil Werner Kowalskis — in ihrer politischen Bedeutung sogar „höher einzuschätzen als der Frankfurter Wachensturm, denn schon der Teilerfolg bedeutete in der Periode der verschärften politischen Unterdrückung einen Sieg über die mit allen staatlichen Machtmitteln ausgerüstete Reaktion, was bei vielen Menschen die Furcht vor einer scheinbaren Allgewalt der herrschenden Klassen untergrub und der gesamten deutschen Opposition neuen Mut gab"[131].

Im Januar 1837 glückte in Frankfurt die Befreiung von sechs zu lebenslänglicher Haft verurteilten Studenten, was in der Bevölkerung mit großer Sympathie aufgenommen wurde und die Machthaber mit Beunruhigung erfüllte.

Deren schlimmste Befürchtungen, die unter dem Schock dieser Ereignisse aufstiegen, fanden in einem Geheimbericht aus Frankfurt Ausdruck. Die Organisiertheit, auf die die Aktion schließen ließ, veranlaßte den Verfasser zu der Annahme einer über Frankfurt vermittelten Verbindung aller revolutionären Aktivitäten in Deutschland mit der gefährlichsten Kraft der politischen Emigration, die er in den proletarisierten deutschen Handwerksgesellen in den Pariser Arbeitervorstädten sah, die sich zu jener Zeit zu einer eigenständigen revolutionären Kraft zusammenzuschließen begannen: „... ich meine die 4000 Ouvriers, welche den republikanischen Demonstrationen, die sich seit einigen Jahren in Paris drängen, nicht fernstehen. Sie sind vielleicht die einzigen, die von der Demoralisation der Hauptstadt keine Einflüsse gespürt haben, denn sie bilden gewissermaßen einen abgeschlossenen Haufen, der über die Barriers selten hinaus kommt, seine besonderen Journale, Schriftsteller und Propheten hat und einen Esprit de corps an den Tag legt, der eben nur aus dem einfachen natürlichen Charakter jener Leute zu erklären ist. . . . Wie wäre es, wenn die Flucht der Frankfurter Gefangenen von Faubourg St. Antoine aus geleitet worden wäre, wenn alle Umtriebe der neuesten Zeit in Berührung ständen. Indizien dazu sind vorhanden und ein aufmerksamer Beobachter könnte leicht einen Zusammenhang in die verschiedenen Ereignisse von Paris und Frankfurt und in jene Hin- und Herzüge einzelner Häupter bringen."[132]

Hier steigt schon die Ahnung von einem Gegner ganz anderer Art auf, als es die bürgerliche Opposition ist. Zu dieser Zeit reagierte auch das liberale Bürgertum bereits besorgt auf das proletarische Element, das sich innerhalb der Gesamtbewegung mit egalitären und frühen kommunistischen Tendenzen bemerkbar zu machen begann.[133] Vorerst allerdings war der Tiefpunkt der nach 1834 verstärkt unterdrückten Bewegung noch nicht erreicht. Wie „schwach, wie unbedeutend, wie zerstückelt die liberale Partei"[134] im Lande war, das war Büchner schon zur Genüge bekannt, und bald sollte er Gelegenheit haben, durch eine „genaue Bekanntschaft mit dem Treiben der deutschen Revolutionärs im Auslande" die gerade zu diesem Zeitpunkt unter ihnen herrschende „babylonische Verwirrung" kennenzulernen.[135]

Die Untergrundtätigkeit der hessischen Revolutionäre blieb nicht auf einzelne kurzfristige Aufgabenstellungen wie die geplante Gefangenenbefreiung beschränkt, sie zielte strategisch auf weitergesteckte Perspektiven. Ungeachtet der erschwerten Bedingungen begannen Weidig und Büchner im September 1834 getrennt voneinander — der eine im nordöstlichen Bergland des Großherzogtums bis in das Gebiet von Fulda, der andere in Darmstadt — ihre Aktionsbasen neu aufzubauen. So gelang es Weidig, der an seine weitverzweigten alten Verbindungen anknüpfen konnte, im November in Marburg, ohne sich vorher mit Büchner zu verständigen, eine zweite, nochmals stark bearbeitete Ausgabe des „Hessischen Landboten"[136] in 400 Exemplaren drucken zu lassen und ihre Verteilung zu organisieren.

Daraus geht hervor, daß der nicht beschlagnahmte Teil der ersten Auflage ein Echo gefunden hatte, das zur Fortsetzung der Agitation ermutigte. Hierauf läßt auch die Absicht des Marburger Privatdozenten Eichelberg schließen, Weidigs ursprünglichem Plan einer Fortsetzung zu folgen und den bearbeiteten Ausgaben der Flugschrift Büchners eine „2. Botschaft des ‚Hessischen Landboten'" nachzuschicken. Hieraus wurde nichts, weil Büchner und seine Freunde die revoluzzerhaft verworrene Diktion der Vorlage Eichelbergs ablehnten.[137]

Getrennt von den Gießener Mitverschworenen und dem Kreis um Weidig und dessen Verbindungsleuten in Marburg, bemühte sich Büchner unterdessen, in Darmstadt eine selbständige Organisation aufzubauen. Die Keimzelle dazu bildete die von ihm bereits im Frühjahr gegründete Darmstädter Gruppe der Gesellschaft der Menschenrechte. Unter seiner Leitung sammelte die als Zweig einer sich überregional ausbreitenden Organisation ins Leben gerufene Gruppe während der Herbst- und Wintermonate 1834/35 neue Kräfte, so daß diese, wie durch Ludwig Büchner überliefert ist, „bald bedeutend stärker aufblühte, als ihre Gießner Muttergesellschaft"[138]. Adam Koch, der 1840 als Mitglied des Bundes der Geächteten verhaftet wurde, berichtete vor Gericht über seine Aufnahme in die Darmstädter Gesellschaft der Menschenrechte, die „ohne weitere Förmlichkeiten" von Büchner vorgenommen worden sei, indem er ihm eine „Erklärung der Menschenrechte, angeblich wie sie sich in geschichtlichen Werken über die französische Revolution vorfindet", die aber in Wahrheit in der Tendenz des zeitgenössischen Neobabouvismus „auf die Herbeiführung einer völligen Gleichstellung aller gerichtet" gewesen sein soll.[139] In dieselbe Richtung muß auch der in diesem Zusammenhang von Adam Koch genannte andere, nicht überlieferte Text gewiesen haben, in dem Büchner „seine Grundsätze niedergelegt hatte, und welcher als Constitution der Gesellschaft gelten sollte"[140]. Thomas Michael Mayer nennt für die fragliche Zeit zwölf aktive Mitglieder der Darmstädter Gesellschaft, dazu sieben bis acht Eingeweihte (darunter ein Lithograph, ein Druckereifaktor, ein Hofgerichtsadvokat und ein Seminarlehrer), die praktische Unterstützung leisteten.[141]

Seit Ludwig Büchners Ausgabe der „Nachgelassenen Schriften" (1850) ist bekannt, daß die Gesellschaft der Menschenrechte in Darmstadt sich in jenen Herbst- und Wintermonaten für den Fall rüstete, daß die Notwendigkeit revolutionärer Gewaltanwendung eintrat: „Die Mitglieder übten sich sehr eifrig in den Waffen und hatten bedeutende Schießvorräthe verborgen."[142] Neue Aktenfunde belegen stichhaltig gleichzeitig und neben dem Projekt der Gefangenenbefreiung angestrengte Bemühungen, eine eigene Handdruckpresse moderner englischer Bauart anzuschaffen.[143] Mit ihrer Hilfe sollte im Anschluß an den „Hessischen Landboten" die an die arbeitenden, besitzlosen

Klassen adressierte Flugblattagitation fortgesetzt werden. Der Grundgedanke war: „das materielle Elend des Volks sey es, wo man den revolutionären Hebel der geheimen Presse ansetzen müsse"[144]. Bis November/Mitte Dezember ist jüngsten Forschungen zufolge ein einigermaßen funktionierendes Zusammenwirken mit der Schwestergruppe in Gießen, mit den Butzbachern und mit Weidig nachweisbar. Büchners Freund Hermann Wiener schreibt an die Adresse Klemms nach Gießen über die Darmstädter Organisation, daß sie „zieml[ich] steht, u. daß wir Willens sind u. auch schon begonnen haben, alle Stränge an zu spannen". Er berichtet, der Kauf der Presse (aus Mitteln, die durch Geldsammlungen und Spenden aufgebracht wurden) und ihre Aufstellung am Bestimmungsort stehe kurz bevor, und fügt hinzu: „Es thut dergl. jetzt sehr Noth. Treibt nur auf Organisation ordentl. Posten, [mit] militär. Pünktl[ich]kt u. Subordination. Ca ira."[145]

Anders als die Frankfurter Union, der ebenfalls revolutionäre Handwerker angehörten, die aber vor allem von Angehörigen des akademisch gebildeten und des Besitzbürgertums getragen wurde, und auch im Unterschied zu den Organisationen in Gießen, einschließlich der dortigen Gesellschaft der Menschenrechte, in denen insgesamt das studentische Element vorherrschte, bestand die Gruppe in Darmstadt überwiegend aus jungen Handwerkern und Handwerksgehilfen. Sie arbeitete auf die Vorbereitung revolutionärer Aktionen hin. Bemühungen um die Klärung der Perspektive der Revolution in Deutschland, Fragen der Organisation, Prinzipien der illegalen Arbeit und die Aneignung militärischer Fähigkeiten standen dabei auf der Tagesordnung. Dem dienten regelmäßige Versammlungen der Gruppenmitglieder in einem Gartenhaus vor der Stadt, die zweimal wöchentlich stattfanden, und Übungen im Säbel- und Bajonettfechten sowie im Pistolenschießen, die jeweils in kleineren Gruppen in einem verlassenen Getreidespeicher abgehalten wurden. Für die von Franzos stammende (und auch von Hans Mayer weitervermittelte) Angabe, daß Büchner bei Zusammenkünften im November und Dezember eine Reihe von Vorträgen über die Französische Revolution gehalten habe, ließen sich bisher keine Belege auffinden.[146] Erwiesen ist dagegen, daß er schon Anfang Oktober und Mitte Dezember insgesamt sieben Werke zu diesem Thema und zur Geschichte der Philosophie aus der Großherzoglichen Hofbibliothek lieh und exzerpierte, die ihm auch als Quellen zu seinem Drama dienten, das er spätestens seit dieser Zeit, die er erwiesenermaßen keineswegs in resignierter Untätigkeit verbrachte, konzipierte.[147]

2

Ein vergleichender Blick auf die reorganisierten, jetzt weitgehend getrennt voneinander agierenden Aktionskreise um Weidig, Eichelberg und Büchner läßt eine sich vertiefende Spaltung der revolutionären Richtung erkennen. Ohne die ausreichende Möglichkeit und den Zwang zur fortgesetzten kritischen Auseinandersetzung und Verständigung war der gemeinsame Handlungsrahmen, auf den die verschiedenen Richtungen sich auf dem Badenburg-Treffen im Juli 1834 noch mit Mühe einigen konnten, nicht mehr einzuhalten. Weidig war, um die seit den Augustereignissen stark beeinträchtigte Aktionsfähigkeit wiederherzustellen, genötigt, sich mehr als zuvor der Unterstützung der liberalen und kleinbürgerlich radikalen, ausschließlich antifeudalen Oppositionellen zu versichern und dafür auf die Einbeziehung plebejisch-proletarischer, schon ausdrücklich zugleich gegen Aristokratie und Bourgeoisie gerichteter Kräfte in die angestrebte revolutionär-demokratische Front zu verzichten.

Die erhofften Volkserhebungen in ganz Deutschland sollten ganz auf das politische Ziel der Ablösung des Absolutismus durch eine verfassungsmäßige bürgerlich-demokratische Ordnung orientiert werden. Das ist besonders deutlich ablesbar an der zum zweiten Mal veränderten, im Interesse der Liberalen noch weiter abgeschwächten Fassung des „Landboten", die Leopold Eichelberg besorgte.[148]

Richtete der Text der Juli-Ausgabe sich im Interesse der arbeitenden besitzlosen Massen noch gegen die Gesamtheit der besitzenden und gebildeten Ausbeuterklassen, so wurden in der zweiten, im November in 400 Exemplaren verbreiteten Ausgabe sozialkritische Aussagen, die sich auch gegen die Bourgeoisie richteten, gänzlich getilgt. Gestrichen wurden solche Passagen wie: „sie wohnen in schönen Häusern, sie tragen zierliche Kleider, sie haben feiste Gesichter und reden eine eigne Sprache". Oder: „Das Gesetz ist das Eigenthum einer unbedeutenden Klasse von Vornehmen und Gelehrten, die sich durch ihr eignes Machwerk die

Herrschaft zuspricht."[149] Hatte Weidig in seiner Bearbeitung durchgehend das Wort „Reiche" in „Vornehme" geändert, so wurde jetzt dafür „Fürsten" und gelegentlich „Zwingherrn" eingesetzt.[150]

In längeren Textzusätzen tritt der Bearbeiter für die Wahrung der Rechte der konstitutionellen Ständevertretungen ein. Er knüpft daran die Hoffnung auf eine künftige frei gewählte parlamentarische Volksvertretung für ganz Deutschland. Ein dafür nunmehr gestrichener lapidarer Satz über die hessischen Landstände aus der Juli-Fassung klingt wie ein vorwegnehmender Kommentar über die Nichtigkeit solcher Erörterungen: „Was ist von Ständen zu erwarten, die kaum die elenden Fetzen einer armseligen Verfassung zu vertheidigen vermögen!"[151]

Es ist nicht anzunehmen, daß Büchner, der bereits die erste Bearbeitung seiner Flugschrift durch Weidig nur mit Überwindung und unter Protest hingenommen hatte, die neuerliche, ihm wohl auch absichtlich gar nicht vorgelegte Umarbeitung akzeptiert hätte. Alles deutet im Gegenteil darauf hin, daß sich im Aufbau und in der strategischen Ausrichtung der Darmstädter Gesellschaft der Menschenrechte eine verstärkte Orientierung auf die sozialen Interessen der am meisten ausgebeuteten und unterdrückten, von wachsender Verelendung bedrohten Massen abzeichnete.

Daraus folgte, daß sich die Möglichkeiten eines Zusammengehens mit den liberalen und bürgerlich-demokratischen Kräften weiter verringern mußten. Je mehr Bedeutung bereits dem Interessenkonflikt der sich entwickelnden Hauptklassen der neuen bürgerlichen Gesellschaft beigemessen wurde, um so mehr Nüchternheit und Skepsis schienen angebracht bei der Bewertung der gemeinschaftlichen Grundlage des politischen Kampfes gegen die Feudalherrschaft. August Becker hat bezeugt, daß Büchner sich wiederholt mit großer Schärfe in dieser Richtung ausgesprochen hat. „Er glaubte nicht, daß durch die constitutionelle landständische Opposition ein wahrhaft freier Zustand in Deutschland herbeigeführt werden könne. Sollte es diesen Leuten gelingen, sagte er oft, die deutschen Regierungen zu stürzen und eine allgemeine Monarchie oder auch Republik einzuführen, so bekommen wir hier einen Geldaristokratismus wie in Frankreich, und lieber soll es bleiben, wie es jetzt ist."[152]

Hatte er schon 1833 „gelernt, daß nur das nothwendige Bedürfniß der großen Masse Umänderungen herbeiführen kann"[153], und darauf die Strategie der Gesellschaft der Menschenrechte in Gießen aufgebaut, so konnten die Erfahrungen der Darmstädter Zeit diese Einsicht nur noch vertiefen. Ein Brief Büchners an Gutzkow hält einige Monate nach der Flucht die einschneidendste Konsequenz fest, zu der er dabei in der Beurteilung der zeitgenössischen revolutionären Bewegung insgesamt gelangt ist. Aus ihrem in der Praxis zutage tretenden Widerspruch leitet er die Notwendigkeit ab, sie aus einer politischen Bewegung in eine soziale Umwälzung zu überführen, ihren bürgerlichen Klasseninhalt aufzuheben und sie zur Sache der besitzlosen und daher doppelt (politisch und ökonomisch) unterdrückten arbeitenden Klassen selbst zu machen. Zu nichts geringerem als zu dieser Perspektive bekannte sich Büchner, wenn er etwa zur gleichen Zeit, als sein Revolutionsstück erschien, sich gegen das von den oppositionellen bürgerlichen Intellektuellen propagierte idealistische allgemeine Freiheitsprogramm wandte und in seinem Brief an Gutzkow schrieb: „Die ganze Revolution hat sich schon in Liberale und Absolutisten getheilt und muß von der ungebildeten und armen Klasse aufgefressen werden; das Verhältniß zwischen Armen und Reichen ist das einzige revolutionäre Element in der Welt, der Hunger allein kann die Freiheitsgöttin und nur ein Moses, der uns die sieben ägyptischen Plagen auf den Hals schickte, könnte ein Messias werden. Mästen Sie die Bauern, und die Revolution bekommt die Apoplexie. Ein *Huhn* im Topf jedes Bauern macht den gallischen *Hahn* verenden."[154]

Mit dieser Orientierung auf einen epochengeschichtlichen Horizont, vor dem der 1848 ausbrechende Kampf um die bürgerlich-demokratische Republik bereits als überholt erscheint, setzte Büchner sich deutlich nicht nur von Gutzkow, sondern zugleich von allen bürgerlichen Ideologen ab (einschließlich der radikalsten und revolutionärsten). Im gesamten politischen Spektrum der Zeit findet sich nur *ein* Programm, mit dem die Fluchtlinie der revolutionären Entwicklung, wie sie sich in Büchners Sicht abzeichnet, Übereinstimmung erkennen läßt: das der zu diesem Zeitpunkt fortgeschrittensten, theoretisch klarsten kommunistischen Richtung der Arbeiterbewegung in Frankreich. Soeben erst, im Frühjahr 1835, war es in seiner ganzen frappierenden Neuheit auch in der deutschen Emigrantenpresse erst-

mals verkündet worden. In der Zeitschrift „Der Geächtete"
schrieb Theodor Schuster, das führende Gründungsmitglied des
aus dem republikanischen Deutschen Volksverein in Paris hervorgegangenen Bundes der Geächteten, in seinen „Gedanken
eines Republikaners": „Ja! vor Freund und Feind erklären wir es
laut, es ist nicht unsere Absicht, uns mit einer jener jämmerlichen
Theaterpossen von Regierungs- oder Verfassungswechseln zu
begnügen, welche auf Unkosten des Volkes, in der neueren Geschichte, so oft ihr Glück gemacht haben: unser Zweck geht weiter, und da es nicht in unserem Charakter liegt, Jemanden zu
täuschen, im Guten wie im Bösen, so nennen wir ihn von jetzt an
laut. Er heißt: *radikal sociale und politische Emanzipation der arbeitenden Klassen.*"[155]
Bei der Benennung des fundamentalen Klassenkonflikts, der
dieser Revolutionsauffassung zugrunde lag, benutzte Schuster,
an den zeitüblichen neobabouvistischen Sprachgebrauch an-
knüpfend, die auch von Büchner so verwendeten antagonistischen Begriffe „Reiche" und „Arme", in die hier schon die Bedeutung von „Bourgeoisie" und „Proletariat" eingegangen ist. Er
konstatiert — in Übereinstimmung mit Büchners Feststellung —,
daß auch in Deutschland *„die Unterscheidung in zwei Klassen*
von Jahr zu Jahr stärker hervortritt, in die Klasse der *verzehren-*
den nicht hervorbringenden Reichen, und in die Klasse der *Alles*
hervorbringenden und entbehrenden Armen"[156].
Auf die soziale Realität der Klassenverhältnisse bezogen, wurden im Rahmen dieses Konzepts einer sozialen (ihrem wesentlichen Klasseninhalt nach proletarischen) Volksrevolution die
klassischen Begriffe der bürgerlichen Revolution — Republik,
Freiheit, Gleichheit und insbesondere Eigentum, die in der alten
„Erklärung der Menschen- und Bürgerrechte" festgeschrieben
waren — einer durchgreifenden Revision unterworfen.[157] An die
Stelle bloß formaler Rechte (wie der Gleichheit aller vor dem
Gesetz) sollten reale Garantien treten, um die Ausbeutung und
Unterdrückung einer Klasse durch die andere zu beseitigen. Vor
allem das Recht auf Eigentum als unantastbare Grundlage der
Ausplünderung der arbeitenden Besitzlosen durch die nichtar-
beitenden Besitzenden sollte in der bisherigen Form aufgehoben,
dem „Recht auf Existenz" für alle untergeordnet und an die
Pflicht zur (assoziierten) vergesellschafteten Arbeit für alle Ar-
beitsfähigen gebunden werden. Auf dieser Stufe handelte es sich

durchaus nicht mehr um einen rohen, alle naturbedingten individuellen Unterschiede nivellierenden Gleichheitskommunismus,
wie die Feinde, aber auch Freunde, nämlich verbündete bürgerliche Revolutionäre, unterstellten.

Die Äußerungen des linken Arbeiterkommunismus von
1834/35 (im Anschluß an die großen Streik- und Aufstandsbewegungen in Paris und Lyon), die bei den deutschen kommunistischen Emigranten, die sich im Bund der Geächteten zu organisieren begannen, Widerhall fanden,[158] lassen einen frühen Höhepunkt in der Durchsetzung materialistischer Auffassungen erkennen. Diese wurden jedoch (auch im Bund der Gerechten und
bis hinein in den Bund der Kommunisten) wieder zurückge-
drängt. Zunächst durch den enormen Einfluß, den die „Paroles
d'un croyant" des Abbé de Lamennais erlangten und der — neben anderen — vor allem durch die Börnesche Übersetzung
(„Worte des Glaubens", 1834) sich auch in Deutschland ausbreitete und eine starke religiöse Strömung in der frühen Arbeiterbewegung aufkommen ließ; späterhin, von 1839 an, durch die Po-
pularität des kommunistischen Arbeiterführers Etienne Cabet,
der sein Eintreten für die Errichtung der klassenlosen Gesellschaft auf dem Wege der Reform mit einer wirksamen antimate-
rialistischen Propaganda verband.[159]

Büchner hatte etwa zeitgleich mit dem frühen Höhepunkt revolutionärer kommunistischer Theoriebildung seine Auffassung
entwickelt, deren Materialismus darauf abzielte, in der angestrebten Gesellschaft die mit der Industrialisierung möglich werdende höhere Produktivität zur Grundlage des Wohlstandes für
alle zu machen. Dieser dem saint-simonistischen bürgerlich-re-
formerischen Sozialismusmodell entstammende Gedanke ist hier
also bereits dem vorläufigen — seinerzeit und bis heute wenig bekannt gewordenen — Entwurf einer relativ differenzierten, keineswegs primitiven kommunistischen Revolutionstheorie subsumiert gewesen. Mehr als mit jeder anderen Theorie der Zeit
vereinbaren sich die Leitlinien, die in Büchners praktischem politischem Wirken, in den überlieferten Bruchstücken seiner direkten Aussagen und durch sein gesamtes literarisches Werk hindurch erkennbar sind, mit diesen Bestrebungen. Es ist auch nicht
zu übersehen, daß er in entschiedenem Widerstreit mit den genannten, zu seiner Zeit bereits virulenten gegenläufigen Tendenzen stand, die genuine Erscheinungsformen bürgerlicher Ideolo-

gie sind. Er wurde dazu in seiner unmittelbaren Umgebung herausgefordert — nicht nur durch Gutzkow, dem wir daher die unmißverständlichsten der überlieferten direkten Bekenntnisse Büchners verdanken. Bei Ludwig Weidig, der seine revolutionär-demokratische Aktivität von Anfang an christlich-religiös begründete, fand die Heilsbotschaft christlicher Notwehr gegen die herrschende Gewalt, die Lamennais predigte, ein offenes Ohr. Er fertigte in demselben Winter, in dem Büchner „Dantons Tod" schrieb, selbst eine Teilübersetzung der „Worte eines Gläubigen" an, die (ebenfalls durch Eichelbergs Vermittlung) 1835 gedruckt werden sollte.[160] Dem Einfluß dieser Strömungen war auch August Becker, Büchners wie Weidigs Freund und Mitstreiter, so nachhaltig erlegen, daß er 1847 vom Chef des zentralen Mainzer Überwachungsbüros, Clannern von Engelshofen, in einem Brief an Metternich als „einer der Vorfechter des geläuterten Sozialismus ... voll Drang, dem Materialismus des politischen Sekten-Unwesens einen festen Damm entgegenzusetzen", empfohlen wird, als einer, der sich denen anschließe, „die den verderblichen Auswüchsen der neuesten Propaganda entschieden abhold sind".[161]

Büchners materialistische und konsequent revolutionäre Auffassung des Konflikts zwischen „Armen" und „Reichen" schloß jede reformerische Kompromißlösung aus, die das System unangetastet ließ, ob sie nun von der illusionären Art bürgerlicher Ideologen oder von der pragmatischen Art der Regierungen war, die die Unzufriedenheit mit den Herrschaftsverhältnissen seit der Wiener Ministerkonferenz von 1834 durch Verbesserungen der materiellen Lage der notleidenden Masse des Volkes zu beschwichtigen trachteten. Der „Riß" zwischen den Klassen könne zeitweilig überdeckt oder ausgeglichen, nicht aber geschlossen werden, so wiederholte er Gutzkow 1836 noch einmal seine Erfahrung.[162] Er hatte sich „überzeugt, die gebildete und wohlhabende [bourgeoise] Minorität, so viel Concessionen sie auch von der [feudalstaatlichen] Gewalt für sich begehrt, wird nie ihr spitzes Verhältniß zur großen Klasse aufgeben wollen"[163].

Hier lag ein Gefahrenpunkt des frühzeitigen, für die Bedingungen in Deutschland vorzeitigen Hinausstrebens über das Ziel der bürgerlichen Revolution. Die Zerstörung der Illusion über die Interessengemeinschaft von Besitzenden und Besitzlosen mußte so konsequente Revolutionäre wie Büchner dazu treiben, sich einer Grundvoraussetzung des Erfolges zu begeben, des Bündnisses mit der breiten Front der oppositionellen demokratischen Strömungen. Um aber das An-die-Macht-Kommen des Bürgertums, das sich schon als die neue Ausbeuterklasse zu erkennen gab, als notwendige historische Vorbedingung für die Beseitigung der Ausbeutung überhaupt zu verstehen, bedurfte es einer noch nicht zugänglichen wissenschaftlichen Einsicht in die politisch-ökonomischen Grundlagen der Gesellschaftsentwicklung.

Die Herausbildung einer eigenständigen plebejisch-proletarischen, zugleich antifeudalen und antibourgeoisen Richtung in der revolutionären Bewegung mit dem Risiko der Spaltung der gemeinsamen Kampffront war nicht allein bedingt durch den Reifegrad der wirklichen Klassengegensätze in Deutschland, insbesondere des Widerspruchs zwischen Kapital und Arbeit. Der zeitgeschichtliche Anschauungsunterricht der modernen Klassenkämpfe in Frankreich seit der Julirevolution 1830 übte hierbei einen nachhaltigen Einfluß aus. Dabei griffen sowohl die zur Radikalisierung drängenden Revolutionäre als auch die Mäßigung verlangenden, dem bürgerlichen Klassenkompromiß mit der Aristokratie schon frühzeitig nicht abgeneigten Kräfte, wie sie im liberalen Flügel der Anhängerschaft Weidigs in Erscheinung traten, insoweit dem tatsächlich erreichten Stand der gesellschaftlichen Umstrukturierung in den deutschen Staaten vor, als sie die Entwicklungstendenz, die Schärfe und das mögliche Ausmaß der sozialen Zusammenstöße in den entwickelten europäischen Ländern vor Augen hatten.

Die sich unter dem Konkurrenzdruck der westlichen Industriestaaten jetzt auch hier durchsetzende Industrialisierung mit zahlreichen Kapitalanlagen und so folgenreichen Schritten wie der Gründung des Deutschen Zollvereins 1834 und dem Beginn des Eisenbahnbaus eröffnete unausweichlich dieselbe Perspektive.

Konnten nun die einen aus den Erfahrungen der betrogenen Sieger der zahlreichen opfervollen Kämpfe seit 1789, der vom allgemeinen Reichtum ausgeschlossenen Volksmassen, lernen, so lehrten die Rückwirkungen der zunehmenden Verelendung dieser benachteiligten Mehrheit die anderen, die immer reicher werdende nutznießende Minorität, das Fürchten. Die Revolution, die das Glück aller zum Ziel hatte, verhalf in Wirklichkeit einem System zum Sieg, das aus sich selbst heraus neue Ungleichheit und Unfreiheit produzierte und die Gesellschaft auf seine Art erneut teilte.

Ein Umschichtungsprozeß ohnegleichen, ein Prozeß der erbarmungslosen Enteignung und Neuaneignung war im Gange, der in das Schicksal der Menschen eingriff, ihr Leben nicht selten in andere Bahnen warf und zahllose Existenzen zugunsten weniger vernichtete. Vor allem die gegen Ende des 18. Jahrhunderts noch relativ einheitliche kleinbürgerliche Mittelklasse bildete sich dabei um. Auf der einen Seite vom Wunsch nach Aufstieg erfüllt, den das Kapital mit seinen unwiderstehlichen Lockungen weckte, war es auf der anderen Seite zur über alles gefürchteten, aber unvermeidlichen Deklassierung verurteilt, um das Potential von Besitzlosen aufzufüllen, die das Kapital als Lohnarbeiter zur freien Verfügung benötigte für die Höchstgewinne versprechenden Anlagemöglichkeiten, die mit der Industrialisierung geschaffen wurden. Die zunehmend ambivalente Rolle des Kleinbürgertums, der bislang tragfähigsten politischen Kraft, hat hier ihre Ursache. Das Kleinbürgertum der dreißiger Jahre war, was die verspäteten Jakobiner übersahen, nicht mehr das von 1793.

Das noch unverstandene Geheimnis des Kapitals, seinem Besitzer die Macht zu verleihen, sich die Arbeit anderer anzueignen, durchkreuzte jede feierliche Absichtserklärung sowie jede verfassungsmäßige Garantie, gleiche Menschen- und Bürgerrechte für alle zu gewährleisten. Die politischen, rechtlichen, moralischen und religiösen Werte, die sie statuierten, schlugen in der Realität den Menschen je nach ihrer Stellung im ökonomischen Prozeß unversehens zum Vorteil oder zum Nachteil aus.

Auf diesen „Riß" war Büchner mit seinem in Hessen versuchten Vorstoß bereits getroffen, an ihm war er insofern politisch gescheitert, als er innerhalb der revolutionären Bewegung, die sich hier weiter entwickelte als anderswo in Deutschland in den dreißiger Jahren, den Spielraum für die Durchsetzung seines Aktionsprogramms, das den Bündnisgenossen zu weit ging, einbüßte.

Um den Kreis der Gleichgesinnten über den engen lokalen Rahmen der Darmstädter und Gießener Gesellschaft der Menschenrechte hinaus zu erweitern, bedurfte es mehr als des Verbindungsnetzes, das die bürgerliche Opposition unterhielt. Um Flugblätter herzustellen, brauchte man auch Druckereien, brauchte man Geld, beides war ohne die Hilfe der Liberalen nicht zu erlangen.

Die Absage von dieser Seite und selbst von radikalen revolutionären bürgerlichen Demokraten war entschieden. Leopold Eichelberg, der im Herbst 1834 die Druckerei für die geplanten Fortsetzungsblätter des „Hessischen Landboten" vermittelte, hatte sie unmißverständlich ausgesprochen, als er Ende September gegenüber Weidig erklärte, daß, „wenn die geheime Presse weiter nichts als Blätter, wie der bezügliche *Landbote* war, zutage fördern sollte", er sich „zu nichts mehr verstehen" könne.[164] Eichelberg, der mit Weidig und August Becker der Verhaftungswelle vom April 1835 zum Opfer fiel und 1837 wegen Verbreitung von unzensierten Schriften zu neun Jahren Haft verurteilt wurde,[165] hatte schon im Frühsommer 1834 in Verhandlungen mit Weidig, Büchner und dem Gießener Buchhändler Ricker diesem die Finanzierung der seinerzeit geplanten illegalen Zeitschrift nur unter der Voraussetzung zugesagt, daß ihr Inhalt vorher ausgemachten Bedingungen entspreche.

Büchners Versuch, nach den „Landboten"-Erfahrungen für die Darmstädter Gesellschaft der Menschenrechte eine eigene frei verfügbare Presse anzuschaffen, gewinnt von hier aus besondere Bedeutung. Die erbittert für Pressefreiheit und die Abschaffung der feudalstaatlichen Zensur kämpfende Bourgeoisie übte in dem einzigen Kommunikationsmedium außerhalb der kontrollierten Öffentlichkeit schon selbst ihre eigene Zensur aus, die, dem neuen System entsprechend, statt mit bürokratischen mit ökonomischen Mitteln regulierte.

Die Verteidigung des bürgerlichen Privateigentums gegen dessen Bedrohung durch den sozialen Gleichheitsanspruch der Besitzlosen stand bei der Wahrung des Klasseninteresses der Bourgeoisie immer obenan. Wo zu befürchten war, daß die Sperre des Totschweigens gegen solchen Anspruch von unten durchbrochen werden konnte, da rührte sich die bürgerliche Opposition mit ihren selbst noch illegalen Mitteln der Propaganda als Gegenagitation zum Abbremsen des linken Flügels der noch gemeinsamen Kampffront. So geschah es im Falle des zum Ausbruch drängenden Richtungskampfs zwischen den vom Marburger Kreis geführten revolutionären Demokraten und der kommunistischen Unterströmung, die in der Gießener und Darmstädter Gesellschaft der Menschenrechte wirksam wurde. Zu den neuen Aufschluß gebenden Aktenfunden Thomas Michael Mayers gehört ein Flugschriftenentwurf, der bei der Verhaftung Eichelbergs beschlagnahmt wurde und der gegen die „Landboten"-Linie und ihre vielleicht befürchtete noch kompromißlosere Fortsetzung gerichtet ist. Die ganze unerwünschte Richtung wird darin auf die übliche Formel unvernünftiger Gleichmacherei gebracht: „Wenn Euch ferner von unten gesagt wird, reißt alle gesetzlichen Schranken ein und theilet Euch in das Vermögen der Reichen, und man Euch versichert, dieß sei *Freiheit* und *Gleichheit*; werdet Ihr es glauben? Gewiß nicht . . . Die *Freiheit* besteht ja nicht in der Gesetzlosigkeit, sondern darin, daß unser Eigenthum und unsere Person [die Reihenfolge ist zu beachten — H.P.] nicht der Willkür preisgegeben sind, sondern nur unter vernünftigen Gesetzen stehen . . . Die *Gleichheit* bestehet wieder nicht darin, daß ein Jeder gleichviel besitze, gleichviel Vermögen habe . . ., *vernünftige Gleichheit* bestehet vielmehr darin, daß ein Jeder als Mensch gleiche Achtung vor dem Gesetze genieße . . .“[166]

Hier wird von der Gegenseite der „Riß" im Bündnis bestätigt. Büchner konnte den Text dieser Flugschrift, die nicht mehr zum Druck kam, kaum kennen. Er kannte aber deren Argumentation. Die Kontroverse um die Auslegung der Gleichheitsforderung — vor und mit den Betroffenen, der „großen Klasse", an die sich die Flugschriftenagitation beider Seiten hier richtete — brach auf Grund der bekannten Umstände ab. Sie fand aber in einem anderen Medium und vor einem anderen, vorerst fiktiven Forum ihre Fortsetzung — in „Dantons Tod". Ihr Kern ist exakt derselbe strittige Punkt, an dem Demokraten und Kommunisten sich historisch schieden, an dem das Proletariat sich aus der Vormundschaft der revolutionären Bourgeoisie zu lösen und sich als eigenständige Klasse mit einem eigenen Interesse zu verstehen begann. Die Alternative hieß: politische oder soziale und politische Befreiung; „vernünftige", d.h. formale rechtliche, oder reale, materiell fundierte Gleichheit. Als zentrales ideologisches Dokument dieser uranfänglichen Trennung ist zweifellos die im neobabouvistischen Sinne neugefaßte Erklärung der Menschen- und Bürgerrechte von 1834[167] anzusehen — im Gegensatz zu der jakobinischen Erklärung der Menschen- und Bürgerrechte von 1793 mit der Garantie des bürgerlichen Eigentumsrechts, der Absicht sozialen Interessenausgleichs und dem im Prinzip abstrakten, nur politischen Versprechen von Freiheit und Gleichheit. An ihr, dem klassischen Dokument der revolutionären Demokratie, hielten die bürgerlichen Republikaner nach 1830 und die fortschrittlichen bürgerlichen Ideologen der Folgezeit fest. An ihrer von Anbeginn abweichenden und schließlich zunehmend kontroversen Auslegung, die in dem Marburger Flugschriftentext diskutiert wird, schieden sich die Geister.

Die neobabouvistische Version der Menschen- und Bürgerrechte vom Frühjahr 1834 bildete dagegen das Ausgangsdokument für das Gesellschaftsprogramm des Bundes der Geächteten, dessen Entstehung und Übergang in den Bund der Gerechten an den Anfängen der deutschen (mit der internationalen verbundenen) kommunistischen Arbeiterbewegung steht. Im Unterschied zur revolutionär-demokratischen, jakobinischen Declaration des Droits de l'homme et du Citoyen erkennt der neue Text privates Eigentum nur an, soweit es aus eigener Arbeit hervorgeht, und sieht vor, daß es auf eine von der Gesellschaft bemessene Höchstgrenze beschränkt bleibt. Grundsätzlich wird das Recht jedes einzelnen auf Eigentum dem Recht auf Existenz für jeden untergeordnet. Darin eingeschlossene Rechte sind (nach Artikel 2) *„Entwicklung seiner Anlagen; Freiheit; Widerstand gegen Unterdrückung"*. Der Artikel 7 („Das Leben des Menschen ist heilig") schließt die Abschaffung der Todesstrafe ein, wofür auch Büchners Gesellschaft der Menschenrechte eintrat. Der „Zweck der Gesellschaft", das *„Glück* aller ihrer Glieder" (Artikel 1), erforderte die reale Gleichberechtigung und Freiheit aller, das hieß — im Unterschied zur Deklaration von 1793 —, es müßten nicht nur die politischen und formalrechtlichen, sondern auch alle ökonomischen Abhängigkeitsverhältnisse aufgehoben werden, die eine Beschränkung der Menschen- und Bürgerrechte bewirkten. Der kommentierende, gleichfalls 1834 erschienene Text „Glaubensbekenntnis eines Geächteten" begründet erstmals eingehend die Notwendigkeit, die materiellen Grundlagen für die Realisierung der Grundrechte in der zukünftigen Gesellschaft zu schaffen. Der Staat selbst muß also zur Erhaltung der Freiheit dafür sorgen, daß seine Bürger *„selbständig* und *unabhängig* sind; *er muß ihnen zureichende und unangreifbare Erhaltungsmittel sichern"*[168].

Nicht in Meinungsverschiedenheiten über die zweckmäßigsten Mittel und Wege, sondern in der objektiv gegensätzlichen sozialen Interessenlage bestand der Antrieb zu dieser Polarisation. Am Beispiel von Büchners Flugschriftenagitation wird deutlich, daß da, wo unmittelbar die vom bürgerlichen allgemeinen Gleichheitsprogramm real nicht mit abgedeckten handgreiflichen Interessen der sogenannten Unterschicht angemeldet wurden, doppelt dafür gesorgt war, daß dies nicht laut wurde. Nicht nur in der von der feudalstaatlichen Zensur zugelassenen literarischen Öffentlichkeit fehlte im aufwallenden Streit der Meinungen zu diesem Zeitpunkt die Stimme des größten und ärmsten Teils des Volkes. Auch die stark angewachsene illegale bürgerliche Flugschriftenpropaganda zeigt hier zugleich mit den am weitesten vordringenden revolutionär-demokratischen Positionen ihre scharf gezogene Grenze der Freiheit.

Erst mit dem erneuten Auftrieb der antifeudalen Bewegung nach dem politischen Tief, das sich in der zweiten Hälfte der dreißiger Jahre ausbreitete, begann auch die zum Schweigen verurteilte große Mehrheit, sich selbst Gehör zu verschaffen. Mit der Stimme des Schneidergesellen Wilhelm Weitling meldete sie sich, ihrer eigenen Interessen und ihrer Kraft als Arbeiterklasse innewerdend, 1841 im „Hülferuf der deutschen Jugend" in der Zeitschrift des Bundes der Gerechten so zu Wort:

„Auch wir wollen eine Stimme haben in den öffentlichen Beratungen über das Wohl und Wehe der Menschheit; denn wir, das Volk in Blusen, Jacken, Kitteln und Kappen, wir sind die zahlreichsten nützlichsten und kräftigsten Menschen auf Gottes weiter Erde ... Auch wir wollen eine Stimme haben, denn wir sind im neunzehnten Jahrhundert und haben noch nie eine gehabt ... Seit Menschengedenken verfochten immer andere unsere oder vielmehr ihre Interessen, darum ist es doch wahrlich bald Zeit, daß wir einmal mündig und dieser gehässigen langweiligen Vormundschaft los werden."[169]

Wie schwer es aber nicht nur in Deutschland, sondern auch in den im bürgerlichen Sinne freieren Ländern des Exils, in Frankreich, der Schweiz und England, wo gesetzlich unbeschränkte Pressefreiheit herrschte, noch lange blieb, diesen Anspruch, in eigener Sache zu sprechen, durchzusetzen, zeigt die Geschichte der Publizistik der frühen deutschen Arbeiterbewegung.

„Tausende Zeitungen und Zeitschriften werden gedruckt, alle politischen Parteien, religiösen Sekten finden ihre Vertreter", begann 1847 die erste und einzige Nummer der „Kommunistischen Zeitschrift" des Bundes der Kommunisten, „und nur dem Proletariat, der ungeheuren Masse der Nichtbesitzenden, war es bis jetzt noch nicht gelungen, ein dauerndes Organ zu finden, das ungeteilt seine Interessen verteidigt."[170] Alle Versuche, das Pressemonopol der herrschenden Klassen zu brechen oder zu unterlaufen, waren noch immer in demselben Dilemma steckengeblieben wie die Flugschriftenagitation Büchners: „... entweder schritt die Polizei ein und vertrieb die Redaktoren, oder es mangelten die zur Fortsetzung nötigen Geldmittel; die Proletarier konnten nicht helfen, die Bourgeois wollten nicht."[171]

Als Büchner jede Möglichkeit auch nur regionaler publizistischer Agitation zur Beförderung des Selbstverständnisses der Entmündigten, zum Stummsein Verurteilten verlor, war seine politische Handlungsfähigkeit gelähmt. Gescheitert ist er an diesem Umstand, und nicht einfach an der Übermacht der mit massiver Repression antwortenden großherzoglich-hessischen und bundesbehördlichen Institutionen. Jener neuralgische Punkt der einheitlichen revolutionären Aktionsfront, auf den er im Konflikt mit den Bündnispartnern gestoßen war, hat ihn denn auch bei der Auswertung der hessischen Unternehmung vorzugsweise beschäftigt. Es geht ihm um die innere Problematik und die Perspektive der Revolution überhaupt. Seine Briefe aus Straßburg nach der Flucht, die in knappen Sätzen die Bilanz enthalten, bringen das zum Ausdruck. Die Einschätzung, zu der er jetzt kommt, stützt sich auf die eigenen Erfahrungen und die Analyse der internationalen Situation der revolutionären Bewegung. Sie entspricht der wirklichen prekären, was nicht heißt perspektivlosen Lage.

3

Von Straßburg aus kann Büchner 1835 seinen jüngeren Bruder Wilhelm nur davor warnen, sich zu unbesonnenen nutzlosen Handlungen hinreißen zu lassen. „Ich würde Dir das nicht sagen, wenn ich im Entferntesten jetzt an die Möglichkeit einer politischen Umwälzung glauben könnte. Ich habe mich seit einem halben Jahre vollkommen überzeugt, daß Nichts zu thun ist, und daß Jeder, der *im Augenblicke* sich aufopfert, seine Haut wie ein Narr zu Markte trägt. Ich kann Dir nichts Näheres sagen, aber ich kenne die Verhältnisse, ich weiß, wie schwach, wie unbedeutend, wie zerstückelt die liberale Partei ist . . ."[172] Übereinstimmend damit lehnt Büchner dann auch im Mai 1836 die abenteuerlichen putschistischen Pläne einer radikalen Gruppierung der Emigrantenorganisation Junges Deutschland in der Schweiz als das Konzept einer „ganz unbedeutenden, durch keine Erfahrung belehrten Minderzahl" ohne Massenbasis ab.[173] Er weiß, daß mit ihm „die Mehrzahl der Flüchtlinge jeden directen revolutionären Versuch unter den jetzigen Verhältnissen für Unsinn hält", und durchschaut das Ganze als inszenierte Provokation eines vom deutschen Bundestag bestellten Agenten, die den Vorwand gibt, die Ausweisung zahlreicher emigrierter deutscher Revolutionäre aus der Schweiz zu erzwingen.[174]

In derselben Weise bezog er bereits Stellung, als im Sommer 1835 aus Paris die Nachricht von einem Bombenattentat gegen Louis-Philippe kam, das dem Regime nur Argumente für ein verschärftes Vorgehen gegen die Republikaner und alle fortschrittlichen Kräfte in Frankreich und für die unverzügliche Durchsetzung einer bereits vorbereiteten einschneidenden gesetzlichen Beschränkung der Pressefreiheit lieferte.[175]

Die Ablehnung des Terrorismus als eines Mittels der Politik ergab sich für Büchner aus der Frage, wem unter den jeweils gegebenen Bedingungen eine bestimmte Aktion nützen und wem sie schaden würde. Die fehlende Massenbasis, die bei einzelnen Gewaltaktionen von isolierten politischen Minderheiten zur Natur der Sache gehört, schloß für ihn von vornherein jede Erfolgsaussicht aus. Er teilte nicht die Erwartung derer, die meinten, falls der Anschlag gelungen wäre, hätte dies einen neuen revolutionären Ausbruch ähnlich dem von 1830 ausgelöst.[176] Aus dem niedergedrückten wenn auch nicht erstickten, sondern allenthalben noch spürbaren Geiste der Unruhe und dem Gefühl vieler Zeitgenossen, auf einem Vulkan zu leben, Spekulationen abzuleiten, die Wunschbilder bleiben mußten, lag ihm fern.

Seiner Einschätzung nach ließ das politische Kräfteverhältnis in Europa fünf Jahre nach der Julirevolution eher befürchten, daß eine gewaltsame Gleichgewichtsverschiebung nur den verbündeten Feudalmächten Rußlands, Preußens und Österreichs zugute kommen und womöglich Frankreich, die Zufluchtsstätte aller demokratischen Hoffnungen, einer erneuten Restauration ausliefern könnte. Nachdem die polnische Aufstandsbewegung gegen die zaristische Fremdherrschaft bezwungen, in Italien der vorläufig letzte Aufstand für einen selbständigen republikanischen Einheitsstaat 1834 von österreichischem Militär niedergeworfen, die oppositionellen Kräfte in den Staaten des Deutschen Bundes unterdrückt worden waren, sahen die absolutistischen Regime noch einmal einer Phase relativer Stabilisierung entgegen, während die französische Julimonarchie, die sich als Herrschaftsform des Finanzkapitals entpuppte, auch nach den schweren Niederlagen der republikanischen Opposition und der Zerschlagung der frühproletarischen Aufstände in Lyon und Paris 1831—1834 unablässig damit zu tun hatte, der wachsenden inneren Widersprüche des Juste-milieu Herr zu werden.

Bei dieser Lage der Dinge konnte die Frage, wer an dem Attentat wirklich interessiert war — entgegen der antirepublikanischen Kampagne, der es zum Vorwand diente —, leicht auf einen möglichen Zusammenhang zwischen der „Höllenmaschine in Paris" und einer gemeinsamen großen Heerschau führen, zu der in Polen die Monarchen Rußlands, Preußens und Österreichs zusammentrafen: „Wenn man sieht, wie die absoluten Mächte Alles wieder in die alte Unordnung zu bringen suchen, Polen, Italien, Deutschland wieder unter den Füßen! es fehlt nur noch Frankreich, es hängt ihnen immer, wie ein Schwerdt, über dem Kopf. So zum Zeitvertreib wirft man doch die Millionen in Kalisch nicht zum Fenster hinaus. Man hätte die auf den Tod des Königs folgende Verwirrung benutzt und hätte gerade nicht sehr viele Schritte gebraucht, um an den Rhein zu kommen. Ich kann mir das Attentat auf keine andere Weise erklären. Die Republikaner haben erstens kein Geld und sind zweitens in einer so elenden Lage, daß sie nichts hätten versuchen können, selbst wenn der König gefallen wäre."[177]

Unter solchen fürs nächste nicht sehr hoffnungsvollen Zeichen stand im großen und ganzen die Zeit, als Büchner vom Feld der praktischen revolutionären Tätigkeit zur Literatur kam. Schon sein erster Brief an Gutzkow nach der Flucht — das Manuskript seines ersten Dramas ist noch nicht lange auf dem Weg — schließt deutlich genug die Annahme aus, das eine sei als Absage an das andere aufzufassen. „Vielleicht bin ich auch dabei", schreibt er, „wenn noch einmal das Münster eine Jacobiner-Mütze aufsetzen sollte. Was sagen Sie dazu? Es ist nur mein Spaß. Aber Sie sollen noch erleben, zu was ein Deutscher nicht fähig ist, wenn er Hunger hat. Ich wollte, es ginge der ganzen

Nation wie mir. Wenn es einmal ein Mißjahr gibt, worin nur der Hanf geräth! Das sollte lustig gehen, wir wollten schon eine Boa Constriktor zusammen flechten. Mein Danton ist vorläufig ein seidenes Schnürchen und meine Muse ein verkleideter Samson."[178]

Die wiederholte Feststellung: „Ich und meine Freunde sind sämmtlich der Meinung, daß man für jetzt Alles der Zeit überlassen muß"[179], ist nicht die Ausflucht eines Resignierten, sie ist stets von konkreten Hinweisen auf sich entfaltende politische Widersprüche begleitet, die das Wiederaufkommen einer revolutionären Situation mit besseren Erfolgsaussichten erwarten ließen.

So sah er im Sommer 1835 die noch anhaltende Welle von Verhaftungen in Hessen, von der er fürchtete, sie wäre nur ein „Vorspiel", unter dem Aspekt ihrer möglichen Rückwirkungen: „Die Regierung weiß sich nicht zu mäßigen; die Vortheile, welche ihr die Zeitumstände in die Hand geben, wird sie auf's Aeußerste mißbrauchen, und das ist sehr unklug und für uns sehr vortheilhaft."[180] Und die Absicht der französischen Regierung, „durch den momentanen Eindruck" des Attentats „die unleidlichsten Beschränkungen der Presse zu erlangen", veranlaßte ihn Anfang August zu der vorausschauenden Überlegung: „Die Regierung ist sehr unklug; in sechs Wochen hat man die Höllenmaschine vergessen, und dann befindet sie sich mit ihrem Gesetz einem Volk gegenüber, das seit mehreren Jahren gewohnt ist, Alles, was ihm durch den Kopf kommt, öffentlich zu sagen."[181] Auch hier wird die Aufmerksamkeit auf die sich in der Praxis entfaltenden Widersprüche als Triebkraft der Herausbildung günstigerer Bedingungen verändernden Handelns gelenkt.[182]

Die angeführten Briefaussagen sind über ihren Gegenstand hinaus vor allem wegen der in ihnen zutage tretenden Haltung von Interesse. Als ein hervorstechendes Merkmal des parteilich engagierten Herangehens an die aufmerksam registrierten aktuellen Erscheinungen fällt die Vermeidung jeder optimistischen Selbsttäuschung und eine strenge Objektivität der Einschätzung auf. In Büchners Drama findet man diese Haltung wieder.

Nur aus den Verhältnissen selbst, aus ihren eigenen sich verschärfenden Widersprüchen, nicht aus dem bloßen von außen her auf sie einwirkenden Wollen war der notwendige Sprengstoff zu ihrem Umsturz zu gewinnen. Vom Revolutionär dieser Tage verlangte die eingetretene Situation mehr als emphatische

Hingabe an vorgefaßte hohe Ideale und Radikalität des Auftretens, sie verlangte — nachdrücklich gerade in diesem Augenblick —, die revolutionäre Praxis als Lernprozeß zu verstehen. Die Phase aufrüttelnder Agitation und des Aufrufens zum Handeln ging auf noch nicht absehbare Zeit zu Ende. Was jetzt not tat, war fürs erste eine gewissenhafte Analyse des Erfahrungsmaterials mit dem Ziel, nach Möglichkeit zu nutzbaren Schlußfolgerungen zu gelangen.

4

Warum konnte gerade die Literatur an diesem Punkt weiterführen? Wenn es Büchner unvermindert ernst war mit seinem Anliegen, war dann nicht — wie im nächsten Jahrzehnt die junghegelianische Kritik, wie schließlich Marx bewies — die Theorie das geeignete Feld, um weiter zu arbeiten? Das philosophische Interesse, das Büchner schon frühzeitig gezeigt hatte und das ihn im ersten Jahr seines Exils sogar den Plan fassen ließ, die Laufbahn eines Philosophiedozenten einzuschlagen, legt diese Frage besonders nahe. Aber das Studium der Philosophie, klagte er, mache ihn „ganz dumm" und lasse ihn „die Armseligkeit des menschlichen Geistes" nur „von einer neuen Seite" kennenlernen.[183] Ein Mitschüler und Kommilitone erinnerte sich, daß schon der Gymnasiast einen „vernichtenden, manchmal übermütigen Hohn über Taschenspielerkünste Hegelischer Dialektik und Begriffsformulationen" bereit hatte: „z.B.: ‚Alles, was wirklich, ist auch vernünftig, und was vernünftig, auch wirklich' ".[184]

Für die Revolutionäre der dreißiger Jahre war der fortgeschrittenste klassische bürgerliche Denker und königlich-preußische Staatsphilosoph Hegel nur ein Ideologe der Restauration. Heine, der einst in Berlin bei ihm im Hörsaal gesessen hatte, war zu Büchners Zeit der einzige, der bemerkte, daß man dem ängstlich verklausulierten „Schulgeheimnis" der Dialektik Hegels auch eine Lesart abgewinnen könnte, an die sich weitreichende revolutionäre Schlußfolgerungen knüpfen ließen. Diese aber aus der Form des rein Ideellen zu befreien, um sie ins Praktische zu überführen, dafür reiften erst in den vierziger Jahren die Bedingungen heran. Büchner konnte nicht ahnen, daß hier von einer ganz anderen Seite als der revolutionären Praxis ungewollt demselben Ziel entgegengearbeitet wurde, dem auch er sich bemühte näher zu kommen.

Für ihn schied die den deutschen Idealismus auf seinen Gipfel führende Philosophie Hegels, die auf das verselbständigte Denken als Quelle der Erkenntnis verwies, von vornherein aus. In ihr wurde die als schlechthin mangelhaft abqualifizierte empirische Wirklichkeit in eine als eigentliche Wirklichkeit aufgefaßte übersinnliche Welt des Geistes verkehrt, in der sie nur schwer wiedererkennbar war. Als Alternative zur politischen Revolution — die, wie das französische Beispiel das deutsche Bürgertum fürchten lehrte, dazu tendierte, in eine soziale Volksrevolution überzugehen — sollte eine Reform des Bewußtseins angestrebt werden. Die heranreifenden sozialen Gegensätze, die für Büchner zum zentralen Problem geworden waren, wurden von Hegel „vertuscht und überspielt"[185]. Im Gegensatz Hegel—Büchner[186] kommt die aus der Distanz der bürgerlichen geistigen Führungselite zu den verelendeten arbeitenden Massen resultierende Entfremdung zwischen fortgeschrittener Theorie und dem in der Praxis gewonnenen fortgeschrittensten Standpunkt auf der höchsten Stufe ihrer Entfaltung zum Ausdruck.

Daß Büchner sich dagegen vom französischen Materialismus des 18. Jahrhunderts Antworten erhoffen mochte, die in der Richtung seiner Fragestellung lagen, erscheint einleuchtend, wenn man sich sein Oppositionsverhältnis zum klassischen philosophischen Idealismus und den politisch-ideologischen Hintergrund der französischen Aufklärung vergegenwärtigt. Schließlich war es ja die doppelte Herausforderung durch die nicht nach Wunsch verlaufene Französische Revolution des 18. Jahrhunderts und durch den französischen philosophischen Materialismus, welche die besorgten deutschen Ideologen zu ihrer widersprüchlichen — teils horizonterweiternden, teils Erreichtes zurücknehmenden — Gegenreaktion veranlaßt hatte.

Das Schwanken des deutschen Bürgertums zwischen geschichtlichem Anspruch und Zurückschrecken vor den seit den neunziger Jahren sichtbar gewordenen Risiken einer politischen Revolution war sowohl der Grund für die innere Widersprüchlichkeit der klassischen deutschen Philosophie als auch für die Gegensätzlichkeit zwischen ihrem Reagieren und dem Büchners, dem als Zeugen der restaurativen und revolutionären Entwicklungen nach 1830 in Deutschland und Frankreich ein Erfah-

rungshorizont zu Gebote stand, der die heranreifenden geschichtlichen Alternativen in einem weit schärferen Licht erscheinen ließ. Die Veranlassung, sich von der Tradition der
deutschen Ideologie abzustoßen, lag für Büchner genau da, wo
für Fichte und Hegel (und man kann hier hinzufügen auch für
Schiller und — mit etwas anderem Akzent — für Goethe) die
Gründe der Befürchtungen lagen, welche die Französische Revolution und der französische Materialismus in ihnen auslösten:
zum einen in der Revolutionierung der plebejischen Volksmassen und ihrer zeitweiligen spontanen Übernahme der geschichtlichen Initiative („Wehe, wenn sie losgelassen", so beschwor
Schiller einprägsam „den schrecklichsten der Schrecken" —
„Wenn sich die Völker selbst befrein, / Da kann die Wohlfahrt
nicht gedeihn"[187]), zum anderen in einem Denken in den Kategorien der Nützlichkeit und des materiellen Interesses, das seine
deutschen idealistischen Kritiker für die moralische Ursache des
entfesselten egoistischen kapitalistischen Privatinteresses hielten.

Gerade da, wo die progressive bürgerliche politische Praxis
und das konsequenteste bürgerliche Denken in ihrer eigenen
Krise angekommen waren und ihre Widersprüche offen zum
Ausdruck kamen, suchte Büchner nach konkreten Ansatzpunk-
ten für Möglichkeiten zur Realisierung seiner Hoffnungen. Er
war darauf aus, im primär materiellen Interesse der besitzlosen
Massen die Grenzen der bürgerlichen Gesellschaft in der *Praxis*
zu sprengen, was nicht ohne revolutionäre Gewalt geschehen
konnte, statt — wie die Denker und Dichter des klassischen Idealismus — lediglich im Reich der freien Idee und der verinnerlich-
ten ewigen Werte des Guten, Wahren und Schönen. Das abweichende Erkenntnisinteresse, das seine Ursache in den auseinan-
dergehenden sozialen Interessen der antifeudalen bürgerlichen
Führungsschicht und ihrer plebejischen Massenbasis hat, führt
auf denselben Divergenzpunkt zurück, auf den Büchner in der
politischen Praxis gestoßen war.

Im Unterschied zur vorrevolutionären Aufklärung war die
sich nach der Französischen Revolution in Deutschland neu for-
mierende bürgerliche Ideologie bereits gezwungen, sich die Bedürfnisse und Interessen einer an der Macht befindlichen Klasse
zu eigen zu machen. Denn sie hatte einer Interessenlage zu genügen, die außer durch die Notwendigkeit einer gemeinsamen
antifeudalen Front auch schon mehr und mehr durch die mate-

rielle und ideologische Unterdrückung der Volksmassen ge-
kennzeichnet war.

Das brachte ein Moment der tendenziellen Übereinstimmung
mit der abzulösenden alten herrschenden Klasse mit sich und
führte dazu, daß sich im Denken des deutschen Bürgertums —
das auf Grund der geschichtlichen Zeitverschiebung in Frankreich die eigene Zukunft schon vor Augen hatte — bereits frühzeitig — noch vor einer Revolution im eigenen Land — ein kon-
servativ-regressiver Zug ausbildete. Um die Volksmassen in das
— auf dem Wege des Kompromisses und der Reform angestrebte
— bürgerliche Herrschaftssystem zu integrieren, war die Preisgabe früher schon erreichter progressiver gesellschaftlicher und
weltanschaulicher Positionen unerläßlich. Die Bewahrung und
der Ausbau der humanistischen Ideale und die Fortschritte in der
theoretischen Verarbeitung der Erfahrung des Epochenüber-
gangs waren nur noch im Rahmen einer Denkform möglich, die
einen „noch entschiedeneren und bewußteren Idealismus zum
Fundament hatte als die Aufklärungsideologie"[188].

So kann es nicht verwundern, wenn im Prozeß der Politisierung seit den dreißiger Jahren die bürgerlichen Intellektuellen,
die vom Reformkurs zum Kurs auf die Revolution übergingen,
sich durch die eigene Tradition irritiert und behindert fühlten.
Der klassische Idealismus offenbarte in diesem Augenblick seine
tiefe Doppeldeutigkeit. Unvereinbar erschien er mit den wirklichen Interessen der von Besitz und Bildung ausgeschlossenen
Massen, die Büchner sich zu eigen machte.

Der Materialismus der französischen Aufklärung hatte dagegen einen empirischen Begriff der Wirklichkeit ausgeprägt, der
sich nicht nur als Produkt und treibender Faktor der Entwicklung der modernen Produktivkräfte praktisch bewährt hatte,
sondern der auch weit besser als das metaphysische Kategorien-
system der deutschen Ideologen geeignet scheinen mußte, den
sachlichen Bedingungen der angestrebten gesellschaftlichen Veränderung gerecht zu werden. Es bedurfte nach dem Urteil von
Marx und Engels „keines großen Scharfsinnes, um aus den Lehren des Materialismus von der ursprünglichen Güte und gleichen
intelligenten Begabung der Menschen, der Allmacht der Erfahrung, Gewohnheit, Erziehung, dem Einfluß der äußeren Umstände auf den Menschen, der hohen Bedeutung der Industrie,
der Berechtigung des Genusses etc. seinen notwendigen Zusam-

menhang mit dem Kommunismus und Sozialismus einzusehen. Wenn der Mensch aus der Sinnenwelt und der Erfahrung in der Sinnenwelt alle Kenntnis, Empfindung etc. sich bildet, so kommt es also darauf an, die empirische Welt so einzurichten, daß er das wahrhaft Menschliche in ihr erfährt, sich angewöhnt, daß er sich als Mensch erfährt. Wenn das wohlverstandne Interesse das Prinzip aller Moral ist, so kommt es darauf an, daß das Privatinteresse des Menschen mit dem menschlichen Interesse zusammenfällt. Wenn der Mensch unfrei im materialistischen Sinne, d.h. frei ist, nicht durch die negative Kraft, dies und jenes zu meiden, sondern durch die positive Macht, seine wahre Individualität geltend zu machen, so muß man nicht das Verbrechen am Einzelnen strafen, sondern die antisozialen Geburtsstätten des Verbrechens zerstören und jedem den sozialen Raum für seine wesentliche Lebensäußerung geben. Wenn der Mensch von den Umständen gebildet wird, so muß man die Umstände menschlich bilden. Wenn der Mensch von Natur gesellschaftlich ist, so entwickelt er seine wahre Natur erst in der Gesellschaft, und man muß die Macht seiner Natur nicht an der Macht des einzelnen Individuums, sondern an der Macht der Gesellschaft messen.

Diese und ähnliche Sätze findet man fast wörtlich selbst in den ältesten französischen Materialisten."[189]

Mehr als eine Orientierungshilfe konnte aus dieser prinzipiellen Feststellung des „notwendigen Zusammenhangs" des Materialismus mit dem Kommunismus, also mit einem gesellschaftlichen Gesamtinteresse, das an die Durchsetzung des Interesses der zahlreichsten, bedürftigsten und produktivsten Klasse gebunden ist, allerdings vorerst nicht abgeleitet werden. Babeufs Verschwörung der Gleichen war die bislang weiteste, freilich auch notwendigerweise schon im Ansatz des ersten Versuchs gescheiterte Konsequenz daraus. Und bis zum Auffinden der konkreten sozial- und politökonomischen Vermittlungen, das erst ein erfolgversprechendes revolutionäres Eingreifen ermöglichen konnte, hatten Marx und Engels auch ein Jahrzehnt nach Büchner, als sie in der Auseinandersetzung mit „Bruno Bauer und Consorten" im Anschluß an Feuerbach auf die Bedeutung des in Deutschland einhellig verpönten französischen Materialismus hinwiesen, den entscheidenden Durchbruch erst noch vor sich.

Was die Notwendigkeit der praktischen Verbindung mit einer

bestimmten Klassenbasis und die Einsicht in den Antagonismus der sozialen Interessen betrifft, war Büchner über den noch abstrakten Standpunkt eines allgemein demokratischen Gesamtinteresses schon einen Schritt hinaus („Ich habe mich überzeugt, die gebildete und wohlhabende Minorität, so viel Concessionen sie auch von der Gewalt für sich begehrt, wird nie ihr spitzes Verhältniß zur großen Klasse aufgeben wollen."[190]).

Auf die allgemeine Formel der in sich logischen Forderung — „Wenn der Mensch von den Umständen gebildet wird, so muß man die Umstände menschlich bilden" usw. — hat Büchner schon die von seinem Danton mit einigem Sarkasmus unterlegte Gegenfrage bereit: „Wer soll denn all die schönen Dinge ins Werk setzen?"[191] Bei einem anonymen „man" und einem sozial unbestimmten Begriff *des* Menschen konnte die Frage nach dem Subjekt der revolutionären Veränderung nicht stehenbleiben. Genau dieser Frage ging Büchner aber, nachdem er bereits in Gießen 1834 das Konzept der Selbstbefreiung der ausgebeuteten „großen Masse des Volkes" zu verfechten begonnen hatte, jetzt weiter nach. Die „große Masse" des Proletariats war aber erst im Begriff, eine „Klasse für sich" (Marx) zu werden, zumal in Deutschland, wo die Industrialisierung einen beträchtlichen Rückstand gegenüber Westeuropa aufzuholen hatte. Es war 1834 noch in einem zu frühen Stadium der Formierung, um sich selbst schon als Subjekt zu begreifen und als solches aufzutreten.

Daraus resultierte ein für Büchner unlösbarer Widerspruch, den einzusehen auch das materialistische Denken in seiner damaligen Entwicklungsform nicht gestattete. Einerseits war es nach seiner Überzeugung — auf Grund der wachsenden Unfähigkeit des herrschenden sozialökonomischen Systems, der zunehmenden Zahl von Nichtbesitzenden die materiellen Bedingungen auch nur der notdürftigsten Erhaltung ihrer Existenz zu garantieren — bereits an der Zeit, „die abgelebte moderne Gesellschaft zum Teufel gehen [zu] lassen"[192]. (Das war eine Einschätzung, der im übrigen auch Heines zwanzig Jahre später geschriebenes letztes Wort über die bürgerliche Gesellschaft und die Perspektive ihrer Ablösung durch den Kommunismus entsprach: „Möge sie in Stücke gehen, diese alte Welt, wo die Unschuld zugrunde ging, wo die Selbstsucht gedieh, wo der Mensch von Menschen ausgebeutet wurde!"[193]) Dem entspricht überdies auch die von Marx und Engels bis nach der Revolution von 1848/49 gehegte Erwartung eines baldigen Übergangs der bürgerlichen in eine proletarische Revolution.

Andererseits wußte Büchner auf seine Frage „Und die große Klasse selbst?"[194] angesichts der Tatsache, daß diese zu seiner Zeit eben noch nicht das Bewußtsein ihrer selbst erlangt hatte (die ihm höchst fatalen Möglichkeiten irrationaler Massenbeeinflussung am Beispiel von Lamennais vor Augen), nur die Antwort: „Für die gibt es nur zwei Hebel: materielles Elend und *religiöser Fanatismus*. Jede Parthei, welche diese Hebel anzusetzen versteht, wird siegen. Unsre Zeit braucht Eisen und Brod — und dann ein *Kreuz* oder sonst so was."[195] Sieht er schon die Notwendigkeit, mit der herrschenden Kultur als der Kultur der Herrschenden zu brechen, und greift er vor mit der Forderung, „die Bildung eines neuen geistigen Lebens im *Volk* [zu] suchen", so geht er in der Begründung auf den Standpunkt einer abstrakten Allgemeingültigkeit zurück: „Ich glaube, man muß in socialen Dingen von einem absoluten *Rechts*grundsatz ausgehen..."[196].

Die Mobilisierung der Volksmassen ist in dem Zustand, in dem er sie kennt, so fürchtet er, nur möglich, wenn die rein materielle Motivierung durch den äußeren Zwang der Not ergänzt wird durch ein falsches, von außen in sie hineingetragenes aktivierendes Ersatzbewußtsein. „Eisen und Brod — und dann ein *Kreuz* oder sonst so was" — hier erhellt mit überdeutlicher Klarheit, daß Büchner für die revolutionäre Position, zu der er auf dem Wege der politischen Praxis vorgestoßen war, aus dem begrenzten mechanischen Materialismus der französischen Aufklärer kein ausreichendes, tragfähiges theoretisches Fundament gewinnen konnte, zugleich aber auch — und das zeigt die widerstrebende, pragmatisch gezwungene Art des Zurückkommens auf Momente eines im Grunde von ihm schon unwiderruflich überwundenen idealistischen Bewußtseins — die Einsicht in dieses Dilemma.

Die theoretische Begrenztheit der materialistischen Philosophie des 18. Jahrhunderts war schon in dem Materiebegriff angelegt, mit dem sie operierte. Dieser war seiner Entstehung und Zweckbestimmung nach ausschließlich auf die Erscheinungswelt der Natur gegründet und zwar dem Stand der Wissenschaft und der ihr entsprechenden Produktivkräfteentwicklung zufolge speziell auf die Mechanik. Obschon die objektive Gesetzmäßigkeit, auf die er verwies, durchaus ein Schlüssel zu grundlegenden, ideologische Verhüllungen durchstoßenden Erkenntnissen über widersprüchliches soziales Verhalten werden konnte, mußten die Versuche seiner Anwendung auf die Gesellschaft als Ganzes doch zu Fehlresultaten und problematischen Vergröberungen führen.

Lag in der konsequenten Objektgerichtetheit des wissenschaftlichen Interesses das Geheimnis des Erfolges der klassischen Physik und Chemie im Dienste der Industrieentwicklung, so hatte die Verabsolutierung des Objektcharakters der Erscheinungen für die Betrachtung der Geschichte in strenger Konsequenz das Bild eines unbeeinflußbaren, zwangsläufigen Geschehnisablaufs von ewiger Gleichförmigkeit zur Folge. Der Versuch der mechanischen Materialisten, als Sprecher einer aufsteigenden Klasse wirkliche geschichtliche Bewegungen als Fortschritt zu erklären, lief letztendlich darauf hinaus, „daß besonders situierte Menschen, daß Eliten auf Grund irrationaler Voraussetzungen das System der determinierenden Faktoren des massenhaften Verhaltens ändern"[197].

Wenn an diesem Punkt jedes materialistische Denken auf bürgerlicher Klassengrundlage in Idealismus umschlägt, so ist damit allerdings noch nicht gesagt, daß der vom Bürgertum angewendete Materialismus aus sich selbst heraus eine qualitative Weiterentwicklung und Entfaltung der Dialektik und damit seine Anwendbarkeit auf die Gesellschaft ausschloß, zumal die französischen Materialisten nicht nur die mathematische Descartsche Richtung weiterführten, sondern mit dem englischen materialistischen Sensualismus Lockes auch dessen sozial bezogene Komponente aufgenommen hatten. Auf der Erfahrungs- und Interessengrundlage der Massen stünde dem nichts im Wege.

Hier aber endete das Erkenntnisinteresse des Großbürgertums, als dessen progressive Ideologie sich der vorrevolutionäre Materialismus entwickelt hatte. Es verwandelte sich in um so entschiedenere Erkenntnisabwehr, je mehr während der Revolutionsepoche nach 1789 die in Bewegung geratenen Volksmassen eigenem Antrieb folgten und aus der Integration in die bürgerliche Ordnung auszubrechen drohten. Die Gefahr der restlosen Zerstörung der Illusionen über den Charakter der neuen Gesellschaft, in der eine neue Ausbeuterklasse herrschte, zu der die massenhafte Ausbreitung des bisher einer elitären Schicht vorbehaltenen materialistischen Denkens hätte führen müssen, wird man als den letztlich entscheidenden Grund für die massive Zurückdrängung des Materialismus und die verstärkte Verbreitung vielfältiger Formen idealistischen Bewußtseins ansehen dürfen.

Das Wiederaufleben der Religion in gewandelten, den Bedürfnissen der Bourgeoisie angepaßten Formen ist dafür ein Ausdruck unter anderen. Die Kühnheit und die Selbstsicherheit, mit der das vorrevolutionäre Bürgertum die metaphysischen Bewußtseinsformen zerschlagen und das materialistische Denken vorangetrieben hatte, waren nur *vor* der beunruhigenden Erfahrung revolutionärer Masseninitiativen möglich, als man noch nicht bezweifeln mußte, daß die gewonnenen Erkenntnisse Besitz einer elitären Minderheit blieben, und man fest überzeugt war, der für ewig an Vorurteile gefesselten großen Masse sei es, wie La Mettrie sagte, „ebenso unmöglich, zur Wahrheit zu gelangen, wie den Fröschen, zu fliegen"[198].

Anspruch und Zweckbestimmung der materialistischen Methode, um die Büchner sich bemühte, waren andere als die der französischen Bourgeoisie des 18. Jahrhunderts. Ihm ging es um das zu artikulierende „nothwendige Bedürfniß der großen Masse" von 1835, aus der sich schon eine revolutionäre Klasse mit eigenem Interesse, das Proletariat, herauszuschälen begonnen hatte.

Aber wie alle bisherige Revolution in der Praxis noch nicht über den Höhepunkt hinausgelangt war, den 1793/94 die revolutionär-demokratische Diktatur der Jakobiner bildete, die auf lange Sicht zum Beispiel und Maßstab politischer Progressivität für die Demokraten in allen Ländern Europas wurde, so war es, was den Zeitgenossen Büchners weit weniger bewußt war, die verschüttete materialistische Tradition, die dem spezifischen weltanschaulichen und theoretischen Verständigungsbedürfnis der arbeitenden Klasse objektiv am weitesten vorgearbeitet hatte. Ohne deren kritische Wiederaufnahme konnte diese ihr eigenes Selbstbewußtsein als produzierende, den Reichtum der Gesellschaft erzeugende geschichtsmächtige Klasse nicht entwickeln.

Dem wirkte allerdings entgegen, daß die Arbeiterbewegung der dreißiger Jahre einschließlich des frühen französischen Kommunismus, der sich seit der Wirksamkeit Buonarrotis auf einer neuen Stufe entfaltete, ursprünglich von idealistischen Traditionen beherrscht wurde. In der Ablehnung des Materialismus der französischen Philosophen des 18. Jahrhunderts wie auch der libertären sensualistischen Philosophie des Genusses als der Ideologie der Klasse der Besitzenden waren Neobabouvisten und Neojakobiner, revolutionäre Proletarier und revolutionäre bürgerliche Demokraten, sich länger einig als in der Bestimmung der politischen bzw. sozialen Zielsetzung der Revolution. Grenzten sich die beiden — nach 1830 erneuerten — führenden revolutionären Richtungen in der Frage des Eigentums prinzipiell voneinander ab, so propagierten ihre Vertreter gegen den Egoismus und das Wohlstandsstreben der Bourgeoisie doch zunächst weitgehend den gleichen Asketismus sowie den gleichen abstrakten Moralismus. Beide neigten infolgedessen auch dazu, bei ihrer Wendung gegen den Luxus nicht selten kunstfeindliche Züge anzunehmen.[199]

Für Heine war diese Borniertheit der entscheidende Punkt, in dem er sich gleichermaßen sowohl von den neojakobinischen Republikanern (namentlich Börne) als auch vom Kommunismus in seinem frühen grobschlächtig gleichmacherischen Erscheinungsbild abgestoßen fühlte. Unter dem nachhaltigen Eindruck des saint-simonistischen Sozialismus setzte er sein sensualistisches (Brot *und* Schönheit für alle verlangendes) Programm der sinnlichen wie geistigen menschlichen Emanzipation und seine Utopie der gerechten Verteilung des Reichtums gegen die Forderung eines vorindustrieller Zeit entstammenden Gleichheitskommunismus nach gerechter Verteilung des Mangels. Der Saint-Simonismus als geistige Blüte der industriellen Revolution und ihrer Produktivitätsentfaltung erwies sich trotz seiner bürgerlichen Klassengrundlage, trotz seiner schon während der Kämpfe der frühen dreißiger Jahre offensichtlichen politischen Irrelevanz in dieser Hinsicht dem gleichzeitigen Kommunismus gegenüber (der ersten, noch unausgebildeten und vorwissenschaftlichen Ideologie der elementaren Arbeiterbewegung) relativ überlegen. Dessen theoretisches Dilemma — um einem fatalistischen Verständnis der gegebenen Situation auszuweichen, fiel er zeitweise auf die Stufe religiösen Bewußtseins zurück — konnten die saint-simonistischen Sensualisten gerade durch ihre ambivalente, zwischen Idealismus und Materialismus unentschiedene pantheistische Position für sich wenigstens behelfsweise überbrücken.

Aller theoretischen Inkonsequenz ungeachtet, wohnte dem

linken babouvistischen Kommunismus aber dadurch, daß er auf die materiellen Lebensverhältnisse und Bedürfnisse der Besitzlosen in der von Besitzenden beherrschten Gesellschaft einging, notwendigerweise eine materialistische Grundtendenz inne. Diese setzte sich schließlich in den späten dreißiger und beginnenden vierziger Jahren bei den „wissenschaftlicheren französischen Kommunisten" (den neobabouvistischen Arbeiterkommunisten Louis-Auguste Blanqui, Théodore Dézamy, Jules Gay, Jean-Jacques Pillot u.a.) durch, die schließlich „die Lehre des *Materialismus* als die Lehre des *realen Humanismus* und als die *logische* Basis des *Kommunismus*" entwickelten.[200] Diese Entwicklung, mit der Büchner engstens und so früh wie kein anderer Schriftsteller verbunden ist, war notwendigerweise begleitet von der prinzipiellen kritischen Überprüfung und Überwindung auch der fortgeschrittensten bürgerlich-demokratischen Position, des Jakobinismus bzw. Neojakobinismus, d.h. für Büchner der ihm politisch am nächsten stehenden Partei Börnes und Weidigs. Am faßbarsten wird diese Position in ihrer höchsten geschichtlichen Verwirklichung in der Französischen Revolution von 1789 bis 1794, mit deren Analyse Büchner als Dramatiker begann.

„*Dantons Tod*". *Drama der bürgerlichen Revolution*

1

Der hier skizzierte Prozeß befand sich zu Büchners Zeit noch in einer Anfangsphase, die voll Unbestimmtheiten und Ungewißheiten war. Ein Durchbruch oder gar ein Abschluß war noch nicht in Sicht. Der Versuch, ein Resultat spekulativ oder poetisch zu antizipieren, hätte höchstens die schon existierenden Utopien um eine weitere vermehren können. An der historischen Grenze praktischen Handlungsspielraums und der zu Gebote stehenden Theorie angekommen, schreibt Büchner sein Stück, nicht weil er eine Lehre oder den Ausblick auf eine Lösung bereit hat. Er hielt fest, was bis dahin geschehen war und was zu befragen ist, um darüber hinaus zu gelangen. Wo menschliche Praxis an die Grenze ihrer historischen Möglichkeiten stößt, wo eine Wissenschaft, die Antworten geben könnte, nicht existiert oder vor neuen Ansprüchen versagt, signalisiert Literatur die aufkommenden Bedürfnisse gesellschaftlicher Verständigung, wird sie — so jedenfalls hier — zum Organ vortastender Erkenntnis.

Das Drama bot sich als Spielmodell dafür an, geschichtliche Praxis probehalber nachzubilden und im Lichte der interessierenden Fragen zu erhellen. Eine dominierende Rolle kam dabei dem ineinander verschmelzenden eigenen und angeeigneten geschichtlichen empirischen Material zu.[201] Das Faktische, das den Rohstoff für den Dramatiker abzugeben pflegt, tritt hier anders, als man es — speziell im historischen Drama — gewohnt ist, in Erscheinung. Sein Anteil am Aufbau des Werks, ebenso der Grad unveränderter Erhaltung des vorgefundenen Zusammenhangs der Tatsachen, d.h. der historischen Treue, sind so hoch, daß die Frage berechtigt erschien, ob man es noch mit einer „Dichtung" im herkömmlichen Sinne des Wortes oder nicht eher schon mit einer in Szene gesetzten Dokumentation zu tun hat. Am auffälligsten dabei ist — und das hat Zeitgenossen und spätere Kritiker besonders befremdet — die weitgehend wortgetreue Übernahme urkundlich überlieferter Redepassagen, Aussprüche und Wendungen historischer Personen. Man fand ganze Passagen aus Thiers' allbekannter „Geschichte der Französischen Revolution" ungeniert abgeschrieben und lediglich aus der distanzierten Form des Berichts in die unmittelbare des Dialogs übertragen. „Ihr Danton zog nicht", erklärte Gutzkow dem Autor im Sommer 1836, „vielleicht wissen Sie den Grund nicht? Weil Sie die Geschichte nicht betrogen haben: weil einige der bekannten heroice Dicta in Ihre Comödie hineinliefen u von den Leuten drin gesprochen wurden als käme der Witz von Ihnen."[202] Büchner hatte das bürgerliche Publikum schon allein dadurch tief verletzt — und er ist dafür durch eine fast ein Jahrhundert lang andauernde Indignation gestraft worden —, daß er das geheiligte persönliche Eigentum, dessen Schutz das Bürgertum auch im literarischen Verkehr (als geistiges Eigentum) durchgesetzt hatte, mit unverhohlener Respektlosigkeit behandelte.

Ebensowenig Achtung zollte er den allgemein anerkannten Gesetzen einer kunstgemäßen Dramaturgie. Schon Gutzkow, der wohlwollendste seiner Kritiker, vermißte schmerzlich eine gattungsgerechte dramatische Handlung, Fabel und Idee in dem Stück, wenn er dafür auch die Entschuldigung fand: „Aber die Fülle von Leben, die sich hier vor unsren Augen noch zusammendrängt, läßt den Mangel der Handlung, den Mangel eines Gedankens, der wie eine Intrige aussieht, weniger schmerzlich entbehren."[203] Und noch 1912 stießen Thesen wie die folgenden nicht auf Widerspruch: „ ‚Dantons Tod' ist kein Drama im landläufigen Sinne, sondern eine fast ganz zusammenhanglose Folge von 32 größeren und kleineren Szenen" aus dem Revolutionsgeschehen der Tage vom 24. März bis zum 5. April 1794.[204] „Alle äußeren Formen sind durchbrochen. Kaleidoskopartig hasten die bunten Szenen an uns vorüber, und die Einbildungskraft des Lesers wird von dieser Jagd mitgerissen."[205]

Tatsächlich schlägt in der mitreißenden Dynamik des Stücks die Dynamik des historischen Geschehens durch. Vermittelt wird sie für den Verfasser über seine analog spannungsvolle existentielle Situation. Das eine korrespondiert mit dem anderen. Das Ganze ist sowohl historisch als durch das tätige Verbundensein seines Verfassers mit dem noch nicht abgeschlossenen geschichtlichen Prozeß, dem es angehört, beglaubigt. Das Faktenmaterial des vergangenen Geschehens soll selbst Auskunft geben, indem der Autor es, ohne seine Authentizität zu beschädigen, im Phantasieraum der Kunst zu wiederholbarem neuem Dasein erweckt — mit seinen Worten, indem er „die Geschichte zum zweiten Mal erschafft", sie „wieder aufleben" macht — „die Leute mögen dann daraus lernen, so gut, wie aus dem Studium der Geschichte und der Beobachtung dessen, was im menschlichen Leben um sie herum vorgeht".[206]

Hinter diesen Zweck ist jedes formal-ästhetische Richtmaß zurückgesetzt. Er bestimmt das künstlerische Verfahren, die dramatischen Mittel, die so — der Unterstellung unter irgendeinen Kanon enthoben — als spezielle technische Mittel verfügbar werden. Gerade dadurch aber wird die Revolutionierung der dramatischen Form und der ästhetischen Auffassungen überhaupt möglich, die Büchner, lange bevor andere ihm darin folgen, betreibt. In der äußeren Zwecksetzung zugunsten der Leute, die ein vitales Interesse daran hatten, zu verstehen, „was im menschlichen Leben um sie herum vorgeht", ist das gewöhnliche Leben als universeller praktischer Lernprozeß gefaßt. Auf Geschichte und insbesondere das hervorragendste Beispiel revolutionärer Praxis bezogen, situiert diese Absicht ein Verhältnis des Dramatikers zu seinem Gegenstand, das geeignet ist, dem Genre ein neues Gepräge zu geben. Er sucht im überlieferten Stoff nicht bloße Anschauungsstücke für einen ihm vorschwebenden Bildungsplan. Die Geschichte ist ihm kein beliebig auszuschlachtender Materialfonds zur Vergegenständlichung einer schon fertigen Weltauffassung oder ästhetischer Ideen. Und er gibt den aufgegriffenen Gegenstand nicht als vollendetes, aus dem Rohstoff fertig herausgearbeitetes Endprodukt weiter, das vom Abnehmer nur passiv, nachvollziehend, aufgenommen zu werden braucht. Vielmehr sucht er ihn faßbar zu machen als Gegenstand noch zu leistender kollektiver, gesellschaftlicher Verarbeitung. „... die Leute mögen dann daraus lernen" heißt nicht, daß die Adressaten des Werks daraus eine abgezogene Lehre empfangen sollen. Gefragt wird nach der Wirklichkeit der Geschichte und nicht nach einer Idee von ihr. Die für das Genre des historischen Dramas umwälzende Entdeckung von „Dantons Tod" ist daher das Aufgehen des großen Gegenstands im gewöhnlichen Leben.

Die Ausrichtung seiner Arbeit auf die Praxis ist der Grund dafür, daß Büchner — jede unangebrachte Idealisierung abstreifend — das oberste Gebot für den dramatischen Dichter darin sah, „der Geschichte, wie sie sich wirklich begeben, so nahe als möglich zu kommen"[207]. Diese Haltung entsprach der Haltung des Naturwissenschaftlers. Wie diesem galt Büchner auch als Dramatiker die Erfahrung als oberstes Kriterium. Das Vertrautsein mit Verfahren, auf die sich die exakten Naturwissenschaften gründen — Beobachtung, Vergleichung, Experiment, Analyse —, kam ihm dabei zustatten. Unter den Techniken, deren er sich darüber hinaus bediente, kommt der Montage des gesammelten Erfahrungsmaterials besondere Bedeutung zu. Den prägnant zugeschnittenen Einzelteilen des gesammelten Erfahrungsmaterials (wortwörtlich überlieferten Repliken der historischen Personen, aber auch in die Überlieferung eingegangenen, das Bild dieser Personen mitbestimmenden Kommentaren der Historiographen) ließ er möglichst die authentische Form.

Das heißt nicht, daß Büchner im Umgang mit dem historischen Zitatenmaterial auf geeignete Mittel der Gestaltung verzichtet hätte. Nicht allein Auswahl, Verdichtung, Akzentuierung und die vorwiegend antithetische Zusammenfügung gehören dazu. Darauf weist Jürgen Sieß hin, wenn er z.B. feststellt: „Bei der Montage von entlehnten Stellen benutzt Büchner nicht nur die historiographischen Vorlagen simultan, er legt auch Worte historischer Personen im Drama anderen Personen in den Mund

und verteilt zusammenhängende Textpassagen auf zwei oder mehrere Rollen."[208]

Die Betonung der kognitiven Funktion, die die Literatur hier übernahm, bedeutet nicht, daß ihr einfach die Rolle eines Wissenschaftsersatzes zufiel. Büchners Stück ist dies ebensowenig, wie es auch nicht bloße Widerspiegelung äußerer Welt und nicht bloß Praxisersatz für den in seiner Aktionsfähigkeit behinderten Revolutionär ist. Der Verfasser stand zweifellos unter einem starken Ausdruckszwang, als er es schrieb. Eben weil er ganz in der „Mitte der Sache" stand, war er als ganze Person betroffen, wurde ihm das Schreiben zuallererst zum Mittel der Selbstäußerung und Selbstbefragung, zum einzigen Mittel, die Vielzahl der auf ihn einstürmenden Fragen auszusprechen, und nicht zuletzt zum Versuch, sich aus subjektiver Bedrängnis zu befreien. Nur bleibt der Ausdruck dieser Ich-Betroffenheit nicht auf sich selbst und nicht auf die Sphäre der Literatur, in der er sich artikuliert, bezogen. Der Bezug auf die Sache, die objektive Realität, erhält die Priorität, bestimmt die Darstellung und organisiert den angestrebten gesellschaftlichen Wirkungszusammenhang des Stücks.

Einen Hinweis auf diesen enthält eine Bemerkung Gutzkows im „Phönix", in dem er dem Autor des Revolutionsstücks die genaueste „Vertrautheit mit seinem Gegenstand" bescheinigt und dessen Mut, diesen aufzugreifen, mit den Worten rechtfertigt: „Warum sollte er dies auch nicht! Unsere Jugend studiert die Revolution, weil sie die Freiheit liebt und doch die Fehler vermeiden möchte, welche man in ihrem Dienste begehen kann."[209]

Die Revolution des 18. Jahrhunderts war ein brennend aktueller Gegenwartsstoff. Alle Erwartungen und alle Besorgnisse für die Zukunft waren mit ihm verknüpft. Die Worte Robespierres, die aus Büchners Stück widerklingen — „Die sociale Revolution ist noch nicht fertig"[210] —, und Dantons Prophezeiung — „die Statue der Freiheit ist noch nicht gegossen, der Ofen glüht, wir Alle können uns noch die Finger dabey verbrennen"[211] — hallen nach. Sie betreffen die Zeitgenossen zwischen Julirevolution und Kommunistischem Manifest unmittelbar. Sei es unter dem Gesichtspunkt des Festhaltens an den uneingelösten epochalen Ideen des sich selbst verwirklichenden Menschen und dem Programm der Freiheit, Gleichheit und Brüderlichkeit für alle oder unter dem Gesichtspunkt der enttäuschten Reaktion auf das Verfehlen der eigenen Ziele — die Französische Revolution war zum Maß der Epoche und zum Katalysator der Gegenwartsprozesse geworden.

1843 war für Marx und Engels die „Lebensgeschichte der französischen Revolution, die von 1789 her datiert, ... mit dem Jahre 1830, wo eins ihrer Momente, nun bereichert mit dem Bewußtsein seiner *sozialen* Bedeutung, den Sieg davontrug, noch nicht beendigt"[212]. In dieser Formulierung des aktuellen Bezugs zu der in Deutschland zu erwartenden Revolution verbirgt sich eine Problematik, die durch Büchners Stück zentral berührt wird und deren Aufarbeitung notwendigerweise in die Ausarbeitung der Theorie einer ganz neuen, der proletarischen Revolution münden wird.

Dazu war in der umfassenden Analyse und Kritik der klassischen Revolution des Bürgertums ein Wechsel der Perspektive notwendig, den Büchner, wie „Dantons Tod" ausweist, frühzeitig in einzigartig konsequenter Weise vollzog. Statt vom Standpunkt des menschlichen Wesens schlechthin, dessen Maß das Ideal des schönen, harmonischen Menschen abgab, setzte er, dabei seiner praktischen Orientierung entsprechend, vom Interessenstandpunkt der arbeitenden besitzlosen Massen her an, die Hauptträger und — als Sieger für andere — zugleich Hauptbetrogene der Revolution waren.

Das Stück kommt nicht mehr auf den im „Hessischen Landboten" als aktivierendes Beispiel beschworenen ersten großen Aufstand von 1789 zurück, als der dritte Stand mit seinem Anspruch noch überzeugend ein nationales Gesamtinteresse vertrat und als das ganze Volk sich im Ansturm gegen Absolutismus und Aristokratie und deren klerikale Stützen noch als ungeteilte Einheit empfinden konnte.

Die folgenden Revolutionsjahre verhalfen der bürgerlichen Umgestaltung der Gesellschaft mit den ihr innewohnenden Widersprüchen zum Durchbruch und führten im Zuge der Parteienbildung und heftiger Flügelkämpfe eine Veränderung der politischen Konstellation herbei.[213]

Das Jahr 1794, nach dem Revolutionskalender das Jahr II, das Büchner in seinem Drama aufgreift, bezeichnet den Scheitelpunkt der Revolution. Unter dem Druck der immer wieder spontan vordringenden arbeitenden Volksmassen war 1793 nach dem Sturz der Gironde, der gemäßigt republikanischen Partei der großen Handels- und Industriebourgeoisie, unter der Herrschaft der Jakobiner ein Maximum politischer revolutionärer Demokratie, d. h. der politischen Gleichstellung auch der Besitzlosen und ihrer Beteiligung an der Macht, durchgesetzt bzw. in der nicht mehr in Kraft getretenen Verfassung von 1793 proklamiert worden. Daran knüpften die neojakobinischen revolutionären Demokraten nach 1830 mit dem Programm an: „Die künftige Revolution muß Robespierres Weg fortsetzen."[214]

Doch nicht das von großen Hoffnungen erhellte begeisternde Bild der jakobinischen Aufstiegsphase mit der Verfassung von 1793 und der gegenüber 1789 weitergehenden Fassung der Erklärung der Menschenrechte rückt Büchner ins Licht, sondern die Realität des Jakobinerstaates im folgenden Jahr. Dieses gibt das Errungene schon als das Höchstmögliche und als erreichten kritischen Grenzpunkt zu erkennen. Als einen Grenzpunkt nämlich, der nicht nur ein Weiter-geht-es-nicht markiert, sondern zugleich die Problematik der Grundlagen der bürgerlich-demokratischen Revolution überhaupt sichtbar werden läßt und geeignet ist, die Frage der Notwendigkeit einer neuen Revolution sozialen Charakters auf umfassenderer Grundlage zu stellen.

Die Entscheidung, Danton zur Titelgestalt des Dramas zu machen und nicht etwa seinen radikalen Gegenspieler Robespierre, erklärt sich aus Büchners Bemühen um eine tiefdringende Analyse des Klasseninhalts der Französischen Revolution. Sie ist aber zugleich durch die beherrschende repräsentative Stellung Dantons im überlieferten Bild der Französischen Revolution motiviert. Für die weitaus meisten Zeitgenossen Büchners — so wollte es die bürgerliche Geschichtsschreibung — rangierte George-Jacques Danton unter den vielgenannten Heroen der Revolution, deren man sich mit Bewunderung oder Schaudern erinnerte, an erster Stelle.

Danton, der hervorragende populäre Agitator, hatte mehrfach an entscheidenden Wendepunkten des revolutionären Prozesses die Volksmassen zur Durchsetzung und Verteidigung der Revolution mobilisiert, so bei der Vorbereitung des Sturms auf die Tuilerien am 10. August 1792, der die Monarchie stürzte, so als erster Justizminister der Republik im September 1792 bei der Niederwerfung der inneren konterrevolutionären Kräfte im Augenblick der höchsten Gefahr für das Land, als die ausländischen Interventionsheere bereits gegen Paris vorrückten, und schließlich als maßgeblicher Mitbegründer des Revolutionstribunals und des Wohlfahrtsausschusses, der revolutionären Regierung, in der er nach der Zerschlagung der gemäßigten Fraktion der Girondisten am 31. Mai 1793 zusammen mit Robespierre den führenden Einfluß ausübte.

Der durch seine mitreißende Kühnheit und Tatkraft berühmte Danton, den Marx den „größten bisher bekannten Meister revolutionärer Taktik"[215] nannte, war ein Beispiel dafür, wie der geschichtliche Augenblick, wie die historische Notwendigkeit Persönlichkeiten prägt, die, das Gebot der Stunde erkennend, imstande sind, durch ihre persönliche Tat Entscheidendes für den gesellschaftlichen Fortschritt zu leisten. Das Schicksal Dantons, dessen frühere Verdienste nichts galten, als er 1794 selbst vor dem Revolutionstribunal stand, ist zugleich dazu angetan, die Rolle der Persönlichkeit in der Geschichte in ihrer ganzen objektiven Bedingtheit — und damit auch ihre tragische Seite — zu beleuchten.

In seinem Kommentar erläuterte Karl Gutzkow die Situation so: „Eine tragische Katastrophe der französischen Revolution entwickelt sich in *Büchners Danton* vor unsern Augen. Die Autorität Robespierres ist im Steigen, und die zweite Reaktion gegen die Revolution beginnt. Die erste Reaktion war der Sturz der Gironde, die zweite der Sturz des Moderantismus. Die Revolution verschlang wie Saturn ihre eignen Söhne. Welch ein Unterschied aber schon in den verschiedenen Klassen dieser Rückwirkungen! Die Girondisten waren Männer, welche nicht durch Absichten und Systeme in die Revolution hineingerissen wurden, sondern durch einige Sympathien, durch einige Prinzipien und durch den erhabenen Enthusiasmus, welcher alle Gemüther in jenen sturmvollen Zeiten ergriffen und sich endemisch wie ein Fieber fortgepflanzt hatte. Die Girondisten starben mit ihren blumenreichen Reden, mit dem noblen Ernste und dieser vornehmen Geringschätzung, welche die Doktrin in der Theorie und das Jüste-Milieu oft in der Praxis zu begleiten pflegt; sie starben, weil sie die Revolution ohne die Massen wollten. Die Dantonisten hatten schon Blut an den Händen, das Blut des Septembers, das nicht vergossen wurde, um zu strafen, sondern um zu schrecken. Die Aristokraten in der Stadt, die Könige vor den Thoren hatten sie in eine chirurgische Verzückung versetzt, die mit lächelnder Miene ein faules Glied amputiert. Die Dantonisten hatten der

Revolution ein Opfer gebracht, ihr Gefühl, ihre Humanität, ihre der Ruhe geweihten Nächte. Sie hatten so viel gethan, daß sie nicht glaubten, die Revolution verlange sie selbst noch als Opfer."[216]

Damit ist das zeitgenössische Verständnis der Problematik, mit dem Büchner rechnen konnte, skizziert.

2

Büchners Danton hat, als das Stück einsetzt, die Initiative des Handelns bereits resigniert abgegeben. Es sind seine politischen Freunde, die ihn drängen, die Auseinandersetzung mit Robespierre auszufechten oder zu fliehen. Sie sind es, die in der Eingangsszene des ersten Akts die antirobespierristische Leitlinie politischer Mäßigung, für die er seine Autorität in die Waagschale werfen soll, formulieren:

HÉRAULT. Die Revolution ist in das Stadium der Reorganisation gelangt.
Die Revolution muß aufhören, und die Republik muß anfangen. In unseren Staatsgrundsätzen muß das Recht an die Stelle der Pflicht, das Wohlbefinden an die der Tugend und die Notwehr an die der Strafe treten. Jeder muß sich geltend machen und seine Natur durchsetzen können. Er mag nun vernünftig oder unvernünftig, gebildet oder ungebildet, gut oder böse seyn, das geht den Staat nichts an. ...
CAMILLE. Die Staatsform muß ein durchsichtiges Gewebe seyn, das sich dicht an den Leib des Volkes schmiegt. ... Die Gestalt mag nun schön oder häßlich seyn, sie hat einmal das Recht zu seyn wie sie ist ...[217]

Das Gesellschaftsprogramm der Dantonisten, in das die Forderung nach Beendigung des Terrors als Mittels der politischen Herrschaft mündet, verspricht jedem gleichermaßen, „in seiner Art genießen" zu können. Gegen die asketische jakobinisch-republikanische Tugenddoktrin wird das allgemeine Recht auf Genuß am emphatischsten von Camille Desmoulins, dem Herausgeber des „Alten Franziskaners" und Sprecher der dantonistischen Opposition, bekräftigt:

„Wir wollen nackte Götter, Bachantinnen, olympische Spiele

und von melodischen Lippen: ach, die gliederlösende, böse Liebe! . . .

Der göttliche Epicur und die Venus mit dem schönen Hintern müssen statt der Heiligen Marat und Chalier die Thürsteher der Republik werden."[218]

Büchner teilt ganz unverkennbar die sensualistische Auffassung vom Recht zu leben, in der Elemente des Epikureismus, des Hellenismus und der Renaissance zusammen mit dem spinozistischen Pantheismus, der im saint-simonistischen Emanzipationsprogramm reaktiviert wurde, wieder auflebten. Dessen eifrigster deutscher Propagandist war Heine. Aus ihm leitete er während seiner ersten Jahre in Paris sein Ideal einer Kunst des freien, sinnlichem und ästhetischem Genuß aufgeschlossenen Menschen ab, der seinen Anspruch auf Glück — allen autoritären Zwängen und jeder moralischen Pression zum Trotz — endlich im Diesseitigen einlöst. In der jungdeutschen Literaturbewegung hatte Heine damit auch in Deutschland Gefolgschaft gefunden. Meist freilich weniger offen als er selbst z. B. in seinen erotischen Gedichten „Verschiedene" (1834) gaben Laube, Gutzkow, Mundt und andere die Losung der Rehabilitation des Fleisches nach jahrhundertelanger Unterdrückung durch die christliche Entsagungsmoral unter dem mystischen Schleier einer schwärmerischen Diesseitsreligion weiter, bis gegen sie mit dem Vorwurf der Frivolität und gotteslästerlicher Unmoral der beispiellose Diffamierungsfeldzug des Jahres 1835 entfesselt wurde und sie unter der Anklage der Umsturzpropaganda gegen die heiligen Institutionen der Ehe, der Kirche und des Staates mit Schreibverbot, Gefängnis und Festungshaft zum Schweigen gebracht wurden.

Aus der Widersprüchlichkeit der politischen und weltanschaulichen Frontstellungen ergab sich dabei die paradoxe Situation, daß entschiedene revolutionäre Demokraten der Börneschen und Weidigschen Richtung, die noch aus der strenggläubigen Schule der altdeutschen Radikalen kamen und fest in der Tradition der Jakobiner von 1793/94 standen, sich auf Grund ihrer rigoristischen Moralauffassung in diesem Punkt unversehens auf der Seite der restaurativen Machtorgane wiederfanden. Ja Menzel, der eifernde Denunziant der fortschrittlichen Literatur, der selbst auf eine christlich-germanische, burschenschaftlich-oppositionelle Vergangenheit zurückblickte, konnte es sogar versuchen, den unbestechlichen Börne, der im Streit mit dem politisch weniger konsequenten Heine lag, auf die Seite der konservativen Machthaber zu ziehen.

Büchners Platz in dieser Konstellation wird schon daraus erkennbar, daß er sich mit seinem Drama weit mehr als alle Jungdeutschen zusammen dem Vorwurf des gottlosen Materialismus und der aufreizenden „Unsittlichkeit" aussetzte. Ein Textvergleich ergibt überdies, daß in die oben zitierte emphatische Programmerklärung seines Camille Desmoulins unverkennbare Signalworte Heines eingegangen sind, die er der eben erschienenen „Geschichte der Religion und Philosophie in Deutschland" entnahm.[219]

Zweifellos hielt es Büchner gegen die Moralisten von 1835 und 1793, ungeachtet ihrer politischen Färbung, mit Heine und stand unter dessen Einfluß. Die (allerdings entschiedener materialistische) Traditionslinie, auf die er dabei zurückgriff, schlägt auch in dem antiidealistischen Kunstkonzept durch, das er mit dem Lenz seiner Erzählung teilt. Darin gilt für die Kunst sinngemäß wie für die freie Staatsform, für die Camille eintritt, daß das oberste Kriterium „in Allem — Leben, Möglichkeit des Daseins" sein soll, „ob es schön, ob es häßlich ist".[220] Die Übereinstimmung tritt auch hier philologisch greifbar zutage: „Die Gestalt mag nun schön oder häßlich seyn, sie hat einmal das Recht zu seyn wie sie ist, wir sind nicht berechtigt ihr ein Röcklein nach Belieben zuzuschneiden", hieß es bei Camille. Wie Thomas Michael Mayer nachgewiesen hat,[221] stützt Büchner sich mit seiner in beiden Zusammenhängen benutzten Formulierung auf Diderot. Diderot hatte den (von Goethe im Kommentar zu seiner Übersetzung angefochtenen) Grundsatz aufgestellt, der Künstler habe „nichts Besseres zu tun, als die Geschöpfe darzustellen, wie sie sind", und dies deterministisch aus der Naturgesetzlichkeit begründet mit den Worten (in Goethes Übersetzung von 1789)[222]: „Jede Gestalt, sie mag schön oder häßlich sein, hat ihre Ursache", und kein existierendes Wesen sei anders, als es muß. Davon ausgehend, unternahm es Büchner zuerst in seinem Revolutionsstück, durch ungeniert getreue Wiedergabe in den Erscheinungen selbst ihre Ursache und den Grund ihres So-und-nicht-anders-Seins aufzudecken.[223]

Die Parallele in den Leitsätzen seiner Figuren Camille und Lenz und damit die Korrespondenz von Staatsgrundsatz und Kunstprinzip in der Auffassung Büchners verlangt noch größere

Beachtung dadurch, daß es der Camille seines Stückes ist, den der Autor an anderer Stelle im Text (II, 3) die Attacke gegen den idealistischen Kunstkult, namentlich des Theaters, vortragen läßt, um das Alternativprogramm seines eigenen radikalen Realismus durchblicken zu lassen. Es ist die Priorität der Wirklichkeit vor der Idee, der lebendigen Erscheinung vor dem Gesetz, für die er in beiden Bereichen eintritt — das Recht auf unbeschnittene Existenz in Natur (Leben, Politik) und Kunst. Prinzipiell im selben Sinne besteht Heine auf demselben Zusammenhang.

Jeder soll das Recht haben, seine Natur geltend zu machen und sein Dasein auf seine ihm eigentümliche Weise genießen zu können. Weder politischer und moralischer noch ästhetischer Zwang dagegen soll hingenommen werden.

Auf der Ebene politischer Programmatik besteht in dieser Hinsicht auf der Grundlage der Menschen- und Bürgerrechtserklärung eine breite Basis der Übereinstimmung. Heines Gleichgültigkeit gegen die Form der Regierung besagt nichts sehr viel anderes als Börnes Meinung: „Der Staat, die Regierung, das Gesetz, sie müssen alle suchen, sich überflüssig zu machen."[224] Im weltanschaulich-moralischen und ästhetischen Bereich treten die Gegensätze weit deutlicher hervor.[225] Doch nicht nur hierin steckt Büchner die Linien klar ab und markiert deutlich seine Gegenpositionen, die nicht auf eine der politischen Parteien beschränkt sind. So bietet Robespierre einen für die inhaltliche und formale Gesamtproblematik des Stücks besonders aufschlußreichen Angriffspunkt, wenn er im Jakobinerklub die ultralinke atheistische Fraktion der Hébertisten, die fundamentale Interessen der ärmsten, schlimmste Not leidenden Volksschichten vertrat, unter dem Gesichtspunkt anklagt: „Sie parodirte das erhabne Drama der Revolution um dieselbe durch studirte Ausschweifungen bloß zu stellen."[226]

Hier stellt Büchner eine politische Frage als Darstellungsfrage und umgekehrt ein Darstellungsproblem als politisches Problem zur Diskussion. Mißt man seine eigene ungeniert realistische Darstellung der Revolution an ihrer Sicht als „erhabnes Drama", auf der Robespierre besteht (und die identisch ist mit der idealisierenden erkenntnisuntauglichen Vorstellung der deutschen neojakobinischen Bündnisgenossen), wird der Gegensatz klar — und ebenso der Zweck, der mit seiner Aufdeckung verbunden ist.

Büchners Robespierre ist letztlich mehr um das Bild der Revolution besorgt als um ihre Wirklichkeit. Tatsächlich — und das führt Büchner in seinem Stück vor — ist es die Wirklichkeit, die Robespierres Absichten und seine Vorstellung von der Revolution als einem „erhabnen Drama" parodiert. Insofern erscheint das Drama der Revolution (unbeschadet der Tragödie, die es enthält) zugleich auch als deren Komödie.

So sehr Büchner auf die unverklärte, unzensierte, unmißverstandene Realität aus ist, so sehr entfaltet er mit und mittels ihrer Darstellung zugleich das Bewußtsein der Problematik, die im Verhältnis zwischen Bild und Wirklichkeit steckt — ist doch die objektive Realität in jedem Fall nur in der subjektiven Widerspiegelung im Bewußtsein erfaßbar. Ihr so nahe wie möglich zu kommen heißt daher für den Autor folgerichtig, (mit der Haltung des Naturforschers und den Mitteln des Künstlers) die im Prozeß der Rezeption und der Wiedergabe auftretenden, Täuschung und Selbsttäuschung erzeugenden Fehlerquellen kritisch auszumachen und auf ein Minimum einzuschränken. Er setzt deshalb, um sich der Mitarbeit des Rezipienten dabei zu versichern, die ermittelten Fakten, die auftretenden Personen, ihre Handlungen und Ansichten der Prüfung aus. Sein Stück verlangt und fördert die Kritikfähigkeit des Aufnehmenden, indem es die Erscheinungen jeweils so wendet, daß der Widerspruch in ihnen aufscheint und sie ihre falsche Eindeutigkeit abstreifen. Es führt Rollen vor und hinterfragt sie zugleich und befragt seine eigenen Mittel, die der Sprache nicht zuletzt, auf ihre Verläßlichkeit.

Die Eröffnung der Eingangsszene des ersten Akts führt solche Haltung gleichsam zur Einübung vor — durch einen Gestus des Hinzeigens auf eine vorgeführte Rolle, hinter der sich eine andere versteckt, die durch einen anzüglichen Witz aufgedeckt wird, der den Kartenfarben (Herz und Karo) eine gegenständliche Bedeutung zuweist. Die Szene zeigt ein Spiel im Spiel: kartenspielende Damen und Herren in einem Salon, unter ihnen Danton, der sich an Julie, seine Frau, mit den Worten wendet: „Sieh die hübsche Dame, wie artig sie die Karten dreht! ja wahrhaftig sie versteht's, man sagt sie halte ihrem Manne immer das cœur und andern Leuten das carreau hin. Ihr könntet einen noch in die Lüge verliebt machen."[227]

Nach solcher Eröffnung — ganz abgesehen von ihrer inhaltlichen Funktion der Milieukennzeichnung und der provokanten

Erzeugung der zensurwidrigen Atmosphäre allgegenwärtiger Sexualität, die das Stück von Beginn an durchweht und an der sogar die Hunde und die Mücken ihren Anteil haben — sollte man geneigt sein, die schon zitierten schönen Worte der Dantonisten über den freien Genuß im freien Staat für jedermann, die in demselben Kreis gesprochen werden, mit einiger Skepsis aufzunehmen, auch wenn ihnen im Kontext der Szene nicht ausdrücklich widersprochen wird. Die nach jähem, kontrastvollem Wechsel (einem von Büchner sehr wirksam eingesetzten dramaturgischen Mittel) folgende turbulente Volksszene zeigt die Realitätsferne der eben verkündeten hedonistischen Staatsutopie und gibt dem Zweifel an ihrer Tauglichkeit als politisches Programm des Tages angesichts der bestehenden gesellschaftlichen Grundvoraussetzungen recht. Denn zur gleichen Zeit, während die neureichen Deputierten um Danton und ihre hübschen Damen sich am Spieltisch amüsieren und über angenehme Dinge philosophieren, sind die Gassen der Stadt voll erregter Menschen, denen es am Allernötigsten fehlt, denen die Revolution bis zu diesem Tag nur unerfüllte Versprechen und Freiheitsrechte eingebracht hat, die ihnen nicht helfen, ihren Hunger zu stillen und sich gegen Kälte zu schützen. Was sich aus dem Munde Camilles und Héraults so bestechend anhört, erscheint hier in einem ganz anderen Licht. Die häßliche Kehrseite und verschwiegene Bedingung des Wohllebens der Privilegierten tritt hervor. Es ist die Häßlichkeit, die das Elend erzeugt, während Schönheit, von hier aus gesehen, denen vorbehalten ist, die über den Reichtum verfügen, den sie der Arbeit anderer verdanken, und die sich zu allen anderen Freuden auch die Frauen und Töchter der Armen kaufen können. Die Arbeit und die Entbehrung, von denen die einen gezeichnet sind, ermöglichen den anderen, den Besitzenden, ihr schönes Leben, das sie durch die Beendigung der Revolution ein für allemal sicherstellen möchten. Sogar sexuelle Betätigung — für die Reichen der Inbegriff des Genießens — nimmt für die Armen (als Prostitution) den Charakter der Arbeit an: „Wir arbeiten mit allen Gliedern warum denn nicht auch damit . . .“[228]

Das ist eine neue Auffassung der Prostituierten, die seit der Romantik eine geachtete, vielfach mystifizierte Stellung in der Literatur einnimmt — und eine neue Ansicht der Philosophie des Genießens. Hier geht Büchner einen beachtlichen Schritt weiter als Heine. Welcher Voraussetzung der Erkenntnisschritt bedarf, der damit vollzogen wird, hat Marx in der „Deutschen Ideologie" genau angegeben: Der „Zusammenhang jeder Philosophie des Genießens mit dem ihr vorliegenden wirklichen Genießen und die Heuchelei einer solchen Philosophie, die sich an alle Individuen ohne Unterschied richtet, konnte natürlich erst aufgedeckt werden, als die Produktions- und Verkehrsbedingungen der bisherigen Welt kritisiert werden konnten, d.h. als der Gegensatz zwischen Bourgeoisie und Proletariat kommunistische und sozialistische Anschauungen erzeugt hatte"[229].

Tatsächlich brachte Büchner auch in die Darstellung und in die klarsten Selbstäußerungen der Sansculotten von 1794 über ihre historische Rolle als wichtigster sozialer Träger und stärkste Triebkraft der Französischen Revolution hinaus bereits eine Sicht ein, die dem fortgeschrittensten Bewußtseinsstand des revolutionären Arbeiterkommunismus von 1834/35 angehört. Er vermied dabei insofern eine anachronistische Aktualisierung der Geschichte, als er diese Einsicht nur in die Stimmen der klarsichtigsten Angehörigen des Volks einblendete und sie an die frühe historische Ursprungsform des realen gesellschaftlichen Widerspruchs, dem sie entstammt, koppelte. Andererseits war das allgemeine Niveau des plebejisch-proletarischen Massenbewußtseins auch zu Büchners Zeit noch so beschaffen, daß er ihm in den ideologisch rückständigsten, am unselbständigsten denkenden und handelnden Sansculotten, die er auftreten ließ, noch immer einen aktuellen satirischen Spiegel vorhalten konnte.

Zu diesen gehört Simon, der verkommene Souffleur, der unter den unflätigsten Beschimpfungen seine Frau verprügelt, weil sie die Tochter auf den Strich gehen läßt, und der sich, als Leute hinzukommen, in den Stil der hohen Tragödie versteigt, um sich über die verlorene Ehre der Tochter zu entrüsten. Dabei unterlaufen ihm nicht nur die widersinnigsten Verwechslungen antiker Namen, die bürgerliches Bildungsgut sind. Sein Aus-der-Rolle-Fallen und sein Greifen nach eingeübten unangemessenen Rollen, die er auch seiner Frau und seiner Tochter zuweisen will, sind unabhängig von seiner Bedeutung als Figur höchst aufschlußreich dafür, wie Büchner die Rollenproblematik als eine zentrale Problematik seines Stücks (als Problem ungewisser Identität) dramatisch problematisiert. Die Frau muß Simon drastisch über den realen Rollenkontext aufklären, aus dem er aber sofort wieder in sein unpassendes Moralpathos ausbricht:

SIMON. Ha Lucrecia! ein Messer, gebt mir ein Messer, Römer! Ha Appius Claudius!
ERSTER BÜRGER. Ja ein Messer, aber nicht für die arme Hure, was that sie? Nichts! Ihr Hunger hurt und bettelt. Ein Messer für die Leute, die das Fleisch unserer Weiber und Töchter kaufen! Weh über die, so mit den Töchtern des Volkes huren! Ihr habt Kollern im Leib und sie haben Magendrücken, ihr habt Löcher in den Jacken und sie haben warme Röcke, ihr habt Schwielen in den Fäusten und sie haben Sammthände. Ergo ihr arbeitet und sie thun nichts, ergo ihr habt's erworben und sie haben's gestohlen; ergo, wenn ihr von eurem gestohlnen Eigenthum ein paar Heller wieder haben wollt, müßt ihr huren und betteln; ergo sie sind Spitzbuben und man muß sie todtschlagen.[230]

Büchner führt hier einen von Widersprüchen und bedrängender Not angetriebenen Prozeß kollektiver Befreiung aus falschem (fremdbestimmtem) Bewußtsein und der Annäherung an die Wirklichkeit, d.h. der Erkenntnis der eigenen Interessenlage, vor. Er setzt diesen Prozeß als praktischen Vorgang in Szene, als Hineinfinden in die eigene Rolle. Es geht dabei um das Schicksal der in sich heterogenen, komplexen Figur der „großen Klasse", die insgesamt noch weit davon entfernt ist, als „Klasse für sich" zu sich selbst gekommen zu sein. Vorerst nur in wenigen selbständigen Stimmen, die sich aus dem geteilten Chorus derer abheben, die lediglich dem einen oder dem anderen wortführenden Helden der großen Szene nachsprechen, beginnt sich in verzweifelter Lage und großer Wirrnis schon ihre Perspektive abzuzeichnen, die mit der Beendigung ihrer aufgezwungenen Rolle als leidende und bevormundete Klasse erst beginnt: „Unser Leben ist der Mord durch Arbeit, wir hängen sechzig Jahre lang am Strick und zappeln, aber wir werden uns losschneiden."[231]

Die Rollen der großen einzelnen dagegen, der „Paradegäule der Geschichte", sind historisch ausgespielt — die Dantons, der Titelfigur, zuerst (wie er selbst von Anfang an weiß), aber auch die Robespierres, wie sich zeigt. Sie haben auf der Bühne des po-

litischen Parteienkampfs, die eine Vordergrundbühne ist und auf
der sich nichts Wirkliches entscheidet, ihren letzten spektakulären Auftritt. Er findet statt vor dem im Drama bereits allgegen-
wärtigen schwarzen Hintergrund des Thermidor.

3

Das Schicksal Dantons ist nur ein Moment des Stücks neben anderen und bildet keineswegs in dem Sinne den „Mittelpunkt des
tragischen Geschehens", daß alles andere darauf bezogen wäre.
Die traditionelle Ausrichtung des bürgerlichen Dramas auf das
zentrale große Individuum, das alle Anteilnahme auf sich kon-
zentriert, wird von Büchner bereits durch die erste Volksszene
unterlaufen. Anders als die Massenszenen in Grabbes „Napoleon", die hierzu eine wichtige Anregung boten, hat diese ihr Gewicht und ihren zentralen Bezugspunkt in sich selbst. Dem Volk
wird von Büchner hier auch nicht — wie Lukács meint[232] — die
Rolle des Chors zugewiesen. Es beginnt, sich selbst als handelnde Partei mit eigenem Interesse zu formieren. Diese hat, wie
bereits der erste Akt deutlich macht, keiner der im Streit miteinander liegenden Repräsentanten sich wirklich zu eigen gemacht.

Die am härtesten Betroffenen drängt ihre am eigenen Leibe
gemachte Erfahrung zur kollektiven Selbsthilfe, so blind und un-
organisiert diese vorerst noch ausfällt. „Sie haben uns gesagt:
schlagt die Aristocraten todt, das sind Wölfe! Wir haben die Aristocraten an die Laternen gehängt. Sie haben gesagt das Veto
frißt euer Brot, wir haben das Veto todtgeschlagen. Sie haben
gesagt die Girondisten hungern euch aus, wir haben die Girondisten guillotinirt. Aber sie haben die Todten ausgezogen und wir
laufen wie zuvor auf nackten Beinen und frieren. Wir wollen ihnen die Haut von den Schenkeln ziehen und uns Hosen daraus
machen, wir wollen ihnen das Fett auslassen und unsere Suppen
mit schmelzen. Fort! Todtgeschlagen, wer kein Loch im Rock
hat!"[233]

In den ersten drei Szenen treten drei das Drama bestimmende
kollektive Aktionsträger in ihrer jeweiligen Lebenssphäre auf:
Am Spieltisch Danton mit den Männern und Frauen seines bür-
gerlich-neureichen Freundeskreises; auf der Gasse eine An-
sammlung aufgebrachter Sansculotten, die — als Teil des

souveränen Volkes — im Vollbesitz der errungenen politischen Rechte, dennoch notleidend, ausgebeutet und sozial erniedrigt als die betrogenen Sieger der Revolution dastehen; und drittens (nach einer kurzen Visite auf der Gasse) Robespierre mit seinen politischen Freunden im Jakobinerklub. Gedrängt von der Unzufriedenheit der Massen, die sich auch in den Forderungen der aus Lyon abgesandten linken Jakobiner artikuliert, kündigt er die nächsten revolutionären Maßnahmen an.

Diese sind für ihn aber nicht primär durch die konkreten Lebensbedürfnisse der brotlosen Massen motiviert; er leitet sie abstrakt-ideologisch aus seiner den Verzicht auf sinnlichen Genuß predigenden republikanischen Tugendlehre her. Sie erschöpfen sich in der Ergänzung und Bekräftigung des moralischen Appells an die Besitzenden durch die Herrschaft des Schreckens. Statt gegen die Ausbeutung kämpft er gegen das Laster, gegen den Mangel an Tugend und Religion als vermeintliche Quelle der Ungleichheit. Und statt den Hungernden zu Brot, zur Erlangung des ersten Menschenrechts, des Rechts zu leben, zu verhelfen, vermag er ihnen allein das öffentliche Schauspiel des Triumphs der Macht zu verschaffen, das — neben den aristokratischen Feinden mehr und mehr Opfer aus den Reihen der Revolutionäre selbst fordernd — vor dem Revolutionstribunal und auf dem Revolutionsplatz immer neue Inszenierungen erlebt.

Als die Wagen mit den Gefangenen vor der Guillotine ankommen, drängt sich „Ein Weib mit Kindern" durch die schaulustige Menge: „Platz! Platz! Die Kinder schreien, sie haben Hunger. Ich muß sie zusehen machen, daß sie still sind. Platz!"[234] Die Guillotine wird zur Bühne auf der Bühne, auf der die Berühmtheiten des „erhabnen Dramas der Revolution" ihren Abschied nehmen. Dem Volk aber, um dessen ureigenste Angelegenheit es eigentlich geht, ist — der Inszenierung der noch verbliebenen letzten heroischen Größen zufolge — die passive Rolle des Zuschauers zugeteilt. Auf die Rollenverteilung und die zugrunde liegenden Spielregeln und damit auf das Demokratiemodell der bürgerlichen Republik, welches das aus der ursprünglichen, die Revolution tragenden Volksbewegung hervorgegangene Prinzip der direkten Demokratie in das repräsentative System der Machtdelegierung überführt, lenkt das Stück die kritische Aufmerksamkeit der Zuschauer.

In der Gassenszene des ersten Akts versichert Robespierre
dem Volk: „Deine Gesetzgeber wachen, sie werden deine
Hände führen, ihre Augen sind untrügbar, deine Hände sind un-
entrinnbar."[235] Er kann zur Begründung des hier in Frage stehenden Systems auf die politische Unreife der Volksmassen verweisen, die in ihrer Spontanität dazu neigen, sich durch blinde Aktionen selbst zu schaden. Die Szene, die die erste Begegnung
zwischen Robespierre und dem Volk zeigt, exponiert markant
den latenten Konflikt. Robespierre greift ein, um einen Exzeß
der Volkswut gegen ein zufällig ergriffenes Opfer zu verhindern.

ROBESPIERRE. Im Namen des Gesetzes!
ERSTER BÜRGER. Was ist das Gesetz?
ROBESPIERRE. Der Wille des Volks.
ERSTER BÜRGER. Wir sind das Volk und wir wollen, daß kein Ge-
  setz sey; ergo ist dießer Wille das Gesetz, ergo im Namen des
  Gesetzes giebts kein Gesetz mehr, ergo todtgeschlagen![236]

Die Menge ist schließlich bereit, ihrem gewählten Tribun zu
vertrauen, und verläßt sich auf ihn — jedoch mit der gleichen kritisch bloßgestellten Blindheit, mit der sie eben noch zu handeln
im Begriff war. Einige sehen in ihm „den Messias, der gesandt ist
zu wählen und zu richten", und glauben, „er wird die Bösen mit
der Schärfe des Schwertes schlagen. Seine Augen sind die Augen
der Wahl, seine Hände sind die Hände des Gerichts!"[237]
Der sehnliche Wunsch nach Erlösung aus der Not bewegt sie
zur Bevollmächtigung eines Repräsentanten. Robespierre fühlt
die ungeheure Last, die ihm mit der Erwartung, die sich daran
knüpft, auferlegt ist. Er empfindet sie im Sinne Kants als moralischen Imperativ, wenn er den Vergleich mit Christus annimmt.
Und es ist bemerkenswert, daß er, je mehr er ahnt, diese Heilser-
wartung nicht erfüllen zu können, gleich Danton in seiner
Aktionsfähigkeit gelähmt wird. Wie dieser seinen Freunden,
überläßt er am Ende ganz seinem engsten Freunde Saint-Just das
Gesetz des Handelns, selbst schon mehr gedrängt als der Drän-
gende.[238]
Saint-Just ist der geschichtsphilosophische Apologet und Vollstrecker des Dogmas der Revolution, das auf der Gleichheit aller
beharrt, während es die Grundlage der Ungleichheit, die bürgerlichen Eigentumsverhältnisse, in Schutz nimmt gegen das „unmo-

ralische" Begehren der Ausgebeuteten, sich das Ihrige von den Ausbeutern zurückzuholen. Saint-Just ist skrupelfreier und rigoroser als der zögernde Robespierre, den er im Grunde verachtet; er ist entschlossen, die Korrektur der Wirklichkeit nach der Richtschnur der Idee durch blutige Gewalt zu Ende zu führen. Alle Mittel — Manipulierung des Prozesses, Mißbrauch der revolutionären Machtinstitutionen und jedes fremde unschuldige Opfer — sind ihm dazu recht. Der hohe Zweck soll sie heiligen. Der persönlichen Verantwortung entzieht er sich durch die Berufung auf ein idealistisch behauptetes Gesetz der Geschichte, nach dem die Menschheit erst im „Blutkessel" ihrer Selbstvernichtung untertauchen muß, um in irgendeiner Zukunft verjüngt wieder aufzuerstehen. Was Robespierre sich in einem Moment ehrlicher Selbstprüfung nur noch schwer verhehlen kann, weshalb die Rolle des führend Handelnden faktisch von Saint-Just übernommen wird, das verbirgt dieser im Nebel seiner mystischen Zukunftsverkündigungen. Diese halten sich allein an hohe ferne Ziele und ignorieren die wirklich lebenden Menschen und deren gewöhnlich-alltägliche Bedürfnisse und Beschwernisse. Demgegenüber bringt die Struktur des Dramas, das keine andere Wirklichkeit kennt als die des jeweiligen Augenblicks, das Recht des Lebens als Recht der Gegenwart zur Geltung. Saint-Just bemerkt nicht die Anmaßung seines Anspruchs. Er sieht nicht oder will nicht sehen, daß sein Kampf in diesem Augenblick nicht dem gepriesenen Menschheitsziel, sondern nur der Erhaltung der eigenen Macht dient.

4

Die von vornherein — nicht aus den Charakteren, sondern den historischen, politisch-sozialen Umständen — determinierte Handlung des Dramas, die den Weg der Dantonisten vom Spieltisch und den Vergnügungsetablissements des Palais-Royal zum Revolutionstribunal und durch die Gefängnisse bis zur Guillotine verfolgt und im Wechsel der Szenen ein mit dynamischer Spannung geladenes, nichts beschönigendes Bild vom Paris des Jahres 1794 entstehen läßt, vollzieht im Prozeß der Entheroisierung der dramatischen Gestalt ästhetisch sinnfällig die Entthronung der autonom handelnden Persönlichkeit, die Geschichte macht. Namentlich mit Danton wird der große Einzelne als

Held des bürgerlichen Dramas verabschiedet. Aber aus den verbrauchten Rollen von Repräsentanten treten Menschen zutage, Individuen, die für nicht mehr und nicht weniger als für sich selbst stehen, subjektiv Betroffene eines Geschehens, das, einmal durch sie in Gang gesetzt, nach „ehernem Gesetz" über sie hinweggeht.

Angesichts der nahen Hinrichtung verzichten die Gefangenen auf jede heldische Pose:

„Wir haben uns Alle am nemlichen Tische krank gegessen und haben Leibgrimmen, was haltet ihr euch die Servietten vor das Gesicht, schreit nur und greint wie es euch ankommt!

Schneidet nur keine so tugendhafte und so witzige und so heroische und so geniale Grimassen, wir kennen uns ja einander, spart euch die Mühe."[239]

Enthüllt wird das entidealisierte Bild des wirklichen Menschen, das sich nicht als ärmer, sondern als reicher, künstlerisch fesselnder erweist als jedes stilisierte Heldentum. Als Triebkräfte des Handelns der Menschen zeigen sich hinter den großen Ideen und hinter den großen Charakteren materielle, klassengebundene Interessen.

Danton tut nichts, was seiner Rettung dienen könnte, vielmehr gibt er sich weiter dem Genuß eines durch die Revolution erlangten Reichtums hin. Von seinen Freunden gedrängt, den politischen Kampf gegen die jakobinische Weiterführung der Revolution aufzunehmen, um den Genuß des bürgerlichen Eigentums zu sichern, fragt Danton ironisch zurück: „Wer soll denn all die schönen Dinge ins Werk setzen?"[240] Und auf die naive optimistische Antwort „Wir und die ehrlichen Leute", stellt er sarkastisch fest: „Das *und* dazwischen ist ein langes Wort, es hält uns ein wenig weit auseinander, die Strecke ist lang, die Ehrlichkeit verliert den Athem eh wir zusammen kommen."[241]

Im Gegensatz zu seinem Freund Camille kennt er die Unüberbrückbarkeit des Gegensatzes, in den die Bourgeoisie zu den arbeitenden Massen, den Hauptträgern der Revolution, geraten ist. Die Passivität des einstigen großen Revolutionärs, dessen Kühnheit noch vor kurzer Zeit die Massen mitgerissen hat und der nun selbst seinem eigenen Untergang tatenlos entgegensieht, entspringt keineswegs daraus, daß er der Situation nur persönlich nicht gewachsen wäre, vielmehr weiß Danton, daß die Situation ihm objektiv keinen Spielraum zu Veränderungen in der gewünschten Richtung des Programms läßt, nach dem er angetreten war. Er weiß, daß jedes Handeln in seiner Situation ihn nur noch mehr sich selbst entfremden müßte.

Um die Gestalt des Danton in ihrer außerordentlichen Komplexität und Aussagekraft zu erfassen, muß man den tiefen Widerspruch ernst nehmen, der sie paralysiert: den Rollenzwiespalt zwischen dem noch lebendigen, aus der Volksbewegung hervorgegangenen Revolutionär und dem Bourgeois in ihm.

Vom Durchschnittstyp des bourgeoisen Revolutionsgewinnlers, dem das Genießen Lebenszweck ist, heben Danton und sein Freund Camille[242] sich deutlich ab. Für Danton hat Genuß den bitteren Beigeschmack der Resignation, ist er auch ein Mittel, das Gefühl des Überdrusses, der Einsamkeit und Müdigkeit zu betäuben, das aus einer Einsicht entspringt, die er den anderen voraushat. Es ist die Einsicht in seine wirkliche Klassensituation und damit in das wirkliche, abermals Ungleichheit produzierende Gesetz der bürgerlichen Revolution, das den Ideen, für die er gekämpft hat und für die er schwere Verantwortung auf sich genommen hat, so offenkundig Hohn spricht, daß man blind oder Zyniker sein muß, um den Widerspruch zwischen beidem noch überspielen zu können, wie es die Rolle der „Paradegäule der Geschichte" verlangt. Die Gewissens- und Identitätskrise, in die Danton geraten ist, der unfreiwillige innere Bruch mit seiner großen revolutionären Vergangenheit und damit mit dem besten Teil seines Selbst, haben ihren Grund in seinem Verlust der heroischen Illusionen.

Diese Erfahrung hat er Robespierre voraus, der auf einer neuen und letzten Stufe der Revolution an dem utopischen Anspruch des Ausgleichs der sozialen Gegensätze innerhalb der in ihren ökonomischen Grundlagen unangetasteten bürgerlichen Gesellschaft festhält.

Danton weiß: Das Räderwerk der Revolution wird ihn zermalmen. Aber darüber hinaus sieht er auch das Scheitern seines Gegenspielers Robespierre voraus und mit dem Untergang des jakobinischen Wohlfahrtsausschusses das Ende der Revolution überhaupt.

Bei aller weltanschaulichen und menschlichen Sympathie für Danton, der die Unzulänglichkeit der bürgerlichen Revolution, ihre Unfähigkeit, die Bedürfnisse des verelendeten Volkes zu befriedigen, erkennt, ignoriert Büchner nicht die partielle politische Überlegenheit Robespierres, die in dessen kleinbürgerlicher, auf eine breitere soziale Basis gestützter Position begründet ist. Doch ist der Gegensatz zwischen ihm und Danton nur relativ. Sechs Monate nach Dantons Tod ist auch sein Spielraum erschöpft, findet er in den Massen, deren Erwartung er enttäuschen muß, keine Stütze mehr und wird von der Bourgeoisie, der einzigen wirklichen Gewinnerin dieser Revolution, gegen die er mit seinen idealistischen Moralkategorien nur einen Schattenkampf führt, beiseite gefegt. Ohne es zu wissen, hat er selbst dieses Ergebnis mit herbeigeführt, und sein Idealismus, der sich als Ideologie im Dienste dieser Bourgeoisie entpuppen sollte, hat mitgeholfen, den wirklichen Klassencharakter der Revolution zu verschleiern.

So entschlüsselt Büchner poetisch — wie Marx zehn Jahre später wissenschaftlich — den Heroismus Robespierres als „kolossale Täuschung"[243]. Eine soziale Revolution, die „das nothwendige Bedürfniß der großen Masse" befriedigen sollte, war allein mit den politischen Mitteln der bürgerlichen Revolution, sosehr man sie auch radikalisierte, nicht durchführbar. In Auseinandersetzung mit der politischen und ideologischen bürgerlichen Begrenztheit von verbündeten revolutionären Demokraten der dreißiger Jahre begründet Büchner damit seine Auffassung von der Notwendigkeit einer nachbürgerlichen sozialen Volksrevolution.

Die bürgerlich beschränkte ideologische Auffassung des Konflikts Danton — Robespierre als allgemeinen Prinzipien- und Charakterkonflikts zweier aus freier Entscheidung handelnder „welthistorischer Individuen", wie sie die historische Überlieferung beherrschte, wird in „Dantons Tod" richtiggestellt, indem dieser Konflikt kausal auf den mit den Volksmassen ins Bild gebrachten übergreifenden realen gesellschaftlichen Interessenwiderspruch zurückgeführt und ihm untergeordnet wird.

Auch Dantons Tod kann die Revolution nicht retten. Der politische Terror allein — und wenn er noch so verschärft wird — ist ebenso vergeblich wie die abstrakten Tugendappelle Robespierres, wenn nicht zugleich die sozialen Verhältnisse von ihrer materiellen Substanz her umgewälzt werden können. Die Frage nach der Notwendigkeit des Scheiterns von Danton und Robespierre weitet Büchner aus zur Frage nach der objektiven Begrenztheit der bürgerlichen Revolution, in der bereits die Notwendigkeit einer neuen Revolution beschlossen liegt.

Aufschluß über das Versagen der klassischen bürgerlichen Revolution vor ihrem eigenen Anspruch umfassender Menschheitsideale gibt aber nicht so sehr die große welthistorische Szene, sondern das existentielle Befinden der betroffenen Individuen, geben insbesondere die Lebensumstände der namenlosen vielen, gibt der Alltag der Revolution, der ihr Pathos entlarvt. So wird im Für und Wider, das Danton, ohne es zu wollen, allein durch seine Existenzweise herausfordert, das eigentlich entscheidende Wort nicht im Wohlfahrtsausschuß, nicht im Konvent und auch nicht vom Revolutionstribunal, sondern auf der Straße gesprochen. Nicht Robespierres moralische Vorwürfe gegen Danton und nicht Saint-Justs abstrakte ideologische, den konkreten lebendigen Menschen übergehende Argumentation formulieren eine überzeugende Anklage. Das geschieht treffend nur von unten, aus der Mitte der hungernden und zerlumpten Leute auf der Straße, die Danton nicht seinen Charakter und nicht seine Weltanschauung, sondern seine bourgeoise, ausbeuterische Lebensweise, also seine objektive soziale Rolle vorwerfen.

Nur hier im frühesten, noch zu schwachen Keim des Selbstverständnisses dieser Leute von der Straße und aus den Werkstätten als Klasse für sich, die selbst beurteilen muß, was für und was gegen sie wirkt, kann der Schlüssel für eine geschichtlich künftige Lösung liegen, deren konkrete Realisierung für Büchner noch nicht absehbar ist.

5

Die radikale Befragung der geschichtlichen Praxis vom Standpunkt eines mit hohem Einsatz selbst Beteiligten schloß zwangsläufig die Frage nach dem Menschen ein, d.h. nach der menschlichen Natur, die von Büchner nicht als etwas Zeitenthobenes verstanden wird. Sie wurde für ihn gerade durch das Epochenereignis neu aufgeworfen, auf das sich alles Fragen und Denken bewußt oder unbewußt bezog. Als ein Beispiel, das für viele steht, kann eine Äußerung Friedrich Maximilian Klingers genommen werden, die zeigt, wie dieser Zusammenhang das Bewußtsein der Zeitgenossen prägte: „Daß etwas Teuflisches in der menschlichen Natur liegt und sich der Oberherrschaft bemäch-

tigt, sobald es nur kann, haben wir an der französischen Revolution gesehen, und es scheint, als sei es nur dies Teuflische, das
den Sumpf bewege, in dem sich das Menschengeschlecht herum-
wälzt."[244]

Wenn Büchners Danton, vom Zweifel an dem Sinn seines
Tuns in Gewissensqualen gestürzt, aus derselben Empfindung
heraus fragt „Was ist das, was in uns hurt, lügt, stiehlt und mordet?"[245], wiederholt er fast wörtlich, was Büchner im Zusammenhang mit dem Eindruck des „gräßlichen Fatalismus der Geschichte" beim Studium der Revolutionsgeschichte im Frühjahr
1834 an seine Braut geschrieben hat: „Was ist das, was in uns
lügt, mordet, stiehlt?"[246] Insgeheim fühlt auch Robespierre sich
dem Zwang solcher Selbstentfremdung ausgesetzt, in den die
Zeitgenossen der neuen bürgerlichen Weltepoche geraten, die so
anders ist, als die optimistischen Erwartungen der vorrevolutionären Zeit versprachen. Der hochgestimmte Humanismus und
Fortschrittsoptimismus des 18. Jahrhunderts hatte einen Sprung
davongetragen, nachdem „dieser schöne Morgen der Freiheit
sich in einen greuelvollen, blutigen, freiheitsmordenden Tag verwandelte"[247], wie Hegel es ausdrückt.

Im Spektrum der geistigen Strömungen von der Klassik und
Romantik bis zu Hebbel, Schopenhauer, Kierkegaard und
Nietzsche, dem sogenannten „Nihilismus" des 19. Jahrhunderts,
reichen die Deutungen und Folgerungen aus dieser geschichtlichen Erfahrung vom Versuch der idealistisch vertieften Neube-
gründung der vorrevolutionären Ideale bis zu einer ebenso abstrakten und ungeschichtlichen pessimistischen Auffassung der
menschlichen Natur schlechthin.

Büchners Reaktion ist dagegen schon eine prinzipielle Gegenreaktion gegen die Flucht in neue oder modifizierte alte metaphysische Weltbilder. Bezeichnend für ihn ist die Wendung aus
der Betroffenheit in eine Haltung des Fragens, ist seine unbedingte Entschlossenheit, den realen Ursachen nachzugehen, um
sich nicht ein für allemal mit einem lähmenden fatalistischen Resultat abzufinden. Ursachen und Bedingungen in der objektiven
Realität zu suchen hieß aber für ihn, die Natur des Menschen
nicht als etwas unabhängig von den gesellschaftlichen Verhältnissen Existierendes hinzunehmen, sondern den Befund am Ge-
schichtlich-Konkreten zu überprüfen.

Hier liegt der wesentliche Grund dafür, daß mit „Dantons

Tod" Abschied genommen wird vom Typ des idealistischen Geschichtsdramas, das in Deutschland noch als höchste Gattung der schönen Künste in Ansehen stand. Geschichte beginnt hier schon als „die wahre Naturgeschichte des Menschen"[248] in Sicht zu kommen. Sie wird im eigentlichen Sinne selbst zum Gegenstand des Dramas und hört auf, nur der Anlaß für das Auftreten des großen Individuums und der Schauplatz eines Ringens zu sein, auf dem, umgesetzt in einzelmenschliche Kollisionen, metaphysische Mächte und Prinzipien ihre Kräfte messen.

Vom „Kultus des abstrakten Menschen" führt diese Sicht schon weg, und zwar deutlich in Richtung auf die „wirklichen Menschen" in „ihrer geschichtlichen Entwicklung".[249] Nach den Determinanten für das Verhalten der handelnden Personen wird weder in einem außerweltlichen Reich abstrakter Idealität noch in autonomen Charakteren, die sich selbst zum Schicksal werden, gesucht, sondern in den realen gesellschaftlichen Abhängigkeiten der Menschen und Menschengruppen voneinander in ihrer Lebenspraxis. Große Geschichte und gewöhnlicher Alltag treten auf so noch nicht gesehene Weise miteinander in Beziehung. Damit ist ein Dramentyp entstanden, der aus der traditionellen Skala der Einordnung zwischen den Polen Schiller und Shakespeare herausfällt.

Für Danton und Robespierre gilt daher wie für die anderen Figuren, daß ihnen von der Sicht her, die ihren Platz im Ganzen relativiert, keinesfalls die Funktion von Leitbildern abverlangt werden darf. Ihr Handeln und Verhalten wird in der Art exemplarischer Fallstudien einer poetischen Analyse und Revision unterzogen. Der Gegensatz zwischen den beiden individuellen Exponenten der stärksten auf dem Schauplatz der Machtkämpfe übriggebliebenen Konventsfraktionen wird trotz aller Schärfe innerhalb des umfassenderen, sehr komplexen Konfliktgefüges des Stücks relativiert, das sich aus den widerspruchsvollen Beziehungen von nahezu hundert auftretenden Personen aufbaut, die keineswegs in symmetrischer Aufteilung entweder Danton oder Robespierre zugeordnet sind.

Als Haupttriebkraft der Handlung erweist sich die dritte, die kollektive Figur des Volks, die den weitesten Spielraum, die Straße, beherrscht. Sie ist — der Potenz nach — der mächtigste Handlungsträger, wenn diese Potenz auch noch nicht realisiert ist. Die Figurenordnung des Stücks selbst wirkt einer Hypertrophierung der Rolle der großen Einzelgestalten entgegen. Es gibt unter allen Figuren kaum eine, die man in dem Sinne als Nebenfigur bezeichnen könnte, daß sie nur im Hinblick auf die Zentralgestalten von Belang ist. Jede von ihnen, so knapp sie auch vom Autor belichtet sein mag (mitunter heben sie sich nur durch einen Zuruf aus der Menge hervor), lebt für sich und aus sich selber heraus, beansprucht eigenes Interesse und erhält damit ästhetische Eigenwertigkeit. Die Nichtanerkennung menschlicher Rangunterschiede und die Bekräftigung der Gleichwertigkeit jedes Einzellebens jedem anderen gegenüber hat die ästhetische Außerkraftsetzung der traditionellen Figurenhierarchie zur Folge. Die Worte eines Fuhrmanns, der nur einen Augenblick auftritt, am Rande des Geschehens, können so mehr Gewicht erhalten als die große Rede einer der führenden Persönlichkeiten. Was die republikanische Verfassung von 1793, die nie wirklich in Kraft trat, garantieren sollte, die Gleichheit aller als unveräußerliches Naturrecht, wird als ästhetisches Formgesetz konstitutiv für die Herausbildung des neuen Dramentyps.

Das bürgerliche Drama hatte bis dahin, auch wo es revolutionäre Inhalte vermittelte, mit seiner mehr oder weniger strengen Klassifizierung des Figurenpersonals in „höhere" und „niedere" Personen die soziale Rangordnung der Klassengesellschaft nie prinzipiell in Frage gestellt. In Büchners Stück wird diesem alten Ordnungsgesetz gewissermaßen in seinem heiligsten Bezirk, dem historischen Genre, der Respekt versagt.

Für die Zuordnung der Qualitäten des Schönen und Häßlichen, des Tragischen und Komischen gilt ohne Achtung von Privilegien und ohne Schonung nur noch ein Maßstab. Die „wuchernde Demokratie"[250], die Karl Gutzkow, den ersten Leser des „Danton", an dessen Sprache frappierte, wirkt bis in die Ausbildung des dramatischen Formgefüges hinein. Die ästhetischen Schranken, um deren Errichtung sich Goethe wie Schiller in klassizistischer Abwehr gegen das Aufkommen eines revolutionären „literarischen Sansculottismus" bemüht hatten,[251] wurden hier in einem einzigen kraftvollen Anlauf durchbrochen. „Dantons Tod" stellt so auch ästhetisch — das macht die dramaturgiegeschichtliche Stellung des Werks aus — die Herrschaft des „literarischen Sansculottismus" her.

Der Vergleich mit dem Besten, das die Gattung hervorgebracht hat, macht die Eigenart ihrer Behandlung durch Büchner am deutlichsten.

Schiller hat sich auch im „Wallenstein", in dem er sich weiter und tiefer in die Realität des geschichtlichen Stoffs einließ als andere Dichter der deutschen Tradition des historischen Dramas, noch entschieden an das Prinzip der Trennung, ja Entgegensetzung von historischer und poetischer Wahrheit gehalten. Sein jahrelanges Bemühen um den historischen Stoff, der ihn stärker als je ein anderer in die ihren eigenen Gesetzen unterworfene Wirklichkeit hineinzog, war ein Ringen um die Oberherrschaft der vom Dichter vorgefaßten „Ideen", die es im vorgefundenen Material zu „verwirklichen" und zu *beleben* galt.[252]

„Ich suche absichtlich in den Geschichtsquellen eine *Begrenzung*, um meine Ideen durch die Umgebung der Umstände streng zu bestimmen und zu verwirklichen", bekannte er.[253] Er ist sich sicher — und hier liegt der Vorteil der Eindeutigkeit seiner Methode und das Risiko der Büchnerschen —, „daß mich das Historische nicht herabziehen oder lähmen wird. Ich will dadurch" — und das wäre für Büchner ein Opfer zur Ersparung dieses Risikos, das zugleich sein ganzes Anliegen hinfällig machen würde — „meine Figuren und meine Handlung bloß *beleben . . ."* Sie zu *„beseelen"* sei die Sache der schöpferischen Kraft des Dichters;[254] wohingegen es bei Büchner die Sache des Dichters ist, das Beseeltsein der Figuren und der Handlung aus ihnen selbst, aus ihrem eigenen Leben und wirklichen Lebenszusammenhang heraus hervortreten zu lassen.

Die künstlerische Objektivität Büchners ist begründet in der materialistischen Anerkennung der Priorität der objektiven Realität. Über der Autonomie des Dichters und der Idee steht ihm die Autonomie der Wirklichkeit. Er tritt nicht als freier Erfinder einer zweiten Welt auf, der sich der Elemente der ersten souverän bedient, sondern als Entdecker in dieser ersten, realen Welt, dem es „das Höchste" ist, deren eigener Gesetzlichkeit auf die Spur zu kommen. Soweit auch Schiller im konkreten poetischen Arbeitsprozeß solche Erkenntnis der Geschichte, des Lebens als Praxis für sich zutage fördert, was im „Wallenstein" im höchsten Maße der Fall ist, geschieht es seinem Konzept nach nur, um diese in einer „höheren", d.h. metaphysischen Wahrheit, der poetischen, die auf ein ewiges übergeschichtliches sittliches

Weltgesetz oder vielmehr auf das allgemeinmenschliche Ideal verweist, aufzuheben.

Je weniger dieses Konzept aufgeht, um so mehr Leben, das fesselt und aus dem man lernen kann, geben seine Stücke aber frei. Das bleibende Große an seinem Werk ist dem Sieg seines unwillkürlichen Realismus über seine idealistische Doktrin zu verdanken. Daraus, daß dieser Sieg aus seiner Sicht aber als Niederlage des Dichters im Ringen mit der im Stoff enthaltenen Wirklichkeit erscheinen mußte, wird verständlich, daß er — nach dem Wagnis, auf das er sich mit „Wallenstein" eingelassen hatte, verstärkt auf die Autonomie der Kunst bedacht — wieder größeren Abstand von der Wirklichkeit der Geschichte sucht. Es gibt „für den poetischen Genius kein Heil, als daß er sich aus dem Gebiet der wirklichen Welt zurückzieht"[255] — an diesen Standpunkt, den er 1795 gegenüber Herder vertritt, hält er sich. Nur als „der Verwandte eines fernen fremden und idealischen Zeitalters", als das die Antike erscheint, kann er sich den Glauben an seine höhere Mission und sein Selbstbewußtsein erhalten. Das Ideal des schönen Menschen, das der reinen Form der Dichtung als Gefäß bedarf, verlangt, scheint es, das Opfer der Wirklichkeit. Daher sieht er sich genötigt, zu bestreiten, „daß die Poesie aus dem Leben, aus der Zeit, aus dem Wirklichen hervorgehen" sollte.[256]

Auch Büchner akzeptiert die Wirklichkeit seiner Zeit nicht. Möglichst genau festzustellen, was wirklich ist, bedeutet für ihn nicht, sich damit abzufinden und es in platter naturalistischer Wiedergabe ästhetisch zu bestätigen, sondern ist Bedingung für ein auf praktische materielle Veränderung orientiertes Erkenntnisinteresse.

Schriftstellerberuf
und Strategien revolutionärer Literatur 1835

Karl Gutzkow

Mit „Dantons Tod" hatte Büchner sich vehement und absichtsvoll in die Literatur eingemischt, ohne daß er deshalb seinen Plan aufgegeben hätte, sich für einen medizinisch-naturwissenschaftlichen Beruf auszubilden. Das unfreiwillige Exil vor dem Examen warf die Frage der Existenzgründung neu auf. Eröffnete sein Drama ihm die Laufbahn eines Schriftstellers, so legten die veränderten Lebensumstände und Zukunftsaussichten ihm dies um so mehr nahe. Aus der kurzen, aber aufschlußreichen Geschichte seiner Beziehung zu Karl Gutzkow geht hervor, wie er sich dazu stellte und wie sich sein Verhältnis zum modernen bürgerlichen Literaturbetrieb gestaltete, der sich gerade stürmisch zu entfalten begann.

„Man wechselt Briefe und Zusprüche, tauscht seine Zukunft aus, schüttet das reiche Füllhorn lachender, dreister Hoffnungen sich einander in den Schoß. Man spricht sich in trüben Stunden Muth zu, und malt sich eine Wendung der Dinge aus, an welcher wir selbst vom Winde, der sich dreht, gefaßt werden dürften; man hofft auf persönliche Begrüßung und gibt sich Kennzeichen, wenn man sich plötzlich begegnen sollte . . ." So schildert Karl Gutzkow im Rückblick die Beziehung, die er Anfang 1835 mit Georg Büchner eingegangen war, als „eine Freundschaft, die aus der Ferne, ohne persönliche Begrüßung, nur durch wechselseitige Bestrebungen hervorgerufen und . . . zusammengehalten wurde".[257]

Von allen Verdiensten Gutzkows, des führenden Kritikers und rührigsten Propagandisten des antirestaurativen jungdeutschen „Zeitgeistes", war sicherlich das folgenreichste, daß er Büchner als Bundesgenossen in die Öffentlichkeit einführte und für die Überlieferung seiner literarischen Texte sorgte. Die offizielle zeitgenössische Kritik reagierte empört, befremdet und — am nachhaltigsten — mit indigniertem Schweigen. Für sie war der Verfasser, von dem sich Gutzkow sofort tief beeindruckt zeigte und Außerordentliches für die Zukunft versprach, „ein junger Mensch aus Darmstadt, der nichts weiter als ein überspanntes hirnwütiges Stück *Danton* geschrieben"[258] hatte. Auch Gutzkow hat gegen Schmähungen und persönliche Anfeindungen, die unmittelbar in einen Unterdrückungsfeldzug gegen die gesamte junge kritische Literatur mündeten, von Büchners Seite unbeirrte Solidarität erfahren.

Wenn aber die gemeinsame Engagiertheit und das Interesse füreinander so groß waren, wie es die überlieferten Zeugnisse ausweisen — warum unterblieb dann die „persönliche Begrüßung" zwischen Büchner und dem einzigen Schriftsteller, der jemals in Kontakt mit ihm stand? Die Freundschaft „aus der Ferne" kam immerhin in nächster räumlicher Nähe zustande. Was machte die wenigen Meilen zwischen Frankfurt und Darmstadt (und später die Tagesreise über den Rhein nach Straßburg) zur unüberbrückbaren „Ferne"? Verabredungen waren getroffen. Im April 1835 lebte man noch im festen Glauben an eine nahe bevorstehende Zusammenkunft. Von Gutzkow jedenfalls wurde sie mit Ungeduld erwartet.

Seltsam mutet demgegenüber die eigentümliche Stilisierung der Beziehung in der zitierten wehmütig rückblickenden Betrachtung Gutzkows an. Als er sie im Juni 1837 niederschrieb, lag Büchner schon seit vier Monaten in der Schweiz, seinem zweiten Exilland, begraben. Sie steht in Gutzkows verspätetem Nachruf im „Frankfurter Telegraph". Der „Wind, der sich dreht", hatte den Dingen inzwischen in der Tat eine andere Wendung gegeben als gehofft. Und wie sehr der Verfasser des Nachrufs davon mit erfaßt worden war, offenbart die Wendung, die sein Verhältnis zu dem Verstorbenen nahm.

Ihre Annäherung war von Anfang an doppelt überschattet — von der feudalbürokratischen Repression, die sich Mitte der dreißiger Jahre massiv verstärkte, und vom Dilemma der zukunftsgerichteten bürgerlichen Gesellschaft, das im Frankreich des Juste-milieu offen zutage trat. Die streitbare Partnerschaft, die unter solchen Vorzeichen stand, stellte sich in der Sprache von 1837 nurmehr schlicht und bieder als ein „Gemüth und Geist bewegender Verkehr"[259] dar. Dieser, heißt es in dem Nachruf, „dauert ein Jahr; da tritt eine kleine Pause ein, der Eine bestellt sein Haus der Andre rüstet sich zu einer Reise und neuen Lebensbahn". Der eine ist Gutzkow, der nach inzwischen überstandener öffentlicher Rufmordkampagne, nach Gefängnishaft und Veröffentlichungsverbot in Frankfurt heiratete und dort unter erschwerten Bedingungen seine bürgerliche Existenz als freier Schriftsteller befestigte. Von der „Reise" des anderen, die von Straßburg aus weiter in die Schweiz führte, muß man wissen, daß Büchner sie unternahm, um als politischer Flüchtling sicher zu sein vor einer möglichen Auslieferung an das Großherzogtum Hessen. Die neue Lebensbahn begann er als Privatdozent für vergleichende Anatomie an der Universität Zürich. Das Weitere ist, so scheint es in Gutzkows zusammenfassender Darstellung, nur zu rasch berichtet: „Der Briefwechsel stockt. Man ist ohne Sorge über den still fortglimmenden Freundschaftsfunken und tritt eines Tages an einen Ort, wo das Echo der tausend Tagesgerüchte, der Irrthümer und der Verfolgungen in Zeitungen durchkreuzt. Man ergreift sorglos eine derselben und liest, daß der Freund, der hoffnungsvolle, strebende, muthige, schon seit Monaten hinübergegangen ist in das Reich des Friedens . . ., ausgelöscht aus dem jungen Nachwuchsregister unserer Hoffnungen, todt . . ."[260]

Erst zwei Jahre zuvor hatte Gutzkow, der in seinem Urteil überaus selbstsichere, kritische Beobachter des literarischen Lebens, der eine notorische „Abscheu vor dem Lobe" hegte, den zweiundzwanzigjährigen Autor von „Dantons Tod" enthusiastisch als den „jugendlichen Genius" begrüßt, der „dem matten Gespräche plötzlich eine neue Wendung geben" würde.[261] Nicht erst Büchners Tod hat die Erfüllung dieser Hoffnung vereitelt. Daß der, der sie aussprach, die spontan gesuchte persönliche Begegnung versäumte, ist um so merkwürdiger bei einem Schriftsteller der „Bewegungsliteratur", der es sich selbst als Vorzug anrechnete, zu den „rührigen Beobachtungsmenschen" zu gehören, „die auf Reisen leben und ihre Zeitgenossen zum Vorwurfe psychologischer Studien machen", und der meinte, als Redakteur eines kritischen Literaturblatts ebenso theoretisch gültig über den Tag hinaus wie „journalistisch-momentan" disponieren zu müssen.[262]

Die Geschichte jener „wechselseitigen Bestrebungen", die in den Nachrufworten bereits in eine so nebelhafte Ferne gerückt erscheinen, gibt Aufschluß über die lebhaften Erwartungen, die sich noch nicht lange zuvor an sie geknüpft hatten, und über die Krise, in die sie bald geraten waren.

Büchner hatte das Manuskript seines Dramas auf gut Glück, aber keineswegs unbedacht adressiert, wie die Aufnahme, die es bei Gutzkow fand, zeigte. Damit begann nicht allein die bemerkenswerte Wirkungsgeschichte eines Werkes. Die Verbindung, die sich zwischen Absender und Empfänger herstellte, brachte zwei getrennte Sphären gesellschaftlich eingreifenden Wirkens, die kaum besser repräsentiert sein konnten, miteinander in Berührung. Der unbekannte Verfasser des Stücks spielte eine exponierte Rolle im letzten zu dieser Zeit noch in Deutschland tätigen Aktionskreis des revolutionären Untergrunds. Der, der es zum Druck befördern sollte, war dagegen im besten Sinne ein Agent der literarischen Öffentlichkeit, d. h. des einzigen zugelassenen, wenngleich streng beaufsichtigten und eingeschränkten Forums oppositioneller Meinungsbildung. Mit seinen 24 Jahren stand er in der vordersten Reihe der Schriftsteller, die als Wortführer des Jungen Deutschlands, wie Heine sagt, „keinen Unterschied" mehr machen wollten „zwischen Leben und Schreiben, die nimmermehr die Politik trennen von Wissenschaft, Kunst und Religion und die zu gleicher Zeit Künstler, Tribune und Apostel sind"[263], Tribune der Freiheit nämlich und Apostel des neuen, saint-simonistischen Glaubens an den Fortschritt, der mit den Früchten der Industrie das Leben aller bereichern sollte.

Solche Früchte in Gestalt klingender Münze, die das aufblühende Buch- und Zeitungswesen des modernen Druckmaschinenzeitalters abwarf, hatten gerade begonnen, einen neuen Gewerbezweig, den der Berufsschriftsteller und -journalisten, hinlänglich zu ernähren und die Literatur damit aus der Abhängigkeit von Mäzenatengunst zu befreien. Zusammen mit anderen jungen bürgerlichen Intellektuellen, die sich kein Amt erkriechen mochten, das sie zur Selbstverleugnung zwang, die vielmehr gegen den lähmenden Druck der restaurativen Machtverhältnisse ihre Individualität behaupten wollten und, angesteckt vom französischen „Freiheitsfieber", im eigenen Land nach Möglichkeiten verändernden Einwirkens auf die Gesellschaft suchten, gehörte Gutzkow zu den ersten, die sich diesem modernen, verheißungsvollen Beruf rückhaltlos verschrieben.

Mit Erfolg, wie sich zeigte. Ausgestattet mit den „schönsten Eigenschaften der schaffenden Kraft und des urteilenden Kunstsinnes"[264] (so Heine über Gutzkow), setzte der aus dem preußischen Berlin entlaufene Schüler Schleiermachers und Hegels sich schon in kürzester Zeit gegen eine Vielzahl gleichstrebender Konkurrenten durch. Als er Büchners Sendung erhielt, befand er sich im stürmischsten Aufschwung seiner Laufbahn. Niemals zuvor und niemals danach hat er sich so weit vorgewagt im Angriff auf den Geist des Bestehenden wie zu diesem Zeitpunkt. Die jungdeutsche „literarische Revolution" erreichte ihre Klimax. In martialischer Bildlichkeit stand den Beteiligten das Resultat des Kampfes vor Augen, den die streitbare Kritik eingeleitet hatte. „Die Literatur der Restauration, zum Tod verwundet, blutrünstig, verzweifelnd, irrt mit der letzten Anstrengung durch unsre Gauen; hie und da hören wir eins ihrer Glieder verenden, die Luft ist mit Verwünschungen erfüllt", so beginnt Gutzkow in der ersten Nummer des „Literatur-Blatts" zum „Phönix" am 7. Januar 1835 seine Besichtigung des Terrains. Es ist die Situation „kurz nach der letzten Attacke auf einem Schlachtfelde", auf dem die Überlebenden ihre Toten noch nicht begraben haben.[265] Ausdrücklich rechnet er den Aufbruch aus der „abgeschlossenen Vergangenheit" der Restaurationsperiode mit ihrem „Despotismus des Ruhms, einer Religion Schiller und Göthe", den befreienden „Folgen der Julirevolution" zu. „Es bekam Alles, was geschrieben und gesprochen wurde, ein blankes, neues Gepräge des Augenblicks, der Nothwendigkeit und der Wahrheit."[266]

Doch es blieb eine Revolution auf dem Papier, der allgemeine Wunsch nach Erneuerung nahm keine feste Gestalt an und fand, ohnehin von der feudalbürokratischen Zensur im Zaum gehalten, nur im Blätterwald der Journale und Tagesschriften für kurze Zeit lautstarken Widerhall. Daß die „Emanzipation vom Ruhm" der Vergangenheit und ihrer angebeteten Größen auf die Emanzipation vom Despotismus der Autoritäten zielte, die das Machtgefüge des Bestehenden, Staat und Kirche, stützten, deutete sich nur verblümt an.

Mitten hinein in die publizistische Aufgeregtheit, in die Vielstimmigkeit der literarischen Manifestationen, „ästhetischen Feldzüge" und Debatten traf Büchners Stück, aus dem plötzlich das Gesicht der wirklichen Revolution hervorblickte. In der faszinierenden Vergegenwärtigung des klassischen Modellfalls der Französischen Revolution beschwor es nicht die schöne Selbsttäuschung des heroischen Aufbruchs, was dem Glaubensgebot des fortschrittsoptimistischen Zeitgeistes entsprochen hätte, sondern die spätere Stunde der Wahrheit während der Schreckensherrschaft der Jakobiner mit den Interessen- und Machtkollisionen zwischen der regierenden Fraktion Robespierres, den dantonistischen Platzhaltern der neureichen Bourgeoisie und den besitzlosen Volksmassen, die — ebenso wie im Juli 1830 erneut — die größten Opfer für die Revolution brachten und am wenigsten durch sie gewannen.

Das verzweifelte Aufbegehren gegen diese Fatalität, in der bislang jede bürgerliche Revolution endete, die Suche nach Bedingungen dafür, sie historisch real, nicht bloß in der spekulativen poetischen Utopie zu durchbrechen, also die Befragung authentischen historischen Erfahrungsmaterials im Interesse ungelöster vitaler Gegenwartsfragen war es, die Büchner den Antrieb gab zu dem Realismus, der in seiner herausfordernden Direktheit, im kritischen Vorstoß auf die tatsächliche Wirklichkeit hinter jeglichem täuschenden Schein schockieren mußte. Der hermetische Raum, in dem die Literatur sich im Zeichen der Kunstperiode gegen das gewöhnliche Leben abgeschlossen hatte, war bisher von niemandem so radikal aufgebrochen worden. Das von den Jungdeutschen unter Berufung auf Börne und Heine propagierte Programm der Wiedervereinigung von („hoher") Kunst und („niederem") Leben wie von Ästhetik und Politik erfuhr damit eine Verwirklichung, die alles verblassen ließ, was die schöngeistige Umsturzpartei bisher nur als vagen Wunsch und uneingelösten Anspruch hervorgebracht hatte.

Der Programmartikel, mit dem Gutzkow das „Literatur-Blatt" des „Phönix" eröffnete — Büchner konnte ihn lesen, als er sein Manuskript abschloß, und hat sich davon aller Wahrscheinlichkeit nach bei der Wahl des Adressaten, dem er es anvertraute, leiten lassen —, gibt einleuchtende Gründe an, die dem Übergang der jungen Literatur in die angestrebte neue Qualität entgegenstanden. Sie war „zerstreut durch die Kritik, die Polizei, durch den Buchhandel und ein unschlüssiges Publikum"[267], und sie war durch ihre Herkunft von der Kritik in Gefahr, sich als eine „Literatur der Negation", die „Alles auflöst in Reflexion" und Subjektivismus, selbst zu erschöpfen.[268] Zugleich spricht der Verfasser seinen Glauben an die bevorstehende „Schöpfung einer positiven, sich zusammenziehenden und ostensiblen Literatur"[269] aus; „nur das Kommende im Auge", will er sich in seinem kritischen Wochenblatt „forttragen lassen mit dem Neuesten"[270]. Ja, das Blatt soll ihm zum „Dreifuß der Weissagung" dienen, und er macht sich anheischig, die ausstehenden „Resultate" bald vorzuweisen; „die Beweise, welche wir heute vermissen", so getraut er sich zu versichern, „werden uns morgen zufallen".[271]

Einen Monat später hatte er mit Büchners „Danton" den schlagenden Beweis auf dem Tisch. Er war von solcher Brisanz, daß man seine eigene mühevoll errungene öffentliche Stellung aufs Spiel setzte, wenn man es wagte, sich darauf zu stützen. Der vielfältige ästhetische, moralische, philosophische und politische Anstoß, den „Dantons Tod" dann erregte, sollte immerhin für eine jahrhundertlange Indignation ausreichen. Tatsächlich blieb die öffentliche Anklage nicht aus, die Gutzkow zur Last legte, mit „Dantons Tod" eines „jener Bücher" befördert zu haben, „welche jede gute Staatspolizei nie öffentlich auslegen läßt und den geheimen Betrieb möglichst verhindert"[272]. In der Denunziationsmanier Wolfgang Menzels rief es der Rezensent der Dresdner „Abendzeitung" als „ein Brandmal für deutsche Literatur" und den „Inbegriff aller Indecenz" aus — voller „Auswüchse der Unsittlichkeit", „Pestbeulen der Frechheit", „Lästerungen des Heiligsten" und „Entartung".[273] Nicht allein die konservativen öffentlichen Hüter von „Sitte und Würde der Literatur"[274] sollten Anstoß nehmen. In der ästhetischen und moralischen Tendenz der Ablehnung mochten sogar Linke und Rechte, revolutionäre Republikaner und Legitimisten bzw. klerikale Reaktionäre, übereinstimmen (wie dann im weiteren Zusammenhang der Debatte, in dem Gutzkow die Rolle des Hauptangeklagten zugefallen war, der Appell Menzels an den Moralismus und ästhetischen Purismus Börnes schlußfolgern läßt). Kaum jemand, welcher öffentlich präsenten Richtung er auch angehörte, dem ein Revolutionsdrama solcher Art willkommen sein konnte.

Der Verfasser war sich durchaus im klaren über die Zumutung, die sein Stück bedeutet. Und niemand hätte prompter, einsatzbereiter und rückhaltloser reagieren können als der Empfänger des Manuskriptes. Nur die Übereinstimmung mit der Richtung der eigenen Bestrebungen konnte ihn dazu motivieren. „Ich wiege mich in dem Gedanken, Sie entdeckt zu haben", bekannte er dem Autor, „u Sie recht als ein schlagendes Beispiel, als Armidaschild der Menge, mit der ich mich zu balgen habe, gegenüberhalten zu können."[275] Der aktuelle Grund der begeisterten Wertschätzung, mit der er das Stück aufnahm, ergab sich aus dem Stand der politisch-literarischen Diskussion, der in diesem

Augenblick ein Dilemma offenbarte, aus dem Gutzkow mit großem Eifer einen Ausweg suchte.

Er war besonders davon hingerissen, ein Werk vor sich zu haben, das ganz „aus Charakter und Talent zusammengesetzt" war — zwei Qualitäten, die die Literatur der Zeit anscheinend nur getrennt voneinander, wenn nicht sogar in unversöhnlichem Gegensatz zueinander hervorzubringen vermochte. Gerade dies schien der Streit zwischen Heine und Börne, der soeben offen ausbrach, zu bestätigen. Börne war es, der den Vorwurf der politisch-moralischen Labilität gegen Heine auf die Formel „ein Talent, aber kein Charakter" gebracht hatte, während Heine dem nur-politischen Tagesschriftsteller gegenüber das Vorrecht des Dichters geltend machte. Damit waren zentrale Stichworte einer Debatte gegeben, die auf Jahre hin lebhafte Teilnahme finden sollte. Gutzkow nun aber war mit seinem Konzept einer „positiven" Literatur gerade auf den überzeugenden Nachweis der Möglichkeit aus, beides, Charakterfestigkeit und Kunstbeherrschung, glücklich miteinander zu vereinen. Im Falle Büchners ließ der „Charakter" dem „Talent" keinen Raum, sich in eitler Selbstentfaltung zu gefallen; das „Talent" hingegen verbot dem „Charakter", sich damit zu begnügen, „nur bloß Gesinnungen und Extravaganzen hinzuzeichnen"[276], wie dies im Umkreis des Jungen Deutschlands oft genug der Fall war. Ein ungemeiner Gewinn an Objektivität und Lebensgehalt in den dramatischen Situationen wie in der Sprache, der frisch aus der Quelle der „Natur fließenden krystallhellen und munteren Worte"[277], war das Resultat.

Nur kurze Zeit später hätte auch Gutzkow Büchner nicht mehr dazu verhelfen können, Eingang in die Öffentlichkeit zu finden. Schon fanden die oppositionellen Schriftsteller sich in der täglichen Presse als „eine Handvoll Schreier", „Völkerfrühlingsverkünder", „Sansculotten" und ähnliches gebrandmarkt.[278] Im August bereits mußte Gutzkow sein „Literatur-Blatt" abgeben. Aber noch war dies erst das Vorspiel zu dem, was kam.

„Dantons Tod" durch die Zensur zu bringen, hatte auch der gewiegteste Kenner des Literaturbetriebs schon vor der Mitte des Jahres die größte Mühe. „Ich hatte vergessen", mußte Gutzkow gestehen, „daß solche Dinge, wie sie Büchner dort hingeworfen, solche Ausdrücke sogar, die er sich erlaubte, heute nicht gedruckt werden dürfen. Es tobte eine wilde Sansculottenlust in der Dichtung; die Erklärung der Menschenrechte wandelte darin auf und ab, nackt und nur mit Rosen bekränzt. Die Idee, die das Ganze zusammenhielt, war die rothe Mütze."[279]

Das Geringste, wozu der Autor sich bereitfinden mußte, war, die „Quecksilberblumen" seiner ungenierten Medizineräußerungen aus dem Tabubereich des Sexuellen, vor allem der ambulanten Liebe, die nach Brot geht, wenigstens „halb u halb zu kassiren"[280]. Gutzkow, der sich im übrigen beeilt hatte, das offenkundig dringend benötigte Soforthonorar (das bei der schwachen Nachfrage nach gedruckten Dramen bescheiden genug ausfiel) für ihn auszuhandeln, war entschlossen, Büchner auf schnellstem Wege entgegenzukommen: „Ich komme zu Ihnen hinüber nach Darmstadt, bring' Ihnen das Geld u fange mit Ihnen gemeinschaftlich an, aus Ihrem Danton die Veneria herauszutreiben, nicht durch Metall, sondern linde, durch Vegetabilien u etwas sentimentale Tisane. Es ist verflucht, aber es geht nicht anders . . ."[281]

Das war am 3. März. Büchner gab darauf zu verstehen, daß es nicht ratsam sei, ihn in Darmstadt zu besuchen. Auch Sauerländer riet Gutzkow davon ab („weil ihm freilich daran gelegen seyn muß, daß ich mich so kauscher, als möglich verhalte"[282]). Doch Gutzkow bestand auf seiner Absicht und drang am 5. März weiter darauf: „Um 10 Uhr Morgens geht hier ein Postwagen ab: da wär' ich zu Mittag drüben, spräche einige Stunden mit Ihnen u wäre Abends wieder in meiner Behausung. Was dabey so Gefährliches ist, seh' ich nicht: es sey denn, daß Sie als Pech in Darmstadt herum wandeln u jeden wieder in's Pech brächten, der einige Worte mit Ihnen spricht." Sicherheitshalber fügte er hinzu: „Vor allen Dingen vertilgen Sie meine Briefe!", bleibt aber dabei: „Wenn Sie mir über Ihre Lage einige Aufklärung geben, komm' ich sogleich . . ."[283]

Der Frankfurter Literaturmacher hatte mit dem Autor von „Dantons Tod" unverkennbar mehr vor, als einem Neuling zum Start zu verhelfen. Über die Vorsicht, sich nicht zu kompromittieren, stellte er sein weiterreichendes Interesse an ihm, das sich auch in der besorgten Frage ausdrückt: „Wo wollen Sie hin? brennt es Ihnen wirklich an den Sohlen? Ich kann Alles hören, nur nicht, daß Sie nach Amerika gehen. Sie müssen sich in der Nähe halten (Schweiz, Frankr.), wo Sie Ihre herrlichen Gaben in die deutsche Literatur hineinflechten können; denn Ihr Danton verräth einen tiefen Fond, in den viel hineingeht, u viel heraus, u das sollten Sie ernstlich bedenken. Solche versteckte Genies, wie Sie, kommen mir grade recht; denn ich möchte, daß meine Prophezeiung für die Zukunft nicht ohne Belege bliebe, u Sie haben ganz das Zeug dazu, mitzumachen. Ich hoffe, daß Sie mir hierauf keine Antwort schuldig bleiben."[284]

Als die nächste Nachricht von Büchner gegen Mitte März mit französischer Post aus Straßburg kam — „Vielleicht haben Sie durch einen Steckbrief im Frankfurter Journal meine Abreise aus Darmstadt erfahren"[285] —, war das für Gutzkow mehr Grund zur Beruhigung als zur Überraschung. Daß Büchner innerhalb der weitverzweigten „revolutionären Umtriebe" in Hessen, gegen die umfassende Untersuchungen und Polizeiaktionen im Gange waren, eine (nunmehr unfreiwillig beendete) tätige Rolle spielte, war für ihn leicht zu erraten, nur welche, konnte er nicht wissen — nicht, daß er der Verfasser des „Hessischen Landboten" war, der gefürchtetsten, auf den Umsturz der staatlichen und sozialen Ordnung durch eine Volksrevolution gerichteten Flugschrift. Noch weniger konnte Gutzkow ahnen, daß er es mit dem Parteigänger einer Richtung zu tun hatte, die es nicht einmal in Frankreich wagen durfte, sich mit ihrem wahren Namen zu nennen, wenn sie nicht alle Kräfte der Reaktion und der Opposition bis hin zu den radikalsten bürgerlichen Revolutionären in gemeinsamem Schrecken gegen sich aufbringen wollte.

Er konnte unmöglich ahnen, daß er in Büchner den Gründer und führenden Kopf der ersten kommunistisch orientierten revolutionären Vereinigung in Deutschland, der Gesellschaft der Menschenrechte, vor sich hatte. Schon am 22. Mai 1835 gab ein verhaftetes Mitglied der Gesellschaft der Menschenrechte und Vertrauter Büchners, Gustav Klemm, in einem Gnadengesuch an den Großherzog von Hessen-Darmstadt Auskunft über deren „wahrhaft ruchlose Theorie einer öffentlichen Moral und Staatseinrichtung überhaupt. Die Revolution sollte darnach eröffnet werden mit einem Krieg gegen die Reichen. ,Alles Vermögen ist Gemeingut', wurde docirt etc."[286] Um der Verurteilung zu entgehen — ihm drohte nach der Auffassung des Untersuchungsrichters möglicherweise die Todesstrafe —, bot Klemm seine Mithilfe an, jene „gefährliche Partei, welche Moral, Religion, Recht, ja selbst die Möglichkeit des Staates überhaupt, aufzuheben trachtet, für immer unschädlich zu machen"[287]. Zwei weitere aktive Mitglieder der von Büchner ins Leben gerufenen Geheimgesellschaft erklären später gleichfalls, deren langfristiges Programm sei auf die „Herbeiführung einer völligen Gleichheit Aller gerichtet"[288] und diese sollte sozialökonomisch auf dem „Prinzip der Gütergemeinschaft" gegründet sein — so August Becker im September 1845 in einer Kontroverse mit Weitling, in der er die „Priorität" des Rechts auf die Bezeichnung „Kommunismus" als Parteibegriff in Deutschland für die Büchnersche Gesellschaft der Menschenrechte von 1834/35 reklamiert.[289]

Von diesen Tatbeständen nichts ahnend, konnte Gutzkow Büchner nur auf der Seite jener radikalisierten kleinbürgerlich-demokratischen Jugend vermuten, die er durch eine Börne zugeschriebene unzeitgemäße „Einseitigkeit der Grundsätze" gefährdet sah, die sie, wie er meinte, „auf nichts anweisen, als [auf] jene isolierte politische Tätigkeit", der die gegenwärtigen Umstände den Boden entzogen, „d. h. auf die Bretter, welche zu einem Sarg hinreichend sind", was „Niemand nützen würde, am wenigsten dem Vaterlande".[290] Mit dieser Begründung wies Gutzkow am 27. Juni 1835 Börnes Angriff gegen Heine im Pariser „Réformateur" vom 30. Mai zurück, um zwischen beiden, d. h. zwischen revolutionärer, der Zukunft vorarbeitender Literatur und revolutionärer Politik des Tages, „das Gleichgewicht wiederher[zu]stellen" und „den Ankläger innerhalb seiner Parthei zurückzudrängen".[291]

In diesem Sinne suchte Gutzkow auf Büchner einzuwirken: „Sie sollten meine Ermunterung, in der Theilnahme an deutscher Literatur fortzufahren, nicht in den französischen Wind schlagen. ... Glauben Sie denn, daß sich irgend Etwas Positives für Deutschlands Politik thun läßt? Ich glaube, Sie taugen zu mehr, als zu einer Erbse, welche die offene Wunde der deutschen Revolution in der Eiterung hält. Treiben Sie wie ich den Schmuggelhandel der Freiheit: Wein verhüllt in Novellenstroh, nichts in seinem natürlichen Gewande: ich glaube, man nützt so mehr, als wenn man blind in Gewehre läuft, die keineswegs blindgeladen sind. Wär' es nicht, so hätt' ich mich in der Rechnung meines Lebens betrogen u müßte dann selbst meinen Untergang beschleunigen."[292]

Damit ist die literarische Strategie des jungdeutschen „Ideenschmuggels" umrissen, für die Gutzkow Büchner zu gewinnen suchte.[293] Wieder und wieder appellierte er an dessen Fähigkeit, an seine „literarische Prädestination", drängte er ihn weiterzuschreiben, verlangte ihm Beiträge für den „Phönix" ab, regelmäßige Besprechungen neuer französischer Literatur, ein zweites Buch vor allem. Er forderte ihn zur ständigen Mitarbeit an der geplanten großen literarischen und gelehrten Wochenschrift „Deutsche Revue" auf, die er zusammen mit Wienbarg herausgeben wollte.[294]

Für eine nahe politische Revolution sah Gutzkow 1835 — ebenso wie Heine und andere — keine reale Aussicht. Hierin stimmte auch Büchner mit ihm überein. Um so größere Hoffnung setzte er auf die Literatur als das beste Mittel, das gewünschte Ziel auf einem sicheren „Umweg" zu erreichen.[295] Er redete daher dem aus seiner vorgezeichneten Lebensbahn geworfenen Exilanten zu, wie er selbst die Schriftstellerei als freien bürgerlichen Beruf, der seinen Mann ernährt, zu ergreifen: „Das beste Mittel der Existenz bleibt die Autorschaft, d. h. nicht die geächtete, sondern die noch etwas geachtete, wenigstens honorirte bei den Philistern, welche das Geld haben. Spekuliren Sie auf Ideen, Poesie, was Ihnen der Genius bringt. Ich will Kanal sein, oder Trödler, der Ihnen klingend antwortet. Bessern Rath weiß ich nicht . . ."[296] Und er wiederholt: „Schreiben Sie mir, was sie arbeiten wollen. Ich bringe Alles unter . . ."[297]

„Jedenfalls könnte ich von meinen schriftstellerischen Arbeiten leben", schrieb Büchner den Eltern.[298] Neben der Wirkungsmöglichkeit, die das Bündnis mit Gutzkow bot, mußte dem mittellosen Flüchtling auch die Einkommensquelle, die sich damit eröffnete, höchst willkommen sein. Doch teilte er nicht den Optimismus Gutzkows in bezug auf die Möglichkeiten des professionellen „freien" Schriftstellers. Schon die Erfahrung mit „Dantons Tod" konnte keine Täuschung über deren Grenzen aufkommen lassen. Nicht allein, daß die 50 Taler Honorar, der maximal einlösbare Gegenwert für ein Revolutionsstück, das auch für den Verleger ein Wagnis war, nach Gutzkows Einschätzung nur dem entsprach, was der Autor gerechterweise „zehnmal verdient" hätte.[299] Gravierender für ihn war es, zu erfahren, welchem Entfremdungsvorgang seine Arbeit bei ihrer Verwandlung in eine marktfähige Ware unterworfen war. Gutzkow, der nach Büchners Flucht die unerläßliche Bearbeitung allein übernehmen mußte, gestand später: „Als ich nun, um dem Censor nicht die Lust des Streichens zu gönnen, selbst den Rothstift ergriff und die wuchernde Demokratie der Dichtung mit der Scheere der Vorcensur beschnitt, fühlt' ich wohl, wie gerade der Abfall des Buches, der unseren Sitten und unseren Verhältnissen geopfert werden mußte, der beste, nämlich der individuellste, der eigenthümlichste Theil des Ganzen war."[300] Um seinem Protest gegen diese „Verhältnisse" überhaupt Ausdruck geben zu können, als er das 1837 schreibt, übersteigert er seine Selbstbezichtigung sogar bis zu der Behauptung: „Der *ächte Danton* von Büchner ist *nicht* erschienen. Was davon herauskam, ist ein nothdürftiger Rest, die Ruine einer Verwüstung, die mich Überwindung genug gekostet hat."[301] Hinzu kam ohne Verschulden Gutzkows der vom Verlag hinzugesetzte „merkantilische"[302] Untertitel „Dramatische Bilder aus Frankreichs Schreckensherrschaft", der nicht wenig dazu beitrug, eine Rezeption des Stükkes in konterrevolutionärem Sinne zu ermöglichen.

Büchner versagte Gutzkow seine Mitarbeit ebensowenig, wie er die Gelegenheit des Broterwerbs durch Schriftstellerei verschmähte. Er sagte Rezensionen über französische Neuerscheinungen zu, schrieb „Lenz" als Zeitschriftenbeitrag, übersetzte zwei Dramen Victor Hugos für eine deutsche Werkausgabe und verfolgte weitere literarische Pläne. Aber er dachte nicht daran, Berufsschriftsteller zu werden und sich damit auf Gedeih und Verderb dem doppelten Anpassungszwang zu unterwerfen, den der Staat mittels der Zensur und das zahlende bürgerliche Publikum über den Markt ausübten.

Das große Zeitschriftenprojekt schien gesichert, die Erwartung, Büchner für den engeren Mitarbeiterstab gewinnen zu können, bestimmt: „Der Titel wird seyn: *Deutsche Revue*; die Form, wöchentlich ein Heft", teilte Gutzkow ihm am 28. August mit und fuhr fort: „Ich gestehe aufrichtig, daß ich mich bei diesem Unternehmen ernstlich auf Sie verlassen möchte. Schreiben Sie mir so bald Sie können nach *Frkft im Wolfseck*, ob ich, monatlich wenigstens 1 Artikel (spekulativ, poetisch, kritisch, quidquid fert animus) von Ihnen erwarten darf? Mit den buchhändlerischen Bedingungen werden Sie zufrieden seyn."[303] Aber statt sich zu regelmäßigen Beiträgen zu verpflichten, zog es Büchner vor, in kürzester Zeit eine Dissertation über das Nervensystem von Fischen zu schreiben und sich so schnell wie möglich eine Existenz als Hochschuldozent aufzubauen, die ihm erlaubte, seine weiteren literarischen Arbeiten möglichst unabhängig von ihrem finanziellen Ertrag und ihren momentanen Erfolgsaussichten zu betreiben.

Gutzkow war enttäuscht, gab aber nicht auf. „Ich hatte sicher auf Sie gerechnet... Sie können auch Ihre abschlägige Antwort nicht so rund gemeint haben", schreibt er am 28. September 1835 nach Straßburg[304] — und er suggeriert Büchner, „folgenden Calcül mit sich anzustellen: Du hast ein Buch mit deinem Namen geschrieben. Ein Enthusiast hat es unbedingt gelobt. Ja, du hast dich sogar herabgelassen, 2 wahrscheinlich sehr elende Dramen von V. Hugo zu übersetzen; du stehst nun mitten drinnen und mußt dich entweder behaupten, oder avanciren. Die Deutsche Revue wird großartig verbreitet, sie zahlt für den 8°bogen 2 Fried.d'ors. Sie hat einige glänzende Aushängeschilde von Namen, welche sogar das alte u besorgliche Publikum locken. In der That, lieber Büchner, häuten Sie sich zum 2ten Male: geben Sie uns, wenn weiter nichts im Anfang, *Erinnerungen an Lenz*: da scheinen Sie Thatsachen zu haben, die leicht aufgezeichnet sind. Ihr Name ist einmal heraus, jetzt fangen Sie an, geniale Beweise für denselben zu führen."[305] Er sollte die Gründe für Büchners Absage erst noch erfahren und in der Praxis bestätigt finden. Das Gewitter, das sich schon zusammengezogen hat, sollte jede noch mögliche Illusion eines freien Schriftstellers über seine wirkliche Stellung zerstreuen.

Unterdessen war Gutzkow genötigt, seinen beabsichtigten Besuch in Straßburg wiederholt zu verschieben. Im Mai schrieb er von Mannheim aus, wo er in Löwenthal, der später den Namen Loening annahm, einen mutigen Verleger fand: „Meine Paßverhältnisse sind etwas in Unordnung, sonst käm' ich schon zu Ihnen. Ich spare das auf."[306] Erstmals taucht die Möglichkeit auf, daß es rascher und unter anderen Umständen als gedacht zu einem Zusammentreffen kommen könnte, denn, so schreibt er in dem Brief aus Mannheim: „Durch eine Vorrede zu Schleiermachers Briefen über Schlegels Luzinde hab' ich die Geistlichkeit u den Hof gegen mich empört: ich fürchte ein Autodafé u halte mich am Rheingeländer, das bald übersprungen ist."[307] Auch Büchner hat im Lauf des Sommers noch mit dem vorgesehenen Besuch gerechnet. „Nur fürchte ich zuweilen für Gutzkow", erklärt er im Juli seinen Eltern. „Die Preußen machen kurzen Prozeß; er sitzt vielleicht jetzt auf einer preußischen Festung ..."[308]

Ende August schien Gutzkow kaum noch geneigt, das Risiko der Reise zu dem exilierten „Hochverräter" einzugehen. „Ich bin in Ihrer Nähe", meldete er sich aus Stuttgart mit einer Klage über zu langes Schweigen Büchners, „aber leider werd' ich die Muße nicht haben, Straßburg besuchen zu können."[309]

Inzwischen wußte er schon genauer, mit wem er es zu tun hatte. In aller Offenheit gibt der Bündnisgefährte ihm über die Rheingrenze hinweg zu verstehen, von welcher Auffassung er sich leiten ließ: „Die ganze Revolution hat sich schon in Liberale und Absolutisten getheilt und muß von der ungebildeten und armen Klasse aufgefressen werden; das Verhältniß zwischen Armen und Reichen ist das einzige revolutionäre Element in der Welt..."[310] Das war zum frühestmöglichen Zeitpunkt — weit vor dem Sieg des Bürgertums in Deutschland und acht Jahre vor dem „Manifest der Kommunistischen Partei" — schon der Blick auf einen neuen weltgeschichtlichen Revolutionszyklus, der seine eigene Gesetzlichkeit entfalten wird.

Auf die Überschätzung der Ideen und der Rolle exponierter, vom „Zeitgeist" erfüllter Persönlichkeiten als vermeintlicher Triebkräfte allgemeiner Emanzipation, die dem Konzept des jungdeutschen „Ideenschmuggels" zugrunde lag, antwortete Büchner aus seiner materialistischen Gesellschaftssicht heraus schroff: „... der Hunger allein kann die Freiheitsgöttin und nur ein Moses, der uns die sieben ägyptischen Plagen auf den Hals schickte, könnte ein Messias werden."[311] Schon im Sommer 1833 hatte er „gelernt, daß nur das nothwendige Bedürfniß der großen Masse Umänderungen herbeiführen kann, daß alles Bewegen und Schreien der *Einzelnen* vergebliches Thorenwerk ist. Sie schreiben, man liest sie nicht; sie schreien, man hört sie nicht; sie handeln, man hilft ihnen nicht."[312]

Gutzkow standen die Erfahrungen, die das bestätigten und die „Rechnung seines Lebens" in Frage stellten, unmittelbar bevor. Im September begann Wolfgang Menzel, der sich vom altdeutschen Liberalen zum Renegaten mauserte, seinen Denunziationsfeldzug gegen Gutzkow, der bei ihm in die Schule des literarischen Journalismus gegangen war und in dem er nun nicht nur einen politischen Gegner, sondern auch einen Konkurrenten auf dem Zeitschriftenmarkt sah, der ihm den Rang abzulaufen drohte. Zur spektakulären Zielscheibe wählte er Gutzkows Roman „Wally die Zweiflerin", mit dem Löwenthal in Mannheim soeben seinen Verlag eröffnet hatte. Der Autor wurde am Erscheinungsort wegen ordnungsgefährdender Angriffe gegen die herrschende Religion und Moral sowie gegen die Heiligkeit der Ehe vor Gericht gestellt. Anfang Dezember schließlich, als die erste Nummer der „Deutschen Revue" bei Löwenthal erscheinen sollte, saß er im Mannheimer Gefängnis. Seine zunächst gehegte Absicht, der Anklage durch die Flucht zu entgehen und mit Büchner, Börne, Heine und anderen das Exil zu teilen, hatte er aufgegeben.

Nun übernahm Büchner die Rolle des hilfreich bemühten Freundes (im umsichtigen Verkehr mit Freunden hinter Gittern kannte er sich aus). Er vermittelte Nachrichten, zog Erkundigungen ein, befragte den Gefangenen nach den Umständen seiner Haft und riet ihm dringend, das zu tun, was er als das einzig Sinnvolle für die Zukunft ansah. „Geben Sie mir Auskunft so *bald, als möglich*! Die Frage ist nicht müßig. Glauben Sie, daß man Sie frei läßt, nach Verlauf der *bestimmten Frist*? . . . Sobald Sie frei sind, verlassen Sie Teutschland so schnell als möglich." Und für den Fall, daß der Weg ihn — wie die meisten Flüchtlinge — zuerst nach Straßburg führt: „. . . fragen Sie nach mir bey Herrn *Schroot* Gastwirth zum Rebstock. Ich erwarte Sie mit Ungeduld."[313]

Die Antwort darauf kam zögernd; diesmal war es Gutzkow, der dem wohlgemeinten Rat des anderen nicht folgen mochte: „Ihre Rathschläge sind entschieden; aber ich möchte sie noch nicht befolgen. Eine Entfernung aus Deutschland brächte mich um die Voraussetzung eines guten Gewissens, auf das ich mich dreist berufe. Wenn auch von Menzel als strikter Republikaner denunzirt, so tritt doch die politische Seite meiner Anschuldigungen ziemlich in den Hintergrund . . . Da Laube u Mundt frey passiren, würde man vielleicht auch Anstand nehmen, gegen mich persönlich einzuschreiten. Solange ich kann, halt' ich mich um Frkft herum . . ." Sosehr er an seiner Zuversicht festhält, so wenig wiegt er sich in Sicherheit: „Kurz, ich sehe Noth u Plage voraus u werde so viel gehänselt werden, daß ich zuletzt doch im ‚Rebstöckel' nachfragen könnte. Aber die Freude, Sie zu sehn, müßt' ich dann theuer erkaufen, da mir schwerlich der Rückweg dann offen bliebe."[314]

Das war Anfang Februar 1836, nach Inkrafttreten des Verbotsbeschlusses des Deutschen Bundestags gegen alle geschriebenen und ungeschriebenen Schriften der dem Jungen Deutschland zugerechneten Autoren. Zu einer Begegnung kommt es nun nicht mehr.

Als sich eine beispiellose Flut politischer und mehr noch moralischer, persönlich gemünzter Diffamierungen über Gutzkow ergoß, stand Büchner fest zu ihm. Julius Campe urteilte zutreffend: „. . . es war auf einen bürgerlichen, moralischen Todschlag abgesehen."[315] Während schon rundum Verbündete aus dem jungdeutschen Lager wie Theodor Mundt und Heinrich Laube, August Lewald und andere sich erschrocken von dem Gebrandmarkten zurückzogen, Reue bekundeten und der eigenen Autorenexistenz zuliebe sich sogar bereit zeigten, die Fahne zu wechseln, bekundete ihm Büchner seine Solidarität:

„Es zeigt sich in dem Kampfe gegen Sie eine *gründliche* Niederträchtigkeit, eine recht *gesunde* Niederträchtigkeit, ich begreife gar nicht, wie wir noch so natürlich seyn können! Und Menzels Hohn über die politischen Narren in den deutschen Festungen — und das von Leuten! mein Gott, ich könnte Ihnen übrigens erbauliche Geschichten erzählen.

Es hat mich im Tiefsten empört; meine armen Freunde!"[316]

Es bleibt auf Gutzkows Seite — obgleich ihm auch die Patenschaft über „Dantons Tod" zum Vorwurf gemacht worden war — bei der nun freilich merklich gedämpften Anteilnahme an Büchners weiteren Publikationsvorhaben. „*Schicken Sie mir, was Sie* haben; ich will sehen, was sich thun läßt", schreibt er noch in seinem letzten überlieferten Brief vom 10. Juni 1836 an Büchner.[317]

Vor allem aber bleibt zusammen mit solchen Zeichen der Verbundenheit Büchners Einwand gegen die bürgerlich-idealistische Grundvoraussetzung der Gutzkowschen Strategie, der den neuen tiefgreifenden Epocheneinschnitt markiert:

„Uebrigens, um aufrichtig zu seyn, Sie und Ihre Freunde scheinen mir nicht grade den klügsten Weg gegangen zu seyn. Die Gesellschaft mittelst der *Idee*, von der *gebildeten* Klasse aus reformiren? Unmöglich! Unsere Zeit ist rein *materiell*, wären Sie je directer politisch zu Werk gegangen, so wären Sie bald auf den Punkt gekommen, wo die Reform von selbst aufgehört hätte. Sie werden nie über den Riß zwischen der gebildeten und ungebildeten Gesellschaft hinauskommen.

Ich habe mich überzeugt, die gebildete und wohlhabende Minorität, so viel Concessionen sie auch von der Gewalt für sich begehrt, wird nie ihr spitzes Verhältniß zur großen Klasse aufgeben wollen."[318]

Zugleich drängen ihn die Erfahrungen, über die noch kein historisch absehbarer Weg hinausführt, sich bitter die Frage zu beantworten: „Und die große Klasse selbst? Für die gibt es nur zwei Hebel, materielles Elend und *religiöser Fanatismus*. Jede Parthei, welche diese Hebel anzusetzen versteht, wird siegen. Unsere Zeit braucht Eisen und Brod — und dann ein *Kreuz* oder sonst so was."[319]

Den Verirrungen und Ausweglosigkeiten zum Trotz, in denen alle verzweifelten Versuche, die Fatalität der Geschichte zu durchbrechen, endeten, war er sich jedoch sicher in der Ansicht: „Ich glaube, man muß in socialen Dingen von einem absoluten *Rechts*grundsatz ausgehen, die Bildung eines neuen geistigen Lebens im *Volk* suchen und die abgelebte moderne Gesellschaft zum Teufel gehen lassen."[320]

Mit weitreichenden Konsequenzen für das Selbstverständnis und die Strategie des Schriftstellers war damit eine grundsätzlich andere Wegrichtung vorgezeichnet als die, an der Gutzkow festhielt mit seiner Einstellung auf „Umstände, wie die heutigen, wo die Massen schwach sind u das Tüchtige nur aus runden u vollkommenen Individualitäten geboren werden kann"[321]. Forderte er im Juni 1836 Büchner noch im vollen Vertrauen darauf auf, seine „ungeschwächte Kraft der Literatur [zu] opfern"[322], so mußte er schon im April 1837 das eigene Los des „gezwungenen Vielschreibers" beklagen und war inzwischen „fest davon überzeugt, daß unter den jetzigen Verhältnissen in der Literatur die Ausbildung eines consequenten *Charakters* äußerst schwierig, ja unmöglich ist, wenn ein Schriftsteller nicht in der Lage ist, auf die Öffentlichkeit eine Zeitlang zu resigniren".[323] Zu der Zeit waren kurz nacheinander Börne in Paris, Büchner in Zürich (sogar von Gutzkow unbemerkt) und Weidig im hessischen Gefängnis gestorben. Von „Schriftstellernöten" in diesen Jahren, über die Heine 1839 eine öffentliche Erklärung abgab, wußte auch Gutzkow im Sommer 1837 zu klagen. „Das Mißtrauen gegen die Literatur ist Regierungsmaxime geworden" — „die Eiseskälte unserer täglichen Erfahrungen, die grobe Angeberei an der Spitze der populären Kritik, die Einschüchterung des Buchhandels ... was bleibt da für Trost und Hoffnung übrig?"[324]

Was er unter diesen Umständen einem unentdeckten literarischen Talent zu sagen hätte, klang anders als die Aufforderung an den Einsender des „Danton"-Manuskripts zweieinhalb Jahre vorher. Jetzt kann er „denen, die die Feder schon einmal ergriffen haben", nur raten, „daß sie an kleinen und harmlosen Aufgaben ihre Kraft sich erhalten mögen; denen aber, die begierig sind nach Schriftstellerruf und Öffentlichkeit, daß sie lieber ein Handwerk treiben, lieber graben und Schiffe ziehen mögen".[325] Und er beendet diese Betrachtung, die er einige Nummern nach seinem Nachruf auf Büchner ebenfalls im „Telegraph" anstellt, mit dem trüben Schluß: „Wie oft bieten sich uns nicht junge Talente zur Theilnahme am Literaturwesen an! Ich ermuntere Niemanden. Sie mögen dichten und denken; sie mögen aber die Welt so nehmen, wie sie ist und sich mit dem *Bestehenden* aufs bedächtigste abfinden. Man kann der literarischen Jugend Deutschlands wahrlich keinen aufrichtigeren Rath ertheilen."[326]

Heinrich Heine

1

Büchner und Heine rücken heute in literaturgeschichtlicher Sicht nahe zusammen. Obwohl ihre Lebensläufe sich nie gekreuzt haben — geschweige denn daß sie eine schulebildende Zusammenarbeit vereint hätte — und obwohl ihre Produktion kaum vergleichbar zu sein scheint, gehören sie objektiv zusammen, wenn man ihre politisch-ideologische Grundposition mit den Standpunkten anderer zeitgenössischer Schriftsteller vergleicht. Dennoch blieb das Verhältnis der beiden hervorragendsten revolutionären deutschen Dichter ihrer Zeit zueinander bisher weitgehend ungeklärt — von Hinweisen auf einzelne Wirkungsspuren Heines bei Büchner abgesehen. Oberflächlich gesehen, scheint das seinen Grund im Mangel an ergiebigem Belegmaterial zu haben. Eine im Heine-Jahr 1972 erschienene Übersichtsdarstellung der Beziehungen Heines zu den progressiven Gruppierungen und Persönlichkeiten zwischen 1815 und 1848 endet mit der lakonischen Bemerkung, es sei „merkwürdig festzustellen, daß zwar Georg Büchner Heine gekannt hat, aber nicht umgekehrt. So blieb Heine der wichtigste deutsche Dichter neben ihm unbekannt."[327]

Der Umstand, daß sich bei Heine keinerlei Hinweis auf den ihm politisch-ideologisch am nächsten stehenden Vormärz-Autor findet, ist zweifellos als Indiz einer komplizierten Problematik zu deuten. Denn daß Heine Büchner nicht zur Kenntnis genommen hat, steht immerhin in augenfälligem Widerspruch zu seiner sonstigen aufmerksamen Beobachtung des literarischen Umfeldes und ist angesichts der gezielten Propagierung Büchners durch Gutzkow zumindest verwunderlich. In Rechnung zu stellen ist dabei freilich die ungleiche Stellung der beiden Autoren im literarischen Leben. Heine war ein schon über die Grenzen Deutschlands berühmter, wenn auch heftig umstrittener Schriftsteller an der Spitze der gerade noch zugelassenen literarischen Opposition — der Präzedenzfall für jene Autorschaft, die Gutzkow Büchner vergeblich als das „beste Mittel der Existenz" empfahl, „d. h. nicht die geächtete, sondern die noch etwas geachtete, wenigstens honorirte bei den Philistern, welche das Geld haben".[328] Der 16 Jahre jüngere Büchner hingegen, der inkriminierte Sozialrevolutionär und Staatsfeind, besaß keinen Namen, auf den man sich berufen durfte. Wer wie er „als Pech" herumwandelte, konnte tatsächlich jeden, der in Verbindung zu ihm trat, mit „in's Pech" bringen, zumal einen Berufsschriftsteller, dessen Existenz zwischen den Verbotserlassen von 34 deutschen Regierungen ohnehin mehr denn je auf dem Spiel stand.

Von Büchner wird der Name Heine an zwei verschiedenen Briefstellen genannt, beidemal ohne längere Ausführung, aber in wichtigem Zusammenhang. Die erste Erwähnung findet sich — neun Monate nach der Flucht aus Hessen und drei Monate nach dem Erscheinen von „Dantons Tod" — in dem Brief an die Eltern vom 2. November 1835. Büchner vermerkt darin mit Stolz, daß er in der öffentlichen Literaturdebatte, die in diesem Jahr ihren Siedepunkt erreichte, zusammen mit Heine genannt worden war: „Neulich hat mein Name in der Allgemeinen Zeitung paradirt. Es handelte sich um eine große literärische Zeitschrift, *deutsche Revue,* für die ich Artikel zu liefern versprochen habe. Dieß Blatt ist schon vor seinem Erscheinen angegriffen worden, worauf es denn hieß, daß man nur die Herren *Heine, Börne, Mundt, Schulz, Büchner* u.s.w. zu nennen brauche, um einen Begriff von dem Erfolge zu haben, den diese Zeitschrift haben würde."[329]

Die Affäre um die von Gutzkow und Ludolf Wienbarg vorbereitete „Deutsche Revue", das geplante Sammlungsorgan der zersplitterten antifeudalbürokratischen Kräfte, wurde zum Brennpunkt einer Kraftprobe, in deren Folge das Schicksal der jungen oppositionellen Literatur besiegelt werden sollte. Nachdem die revolutionären Volksbewegungen der Jahre nach der Julirevolution in Frankreich und Polen, in Deutschland und Italien den Tiefpunkt ihrer Niederlage erreicht hatten, stellten sich auch die Grenzen des Kampfes auf dem Feld der literarischen Öffentlichkeit heraus. Der seit dem Hambacher Fest 1832 in Gang gekommene Sammlungsprozeß der erstarkten demokratischen Kräfte in Deutschland, der mit der „Deutschen Revue" einen Höhepunkt zu erreichen versprach, hätte ohne Zweifel auch die von auseinanderliegenden Erfahrungsbereichen und Aktionsebenen herkommenden revolutionär-demokratischen Dichter Heine und Büchner näher zusammengeführt. Daß dies nicht geschah und daß sich ein Bewußtsein ihrer Zusammengehörigkeit als einander ergänzender Komponenten revolutionärer Tradition auch in der Folgezeit nicht durchsetzen konnte, zeugt von der Übermacht und Zählebigkeit antidemokratischer Kräfte und konservativer Tradition in Deutschland. Es bedurfte eines schmerzlichen historischen Lernprozesses, bis dies geschehen konnte. Erst 1936 wurden beide im objektiven Zusammenhang ihrer geschichtlichen Rolle nebeneinander gesehen und als zusammengehöriges Erbe der demokratischen und sozialistischen Bewegung des 20. Jahrhunderts rezipiert.[330]

Das zweite Mal erwähnt Büchner Heine in einem Brief aus Straßburg an die Eltern vom 1. Januar 1836. Man muß den Kontext der üblicherweise nur im knappen Ausschnitt zitierten bekannten Sätze Büchners über sein Verhältnis zur „literarischen Partei Gutzkows und Heines" mitlesen — zum einen, weil er als Hintergrund der Abgrenzung den positiven Inhalt der Beziehung, die Gemeinsamkeit, erkennen läßt, zum anderen, weil daraus die konkrete Situation erhellt. Büchner schreibt den Eltern: „Das Verbot der *deutschen Revue* schadet mir nichts. Einige Artikel, die für sie bereit lagen, kann ich an den Phönix schicken. Ich muß lachen, wie fromm und moralisch plötzlich unsere Regierungen werden; der König von Bayern läßt unsittliche Bücher verbieten! da darf er seine Biographie nicht erscheinen lassen, denn die wäre das Schmutzigste, was je geschrieben worden!

Der Großherzog von Baden, erster Ritter vom doppelten Mops-orden, macht sich zum Ritter vom heiligen Geist und läßt *Gutz-kow* arretiren, und der liebe deutsche Michel glaubt, es geschähe Alles aus Religion und Christenthum und klatscht in die Hände. Ich kenne die Bücher nicht, von denen überall die Rede ist; sie sind nicht in den Leihbibliotheken und zu theuer, als daß ich Geld daran wenden sollte. Sollte auch Alles sein, wie man sagt, so könnte ich darin nur die Verirrungen eines durch philosophi-sche Sophismen falsch geleiteten Geistes sehen. Es ist der gewöhn-liche Kunstgriff, den großen Haufen auf seine Seite zu bekom-men, wenn man mit recht vollen Backen: ,unmoralisch!' schreit. Uebrigens gehört sehr viel Muth dazu, einen Schriftsteller anzu-greifen, der von einem deutschen Gefängniß aus antworten soll. *Gutzkow* hat bisher einen edlen, kräftigen Charakter gezeigt, er hat Proben von großem Talent abgelegt; woher denn plötzlich das Geschrei? Es kommt mir vor, als stritte man sehr um das Reich von dieser Welt, während man sich stellt, als müsse man der heiligen Dreifaltigkeit das Leben retten. Gutzkow hat in sei-ner Sphäre muthig für die Freiheit gekämpft; man muß doch die Wenigen, welche noch aufrecht stehn und zu sprechen wagen, verstummen machen! Uebrigens gehöre ich *für meine Person* kei-neswegs zu dem sogenannten *Jungen Deutschland*, der literari-schen Partei Gutzkows und Heines. Nur ein völliges Mißkennen unserer gesellschaftlichen Verhältnisse konnte die Leute glauben machen, daß durch die Tagesliteratur eine völlige Umgestaltung unserer religiösen und gesellschaftlichen Ideen möglich sei."[331]

Der Brief hat noch einen weniger bekannten Nachsatz, der auf den ersten Blick nichts mit der Sache zu tun hat, aber sehr wohl zum Thema der umstrittenen Philosophie bzw. Religion des Genusses gehört, auf die sich die öffentliche Anklage gegen die „unmoralische Literatur" bezog. Er kennzeichnet den empi-rischen sozialen Gesichtspunkt, unter dem der Briefschreiber den literarisch ausgetragenen Streit beurteilt: „Ich komme vom Christkindelsmarkt: überall Haufen zerlumpter, frierender Kin-der, die mit aufgerissenen Augen und traurigen Gesichtern vor den Herrlichkeiten aus Wasser und Mehl, Dreck und Goldpa-pier standen. Der Gedanke, daß für die meisten Menschen auch die armseligsten Genüsse und Freuden unerreichbare Kostbar-keiten sind, machte mich sehr bitter."[332]

Für Heine wurde in den frühen dreißiger Jahren unter dem

Eindruck der saint-simonistischen Gesellschaftsutopie ebenso wie für Büchner das „materielle Glück der Völker" zum Richtpunkt seines Emanzipationsprogramms. Doch während der primäre Impuls dazu für Büchner aus den unmittelbaren materiellen Bedürfnissen der verelendeten arbeitenden Klassen und dem unversöhnlichen Widerspruch zwischen der privilegierten, genießenden Minderheit und der zur ewigen Mühsal verurteilten großen Mehrzahl entsprang, war für Heine das Ziel — von ihm verstanden als die Einsetzung des Menschen in die ihm zustehenden Gottesrechte — eine Konsequenz der Geschichte des religiösen und philosophischen Denkens. Bei aller Anerkennung und Hochachtung für das, was Gutzkow (wie Heine) „in seiner Sphäre" leistete, lag das letztlich entscheidende Kampffeld für Büchner auf einer anderen Ebene, im Interessenkampf zwischen Armen und Reichen, in dem er „das einzige revolutionäre Element in der Welt"[333] erkannt hatte. Die literarische Auseinandersetzung um die herrschenden sittlichen, ästhetischen und religiösen Ideen und die Durchsetzung neuer philosophischer Lebensauffassungen konnte dem nur zu-, jedoch nicht übergeordnet sein. Daher ist es verständlich, daß Heine, ungeachtet seines im Vergleich zu den jungdeutschen Autoren tieferen Erfassens der gesellschaftlichen Widersprüche und seiner ungleich ausgereifteren und differenzierteren literarischen Methode, für Büchner in eine Reihe mit Gutzkow und dessen rivalisierenden Mitstreitenden rückte. Auch er faßte sein Wirken in erster Linie als „Kampf um erste Lebensprinzipien, um die Idee des Lebens selbst" auf.[334]

Die von Gutzkow vorgetragene Strategie des „Ideenschmuggels" mittels Literatur war von Heine inspiriert. Die Kritik daran betraf auch ihn. Sie berührte darüber hinaus das Problematische der Schriftstellerei als eines bürgerlichen Berufs überhaupt.

Ohne ihn zu nennen, bezog Büchner Heine nochmals in seine grundsätzliche Kritik ein, als er Gutzkow Anfang 1836 schrieb, „Sie und Ihre Freunde scheinen mir nicht grade den klügsten Weg gegangen zu seyn"[335]. Dem saint-simonistischen Sendungsbewußtsein des Dichter-Apostels, auf das Heine sich in seinem Rollenverständnis stützte, lag ebenso wie allen Formen des liberalen „Ideenkampfes" der gemeinsame idealistische Glaube zugrunde, man könne die „Gesellschaft mittelst der *Idee*, von der *gebildeten* Klasse aus reformiren"[336].

Nach den Niederlagen auf dem Feld des praktischen politischen Kampfes mußten alsbald auch die Vertreter der literarischen Revolutionspartei selbst das Scheitern ihrer Wirkungsstrategie konstatieren. Nicht nur für Gutzkow ging nicht auf, was er „die Rechnung meines Lebens" genannt hatte. So klagte Heinrich Laube am 3. November 1835 in einem Brief an Heine: „der Kampf mit den alten Waffen ist so ganz erschöpft und ohne Wahrscheinlichen Erfolg, — was hat unser Land für Schriften verdaut"[337]. Nur wenig später sah sich Heine gezwungen, zu beweisen — wie er am 3. Mai 1836 an August Lewald schreibt —, „daß ich nötigenfalls, wenn Politik und Religion mir verboten werden, auch vom Novellenschreiben leben kann"[338]. Gefallen würde er daran kaum finden. „Man muß aber alles können in schlechten Zeiten."[339] Unter den veränderten Bedingungen stand sogar seine berufliche Existenz auf dem Spiel. Zwar mußte er im Pariser Exil nicht um seine persönliche Sicherheit und Freiheit fürchten; als Autor, dem der französische Sprachraum weitgehend verschlossen war, blieb er aber abhängig vom deutschen Markt. Und es war zu diesem Zeitpunkt die Frage, ob es noch möglich war, selbst anonym oder unter einem Decknamen auch nur ein unpolitisches und nicht religiös anstößiges Buch von Heine (etwa unter dem Titel „Das stille Buch" oder „Märchen", den er für den dritten Band des „Salons" mit den italienischen Novellen „Florentinische Nächte" erwog) unterzubringen.

Sowohl die Verbotspolitik der Regierungen als auch die unübersehbar zutage tretende Unzulänglichkeit der nach 1830 entwickelten literarischen Wirkungsstrategien gaben Veranlassung zu den Rückzugs- und Anpassungsmanövern, die nun in breiter Front einsetzten. Das Selbstverständnis der Autoren, ihre Rolle als „freie" Schriftsteller bedurften der kritischen Überprüfung. Flexiblere, differenziertere und auf längere Sicht angelegte Strategien wurden erforderlich.

2

Der frühe Hinweis Büchners auf den die moderne Gesellschaft spaltenden Antagonismus zwischen der „wohlhabenden Minorität", die zugleich das gebildete und zahlungskräftige Publikum stellt, und der „großen Klasse" der Arbeitenden ohne Besitz und Bildung führt auf den neuralgischen Punkt der Rolle des bürgerlichen Schriftstellers überhaupt. Der „Riß", den der Klassengegensatz der modernen Gesellschaft bereits in der antifeudalen Front erzeugte, mußte die Situation des Schriftstellers um so mehr komplizieren, je fühlbarer sich einerseits seine Abhängigkeit vom eingeschränkt freien Markt auswirkte und je entschiedener er andererseits unter der allgemeinen Losung der Menschenrechte für die besonderen, mißachteten Lebensinteressen der besitzlosen großen Klasse eintrat.

Wenn auch noch unter einem anderen Blickwinkel, so hatte gerade diese historisch neue, widerspruchsvolle Situation bereits in Heines Konzeption während der dreißiger Jahre ihre bis dahin gründlichste Aufarbeitung innerhalb der deutschen Literatur erfahren. Aus „Dantons Tod" geht im Detail nachweisbar hervor, daß Büchner, um Klarheit über die Konsequenzen des eigenen Weges zu gewinnen, sich darauf verwiesen sah, an sie anzuknüpfen.

Für Heine wie für Büchner handelte es sich darum, die neuen politischen und sozialen Fragen der Revolution und die Funktionsbestimmung des Schriftstellerberufs einschließlich der spezifischen künstlerisch-ästhetischen Fragestellungen miteinander zu verbinden. Zudem trafen sie sich in der Art und Weise, wie sie die entsprechenden Fragen, die ihnen die Gegenwart aufgab, am historischen Modellfall der Französischen Revolution reflektierten.

Die uneingelöste „Erklärung der Menschen- und Bürgerrechte" von 1793, die den weitesten geschichtlich-realen Vorstoß revolutionärer Demokratie festhielt, diente beiden als Leitlinie in ihrem eigenen Kampf um „die Interessen der Gegenwart und das zunächst zu verfechtende Menschenrecht, das Recht zu leben" (Heine)[340]. Beider Bemühen war auf die Einheit von politischer und umfassender menschlicher Emanzipation gerichtet, und beide bezogen sich dabei auf den sozialen Kern der Menschenrechtsforderung. Vertrat Büchner in „Dantons Tod" (ebenso wie im „Hessischen Landboten") das „Recht zu leben" zuallererst als das Recht, nicht zu verhungern, d. h. das Recht auf Brot für alle, so war Heine schon kurze Zeit davor in der (erst postum veröffentlichten) Betrachtung über „Verschiedenartige Geschichtsauffassung" zu dem analogen Schluß gekommen: „‚Le pain est le droit du peuple', sagte Saint-Just, und das ist das größte Wort, das in der ganzen Revolution gesprochen worden."[341]

Zugleich verhielten sich sowohl Heine als auch Büchner ausgesprochen skeptisch gegenüber der geschichtsblinden Selbstidentifizierung linker wie rechter Opponenten der Julimonarchie mit den Parteien und Leitbildern der Großen Revolution von 1789–1794. Neojakobinische Republikaner wie karlistische Royalisten vermeinten ungeachtet der inzwischen vollzogenen gesellschaftlichen Wandlungen, deren Kämpfe in unveränderter Weise weiterzuführen. Und Büchner widerspricht in nichts Heines Urteil: „Es ist töricht, wenn man jetzt, zur Nacheiferung aufreizend, den Gesichtsabguß des Robespierre herumträgt. Töricht ist es, wenn man die Sprache von 1793 wieder heraufbeschwört, wie die Amis du peuple es tun, die dadurch, ohne es zu ahnen, ebenso retrograde handeln wie die eifrigsten Kämpen des alten Regimes."[342]

Das zielt nicht allein auf die französischen, vielmehr auch auf die deutschen Republikaner der dreißiger Jahre und den Konflikt mit ihnen. Börne vor allem ist immer mitgemeint, sooft Heine von Robespierre spricht. Durch die Gesamtheit dieser Äußerungen zieht sich der Widerstreit zwischen Sympathie und solidarischer Verbundenheit auf der einen und kritischer Distanzierung auf der anderen Seite — im Grunde die gleiche Zwiespältigkeit des Urteils, aus der auch die Ambivalenz des Robespierre-Bildes in Büchners Revolutionsdrama erwächst.

Neben Robespierre, Saint-Just, Danton und anderen Bezugsgestalten, die als lebhaft umstrittene heroische Beispiele zu Katalysatoren der vormärzlichen Parteienbildung wurden, verdient Camille Desmoulins, der populäre, in das Zeitgeschehen eingreifende politische Schriftsteller, dessen Ruhm und Einfluß auf seine Initiative zum Sturm auf die Bastille im Jahre 1789 zurückging, besondere Beachtung. Ihm kommt als gemeinsamer Orientierungsfigur Büchners und Heines eine Schlüsselrolle zu.

Unter den historischen Gestalten der Revolution, die Büchner auf die Bühne ruft, erscheint Desmoulins als der einzige, dem nahezu ungeteilte Sympathie gilt, selbst über die Kluft zwischen Danton und Robespierre hinweg. Offenkundig steht er auch dem Autor besonders nahe. Wie die weiblichen Personen des Stückes wird er in den Sprecherangaben als einzige Männergestalt nur mit seinem Vornamen Camille angeführt. Das erinnert an den Ton der vertrauten Zwiesprache, in den Heine bei der Beschreibung eines Gemäldes verfällt, das Desmoulins darstellt. Sie findet sich in den „Französischen Malern", dem Bericht über die Pariser Gemäldeausstellung von 1831.

Es handelt sich, wie Heine selbst bemerkt, um ein an sich weniger bedeutendes Bild von Horace Vernet, das ihm aber den überaus gelegenen Anlaß bietet, auf eine für ihn charakteristische, scheinbar beiläufige, jedoch hintergründige und absichtsvolle Weise ein aktuelles Thema anschaulich zur Sprache zu bringen. Aus dem Erfahrungs- und Anschauungsstoff der ersten Revolution zitiert er zunächst ein Augenblicksbild: „. . . Camille Desmoulins, der im Garten des Palais Royal auf eine Bank steigt und das Volk heranguiert. Mit der linken Hand reißt er ein grünes Blatt von einem Baume, in der rechten hält er eine Pistole."[343] Indem Heine aus dem Bild die in ihm verborgene Geschichte herausliest, ist er unversehens bei der Forderung, die die Gegenwart, die Zeit nach der Julirevolution mit ihren drohenden neuen Unruhen, stellt. Das veranlaßt den Betrachter bei der Deutung des Bildgegenstandes zu betroffener Selbstbefragung. In der Wendung zur direkten Anrede verbirgt sie sich zugleich: „Armer Camille! dein Mut war nicht höher als diese Bank, und da wolltest du stehenbleiben und du schautest dich um. ‚Vorwärts, immer vorwärts!' ist aber das Zauberwort, das die Revolutionäre aufrechterhalten kann; — bleiben sie stehen und schauen sie sich um, dann sind sie verloren, wie Eurydike, als sie, dem Saitenspiel des Gemahls folgend, nur einmal zurückschaute in die Greuel der Unterwelt. Armer Camille! armer Bursche! das waren die lustigen Flegeljahre der Freiheit, als du auf die Bank sprangst und dem Despotismus die Fenster einwarfest und Laternenwitze rissest; der Spaß wurde nachher sehr trübe, die Füchse der Revolution wurden bemooste Häupter, denen die Haare zu Berge stiegen, und du hörtest schreckliche Töne neben dir erklingen, und hinter dir, aus dem Schattenreich, riefen dich die Geisterstimmen der Gironde, und du schautest dich um."[344]

Vergegenwärtigt man sich die Situation Heines, des ersten deutschen Schriftstellers der Opposition, der zu dieser Zeit selbst von den „jakobinischen Enragés" „schreckliche Töne" neben sich vernahm, als diese sich aufgemacht hatten, ihn links zu überholen, denkt man daran, daß er sich dagegen zu wehren hatte, von den politischen Freunden der Börne-Partei als Abtrünniger verdächtigt zu werden, weil ihm vor deren kurzsichtigem Radikalismus grauste, dann liegt die Frage nahe: Sucht der Betrachter vielleicht im Bild sich selbst? Der ungezogene Liebling der Grazien in der Gestalt des Tribuns, des revolutionären Kämpfers mit dem mitreißenden Wort auf den Lippen und der Waffe in der Hand? Die zeitnotwendige Entscheidung, die eine Umkehr nicht zuläßt, fordert zu einer Art Rollenprobe heraus, wobei die vorgegebene Rolle des anderen, die sich tragisch erfüllt hat, hinüberspielt in die noch offene, erst auszufüllende eigene Rolle, der womöglich schon der Schatten des Märtyrers vorausgeht, genauer: das Schicksal des heiteren Kindes der Revolution, das vielleicht selbst zu ihrem Opfer wird.

Dieses mögliche Schicksal, das Desmoulins wirklich ereilt hat — Büchners Stück zeigt das Ende seiner Geschichte —, ist in dem Gemälde schon mit eingezeichnet. Die Fortsetzung von Heines Beschreibung macht an einem äußerlichen Detail schlaglichtartig deutlich, wie Historisches bedrohlich ins Gegenwärtige übergreift: „In Hinsicht der Kostüme von 1789 war dieses Bild ziemlich interessant. Da sah man sie noch, die gepuderten Frisuren, die engen Frauenkleider, die erst bei den Hüften sich bauschten, die buntgestreiften Fräcke, die kutscherlichen Oberröcke mit kleinen Kräglein, die zwei Uhrketten, die parallel über dem Bauche hängen, und gar jene terroristischen Westen mit breitaufgeschlagenen Klappen, die bei der republikanischen Jugend in Paris jetzt wieder in Mode gekommen sind und gilets à la Robespierre genannt werden. Robespierre selbst ist ebenfalls auf dem Bilde zu sehen, auffallend durch seine sorgfältige Toilette und sein geschniegeltes Wesen. In der Tat, sein Äußeres war immer schmuck und blank, wie das Beil einer Guillotine; aber auch sein Inneres, sein Herz, war uneigennützig, unbestechlich und konsequent wie das Beil einer Guillotine. Diese unerbittliche Strenge war jedoch nicht Gefühllosigkeit, sondern Tugend, gleich der Tugend des Junius Brutus, die unser Herz verdammt und die unsere Vernunft mit Entsetzen bewundert. Robespierre hatte sogar eine besondere Vorliebe für Desmoulins, seinen Schulkameraden, den er hinrichten ließ, als dieser Fanfaron de la liberté eine unzeitige Mäßigung predigte und staatsgefährliche Schwächen beförderte. Während Camilles Blut auf der Grève floß, flossen vielleicht in einsamer Kammer die Tränen des Maximilian."[345]

Büchner greift diese Situation auf, die scharf die menschliche Tragik Robespierres beleuchtet. Am Ende des ersten Akts gestaltet er sie als Tiefpunkt der Krise des „Blutmessias, der opfert und nicht geopfert wird" (so zitiert Robespierre dort selbst wörtlich den Vorwurf Desmoulins'). Das Gespräch, das er mit sich selbst führt, nachdem er, gedrängt von Saint-Just, sich entschlossen hat, den früheren Freund, den einzigen, an dem sein Herz noch hängt, zu opfern, endet: „Mein Camille! — Sie gehen Alle von mir — es ist alles wüst und leer — ich bin allein."[346]

In der Konfrontation Desmoulins — Robespierre, die Heine aktualisierend aus dem Historiengemälde Vernets herausliest, stoßen Idealität und Realität der Revolution aufeinander, wie sie im Verhältnis von schönem Aufbruch und blutiger Konsequenz historisch zutage traten. Befragt wird die Eigendynamik der Revolution in ihrer Entfaltung zwischen 1789 und 1793/94 und mit ihr der eigene Standpunkt und die eigene Rolle in den neuen Kämpfen.

Die Modellhaftigkeit der Rolle Desmoulins' für Heine und sein besonderes Interesse als Schriftsteller an ihr belegt und entschlüsselt ein Text, den Heine bereits 1828 als redaktionelle Anmerkung in den „Neuen allgemeinen politischen Annalen" veröffentlicht hatte. Dort hieß es: „Anno 1794 lieferte der ‚Vieux cordelier' eine Paraphrase jenes Kapitels des Tacitus, wo dieser den Zustand Roms unter Nero schildert. Ganz Paris fand darin auch das Bild seiner eigenen Schreckenszeit, und wenn es auch dem furchtbaren Robespierre gelang, den Verfasser jener Paraphrase, den edlen Camille Desmoulins, hinrichten zu lassen, so blieb doch dessen Wort am Leben; gleich geheimnisvoller Saat wucherte es im Herzen des Volkes, getränkt von Märtyrerblut schoß diese Saat um so üppiger empor, und ihre Frucht war der neunte Thermidor."[347]

Analysiert man die Charakteristik und die Funktion der Dramengestalt Desmoulins in „Dantons Tod" vor dem Hintergrund der mehrfach wiederholten Hinweise auf Desmoulins in Heines Prosaschriften, dann entdeckt man, daß Büchner hier in voller Absicht ein Bild der Selbstbefragung und des Selbstbekenntnisses Heines aufgreift und mit diesem darüber in einen Dialog eintritt, der freilich keine Fortsetzung durch eine Rückäußerung des Partners erfährt. Über die rein politische und ideologische Positionsmarkierung hinaus dient die Gestalt Desmoulins' beiden dazu, ihre Lebensauffassung und insbesondere ihr spezifisches Rollenverständnis als Schriftsteller transparent zu machen. Was die brieflichen Stellungnahmen Büchners zu Heine nur knapp exponieren, findet auf der Ebene literarischer Bildlichkeit seine Ergänzung, Erklärung und Begründung.

Unter den Autoren, die „bei den Amis du peuple zitiert werden"[348], bezog sich Heine — im Unterschied zu Börne und der Partei der Republikaner, die auf Robespierre schworen — mit Vorliebe auf Desmoulins, den in das Zeitgeschehen eingreifenden politischen Schriftsteller. In den Korrespondenzen für die Augsburger „Allgemeine Zeitung" erscheint der „heitere, geistreiche Fanfaron Desmoulins" als sympathisches Gegenbild zu dem „rousseauisch ernsten Schwärmer Saint-Just" und dem „sittenreinen unbestechlichen Robespierre".[349] Weit eher als der „sinnliche, geldbefleckte Danton" entsprach er Heines Ideal der hellenistischen Durchdringung von Sinnlichkeit und humanem Geist. Die Einheit von humanem und politischem Menschen, die Überführung des freien Worts in die schöne Tat machten ihn geeignet zum Leitbild des Schriftstellers, der „zu gleicher Zeit Künstler, Tribun und Apostel"[350] sein sollte, das Heine den Autoren der jüngeren Generation vermittelte. Büchner greift dieses Leitbild auf, indem auch er Camille Desmoulins die Sonderrolle einer Orientierungsfigur zuweist. Zugleich setzt er es damit im Zusammenhang seines Stücks dem Test der Wirklichkeit aus, um es auf seine Brauchbarkeit zu prüfen.

3

Auf die Einheit der mehrfachen Bestimmungen des Schriftstellers, wie sie die Formel Künstler — Tribun — Apostel enthält, und die wechselseitige Steigerung der Wirkungsmomente war es Heine angekommen, wobei die Betonung auf „Künstler" als der umfassendsten Bestimmung menschlicher Ganzheit und Schöpferkraft lag. Darin eingeschlossen war Börnes Begriff des politisch wirkenden publizistischen *Zeitschriftstellers*. Diesem entsprechend verstand auch Heine den Schriftstellerberuf als „Sprechamt" und „öffentliches Tribunat"[351], doch trat bei ihm die weit schwerer zu definierende Dimension des *Dichters* hinzu, die er — im Unterschied zum ausschließlich an die Zwecke des Tages gebundenen Nur-Schriftsteller vom Typ Börnes — für sich in Anspruch nahm. Heine berief sich auch hierin auf das Beispiel „des edlen Camille Desmoulins".

Büchner hat an seiner Desmoulins-Gestalt diese Züge, die ihn als Prototyp des revolutionär-demokratischen Dichters in Heines Sinne erscheinen lassen konnten, vertieft herausgearbeitet. Er hat dies, abweichend vom Charakterbild des historischen Desmoulins, des publizistischen Wortführers der dantonistischen Opposition gegen die jakobinische Schreckensherrschaft, so weitgehend getan, daß das Bild Desmoulins', ausgestattet mit den Zügen des modernen, romantisch zerrissenen und sensualistischen Künstlertyps, übergeht in das Bild des Dichters Heine, das hinter der historischen Bezugsfigur als eigentliche Orientierungsgröße aufscheint.

Auffällig abweichend von seiner Methode der Montage von historischem Material, geht Büchner so weit, daß er seinem Camille an einer Stelle einen Text unterlegt, der den Zeitgenossen als direkte Entlehnung aus Heines „Romantischer Schule" auffallen mußte. In polemischer Abgrenzung gegen einen Begriff der Kunst als etwas in sich Abgeschlossenes, als höchsten, über das wirkliche Leben erhobenen Wert, wie ihn die Kunstperiode ausgebildet hatte, führte Heine das Gleichnis von der Statue des Pygmalion ins Feld. Im Mittelteil des zweiten Akts, wo Büchner diese Metapher Camille Desmoulins in den Mund legt, expliziert er zum erstenmal überhaupt seine Kunstauffassung. Der Rollentext Desmoulins' gibt sich an dieser Stelle — so wie später im Falle von Lenz in Büchners Erzählung — eindeutig als Autorenbekenntnis zu erkennen. Um so höher muß daher Heines Einfluß darauf veranschlagt werden. Heine hatte in der „Romantischen Schule" aus dem Pygmalion-Motiv das zentrale Bildargument seiner Kritik an Goethe aufgebaut und dessen Dichtungen nachgesagt: „Sie zieren unser teueres Vaterland, wie schöne Statuen einen Garten zieren, aber es sind Statuen. Man kann sich darin verlieben, aber sie sind unfruchtbar: die Goetheschen Dichtungen bringen nicht die Tat hervor wie die Schillerschen. Die Tat ist das Kind des Wortes, und die Goetheschen schönen Worte sind kinderlos. Das ist der Fluch alles dessen, was bloß durch die Kunst entstanden ist. Die Statue, die der Pygmalion verfertigt, war ein schönes Weib, sogar der Meister verliebte sich darin, sie wurde lebendig unter seinen Küssen, aber soviel wir wissen, hat sie nie Kinder bekommen."[352]

Büchner radikalisiert die Kritik Heines und weitet sie auf das gesamte idealistische Kunstwesen der Zeit aus, wenn er Camille ausrufen läßt:

„Sezt die Leute aus dem Theater auf die Gasse: ach, die erbärmliche Wirklichkeit!

Sie vergessen ihren Herrgott über seinen schlechten Copisten. Von der Schöpfung, die glühend, brausend und leuchtend, um und in ihnen, sich jeden Augenblick neu gebiert, hören und sehen sie nichts. Sie gehen in's Theater, lesen Gedichte und Romane, schneiden den Fratzen darin die Gesichter nach und sagen zu Gottes Geschöpfen: wie gewöhnlich!

Die Griechen wußten, was sie sagten, wenn sie erzählten Pygmalions Statue sey wohl lebendig geworden, habe aber keine Kinder bekommen."[353]

Das entscheidende Kriterium wird auch hier aus dem Wirkungsaspekt gewonnen. Lebensgehalt und Angemessenheit eines Werkes an die realen Lebensinteressen stellen beide Schriftsteller über das Streben nach ästhetischer Kunstvollkommenheit und zeitloser Idealität. Aus diesem Grund bemängelt Heine in demselben Zusammenhang an den Werken Goethes die gleiche „tote Unsterblichkeit", die er beim Besuch des Louvre an den antiken marmornen Götterstatuen bemerkte: „Sonderbar! diese Antiken mahnten mich an die Goetheschen Dichtungen, die ebenso vollendet, ebenso herrlich, ebenso ruhig sind und ebenfalls mit Wehmut zu fühlen scheinen, daß ihre Starrheit und Kälte sie von unserem jetzigen bewegt warmen Leben abscheidet, daß sie nicht mit uns leiden und jauchzen können, daß sie keine Menschen sind, sondern unglückliche Mischlinge von Gottheit und Stein."[354]

Bei Heine hat die Metapher von der unfruchtbaren Statue ihren Platz innerhalb eines weit gespannten und reich entfalteten Anwendungsbereichs des Bildmotivs der Statue, das in seinen Äußerungen zu ästhetischen Fragen der Literatur immer wieder auftaucht. Aus Büchners Sprachgebrauch fällt sie heraus und gibt so um so mehr den Zitatcharakter zu erkennen. Der tragende polemische Bildbegriff seiner Auseinandersetzung mit der Idealkunst ist die Marionette. So heißt es an der zitierten Parallelstelle zu Heines Kritik im Rollentext Camilles: „Schnizt Einer eine Marionette, wo man den Strick hereinhängen sieht, an dem sie gezerrt wird und deren Gelenke bey jedem Schritt in fünffüßigen Jamben krachen, welch ein Character, welche Consequenz! Nimmt einer ein Gefühlchen, eine Sentenz, einen Begriff und zieht ihm Rock und Hosen an, macht ihm Hände und Füße, färbt ihm das Gesicht und läßt das Ding sich drei Acte hindurch herumquälen, bis es sich zuletzt verheirathet oder sich todtschießt — ein Ideal!"[355]

Ist die Spitze der Kritik bei Heine gegen den Klassizismus Goethes gerichtet, so bei Büchner gegen Schiller, den Heine nach dem Muster der zeitüblichen politischen Goethe-Kritik sogar noch ausdrücklich als positives Gegenbeispiel gegen den Goetheschen Indifferentismus hervorhebt. Büchner erweitert damit nicht nur Heines Kritik der Goetheschen Kunstperiode, er treibt sie vor allem in Richtung auf ihren idealistischen Kern weiter voran.

Die „Romantische Schule" erschien zwar in Deutschland erst Ende 1835, einige Monate nach „Dantons Tod", doch ist die entscheidende Stelle bereits in der ursprünglichen Fassung unter dem Titel „Zur Geschichte der neueren schönen Literatur in Deutschland" enthalten, die schon im Frühjahr 1833 in Paris (etwa gleichzeitig mit der ersten französischen Fassung in der Zeitschrift „L'Europe littéraire") erschienen war. Daß Büchner diese Veröffentlichung gekannt haben und sie tatsächlich die Quelle des von ihm übernommenen Pygmalion-Bildes sein muß, geht daraus hervor, daß die der Statue Pygmalions unterstellte Kinderlosigkeit keinesfalls ein Bestandteil der antiken und im 18. Jahrhundert in zahllosen Adaptionen verbreiteten Fabel ist, sondern eine gerade erst publizierte Zweckbehauptung Heines.[356]

Im Anschluß an Winckelmanns „Geschichte der Kunst des Altertums" (1764) hatte sich die idealistische Kunstlehre sowohl in ihrer klassischen als auch in ihrer romantischen Linie der Pygmalion-Geschichte bedient: als Sinnbild des Wunders wahrer Kunstbegeisterung und Ausdruck der Fähigkeit, den toten Stoff kraft der Idee zu beleben. Das war in polemischer Umdeutung der naiv-sinnlichen Auffassung des Pygmalion-Motivs in Ovids „Metamorphosen" geschehen, die durch Rousseaus Monodrama „Pygmalion" (1762) und dessen zahlreiche deutsche Übertragungen und Bearbeitungen neuen Widerhall gefunden hatte. Trat hier die erweckte Statue ins irdische Leben ein, so daß Pygmalion sie zur Frau nahm und mit ihr ein Kind, Elise, zeugte, so wollten dagegen Goethe wie gleichermaßen August Wilhelm Schlegel dies nur in einem bestimmten ins Geistige übertragenen, uneigentlichen Sinne gelten lassen.[357] Der Vorstellung eines möglichen Übergangs von der Kunst ins gewöhnliche Leben setzten sie ihren Begriff des höheren Lebens der Kunst entgegen. Über der bloß irdischen Liebe sollte die ideale, gleichsam heilige, an kein sinnliches Interesse gefesselte Liebe, über der einfachen Naturschönheit die höhere Schönheit der Kunst stehen.

Qualitäten, die diese auszeichneten, waren Unsterblichkeit, Zeitunabhängigkeit und Zweckfreiheit. Diese Kunstauffassung griff Heine an, indem er das Pygmalion-Motiv, das in der klassisch-romantischen Kunstperiode das Wunder der Kunst symbolisierte, so ummünzte, daß es sich aus einem Argument für deren Anhänger in ein Argument gegen sie und damit in eine Waffe gegen deren „nachteiligen Einfluß auf die politische Entwicklung des deutschen Volkes" verwandelte.[358]

Man muß hier in Erinnerung rufen, daß sich Heine in der Begründung seiner politischen Konzeption des Dichterberufs schon in dem frühen Aufsatz „Verschiedenartige Geschichtsauffassung" von zwei politisch gleichermaßen indifferenten Geistesrichtungen abgrenzte, zu denen sich auch Büchner in entschiedenem Gegensatz befand. Die Anhänger der einen, zu denen Heine in Deutschland „die Weltweisen der Historischen Schule und die Poeten aus der Wolfgang Goetheschen Kunstperiode" rechnet, flüchteten sich in die „gemütlich beschwichtigenden Fatalitätsgedanken", die sie daraus ableiteten, daß alles einem ewigen Kreislauf von „Wachsen, Blühen, Welken und Sterben" untergeordnet sei — „sie schütteln den Kopf über unsere Freiheitskämpfe, die nur dem Aufkommen neuer Tyrannen förderlich seien; sie lächeln über alle Bestrebungen eines politischen Enthusiasmus"[359]. Die Regierungen könnten mit solchen Ansichten zufrieden sein und wüßten sie auch „zu schätzen", besonders die preußische — „sie läßt ordentlich Menschen darauf reisen, die unter den elegischen Ruinen Italiens die gemütlich beschwichtigenden Fatalitätsgedanken in sich ausbilden sollen, um nachher in Gemeinschaft mit vermittelnden Predigern christlicher Unterwürfigkeit, durch kühle Journalaufschläge das dreitägige Freiheitsfieber des Volkes zu dämpfen".[360]

Das — relativ erfreulichere — Pendant dieser Richtung sah Heine in der „Schwärmerei der Zukunftsbeglücker" im Gefolge der „Humanitätsschule" bzw. der „Philosophischen Schule", der zufolge „alle irdischen Dinge einer schönen Vollkommenheit entgegenreifen" und es der Menschheit vorbestimmt sei, im Er-

gebnis aller Kämpfe von Stufe zu Stufe „zu einem höheren gott-
ähnlichen Zustande" aufzusteigen und darin dereinst „den heiligsten Frieden, die reinste Verbrüderung und die ewigste Glückseligkeit" zu erreichen.[361]

Weder der „elegische Indifferentismus der Historiker und
Poeten"[362] noch die geschichtsphilosophische Konstruktion, die
utopisch auf ein fernes Menschheitsziel verwies, konnten die
„Interessen der Gegenwart und das zunächst zu verfechtende
Menschenrecht, das Recht zu leben"[363], durchsetzen helfen. Das
Gegenteil war vielmehr zu erwarten von einer solcherart erhabenen Sicht, die geradezu dazu verleitete, den Augenblick der
Ewigkeit und die realen Bedürfnisse der Gegenwart dem ange-
nommenen höheren Zweck der Zukunft aufzuopfern. Heine befand sich weitgehend in Übereinstimmung mit der Gegenauffas-
sung, die in „Dantons Tod" ihre zunächst konsequenteste Ausprägung erfuhr, wenn er darauf bestand, „daß die Gegenwart
ihren Wert behalte und daß sie nicht bloß als Mittel gelte und die
Zukunft ihr Zweck sei", und bekannte: „wir fühlen uns wichtiger
gestimmt, als daß wir uns nur als Mittel zu einem Zwecke be-
trachten möchten"[364]. Und es trifft den Kern dieser übereinstim-
menden Auffassung — aus der Büchner die umwälzendsten ästhetischen Folgerungen ableitete —, wenn Heine sein Bekenntnis
dahin fortsetzte, daß „jedes Erschaffnis sich selbst bezweckt und
jedes Ereignis sich selbst bedingt und alles, wie die Welt selbst,
seiner selbst willen da ist und geschieht. — Das Leben ist weder
Zweck noch Mittel; das Leben ist ein Recht. Das Leben will dieses Recht geltend machen gegen den erstarrenden Tod, gegen
die Vergangenheit, und dieses Geltendmachen ist die Revolution."[365]

Es ist bei solcher Übereinstimmung der Auffassung, die in dem
Begriff „Leben" als Leitwert ihren Angelpunkt findet, allerdings
nicht zu übersehen, daß Heine, wenn er von den „Interessen der
Gegenwart" spricht, mitnichten bereit ist, sich in die „rohen Tat-
sächlichkeiten, materiellen Nöte"[366] und dergleichen einzulassen, deren Büchner sich annimmt. Mehr als in diesen sucht er den
Hebel zur Veränderung im Kampf um „ideelle Interessen, um
philosophische Grundsätze"[367]. Freilich heißt „Ideen" in der
Sprache seines pantheistischen Sensualismus eher soviel wie „le-
bendigste Lebensgefühle"[368] als, was die philosophische Schule
darunter versteht.

In der Betrachtung über „Verschiedenartige Geschichtsauffassung" sind die Richtpunkte angegeben für die kritische Bilanzierung der deutschen Literatur und Philosophie, die Heine im Winter 1832/33 mit dem Beginn der Arbeiten „Zur Geschichte der neueren schönen Literatur in Deutschland" vorzunehmen begann, und zwar in einer Weise, die noch offenläßt, wie weit Heine — unter der Voraussetzung, daß der revolutionäre Anlauf der frühen dreißiger Jahre weiter getragen hätte, als es dann wirklich der Fall war — über die anschließenden Ausführungen der „Romantischen Schule" und „Zur Geschichte der Religion und Philosophie in Deutschland" hinaus den Ablösungsprozeß von der poetischen Praxis der Kunstperiode vorangetrieben hätte und ob er analoge Konsequenzen gezogen hätte wie Büchner mit seiner materialistischen Alternative zur Ästhetik der sogenannten „Idealdichter"[369]. Der von Heine nicht veröffentlichte konzeptionelle Text weist in diese Richtung und orientiert aus der kritischen Abgrenzung von den beiden idealistischen Strömungen heraus auf den Tag, „wenn wir sie einst bekämpfen"[370]. Büchners materialistisches sozialrevolutionäres, auf die Lebensbedürfnisse der verelendeten, ausgebeuteten Klassen bezogenes Kulturkonzept trifft sich in diesem Punkt mit Heine, ist jedoch in der Realisierung — von „Dantons Tod" bis hin zu „Woyzeck" — bereits fortgeschrittener Ausdruck und positives Ergebnis des von Heine noch unter günstigeren Voraussetzungen in Aussicht gestellten Kampfes. Hielt Heine, ungeachtet seiner Umwertung des Verhältnisses von Kunst und Leben, in der Folgezeit an dem erneuerten Kriterium der Schönheit fest, das die Kunstperiode hinterließ, so ging der jüngste seiner literarischen Mitstreiter bereits einen Schritt weiter. An die Stelle der Schönheit, des obersten Leitbegriffs der klassischen Ästhetik, deren Idealismus er seinen Lenz „die schmählichste Verachtung der menschlichen Natur"[371] nennen läßt, setzt Büchner ganz und gar den empirischen, Schönes und Häßliches integrierenden Begriff des Lebens, der bei ihm — im Unterschied zu Heine und mehr noch zu den Jungdeutschen, die sich ebenfalls auf das Kriterium des Lebens und der Lebendigkeit berufen — konsequenter auf die soziale Realität bezogen ist.

Dem Mißverhältnis zwischen idealistischem Schönheitskult und den Interessen der Zeit, der Auffassung der Kunst als einer unabhängigen zweiten Welt, einer Ansicht, die dazu verleitet,

„die Kunst selbst als das Höchste zu proklamieren und von den Ansprüchen jener ersten wirklichen Welt, welcher doch der Vorrang gebührt, sich abzuwenden"[372], gilt die Generalabrechnung Heines wie Büchners mit dem Kunstprinzip der zurückliegenden Literaturperiode, die sie verabschieden. Mit ihrer Kritik beginnt die Epoche einer neuen Kunstauffassung und eines neuen Schriftstellerselbstverständnisses, das beide Autoren in aufschlußreicher Abweichung voneinander ausbilden.

Camille Desmoulins bleibt für Büchner ebensowenig wie Heine Identifikationsgestalt. Seine Auseinandersetzung mit dem Leitbild des Schriftstellers, das die gemeinsame historische Bezugsfigur vermittelt, vollzieht sich im Zusammenhang mit der Überprüfung der gesellschaftlichen Zielvorstellung in der Praxis, d. h.: mit der in „Dantons Tod" vorgenommenen kritischen Analyse der Tauglichkeit des klassischen historischen Modells der bürgerlichen Revolution unter der veränderten sozialen Interessenlage, die der sich entwickelnde Grundwiderspruch der modernen, kapitalistischen Gesellschaft schuf. In der szenischen Gegenüberstellung der bourgeoisen Bereicherung auf der einen und der massenhaften Verelendung auf der anderen Seite, die auch die äußerste Radikalisierung der Herrschaftsform, der politische Terror, nicht aufzuhalten vermochte, deckt das Stück bereits die Keimform dieses neuen Klassengegensatzes in seiner ganzen objektiven Unversöhnlichkeit auf.

Das Gesellschaftsprogramm, das Büchner die Dantonisten am Anfang des Stückes aussprechen läßt, verspricht jedem gleichermaßen, „in seiner Art genießen" zu können.[373] Wiederum teilt der Autor dem in schöner Emphase sprechenden Camille Desmoulins die Stichworte zu, die, gegen das asketische jakobinisch-republikanische Tugendideal gerichtet, das allgemeine Recht auf Genuß bekräftigen. Man findet diese Stichworte, bis in das Pathos der Formulierungen übereinstimmend, ebenfalls bei Heine wieder, der sie, hingerissen vom Saint-Simonismus, in seiner „Geschichte der Religion und Philosophie in Deutschland" ausgerufen hat. „... wir stiften eine Demokratie gleichherrlicher, gleichheiliger, gleichbeseligter Götter. Ihr verlangt einfache Trachten, enthaltsame Sitten und ungewürzte Genüsse; wir hingegen verlangen Nektar und Ambrosia, Purpurmäntel, kostbare Wohlgerüche, Wollust und Pracht, lachenden Nymphentanz, Musik und Komödien — Seid deshalb nicht ungehalten, ihr tugendhaften Republikaner!" — so schreibt Heine.[374] Und Büchners Camille verkündet: „Wir wollen nackte Götter, Bachantinnen, olympische Spiele und von melodischen Lippen: ach die gliederlösende, böse Liebe! Wir wollen den Römern nicht verwehren sich in die Ecke zu setzen und Rüben zu kochen ..." Und Heine drastisch überbietend: „Der göttliche Epicur und die Venus mit dem schönen Hintern müssen statt der Heiligen Marat und Chalier die Thürsteher der Republik werden."[375]

Büchner hat den im Januar 1835 — kurz vor dem Abschluß seiner Arbeit an „Dantons Tod" — im zweiten Band des „Salons" in Deutschland erschienenen Text Heines gelesen und umgehend verwendet. Das wird dadurch bestätigt, daß Büchner seine Paraphrase der Heineschen Programmerklärung im Dialogtext Camilles erst nachträglich in das schon geschriebene Druckmanuskript des „Danton" eingefügt hat.[376]

Gegen das Programm an sich, das da verkündet wird, hat Büchner ganz offensichtlich nichts einzuwenden, nur läßt er es nicht bei einer unkritischen Übernahme bewenden. Den hochfliegenden Worten steht die Praxis, die erbärmliche „Wirklichkeit", gegenüber. Danton weiß das. Seine spöttische Frage „Wer soll denn all die schönen Dinge ins Werk setzen?"[377] fängt den Enthusiasmus seiner Freunde ab. Und hart auf die hochgestimmten Verkündigungen im Spielsalon der Dantonisten folgt in der Gassenszene die Realität der Lage des Volkes, die nicht der Logik der schönen Idee, sondern ihrer eigenen materialistischen Logik gehorcht: „Ihr habt Kollern im Leib und sie haben Magendrücken, ihr habt Löcher in den Jacken und sie haben warme Röcke, ihr habt Schwielen in den Fäusten und sie haben Sammthände. Ergo ihr arbeitet und sie thun nichts, ergo ihr habt's erworben und sie haben's gestohlen ..."[378]

Diese Art, Wirklichkeit aufzugreifen und zu vermitteln, deutet auf eine Grundvoraussetzung der literarischen Strategie und des Realismus Büchners hin. Sie besteht darin, daß er alle Utopien von der bürgerlich-demokratischen bis zur sozialistischen, den allgemein menschheitlichen Traum vom Himmelreich auf Erden, der den Klassenantagonismus überfliegt, schon verabschiedet, indem er sich der frühen kommunistischen sozialrevolutionären Bewegung als zwar unausgereifter, aber einzig realer Alternative zuwendet.

Insofern die arbeitende Klasse durch ihre Lage darauf verwiesen ist, sich auf sich selbst als geschichtliches Subjekt zu besinnen, da kein Messias sie erlöst und kein bürgerlicher Tribun ihre vitalen Interessen zu garantieren vermag, fällt zugleich das Leitbild des Dichters, für das Desmoulins steht.

In Büchners Stück desavouiert Camille am Ende selbst, belehrt durch seinen Leidensweg zur Guillotine, den Glauben an den göttlichen Menschen, der ein Bestandteil dieses Dichterbildes ist.[379] Nur in ihm, in der exklusiven Verkörperung des Dichters als berufenen Anwalts der Schönheit, konnte das Bild der „schönen Revolution", die sich noch für die Erfüllung eines allgemeinen Menschheitsinteresses hält, bis dahin in Reinheit überdauern. Camille ist daher noch das schöne ungebrochene Echo Dantons, als dieser einst volksverbundene Revolutionär bereits mit seiner Rolle zerfallen ist. „Du bist ein starkes Echo", sagt ihm Danton mit ironischem Unterton.[380] Das Wort ginge der Tat voran wie der Blitz dem Donner, meinte Heine. Aber Camilles Wort klingt aus Büchners Stück nur noch als Widerhall der abgeschlossenen heroischen Phase der bürgerlichen Revolution nach.

In dem politischen Konflikt zwischen Robespierristen und Dantonisten in Büchners Stück kam für die Rolle eines hoffnungsvollen Vermittlers allein noch Camille, der Freund Dantons und einzige Jugendfreund Robespierres, in Frage.[381] Gerade auf ihn, den die Liebe zu Lucile noch poetisch erhöht, fällt im Scheitern der tiefste Schatten des Tragischen. Er ist der einzige unter den Hingerichteten, der auf der leer gewordenen Bühne beklagt wird, stellvertretend für das Schicksal vieler, ja der Revolution selbst. Gegen das abstrakte Kalkül Saint-Justs ruft die grelle Klage der über den Verlust ihres Geliebten wahnsinnig gewordenen Lucile am Schluß das Recht zu leben als das elementare Recht jedes einzelnen Menschen ins Bewußtsein.

Desmoulins' Stellvertretertod, seine Aufopferung von „Leib und Leben"[382] für das schöne Ideal — die Einlösung einer Bedingung für den Repräsentanz- und Autonomieanspruch der Dichterkonzeption Heines —, verleiht seinem Untergang etwas von dem eines Märtyrers. Gerade den versöhnlichen Sinn, der darin liegen könnte, verweigert Büchners Stück aber als irreal, da es den Glauben an die Erlöserkraft des einzelnen gründlich zerstört.

In Büchners Schriftstellerauffassung konnte die Person des Autors nicht mehr die gleiche herausgehobene Rolle spielen wie bei Heine. Schon deshalb muß auch in seinem Stück ein **Bezug** vollständig ausfallen, den Heine aufnimmt, als er nochmals auf Camille Desmoulins zurückkommt, um für sich selbst als Autor das Recht auf persönlichen Ruhm zu beanspruchen, nämlich als Resultat sowohl wie als Bedingung der wirkenden patriotischen Tat. In einem seinerzeit nicht veröffentlichten Aphorismus beruft sich Heine auf das Beispiel Desmoulins', das er hier übrigens dem Robespierres gleichordnet. „Bei den Alten rühmen sich die Patrioten beständig, z. B. Cicero. Auch zur Zeit der höchsten Freiheit die Neuern, z. B. Robespierre, Camille Desmoulins usw. Kommt bei uns diese Zeit, so werden wir uns rühmen. — Die Ruhmlosen haben gewiß recht, wenn sie die Bescheidenheit predigen. Es wird ihnen so leicht, diese Tugend auszuüben, sie kostet ihnen keine Überwindung, und durch ihre Allgemeinheit bemerkt man nicht ihre Tatenlosigkeit."[383]

Büchners Strategie des revolutionären Schriftstellers liegt insofern eine andere Akzentuierung des Verhältnisses von Wort und Tat zugrunde, als die Potenz des geschichtsmächtigen Handelns für ihn primär den anonymen revolutionären Volksmassen selbst innewohnt. Ihre Rolle geht über die Vollstreckung von vorgegebenen Ideen hinaus. Sie vor allem mit der Notwendigkeit ihrer tätigen Selbstverwirklichung zu konfrontieren, an ihrem Subjektwerden mitzuwirken ist die Sache des Schriftstellers, der Büchner sich widmet. So kann er auf seine Weise am geschichtlichen Handeln der die Wirklichkeit der Gesellschaft verändernden Massen aktiv teilhaben, ohne sich über die Bedingtheit seiner eigenen Subjektrolle zu täuschen. Die Bedeutung der Person des Autors, der berühmten und deshalb einflußreichen öffentlichen Persönlichkeit, wird somit relativiert. Unter den von Heine beeinflußten jüngeren Schriftstellern war Büchner, der ihm nächste, gerade deshalb auch der einzige, der seinem Prinzip der Subjektivität entschieden nicht folgte.

Was den Spielraum und die publikationsstrategische Bewegungsfreiheit des Dichters in Heines Sicht betrifft, so enthält eine Bemerkung aus dem Jahre 1828 einen Hinweis, der aufschlußreich ist, obwohl er sich vordergründig auf den Fall des philosophischen bzw. religiösen Schriftstellers bezieht. Immerhin betrifft er aber die „Apostel"-Funktion des Dichters mit. In seiner Rezension zu Menzels „Deutscher Literatur" nimmt Heine die Erwähnung Schellings zum Anlaß, die Ansicht auszusprechen, Heilsames für die nächstkommende Zeit sei am ehesten von einer neuen Art von Mystikern zu erwarten. „Dadurch, daß der Mystiker sich in die Traumwelt seiner innern Anschauung zurückzieht und in sich selbst die Quelle aller Erkenntnis annimmt: dadurch ist er der Obergewalt jeder äußern Autorität entronnen, und die orthodoxesten Mystiker haben auf diese Art in der Tiefe ihrer Seele jene Urwahrheiten wiedergefunden, die mit den Vorschriften des positiven Glaubens im Widerspruch stehen, sie haben die Autorität der Kirche geleugnet und haben mit Leib und Leben ihre Meinung vertreten."[384]

Hieraus läßt sich eine Begründung des Autonomieanspruchs des streitbaren Schriftstellers ableiten, der zugleich Dichter ist. Anders als beim Typ des für die Kunstperiode charakteristischen Nur-Dichters, der sich keinem außerhalb der Kunst liegenden übergeordneten Auftrag unterordnet, anders auch als beim L'art-pour-l'art-Dichter, der sich eine absolute Missionslosigkeit zugute hält, ist die Autonomie des Heineschen Dichtertyps, wie die Korrelate „Tribun" und „Apostel" zum Ausdruck bringen, weder zweckfrei hinsichtlich des Bezugs auf die wirkliche Welt noch der Freiheit des eigenen Willens anheimgegeben. Die Vorrede zum ersten Band des „Salons" stellt klar: „wir ergreifen keine Idee, sondern die Idee ergreift uns und knechtet uns und peitscht uns in die Arena hinein, daß wir, wie gezwungene Gladiatoren, für sie kämpfen", und: „wahrlich, wir sind nicht die Herren, sondern die Diener des Wortes".[385] Autonom kann demnach nur bedeuten: unabhängig von jeder fremden Instanz und Autorität (sogar von der eigenen, wo sie die Aktionsfreiheit einschränkt). Der Autor, der sich auf eine innere Instanz beruft, wird selbst zu einer Instanz, indem er sein „Amt" erfüllt. Der berufene Gebrauch des Wortes, hinter dem der Einsatz der ganzen Person und Existenz steht, verleiht ihm eine Macht, die er — je nach Umständen und Zielsetzung — stärker für Augenblicks- oder Langzeitwirkungen nutzen kann, die auf jeden Fall um so tiefer dringen, je mehr Gewicht der „Tribun" oder „Apostel" durch die Fähigkeit des „Künstlers" gewinnt.

Daß der Dienst an der „Idee" für Heine Dienst für die wirkliche revolutionäre Veränderung der Gesellschaft bedeutet — „Wir wollen hier auf Erden schon / Das Himmelreich errichten"[386], so verkündet er später im Ton des modernen saint-simonistischen Apostels —, wird schon in den Jahren nach der Julirevolution deutlich. Es war die saint-simonistische Doktrin, die den Dichter seine Mission als die eines Apostels auffassen ließ. Doch sah sich Heine schon bald im Widerstreit mit den „großmütigen, aber irrigen Anforderungen der neuen Kirche", der er sich verschrieben hatte, und postulierte: „. . . ich bin für die Autonomie der Kunst; weder der Religion noch der Politik soll sie als Magd dienen, sie ist sich selber letzter Zweck, wie die Welt selbst."[387] Die Idee selbst, vielfach als heilig oder himmlisch apostrophiert, hat für Heine ihren Funktionswert innerhalb des geschichtlichen Praxisfeldes, in dem der Schriftsteller zu wirken sucht; sie dient ihm dazu, seinem Wirken die höchstmögliche unantastbare Legitimität zu verschaffen sowie über die Begrenztheit jedes bereits existierenden politischen Programms hinaus vorzustoßen. In diesem Sinne ist sie von vornherein Bestandteil seines Autonomiekonzepts.

In der Kollision mit den Gegnern, die die Kontrolle über das öffentliche Kommunikationssystem ausüben, und auch im Konflikt mit den politischen Verbündeten bleiben als letztes Refugium die Belange des Ästhetischen, die Gesetze der Schönheit, der Kunst, auf die der Dichter sich berufen kann. Da stand für den Notfall — wie er 1835 mit dem massiven feudalstaatlichen Vorgehen gegen die fortschrittliche Literatur akut wurde — ein willkommenes Rückzugsfeld offen, aber auch eine unversiegbare, nur dem Meister der Sprache zugängliche Quelle latenter Wirkungskraft: die „Zaubermacht des allgemeinverständlichen Wortes" oder, wie Heine sich in dem Aufsatz „Die Götter im Exil" auch ausdrückte, die „Schwarzkunst" des Stils.[388]

Wenn es ihm möglich war, mit ihrer Hilfe eine Art „literarisches Schießpulver" zu erfinden — „und die nachfolgende Generation, welche dieses Pulver nicht erfunden, hat wenigstens tüchtig damit zu knallen gewußt"[389] —, dann war es nicht verwunderlich, daß die Verfolgung durch den „Unmut der heimischen Staatsbehörden" auch vor den Gefilden der Poesie nicht haltmachte. Ja, Heine meinte im Rückblick aus den fünfziger Jahren sogar: „Nicht der gefährlichen Ideen wegen, welche das Junge Deutschland zu Markte brachte, sondern der populären Form wegen, worin diese Ideen gekleidet waren, dekretierte man das berühmte Anathem über die böse Brut und namentlich ihren Rädelsführer, den Meister der Sprache, in welchem man nicht eigentlich den Denker, sondern nur den Stilisten verfolgte. Nein, ich gestehe bescheiden, mein Verbrechen war nicht der Gedanke, sondern die Schreibart, der Stil."[390]

So viel ernst zu nehmende Wahrheit darin auch enthalten ist, so eng ist damit ein Mißverständnis und mit ihm die Gefahr der Literarisierung der politischen Bewegung verbunden, eine Gefahr, der die Mehrzahl der Schriftsteller dieser Jahre nicht entgangen ist. Die exponierte Rolle der Persönlichkeit des Autors in der literarischen Strategie des Künstler-Apostel-Tribuns war nicht zuletzt Ursache einer zunehmenden Personalisierung der Streitfragen. Fataler als bei Heine, der vom Pariser Exil aus über einen relativ weiten Spielraum verfügte, wirkte sich der Zwang, die politischen und ideologischen Kämpfe in bloße literarische Streitfragen zu verwandeln, bei den in Deutschland lebenden, ganz auf die eingeengte und regulierte Öffentlichkeit angewiesenen Schriftstellern aus.

Das zeigte sich exemplarisch in der Fehde Menzel—Gutzkow von 1835. Während Menzel Gutzkows Auffassungen über Moral, Religion, Kirche und Staat auf das unflätigste denunzierte, hatte dieser nicht die Möglichkeit, öffentlich direkt darauf zu antworten. Vielmehr mußte er über seine Verteidigungsstrategie gestehen: „Ich kann nichts Besseres thun, als aus seiner Infamie eine literarische Streitfrage zu machen."[391]

Als Nicht-Berufsschriftsteller und Außenseiter des Literaturbetriebs war Büchner diesem Zwang weitaus weniger ausgesetzt. Indem er sich jedoch mit seinen revolutionären Bestrebungen auf das öffentliche Feld der Literatur begab, sah er sich ebenfalls auf die dort geltenden Regeln verwiesen und bedingte sich aus, nur „wahrhaft ästhetische Kritik" anzuerkennen.[392] Auch er mußte den Anspruch, gesellschaftlich zu wirken, als künstlerische Freiheit geltend machen. Anders aber als die jungdeutschen Autoren und anders als Heine argumentierte er dabei weder mit der höheren Verpflichtung gegenüber einer irgendwie geheiligten Idee noch mit der Berufung auf eine nur den Gesetzen des Ästhetischen unterworfene innere Instanz. Auf den Vorwurf des Verstoßes gegen die sittlichen Normen antwortete er mit dem Versuch, einen Autonomieanspruch aus der Verpflichtung gegenüber der Wirklichkeit abzuleiten: „Was übrigens die sogenannte Unsittlichkeit meines Buchs angeht, so habe ich Folgendes zu antworten: der dramatische Dichter ist in meinen Augen nichts, als ein Geschichtschreiber, steht aber *über* Letzterem dadurch, daß er uns die Geschichte zum zweiten Mal erschafft und uns gleich unmittelbar, statt eine trockne Erzählung zu geben, in das Leben einer Zeit hinein versetzt, uns statt Charakteristiken Charaktere, und statt Beschreibungen Gestalten gibt. Seine höchste Aufgabe ist, der Geschichte, wie sie sich wirklich begeben, so nahe als möglich zu kommen. Sein Buch darf weder *sittlicher* noch *unsittlicher* sein, als die *Geschichte selbst*; aber die Geschichte ist vom lieben Herrgott nicht zu einer Lectüre für junge Frauenzimmer geschaffen worden, und da ist es mir auch nicht übel zu nehmen, wenn mein Drama ebensowenig dazu geeignet ist. . . . Der Dichter ist kein Lehrer der Moral, er erfindet und schafft Gestalten, er macht vergangene Zeiten wieder aufleben, und die Leute mögen dann daraus lernen, so gut, wie aus dem Studium der Geschichte und der Beobachtung dessen, was im menschlichen Leben um sie herum vorgeht. Wenn man *so* wollte, dürfte man keine Geschichte studiren, weil sehr viele unmoralische Dinge darin erzählt werden, müßte mit verbundenen Augen über die Gasse gehen, weil man sonst Unanständigkeiten sehen könnte, und müßte über einen Gott Zeter schreien, der eine Welt erschaffen, worauf so viele Liederlichkeiten vorfallen."[393]

Und mit gespielter Unschuld fügt er hinzu, wobei er ironisch die verfolgte Absicht durchblicken läßt, durch kommentarlose Wiedergabe auf den Widerspruch zwischen Idealität und Realität, zwischen der Heiligsprechung des Bestehenden und dessen wirklichem (untergangsreifem) Zustand hinzuweisen, um so ein kritisches Bewußtwerden des gesellschaftlichen Seins herauszufordern: „Wenn man mir übrigens noch sagen wollte, der Dichter müsse die Welt nicht zeigen wie sie ist, sondern wie sie sein solle, so antworte ich, daß ich es nicht besser machen will, als der liebe Gott, der die Welt gewiß gemacht hat, wie sie sein soll."[394]

Die allem übergeordnete „Instanz", auf die Büchner sich bei der Vertretung seiner autonomen Operationsfreiheit als Schriftsteller beruft, ist die Wirklichkeit, wie sie ist. Was ihn als Schriftsteller autorisiert, ist seine Kunst der Autopsie. Besonderer Eigenschaften, die ihm die Ausnahmestellung des Genies gegenüber anderen Menschen sicherten, bedarf es nicht. Nicht die Freiheit der Rede eines Volkstribunen, von deren augenblicklicher Unmöglichkeit er sich als Verfasser einer politischen Flugschrift in praxi überzeugt hat, noch die Rolle eines Apostels versucht er wahrzunehmen. Sein Verfahren besteht vielmehr darin, der Wirklichkeit ihre eigene Sprache abzuverlangen. Der Interessenstandpunkt, den er dabei einzunehmen suchte, lag im „nothwendigen Bedürfniß der großen Masse", das allein „Umänderungen herbeiführen kann".[395] Die Auswahl und künstlerische Organisierung des Materials sind von daher bestimmt.

Die taktische Schutzfunktion, zu der seine Methode zudem taugte, sollte es ihm erlauben, so hoffte Büchner, auch noch nach der Katastrophe von 1835 die Klippen zu umschiffen, an denen die jungdeutsche Literatur mit ihrer von Heine inspirierten Strategie des Ideenschmuggels trotz aller Kompromisse und Anpassungsübungen gescheitert war. Unter dem Aspekt der von ihm entwickelten eigenen literarischen Strategie ist zu verstehen, was Büchner in dem Brief vom 1. Januar 1836 nicht allein zur Beruhigung der Eltern im Anschluß an seine Abgrenzung von der „literarischen Partei Gutzkows und Heines" schreibt: „Ich gehe meinen Weg für mich und bleibe auf dem Felde des Dramas, das mit allen diesen Streitfragen nichts zu thun hat; ich zeichne meine Charaktere, wie ich sie der Natur und der Geschichte angemessen halte, und lache über die Leute, welche mich für die Moralität oder Immoralität derselben verantwortlich machen wollen. Ich habe darüber meine eignen Gedanken."[396]

Unverkennbar gehen die Wege, die die beiden Schriftsteller in ihrer Arbeitsweise einschlagen, auseinander. Der Grund dafür betrifft im Kern die unterschiedliche Bestimmung der Rolle des Dichters innerhalb ihrer Wirkungsstrategien. Heine, durch seine Stellung inmitten des Literaturbetriebs nachdrücklich auf sich selbst und die Behauptung der eigenen Subjektivität verwiesen, neigte dazu, im Dichter selbst zunächst das bewegende, Anstoß gebende Moment der einzuleitenden Veränderungen zu sehen. Seine Erfahrung als einsamer literarischer Wortführer der antifeudalen Opposition in Deutschland während der 1820er Restaurationsjahre waren dafür zweifellos mitbestimmend — „es war sehr still um mich her, und ich hörte nichts als das Echo meiner eigenen Worte"[397]. In Büchners Verfahren trat dagegen das Ich des Autors in den Hintergrund, weil er als sozialrevolutionärer Schriftsteller von einem materialistischen Ansatz aus bemüht war, das bewegende Moment der Umwälzung in den Verhältnissen selbst aufzudecken.

Der Präzedenzfall „Lenz"

1

Nur einmal hat der Dichter Büchner sein bevorzugtes Arbeitsfeld, das Drama, verlassen. Das Ergebnis erwies sich — wiederum mit erheblichem Zeitverzug — als folgenreich. Zwar stellt sich die Nachwirkung des Prosatextes „Lenz" weniger spektakulär dar als die der Dramen, dafür aber ist sie um so subtiler und bis in heutige Erneuerungsprozesse moderner Erzählprosa hineinreichend.

In der Literatur des 19. Jahrhunderts steht dieser Text fremd und wirkungslos da — bis zu seiner Rezeption durch die Naturalisten und im Lager der literarischen Avantgarde. Linksorientierte Expressionisten waren es, die den Autor des „Lenz" als ihren Bruder empfanden.[398] Von da an wiederholt sich das Phänomen epochenübergreifender Annäherung und nicht ganz geheurer „Zeitgenossenschaft". So gab es auch für die Generation zwischen den beiden Weltkriegen, aus der die neue sozialistische Literatur hervorging, „keinen großen Unterschied zwischen Büchners ‚Lenz' und dem ‚Schloß' von Kafka"[399]. Und nach dem Triumph und dem Niedergang der Erzählprosa als vorherrschender Kunstform in der modernen bürgerlichen Gesellschaft fällt der Blick bei der Suche nach funktionstüchtigen „wirklich neuen Erzählweisen" wieder auf Büchners Beispiel. Von da aus findet und befragt Christa Wolf in „Lenz" „den Anfang" und frühen „Höhepunkt der modernen deutschen Prosa".[400]

Zu fragen ist allerdings, was es heißt, wenn Büchners „Lenz" nicht selten eine nachgerade mystische „immerwährende Modernität"[401] attestiert wird. Das einseitig aktuell gefaßte Verständnis der Erzählung erweist sich als durchaus zwiespältig. Im gleichen Maße, wie es eine unmittelbare Aneignung, die sich ihrer jeweiligen besonderen Voraussetzungen nicht bewußt ist, fördert, ist es auch geeignet, ein umfassendes Begreifen des Werks in seiner Geschichtlichkeit zu erschweren. Fragt man, was in neuen Werken tatsächlich der Nachfolgewirkung des älteren zuzuschreiben ist und was umgekehrt dessen fortschreitende Entdeckung den eigenständigen neuen Produktionen mit ihren Veränderungen des Gesichtsfeldes verdankt, kann man so etwas wie eine gegenseitige Abhängigkeit feststellen. Man wird gewahr, daß im Verlauf des Wechselspiels von solcher Wirkung und Rückwirkung das Werk selbst allem Anschein nach eine Veränderung durchmacht. Dies verweist ebensosehr auf die Zeitzugehörigkeit der jeweiligen Rezeptions- und Interpretationsmuster wie auf die ihr entsprechende Disponibilität der Textvorlage. Deren objektive Grenzen, so veränderlich sie auch erscheinen mögen, sind nicht von einer ihr gern zugedachten Überzeitlichkeit, sondern nur von der Feststellung ihres historischen Orts her absehbar — der sich freilich wiederum nur aus der Sicht der Gegenwart beschreiben läßt.

Für die Affinitäten zu Büchner, die in heutiger Prosa erkennbar sind, führt Dietmar Goltschnigg in seiner Rezeptions- und Wirkungsgeschichte ein besonders aufschlußreiches Beispiel aus jüngerer Zeit an. Sein Textvergleich der Erzählung „Lenz" von Peter Schneider[402] mit Büchners Vorgabe erbringt den Nachweis, „daß sich umfangreiche, in ihrem Wortlaut unversehrte Textpassagen aus seiner ‚Lenz'-Novelle bruchlos in ein fast 140 Jahre später geschriebenes Werk integrieren lassen"[403]. Eine bemerkenswerte Bestätigung dieses philologischen Befundes liegt in der Tatsache, daß keiner der ungewöhnlich zahlreichen Rezensenten Schneiders vor Goltschnigg die wortwörtlichen Zitatpassagen bemerkt zu haben scheint.[404]

Schneider hat aber in seiner Gegenwartsgeschichte von den Schwierigkeiten eines engagierten Studenten von 1968, der Zugang zur Arbeiterklasse zu finden versucht, über die thematischen Verbindungen hinaus (die in der Identitätskrise des jungen Intellektuellen innerhalb einer zum Stillstand gekommenen, ihres konkreten historischen Inhalts unsicheren gesellschaftlichen Aufbruchsbewegung liegen) deutlich genug Aufschluß über sein Verfahren gegeben. Er hat die spezifische Berührungszone bezeichnet, in der Gegenwartsinteresse und historisches Muster aufeinandertreffen und sich in einer zur Deckung kommenden Sprache und mittels gemeinsamer Strukturen ihrer Prosa ineinander spiegeln können. Den Schlüssel, der so zugleich ein Schlüssel für den heutigen Zugang zu Büchners Erzählung ist, liefern die Entlehnung des historischen Figurennamens, der für den Anspruch, die Niederlage und die Tragik der Sturm-und-Drang-Periode der bürgerlichen Emanzipationsbewegung des 18. Jahrhunderts steht, die Identität des Titels und nicht zuletzt

das als Motto vorangestellte signifikante Zitat aus der Eingangs-
passage bei Büchner. „Er ging gleichgültig weiter, es lag ihm
nichts am Weg, bald auf- bald abwärts. Müdigkeit spürte er
keine, nur war es ihm manchmal unangenehm, daß er nicht auf
dem Kopf gehn konnte."[405]

Von eben dem letzten Satz hat Arnold Zweig schon 1923 mit
unglaublicher Entschiedenheit nichts Geringeres behauptet als:
„Mit diesem Satz beginnt die moderne europäische Prosa."[406]
Zwei konstitutive Momente des Textes treten an dieser Stelle
auffällig hervor. Auf der einen Seite die labile Befindlichkeit dessen, von dem erzählt wird, und in merklicher Spannung dazu auf
der anderen Seite die gleichbleibend sachlich aufnehmende und
wiedergebende Haltung des Erzählers. Der offenbar antriebs-
und ziellos vollzogene, mechanisch veräußerlichte Bewegungs-
ablauf, mit dem die Figur des Lenz eingeführt wird, erscheint
durch den beiläufig angeschlossenen Satz („nur war es ihm
manchmal . . .") unversehens nahe an der jederzeit möglichen
Wendung ins Absurde. Gerade darin, daß vom Auftauchen dieser Perspektive keinerlei Aufhebens gemacht wird, weder durch
irgendein kommentierendes Wort des Erzählers noch durch
einen Wechsel des Tons oder eine Abweichung im Rhythmus des
Erzählflusses, zeigt sich eine Verschränkung von psychogen be-
findlicher Figurensicht und rational befindender Autorensicht,
die von weitreichender Konsequenz ist. Erzählerstandpunkt und
Weltbild sind ihrzufolge nicht mehr a priori als feststehend vorausgesetzt. Sie werden in Abhängigkeit vom Gegenstand des Erzählens, dem herkömmlicherweise bislang allein variablen, ver-
fügbaren Objekt künstlerischer Freiheit, selbst beweglich und re-
lativierbar.

Anders als in der Prosa der Romantik, in der Reales und Irrea-
les spielerisch ineinander verwoben erscheint, läßt bei Büchner
die ausgesprochen rationale, unverspielt sachliche Erzählhaltung
des Autors, die deutlich zur Form des Berichts tendiert, keinen
Zweifel am Wirklichkeitsstatus des Erzählten aufkommen. Aber
wenn in seinen im ganzen logisch strukturierten Text sich Elemente des Absurden auch nur stellenweise wie Selbstverständli-
ches einfügen können, ohne daß dies nur im mindesten als auffällig signalisiert wird, ist nicht auszuschließen, daß auch das gewohnte Selbstverständliche möglicherweise als absurd, jedenfalls
nicht als das selbstverständlich Hinzunehmende anzusehen ist.

Standpunkt und Betrachtungsweise des Lesers, letztlich seine Haltung zur Welt überhaupt, sind mit herausgefordert. Über den politischen Erfahrungshintergrund solch radikal relativierenden Infragestellens gibt ein Rückblick auf den frühen Straßburger Brief vom April 1833 an die Eltern Aufschluß, in dem es heißt: „Man wirft den jungen Leuten den Gebrauch der Gewalt vor. Sind wir denn aber nicht in einem ewigen Gewaltzustand? Weil wir im Kerker geboren und großgezogen sind, merken wir nicht mehr, daß wir im Loch stecken mit angeschmiedeten Händen und Füßen und einem Knebel im Munde. Was nennt Ihr denn *gesetzlichen Zustand?*"[407] Die Hinnahme der angemaßten Legitimität des Bestehenden als des Selbstverständlichen, Normalen ist auch hier der Angriffspunkt, auf den die Frage zielt.

Betrachtet man den Text von „Lenz", so kommt die eigentümliche Distanz, die der Autor gegenüber dem Helden seiner Wahl wahrt, mehr in der Diktion des Erzählens als in einer eindeutigen, durchgehenden Trennung von Figuren- und Erzählersicht zum Ausdruck. Die — mit dem Ablauf des Geschehens zunehmende — Distanz dieser Art hindert den Erzähler nicht daran, seinen Horizont zeitweise ganz in den der Figur einzuziehen und so auch den Leser die Dinge unvermittelt mit deren Augen sehen zu lassen. Das geschieht bereits ganz am Anfang, beim Übergang vom faktisch informierenden — Zeitpunkt, Person und landschaftlichen Raum als verbürgt angebenden — ersten Satz zum Anschaulichkeit vermittelnden zweiten. „Den 20. [Januar] ging Lenz durch's Gebirg. Die Gipfel und hohen Bergflächen im Schnee, die Thäler hinunter graues Gestein, grüne Flächen, Felsen und Tannen."[408] Durch den Ausfall des grammatischen Subjekts und eines entsprechenden, die Zeitform des erzählenden Präteritums tragenden Verbs wird der Leser zugleich mit dem Erzähler unmittelbar an die Stelle der gerade erst eingeführten Figur versetzt. So wird es zu seiner eigenen vergegenwärtigten Vorstellung, über sich „die Gipfel und hohen Bergflächen im Schnee" und unter sich „die Thäler hinunter graues Gestein, grüne Flächen, Felsen und Tannen" zu sehen. Der nächste, wieder distanzierende und die normale Erzählform aufnehmende Satz („Es war naßkalt . . ."[409]) zeigt an, daß die nun wieder getrennten Perspektiven von Autor, Figur und Leser nur in einem momentanen Akt fiktiver Anschauung zusammengefallen waren.

Die zunächst spürbare Wirkung dieses Verfahrens äußert sich im Eindruck einer ungemeinen Realitäts- bzw. Gegenstandsnähe und in einer intensiven Betroffenheit. So auch, wenn im Folgenden in die Sicht der gegenständlichen Natur die Projektionen der reizanfälligen Befindlichkeit des problematischen Helden der Erzählung eingehen und das Abbild realer Natur unversehens in imaginäre Vision übergeht: „Anfangs drängte es ihm in der Brust, wenn das Gestein so wegsprang, der graue Wald sich unter ihm schüttelte, und der Nebel die Formen bald verschlang, bald die gewaltigen Glieder halb enthüllte."[410]

Die Tragweite, die den fortgesetzten, teils jähen, teils fließenden, nur bei wacher Aufmerksamkeit merklichen Übergängen von einer Perspektive zur anderen innerhalb der im Gesamttext der Erzählung angelegten ästhetischen Strategie zukommt, wird deutlicher in dem Maße, wie sich herausstellt, daß die Figurensicht ein zunehmend gestörtes und gefährdetes Verhältnis zur Wirklichkeit wiedergibt. Schon bald nach der beiläufigen Mitteilung daß es Lenz auf seiner Wanderung „manchmal unangenehm" war, „nicht auf dem Kopf gehn" zu können, erfährt man Näheres darüber, wie er das Maß für den Raum verliert, in dem er sich bewegt, und wie sein offenkundig zur Hypertrophie neigendes Selbstgefühl mit den wirklich objektiv gegebenen Größenordnungen in Kollision gerät: „. . . er begriff nicht, daß er so viel Zeit brauchte, um einen Abhang hinunter zu klimmen, einen fernen Punkt zu erreichen; er meinte, er müsse Alles mit ein Paar Schritten ausmessen können."[411]

Es wird klar, daß Büchner nicht einfach bestimmte historisch-biographische Tatsachen nacherzählt, sondern daß er zugleich die Optik einer bestimmten überlieferten Wirklichkeitsbeziehung und ihr spezifisches Funktionieren vorführt und sie zum Gegenstand seiner poetisch-empirischen Erkundung macht. Lenz ist der Prototyp des Dichters, der zum Zeugen dafür aufgerufen ist.

In dem Bild, das die gestörte individuelle Perspektive der Figur des Lenz bietet, finden sich, ohne daß über sie etwas ausgesagt wird, spezifische Charakteristika des Sturm-und-Drang-Titanismus, der sich gern herausfordernd am Muster göttlicher Allmächtigkeit maß, wie übersteigerte All-Empfindung und halb religiöse, halb weltliche Bereitschaft zu einer Art sinnlich-mystischer Weltumarmung: „er meinte, er müsse den Sturm in sich ziehen, Alles in sich fassen, er dehnte sich aus und lag über der Erde, er wühlte sich in das All hinein"[412]. Die eigentümliche Wahrnehmungsweise hat ihre eigene Gebärde und ihre eigene Sprache. Diese zeichnet sich neben der des Erzählers, die — wie im Eingangssatz — eher zur nüchternen Diktion eines Laborberichts tendiert (besonders in den nicht unmittelbar quellenabhängigen Textteilen), mit ihrer historischen Färbung als eine zweite, als rekonstruierte, episch vorgeführte Sprache der kraftgenialischen literarischen Revolution des Sturm und Drang ab. Sie wird zum Ausdrucksträger der normabweichenden und dadurch anstoßgebenden Figurenperspektive, die in die autonome Sicht eines wahnsinnig Werdenden einmündet und sich dabei zu einer absoluten Gegenperspektive zu der, die die Welt nimmt, wie sie ist, radikalisiert.

Der Zusammenhang des Gesamttextes schließt aus, daß sie dem Leser eine Identifikation mit Lenz suggeriert. Sie wird andererseits zwar aus der Autorensicht relativierend aufgefangen, aber nicht a priori als „falsch" disqualifiziert. Aus dem Ungenügen an den gängigen Mustern von Wirklichkeitsanschauung läßt sich der Autor im klaren Bewußtsein des Risikos auf einen Horizont möglicher anderer, in einem bestimmten Bereich des Wahrnehmungsspektrums erweiterter Welt- und Selbsterfahrung ein.

2

Dem Stoff zu „Lenz" begegnete Büchner vermutlich schon 1833 während seines ersten Aufenthalts in Straßburg, dem einstigen Vereinigungspunkt des deutschen Sturm und Drang, der von Rousseaus Ideal emanzipierter Natürlichkeit und seiner antifeudalen Zivilisationskritik beeindruckt war. Hier hatte der junge Goethe, mit dem sich außer Jakob Michael Reinhold Lenz auch die etwa gleichaltrigen Dramatiker Friedrich Maximilian Klinger und Heinrich Leopold Wagner verbanden, Herder kennengelernt und entscheidende Anregungen von ihm empfangen. Und hier waren die besten Werke von Lenz, des plebejisch-demokratisch Engagiertesten von allen, die Dramen „Der Hofmeister" (1774) und „Die Soldaten" (1776) sowie die Programmschrift „Anmerkungen übers Theater" (1774), entstanden. Ins Elsaß hatte der Weg des mittellosen livländischen Pfarrerssohns zurückgeführt, als seine Hoffnung, sich in Weimar mit Unterstützung Goethes (der sich inzwischen nach dem Scheitern der Sturm-und-Drang-Hoffnungen auf baldige Veränderungen mit den fortbestehenden Herrschaftsverhältnissen arrangiert hatte) eine Existenz zu schaffen, 1776 fehlgeschlagen war. Dazwischen liegt die unverwundene Episode des Versuchs einer Annäherung an Goethes frühere Geliebte Friederike Brion aus Sesenheim. In dem „alten Wiegengesang", mit dem Büchner in einem Brief aus Gießen vom März 1834 seine Braut tröstet, verbirgt sich das Gedicht „Die Liebe auf dem Lande" von Lenz, das sich auf diese Konstellation bezieht, die dann in den Hintergrund der späteren Erzählung eingeht.[413]

Vom 20. Januar bis 8. Februar 1778 hatte Lenz im Hause des protestantischen Pfarrers Johann Friedrich Oberlin in dem Vogesendorf Waldersbach im Steintal Aufnahme gefunden, wo er nach einer Periode not- und unruhevoller Wanderschaft schon mit ersten Anzeichen von Geistesgestörtheit, aus der Schweiz kommend, unerwartet eingetroffen war. Während dieser drei Wochen geriet Lenz immer tiefer in einen bedrohlichen psychischen Zustand und unternahm mehrere nur gewaltsam verhinderte Selbstmordversuche, so daß man ihn schließlich in die Obhut von Goethes Schwager Schlosser, mit dem er näher bekannt war, überführte. Nach kurzer Besserung, während der er Arbeit bei einem Schuster fand, holte sein Bruder ihn zurück zur Familie nach Livland. Verschiedene Versuche, danach in Rußland mit reformerischen Projekten noch einmal Fuß zu fassen und sich trotz mittlerweile stark geschwächter Gesundheit wenigstens einen notdürftigen Lebensunterhalt zu erarbeiten, hatten keinen Erfolg. Am 24. Mai 1792 fand man den zweiundvierzigjährigen Lenz tot auf einer Straße in Moskau.

Oberlin, der als Philanthrop und praktischer Sozialreformer im lokalen Bereich über das Steintal hinaus beachtliches Ansehen genoß, hinterließ einen Bericht, in dem er genauestens Rechenschaft über die Zeit des Aufenthalts von Lenz bei sich gab. Dieser Bericht wurde zur wichtigsten Quelle für Büchner. Mit ihr stimmt der äußere Rahmen der Erzählung überein, auf sie greift seine Darstellung der Tatsachen weitgehend zurück, teilweise bis zur wörtlichen Übereinstimmung. In der Familie seines Freundes August Stöber konnte Büchner sich mit dem Bericht Oberlins und ergänzendem anderem ungedrucktem und gedrucktem Material bekannt machen (Lenz-Briefe, von denen August Stöber schon von Oktober bis Dezember 1831 eine Reihe im Stuttgarter „Morgenblatt für gebildete Stände" veröffentlicht hatte, vermutlich Manuskripte von Lenz' „Versuch über das erste Principium der Moral" und die Predigt „Über die Natur unseres Geistes" und schließlich die 1831 erschienene französische Oberlin-Biographie von Daniel Ehrenfried Stöber).[414] Dazu kommt der Pfarrer Jakob Jaeglé, Minnas Vater, bei dem der Student Büchner während seiner ersten, glücklicheren Straßburger Zeit wohnte, als Überlieferungsträger in Frage, denn er hatte 1826 die Grabrede für seinen Amtsbruder Oberlin gehalten.

Nach den schwerwiegenden Erfahrungen der Gießener und Darmstädter Zeit, die ihm den Stoff außerordentlich nahe bringen mußten, unternahm Büchner 1835 die analytische Rekonstruktion des Falls, über deren poetisch-literarische Gestaltung er zunächst noch keine feste Vorstellung gehabt zu haben scheint. Ein Brief aus Straßburg vom Frühjahr 1835 an Gutzkow, vermutlich mit grundsätzlichen kritischen „Äußerungen über neure Lit[eratur]", insbesondere über die derzeitige „romantische Confusion in Paris", in dem er seinen Plan mitgeteilt haben muß, ist nicht erhalten geblieben.[415] Den Eltern schrieb er im Oktober: „Ich habe mir hier allerhand interessante Notizen über einen Freund Goethes, einen unglücklichen Poeten Namens *Lenz* verschafft, der sich gleichzeitig mit Goethe hier aufhielt und halb verrückt wurde. Ich denke darüber einen Aufsatz in der deutschen Revue erscheinen zu lassen."[416] Am 6. Februar 1836 erinnert Gutzkow Büchner: „Eine Novelle Lenz war einmal beabsichtigt. Schrieben Sie mir nicht, daß Lenz Göthes Stelle bei Friederiken vertrat? Was Göthe von ihm in Straßburg erzählt, die Art, wie er eine ihm in Commission gegebene Geliebte zu schützen suchte, ist an sich schon ein sehr geeigneter Stoff."[417]

Die Vorstellungen über den Charakter des Projekts gingen offensichtlich auseinander. Sie schwankten, wie es scheint, auch bei Büchner.[418] Nach der drastischen Verschlechterung der Publikationsbedingungen seit dem Verbot der „Deutschen Revue" blieb die vorläufig abgeschlossene Arbeit ohne Endrevision und ohne Titel liegen. Die postume Veröffentlichung 1839 im „Telegraph für Deutschland" überschrieb Gutzkow „Lenz. Eine Relique von Georg Büchner".[419] Anders als im Falle „Danton" konnte diesmal, wie es scheint, auch Gutzkow nicht besonders viel mit dieser neuen, aus dem Rahmen des Vergleichbaren fallenden Produktion anfangen. In seinem Begleittext kommentiert er: „Sie hat den Straßburger Aufenthalt des bekannten Dichters der Sturm- und Drangperiode, *Lenz*, zum Vorwurf und beruht auf authentischen Erkundigungen, die Büchner an Ort und Stelle über ihn eingezogen hatte. Leider ist die Novelle Fragment geblieben. Wir würden Anstand nehmen, sie in dieser Gestalt mitzuteilen, wenn sie nicht Berichte über Lenz enthielte, die für viele unserer Leser überraschend sein werden. Sollte man glauben, daß Lenz, Mitglied einer als frivol und transzendent bezeichneten Literaturrichtung, je in Beziehung gestanden hat zu dem durch seine pietistische Frömmigkeit bekannten Pfarrer *Oberlin* in Steintal . . .?"[420]

Mit der Publikation der „Reliquie" verband Gutzkow zu diesem Zeitpunkt offenbar die Absicht einer doppelten Rehabilitierung. Zum einen wollte er eine unterdrückte, politisch-moralisch suspekte und durch den klassischen Kunstkanon ästhetisch abgewertete Tradition retten, für die Lenz stand und über die es in der Version des späteren Goethe hieß: „jene berühmte, berufene und verrufene Literaturepoche, in welcher eine Masse junger genialer Männer, mit aller Mutigkeit und aller Anmaßung, wie sie nur einer solchen Jahreszeit eigen sein mag, hervorbrachen, durch Anwendung ihrer Kräfte manche Freude, manches Gute, durch den Mißbrauch derselben manchen Verdruß und manches Übel stifteten".[421] Zum anderen bot sich für den Verfasser der „Wally", der den Anlaß zum monströsesten Literaturskandal der Periode nach der Julirevolution gegeben und sich als publizistischer Pate des „Danton", der als Ausgeburt moderner „Sturm und Drang"-Tollheit angesehen wurde, exponiert hatte, eine Gelegenheit zur Selbstrehabilitation, war er doch gleichfalls „als frivol und transzendent" (was heißen sollte, „die Grenzen des Zulässigen überschreitend") abgestempelt worden.

Betont Gutzkow daher an „Lenz" besonders den Charakter eines historischen Beweisstücks, das ihm im Rückzugsgefecht der literarischen Revolution zur nachträglichen Legitimierung einer unhaltbar gewordenen Position dient, so war sein anfängliches Interesse an dem Projekt von ganz anderen Vorstellungen bestimmt. Diese entsprachen genau dem Erwartungshorizont, mit dem Büchner 1835 konfrontiert war. Dazu gehörte das beliebt gewordene halbbelletristische Genre einer mehr oder weniger pikanten biographisch-historischen Enthüllungsliteratur, deren Erzeugnisse zusammen mit allerlei anderer Belletristik gern unter der Marktbezeichnung Novelle gehandelt wurden — eine Bezeichnung, die alles oder nichts besagte und gut verkäufliche Prosa meinte.

Ungeachtet des ehrgeizigen jungdeutschen Programms einer „Literatur der Prosa, in welcher der schaffende poetische Geist der Nation am mächtigsten wird, in der die Ideenbewegung der Zeit vorzugsweise ihre Sache führt"[422], blieb Prosa (und wurde es in wachsendem Maße) vor allem Lesestoff, literarische Konsumware, zum raschen Verbrauch bestimmt, dessen Tempo (ebenso wie das ihrer Produktion) durch die moderne Schnellpresse diktiert wurde. Leichte Eingängigkeit, Zurückgreifen auf Stereotype, literarische Serienproduktion waren gefragt, um — unablässig reproduziert — im Angebot zu halten, was sich vorzugsweise eignete, in wechselnder Mischung den Sinnen angenehm zu sein und das Gemüt zu erbauen. Solchen biedermeierlichen Leseansprüchen begegneten die politisierten jungdeutschen Schriftsteller zwar mit unverhohlener Verachtung. Dessenungeachtet suchten sie, vorzugsweise die leichten Zugang zu breiten Leserschichten versprechenden Formen für ihre kritischen, bewußtseinsverändernden Bestrebungen nutzbar zu machen. Anschaulich formulierte 1834 Theodor Mundt das jungdeutsche Novellenkonzept: „Die Novelle nistet sich noch am meisten in Stuben und Familien ein . . . man kann da dem Herrn Papa zur guten Stunde etwas unter die Nachtmütze schieben oder dem Herrn Sohn bei gemächlicher Pfeife eine Richtung einflüstern, die vielleicht einmal für die ganze Nation Folgen haben mag . . . Man muß große Lebensgebilde träumen und sie in Novellenform den Deutschen aufs Zimmer schicken . . . Mitten in der Trägheit der Novellenleserei, wo er recht zu faulenzen glaubt, muß sie ihm einen Floh in's Ohr setzen und muß ihn allmählig durch Gebilde eines glückseligeren, kräftigeren, hochherzigeren Lebens überraschen, daß er vor Ungeduld und Sehnsucht ganz unbändig wird. So fasse ich die Novelle als Deutsches Haustier auf . . ."[423]

Dasselbe Rezept des marktangepaßten fortschrittlich engagierten Schriftstellers hatte Gutzkow Büchner empfohlen: „Treiben Sie wie ich den Schmuggelhandel der Freiheit: Wein verhüllt in Novellenstroh, nichts in seinem natürlichen Gewande . . ."[424]

Die jungdeutschen Befürworter einer „Emanzipation der Prosa" (Theodor Mundt) vom Dogma der klassischen Gattungshierarchie sahen nicht voraus, daß solche berechnende Bereitschaft, sich auf den obligaten Gefälligkeitsanspruch des „Novellen"-Geschmacks einzulassen, nicht zum Erblühen der von ihnen mit guten Gründen favorisierten Gattung der Zukunft beitragen würde. Sie leistete vielmehr ihrem frühzeitigen Verkommen in der nachmärzlichen „Gartenlauben"-Belletristik Vorschub.

Vor diesem Hintergrund versteht es sich beinahe von selbst, daß es zum exzeptionellen Status von „Lenz" gehört, keine „Novelle" zu sein. Welche Irritation das Werk auch und gerade bei Gutzkow auslösen mußte, ist ohne weiteres einzusehen, ist es doch der schroffer kaum denkbare positive Ausdruck der Absage Büchners an die gutgemeinte Aufforderung, sich dem Marktgesetz des bürgerlichen Literaturbetriebs mit allen seinen Konsequenzen auszuliefern. Es ist eine Art von Prosa, die sich einer beiläufigen, zur Konsumgewohnheit gewordenen Lesehaltung widersetzt. Als andere Prosa ist es eine Prosa gegen die Abstumpfung. Sie will eine neue Wahrnehmungsfähigkeit erwekken, die Fähigkeit und Bereitschaft mit eigenen Augen und Ohren zu sehen und zu hören, mit geschärfterer, reaktionsbereiterer Sensibilität sich auf die Betroffenheit des anderen einzulassen, jedes, auch des Unscheinbarsten: „Man versuche es einmal und senke sich in das Leben des Geringsten und gebe es wieder, in den Zuckungen, den Andeutungen, dem ganzen feinen, kaum bemerkten Mienenspiel..."[425] In der Kunstauffassung, die Büchner — über das historisch Belegte hinaus, aber zum Teil in wörtlicher Übereinstimmung mit eigenen Äußerungen an anderer Stelle — seinem Lenz in den Mund legt, liegt auch für den Leser ein Schlüssel.

3

Als der siebenundzwanzigjährige Lenz im Januar 1778 nach langer Gebirgswanderung in dem Vogesendorf eintrifft, wo er von Oberlin aufgenommen wird, erfährt man weder, woher er kommt, noch, welche Erlebnisse seinen unglücklichen Zustand herbeigeführt haben. Von der Not und den Demütigungen seines Hofmeisterdaseins, von seinem gescheiterten Versuch, in

Weimar Fuß zu fassen und sich eine Existenz zu schaffen, vom Zerbrechen der Jugendfreundschaft mit Goethe durch seine Weigerung, sich der herrschenden Konvention zu unterwerfen, und seiner unversöhnlichen antiaristokratischen Haltung wird nichts mitgeteilt. Sogar die unmittelbare Ursache für das tiefe Verstörtsein, das Lenz ergriffen hat, seine unglückliche Liebe zu Friederike Brion, wird nicht als konstruktives Handlungselement in die Erzählung einbezogen.[426] Nur in den gebrochenen Reden des Gemütsverstörten klingt an, welche Rolle der Gedanke an die vor ihm von Goethe geliebte und verlassene Sesenheimer Pfarrerstochter spielt. Büchner verzichtet damit in auffallender Weise auf ein Motiv, das eine nach dem Enthüllungsmuster arbeitende Novellistik zu den üppigsten Ausmalungen benutzt hätte. Indem er die protokollarisch berichtete Begebenheit von den besonderen historisch-biographischen Konstellationen abstrahiert, schafft er sich die Möglichkeit, sie auf ihren essentiellen Gehalt zurückzuführen.

Mit krisenhaften Bewußtseinszuständen, die aus einem zugespitzten antagonistischen Verhältnis zur Umwelt resultieren, aus eigener Erfahrung vertraut, fühlt er sich bis zur Identifizierung in seinen Helden ein, ohne dabei die Haltung des sachlich registrierenden und analysierenden Beobachters aufzugeben. Medizinisch-psychologische Versachlichung und mitempfindende Anteilnahme durchdringen einander so, daß sich eine Erzählhaltung ergibt, die gleichermaßen immun ist gegen das Abgleiten in den mitleidvollen Sentimentalismus wie in den leidenschaftslos registrierenden Positivismus des 19. Jahrhunderts. Die spezifische Leistungsfähigkeit dieser Art, zu erzählen, bewährt sich in der streng realistischen Objektivierung subjektiver Vorgänge.

Es zeigt sich, daß auf diese Weise exakt wissenschaftliches Erfassen und Entdecken und künstlerische Erkundung Hand in Hand zu arbeiten vermögen. Büchner hat aus den gewissenhaft aufgezeichneten Beobachtungen Oberlins „bis ins Detail das Krankheitsbild einer schizophrenen Psychose herausgelesen und in klaren, das Wesentliche scharf herausstellenden Zügen aufgezeichnet, so genau, wie es von der Psychiatrie erst sechzig Jahre später definiert wurde"[427]. Der Psychiater Gerhard Irle bestätigte 1965, der in Büchners Erzählung vorliegende „geschlossene Entwurf eines Krankheitsbildes einer Schizophrenie könnte absolut heute wie vor 125 Jahren aufgezeichnet sein"[428]. Der Erzähler

Büchner hat dabei aber durch die Art seiner menschlichen Teilnahme alles vermieden, was auf eine denunziatorische Klassifikation der Geistesverfassung seines Helden hinausliefe. Indem er sie als Erkrankung mit unverkennbaren sozial-empirischen Implikationen diagnostiziert, entdeckt er in ihr zugleich die Perspektive einer anderen Art von Erkenntnis. Diese ist geeignet, die gewohnte Sicht, die das Gegebene unbefragt als „normal" zu akzeptieren bereit ist, radikal in Frage zu stellen und Beunruhigung zu stiften, wo allzu viel Beruhigung herrscht. Von „Lenz" zu „Woyzeck" führt in dieser Beziehung ein gerader Weg.

Das Bedrohtsein vom Wahnsinn hat Büchner (und nicht nur er allein) als ein Zeitsymptom aufgefaßt. Es erhält bei ihm eine wichtige Funktion als literarisches Motiv im Zusammenhang mit der kritischen Sondierung der von ungelöster Spannung erfüllten „halben, irr gewordnen Zeit" (Herwegh) am konkret Betroffenen, am individuellen menschlichen Fall. Die Grunderfahrung, die in Büchner sowohl den Revolutionär wie den Dichter als auch den religiösen und philosophischen Denker herausfordert, ist das unerträgliche Leid, auf das er allenthalben stößt, sei es bei den geschundenen hessischen Bauern, bei der verelendeten Masse des Volkes im Paris der Revolutionsjahre oder im Schicksal des Sturm-und-Drang-Dichters Lenz. Wie Woyzeck und auch Lucile in „Dantons Tod" wird Lenz vom Wahnsinn ergriffen, als das Übermaß der Leiden seine seelische Widerstandskraft übersteigt. Die Zerstörung der Persönlichkeit — in der traditionellen Tragödie durch den Tod besiegelt — wird so als andauernder Prozeß darstellbar, der eine Versöhnung, wie der Tod als Höhepunkt und Ende des Leidens sie ermöglicht, nicht zuläßt.

Die Ursachen des Leidens sucht Büchner nicht im Metaphysischen, sondern in der gesellschaftlichen Wirklichkeit. Im klinischen Erscheinungsbild deckt er das soziale Wesen der Probleme auf, wenn er Lenzens seelische Zerrüttung als unheilbare Entzweiung von Individuum und Umwelt diagnostiziert. Die unfreiwillige Auflösung seiner Beziehungen zu anderen Menschen setzt sich fort im Verlust des Kontaktes zu allem Lebendigen und schließlich auch Unbelebten, das ihn umgibt.

Die Erfahrung des sinnentleerten ewig Alltäglich-„Normalen" als geisttötender Langeweile und die Auflehnung dagegen, sein verzweifeltes, vom Willen der Selbsterhaltung getriebenes Ringen um die Wiederbelebung der erlöschenden Kontakte bilden das dramatische Handlungsmoment der Erzählung. Die latente Katastrophe bricht vollends aus, als Lenz in einem wahnsinnigen Akt religiöser Überspanntheit versucht, in der Nachbarschaft ein totes Kind wieder zum Leben zu erwecken, was mit dem Zusammenbruch seines Glaubens an Gott und seines eigenen überforderten Selbstgefühls endet.

Der trostlose Zustand, in den Lenz verfällt, gibt den Zustand der Welt wieder, in der er lebt: „die Welt, die er hatte nutzen wollen, hatte einen ungeheuern Riß"[429] — „Das All war für ihn in Wunden; er fühlte tiefen unnennbaren Schmerz davon."[430] Dieser Schmerz ist kein umbestimmter Weltschmerz, Büchner definiert ihn ausdrücklich als Leiden mit den Menschen, die als Opfer der ungerechten Ordnung leben müssen, als Schmerz „über dieses von materiellen Bedürfnißen gequälte Seyn"[431].

Das allgegenwärtige Leid reißt Lenz auch aus seiner religiösen Bindung. Als Oberlin ihm von Gott spricht, antwortet er: „aber ich, wär' ich allmächtig, sehen Sie, wenn ich so wäre, ich könnte das Leiden nicht ertragen, ich würde retten, retten"[432]. Büchner berührt damit das ethische Grundmotiv seiner eigenen Hinwendung zum Materialismus. Eine Welt, die aus Leid und Schmerz errichtet schien, voll Unrecht und Unverstand, ohne Trost und Erbarmen, konnte weder gottgewollt sein noch einem von höchster Vernunft durchdrungenen Weltgeist gehorchen. Den Schmerz, die menschliche Qual, die Büchner namentlich mit allen Unterdrückten und Erniedrigten teilte, läßt er auch für seinen Lenz zum „Fels des Atheismus"[433] werden.

Seine materialistische Sicht der Gesellschaft führt Büchner über den Gesichtskreis von Lenz hinaus zu einer Auffassung, deren weltanschaulicher und sozialer Inhalt den Rahmen bürgerlicher Vorstellungen durchbricht. In der Auseinandersetzung mit dem ästhetischen Idealismus, der „schmählichsten Verachtung der menschlichen Natur"[434], entwickelt er die Grundzüge seiner materialistischen Ästhetik, deren erster Grundsatz lautet: „Ich verlange in Allem — Leben, Möglichkeit des Daseins, und dann ist's gut; wir haben dann nicht zu fragen, ob es schön, ob es häßlich ist; das Gefühl, daß Was geschaffen sey, Leben habe, stehe über diesen Beiden, und sey das einzige Kriterium in Kunstsachen."[435] Verteidigung des Rechts auf Leben für alle, das nichts anderes zum Zweck hat als sich selbst, Bereitschaft zu Liebe und eine alles einsetzende Solidarität, Achtung des Menschen, nicht als eines Trägers von Ideen und transzendenten Werten, sondern als eigenwertig in seinem konkreten, natur- und gesellschaftsbedingten Sein — das sind Grundelemente der Büchnerschen Ästhetik, die an Lenz anknüpfen kann. Sie ist die Antwort auf eine Ordnung, die der Natur des Menschen Gewalt antut, in der die menschliche Würde des Geringsten mißachtet und dem aristokratischen Hochmut der Privilegierten geopfert wird. „Man muß die Menschheit lieben", so verlangt Büchner wiederum mit Lenz vom Künstler, „um in das eigenthümliche Wesen jedes einzudringen; es darf einem keiner zu gering, keiner zu häßlich seyn, erst dann kann man sie verstehen; das unbedeutendste Gesicht macht einen tiefern Eindruck als die bloße Empfindung des Schönen..."[436]

Was Büchner aber nicht mit Lenz (und der Ästhetik des Sturm und Drang) teilt, ist dessen einseitige Fixierung auf irrationale Erfahrungsmuster, dessen Hang zu mystischer Gefühlsübersteigerung und endlich zu einem titanisch vermessenen Weltverbessererbewußtsein, das ebenso im subjektivistischen Selbstgefühl des Dichtergenies auftreten kann wie in der religiösen Wahnvorstellung des Menschheitserlösers, der als einzelner alles Leiden der Welt auf sich nimmt und für alle Gleichgültigkeit und Abgestumpftheit aufkommt. Gegen den Hang seines Helden zum Mystischen hat der Erzähler die Haltung des Naturwissenschaftlers zu setzen, die ihm hilft, ohne einen Anflug von besserwisserischer Selbstgewißheit zwischen Sympathie und Abgrenzung einen weiterführenden Weg zu finden.

„Leonce und Lena". Komödie des Status quo

1

Büchners „Lustspiel" hat bei den Interpreten gegensätzlichster Richtungen bis heute nicht wenig Irritation und Verlegenheit ausgelöst. „Größerer Mißklang ist nicht denkbar als jener hier zwischen Büchners ganzer sonstiger Lehre, der Gesamtanlage seines Werkes — und diesem ironisch-romantischen Spiel von den beiden Königskindern", ist der Eindruck Hans Mayers, der deshalb am ehesten dazu neigt, das Stück als zwielichtiges Produkt „gelegentlicher Laune" und, mehr noch, „eines zeitweiligen Konformismus ... aus Geld- oder Karrieregründen" aus der Reihe der authentischen Werke Büchners auszuklammern.[437] Mehr noch als jeder andere Text Büchners scheint dieser wie geschaffen, der Spekulation weite Gefilde zu öffnen und alle Versuche eindeutiger Sinnbestimmung immer wieder in Widersprüchen enden zu lassen. In der Komödie um den Prinzen und die Prinzessin, die sich auf der Flucht voreinander unbekannterweise ineinander verlieben und sich am Ende, ohne zu wissen wie, als verheiratetes Paar wiederfinden, erlangt das simple Spiel unversehens hintergründige Bedeutung.

Als Lustspiel geht das Stück nur oberflächlich auf. Das Lachen, das es erregt, macht nicht recht froh, die vielberufene Heiterkeit, die es ausbreitet, hat etwas Künstliches und Gezwungenes an sich. Zu auffällig ist die artistische Perfektion, die Verwicklung und Lösung der dürftigen Handlung auszeichnet. Der Betroffenheit von Leonce und Lena am erreichten, offensichtlich aber doch fragwürdigen Ziel ihrer Wünsche entspricht die Befremdung, die der Zuschauer über dem Spaß an der Komödie nicht los wird.

Anders als im Falle von „Dantons Tod", der wie eh und je im Brennpunkt der Auseinandersetzung um Büchner steht, ohne daß Relevanz und Geltung des Stückes noch von irgendeiner Seite ernsthaft in Zweifel gezogen werden, besteht über den Stellenwert von „Leonce und Lena" noch keineswegs Einhelligkeit. Das Urteil über Rang und Stellung der Komödie schwankt. Einerseits behaftet mit dem Stigma einer epigonalen Produktion „aus zweiter, wenn nicht dritter Hand", steht sie doch andererseits im Ansehen besonderer Ausgefallenheit und unverkennbarer Originalität.[438]

Zu einem guten Teil erklärt sich diese Unsicherheit aus der Geschichte der Bühnenrezeption des Stücks. Es ist wenig bekannt, daß die verspätete Entdeckung Büchners für das Theater durch die sogenannte Moderne 1895 mit der Münchner Uraufführung von „Leonce und Lena" begann. Das geschah im Kontext der frühen Dramen Hofmannsthals, im Zeichen der ersten Ansätze einer neuromantischen Bühnenkunst, die — als Kunst für Künstler — aus einem esoterischen Kreis heraus eine Mode des dekadenten ästhetischen Geschmacks stimulierte.[439] Während dann im Berlin der beginnenden zwanziger Jahre im Großen Schauspielhaus Max Reinhardts „Dantons Tod" allabendlich ein Massenpublikum von einigen tausend Menschen faszinierte, wurde wenige Häuser weiter im Staatlichen Schauspielhaus, „hinter romantisch gerafften Gardinen leicht gespielt", mit „Leonce und Lena" ein anderer Büchner für ein auf raffinierten Kunstgenuß eingestelltes anderes Publikum vorgeführt.[440]

Friedrich Gundolfs absprechendes Urteil, „,Leonce und Lena', neuerdings im guten wie im argen überschätzt, ist ein Rückfall in die bloße Literaturkomödie der Romantik nach Shakespeares Muster", konnte aus ebendiesem Zusammenhang heraus einen so starken und nachhaltigen Einfluß ausüben.[441] Die positivistische Forschung hat zudem eine Fülle von Belegen zusammengetragen, die eine so weitgehende Abhängigkeit von Musset, Brentano, Tieck, Hoffmann und anderen Romantikern (von Shakespeare nicht zu sprechen) nachweisen,[442] daß lange Zeit nichts näher zu liegen schien, als dem Stück jede Eigenständigkeit abzusprechen und es demzufolge aus dem Sinn- und Funktionszusammenhang von Büchners Schaffen herauszulösen.

Eine andere Ursache für die schwankende Beurteilung und verbreitete Reserviertheit liegt zweifellos in der Ungesichertheit der Kriterien, die der Eigenart des Stückes wirklich angemessen wären. So ist es erklärlich, daß die gegenwärtige — im Zeichen der Polarisierung in konservative und progressive Positionen stehende — Diskussion der prinzipiellen Streitpunkte der Büchner-Forschung, soweit sie am Gegenstand der Komödie ausgetragen wird, notwendigerweise eine besondere Akzentuierung des ästhetischen Aspekts erfahren muß. Denn läßt die inhaltlich-politische, soziale und weltanschauliche Problematik von „Dantons

Tod" und „Woyzeck" sich, wie es — oberflächlich betrachtet — scheinen mag, einigermaßen unbeschadet von den spezifischen Fragen ihrer literarischen Strukturierung abtrennen, so versagt bei „Leonce und Lena" eine solche losgelöste Betrachtung von vornherein. Eine Inhaltsanalyse, der es um das Stück als ein aufführbares Ganzes zu tun ist, stößt sehr rasch an die Grenze ihrer methodischen Mittel.

Die Fabel der Komödienhandlung an sich, ohne das künstlerisch vermittelte Bezugssystem, sagt nur wenig. Figur und Handlung, Dialog und Szene, streben vielfach auseinander. Die Themen, die sich auf dem mit irrlichternden Wortspielen, vielerlei sprachlichen Leerformeln und dunklen Lyrismen durchwirkten Textgrund abzeichnen, greifen über den engen, streng in sich geschlossenen Rahmen des dramatischen Geschehens hinaus. Je mehr man sich darauf versteift, sich ganz an den greifbaren Vorgang und den unmittelbaren Wortlaut zu halten, um so mehr gilt, was Ingeborg Strudthoff aus der Erfahrung der Bühnenrezeption des Stücks und Jürgen Schröder im Hinblick auf literaturwissenschaftliche Interpretationsversuche feststellen: „Wenn man ganz nahe herangeht, löst sich einem alles auf in einem Hauch von Witz, Melancholie und zarter Lyrik"[443], denn es gehört (so Schröder) zum „proteischen Wesen dieses Lustspiels, sich jedem direkten Zugriff launisch zu entziehen", so daß, „wer etwa seine ‚Handlung zu referieren' versucht, schon unversehens zum Fälscher" werde; greife man hingegen „nach einzelnen Sätzen und Sentenzen, so verstummen sie, beginnen falsch auszusagen oder verwelken zu romantischen Zitaten".[444]

Tatsächlich stellt sich immer wieder die Frage nach der Verbindlichkeit der jeweiligen Aussagen. In den wortreichen Wechselreden zwischen Leonce und Valerio mit all ihren Verdrehungen, sprachlichen Spitzfindigkeiten und logischen Eskapaden blüht der Unsinn. Was sie sagen, scheint mehr auf die witzige, oft gesucht originelle Pointe abzuzielen als darauf, einen wirklichen Sachverhalt zu treffen. Aus einem Mittel realitätsbezogener Kommunikation wird die Sprache für sie zum bloßen Spielball, den sie mit virtuoser Schlagfertigkeit in nutzloser Bewegung halten, während König Peters unbeholfene, höchst autoritäre Anstrengungen des Begriffs sich im aussichtslosen Kampf mit der Tücke des verselbständigten sprachlichen Objekts erschöpfen, stets nur gesteigerte Konfusion hinterlassend. Bei Lena hingegen, die sich in ihrem traumhaften Einssein mit der Natur mühelos und unmittelbar mitteilt, geschieht es dem Zuhörer leicht, daß ihm von den Worten nur der Klang, die Stimmung, die sie erzeugen, haften bleibt. Kurt Tucholsky, der schrieb, „die Melodie von ‚Leonce und Lena' ist mir in Fleisch und Blut", hat als erster ausgesprochen, daß hier gesprochene Sprache in Musik übergehe.[445]

Es ist aus solchen Übergängen der Figurenaussage ins Unverbindliche geschlußfolgert worden, man habe es hier mit dem „vorweggenommenen Akt einer ‚poésie pure' " zu tun, mit einem Modellfall dafür, wie — sozusagen aus einer Art sprachlicher Urzeugung — „grund- und folgenlos eine hermetische Schöpfung entsteht".[446] Da wird Büchner in den ganz auf die sprachlichen Mikrostrukturen eingestellten Augen eines Verfechters der strukturalistisch ausgerichteten Methode der immanenten Interpretation zum Kronzeugen für einen „Kunstbegriff..., dem *Herz und Gefühl* stilistische Aufgaben und Stilqualitäten sind, deren biographische Entsprechungen noch nicht einmal anekdotische Bedeutung haben"[447]. Unter Zurückweisung des alten Vorwurfs epigonaler Abhängigkeit kann Büchners Stück aus dieser Sicht gleichermaßen zur genialen Antizipation des absurden Theaters[448] oder zur modernen „Vollendung der romantischen Komödie"[449] werden.

Bei alledem wird es — da die Interpretationen dieser Art sich prononciert einseitig der sprachlich-stilistischen Textstruktur des Werkes zuwenden — unterlassen, überhaupt nach einem bestimmten Realitätsbezug sowie nach einem übergeordneten, vom Autor im Textganzen hergestellten Funktionszusammenhang zu fragen. Was künstlerisches Mittel ist, wird als Zweck seiner selbst aufgefaßt, die Elemente des Inhalts werden zu bloßem wertfreiem Spielmaterial. Es entgeht so, daß das freie, zweckentbundene Spiel, das die Figuren aufführen, im Stück so zur Schau gestellt wird, daß es sich selbst verrät. Die Frage nach der kritischen Intention, die gerade der betont hermetische Abschluß des künstlichen Sprachraums, in dem sie sich produzieren, nahelegt, kommt so gar nicht auf. Nur unter der Voraussetzung, daß man die Verbindungen zu dem als außerliterarisch abgewiesenen Bezugsfeld abschneidet und sich so des wichtigsten Schlüssels auch für die innere Strukturierung des Stücks begibt, kann es aber geschehen, daß als Apologie und „Vollendung" für bare Münze genommen wird, was sich in Wahrheit als Parodie und spöttisch nachahmende Abrechnung erweist.[450]

Gegenwärtig zeigt sich, daß die Rezeption von „Leonce und Lena" eine zunehmende Bedeutung für die Auseinandersetzung um das Gesamtwerk Büchners gewinnt. Zudem liegt in der Tatsache der Aufwertung der Komödie Büchners als Sprachkunstwerks durch die formalästhetische Interpretationsrichtung einerseits und ihrer Unterschätzung auf Grund eines zu engen Realismusverständnisses andererseits eine methodologische Herausforderung. Dies um so mehr, als die im einzelnen vielfach aufschlußreichen Untersuchungen zur sprachlich-stilistischen Struktur des Stücks vornehmlich da ihre Ansatzpunkte finden, wo ideologische und soziologisch-historische Gehaltsanalysen, soweit sie die ästhetische Spezifik des Gegenstandes übergehen, bislang erfolglos geblieben sind. Namentlich der normative Realismusbegriff, dem Georg Lukács zur Geltung verholfen und den auch Hans Mayer aus den poetologischen Äußerungen Büchners herausgelesen hat, ist — in Verbindung mit einer vordergründigen mechanistischen Widerspiegelungsauffassung — wenig geeignet, den Zugang zu einem Schein und Sein so irritierend ineinander auflösenden künstlerischen Phänomen wie „Leonce und Lena" zu erleichtern.[451]

Am Präzedenzfall der Komödie Büchners erweist sich auch, daß für die Sache wenig gewonnen ist und man die Probleme der notwendigen Entwicklung einer gegenstandsgerechten materialistischen literaturwissenschaftlichen Methode nur umgeht, wenn man etwa, wie jüngst Peter Mosler, dem Stück unvermittelt „mit der theoretischen Armatur der Kritik der politischen Ökonomie" zuleibe zu rücken trachtet — zumal wenn dieser Vorsatz noch von einer abstrakten phänomenologischen Auffassung durchkreuzt wird.[452]

Man muß sich auch nicht wie Lienhard Wawrzyn auf eine „Rechtfertigung" des „ästhetischen Hermetismus Büchners" durch ausschließlich äußere Faktoren wie die Zensur versteifen,[453] wenn man versucht, ihn vielmehr in seiner künstlerischen Funktionalität zu verstehen. „Leonce und Lena" ist zweifellos mehr als eine listig an die äußeren literarischen Kommunikationsbedingungen angepaßte Übersetzung des „Hessischen Landboten" in die Sprache der Komödie.[454] Die literarische Form ist hier nicht lediglich Tarnung oder bloßes geliehenes Transportmittel oppositioneller Ideen — das unterscheidet Büchners Stücke deutlich genug von der Dramatik der jungdeutschen Autoren —, sie ist die spezifische, Spielcharakter tragende Organisationsweise eines bestimmten Verständigungsprozesses und als solche nicht auszutauschen und nicht von den vermittelten Inhalten und Impulsen abtrennbar.[455] Die kommunikative Potenz, bei einem Publikum mit entsprechender Interessenlage kritisches Bewußtsein zu mobilisieren, mystifizierte Klassenverhältnisse durchschaubar zu machen, überlebte Zustände der falschen Würde des Bestehenden zu entkleiden, sie in ihrer Widersinnigkeit bloßzustellen und damit den Willen zur Veränderung zu ermuntern, ist funktional an den Kunstcharakter des Werkes gebunden, der alles das als Möglichkeit präsent hält, aber, wie die Rezeptionsgeschichte zeigt, nicht zwangsläufig vermittelt.

2

Mehr noch als bei den anderen beiden Stücken hat man sich bei „Leonce und Lena" darauf einzustellen, daß der Aussagegehalt nicht im Wortlaut der gesprochenen Texte aufgeht. Nichtsdestoweniger findet der Dramatiker Büchner Mittel, die verbale Selbstdarstellung der Figuren berichtigend ins Licht der wirklichen Interessen und Verhältnisse zu rücken. Und nicht selten überführt die hinter den Worten zum Vorscheinen gebrachte Realität den Sprachgebrauch der Figuren eklatant der sozial motivierten Täuschung und Sinnverkehrung.

Freilich geschieht das nicht immer in so greller, bitter satirischer Direktheit wie in der Szene vor dem Schloß, wo die zur Prinzenhochzeit zum Spalier aufgestellten ausgemergelten, apathisch gehorsamen Bauern durch ihren bloßen Anblick die vom Protokoll unterstellte Wunschwirklichkeit denunzieren: „LANDRATH. Gebt Acht, Leute, im Programm steht: ‚Sämmtliche Unterthanen werden von freien Stücken, reinlich gekleidet, wohlgenährt, und mit zufriedenen Gesichtern sich längs der Landstraße aufstellen.‘ Macht uns keine Schande!"[456] Landrat und Schulmeister, die den stumpfen, in Unmündigkeit gehaltenen Untertanen zufriedene Gesichter befehlen und stupide Vivatrufe einüben, ergänzen die verbale Vergewaltigung der Tatsachen, indem sie in einer zynischen Farce dazu noch das Szenarium einer optischen Verfälschung der Wirklichkeit vorführen, dazu bestimmt, den Augen des Duodezherrschers zu schmeicheln: "SCHULMEISTER. Courage, ihr Leute! Streckt eure Tannenzweige grad vor euch hin, daß man meint ihr wärt ein Tannenwald und eure Nasen die Erdbeeren und eure Dreimaster die Hörner von Wildpret und eure hirschledernen Hosen der Mondschein darin, und merkt's euch, der Hinterste läuft immer wieder vor den Vordersten, daß es aussieht, als wärt ihr ins Quadrat erhoben."[457] Menschen werden in dieser grotesken Schau dressierter Treuebekundung zu bloßen Dekorationselementen einer lebenden Kulisse.

Für ihre Mitwirkung als vivatrufende Statisten dürfen die Bauern zuschauen, wie "das hohe Paar vorbeifährt", und sich am Duft laben, der aus der Küche zu ihnen herüberweht, so daß sie einmal im Leben einen Braten zu riechen bekommen.[458] Das korrespondiert direkt mit jener Stelle im "Hessischen Landboten", wo Büchner die hessischen Bauern als die arbeitenden und steuerzahlenden Träger des großherzoglichen Staatswesens anredet: "Geht einmal nach Darmstadt und seht, wie die Herren sich für euer Geld dort lustig machen ... und dann kriecht in eure rauchigen Hütten und bückt euch auf euren steinichten Aeckern, damit eure Kinder auch einmal hingehen können, wenn ein Erbprinz mit einer Erbprinzessin für einen andern Erbprinzen Rath schaffen will, und durch die geöffneten Glasthüren das Tischtuch sehen, wovon die Herren speisen und die Lampen riechen, aus denen man mit dem Fett der Bauern illuminirt."[459] Was ursprünglich die Form der rhetorischen Aufforderung des Agitators hatte, wird vom Dramatiker jetzt szenisch realisiert. Der Standpunkt, von dem aus die Komödie um die Bestimmung eines solchen Erbprinzen und die Verlegenheiten, die sie auslöst, geschrieben ist, und die Sicht auf die Welt, die das Stück vorführt, stimmen mit dem Standpunkt und der Sicht des sozialrevolutionären Flugschriftenverfassers überein. Beide Male, auf dem Felde der politischen Praxis von 1834 und im Bereich der Literatur im Jahre 1836, handelt es sich um die in ihrer Art bis dahin radikalste Kritik des absolutistischen Systems vom fortgeschrittensten zeitgenössischen Standpunkt aus. Eine Kritik des überständigen Status quo in Deutschland, die diesen Standpunkt einholt, artikuliert sich erst wieder während des vorrevolutionären Aufschwungs des folgenden Jahrzehnts, 1844 in Marx' Ausführungen „Zur Judenfrage" und „Zur Kritik der Hegelschen Rechtsphilosophie" sowie in Heines damit zusammen erscheinenden satirischen „Lobgesängen auf König Ludwig" und in „Deutschland. Ein Wintermärchen".[460]

Es ist angebracht, sich dieses Zusammenhangs der Komödie Büchners hier zunächst von der historisch-biographischen Seite her zu vergewissern.

Wie Heine und Marx im Exil aus der Perspektive des fortgeschritteneren Standards der bürgerlichen Gesellschaft Frankreichs die deutschen Zustände nach dem strengsten geschichtlichen Maßstab zu beurteilen lernten, so hatte Büchner schon von seinem ersten Straßburger Aufenthalt, der in die Zeit der ersten offen ausgebrochenen modernen Klassenkämpfe zwischen dem sich formierenden Proletariat und der mittels der monarchischen Staatsform herrschenden Bourgeoisie gefallen war, ein Vergleichsmaß für das Duodezformat der Verhältnisse diesseits des Rheins mit nach Hessen zurückgebracht. „Hier ist Alles so eng und klein. Natur und Menschen, die kleinlichsten Umgebungen, denen ich auch keinen Augenblick Interesse abgewinnen kann"[461], schrieb er damals seinem Straßburger Freund August Stöber. Von dieser Erfahrungsgrundlage her erhielt die Taschenformatwelt in „Leonce und Lena" ihren Zuschnitt. In dem Reich Popo, dem Nachbarstaat des Reiches Pipi, gestattet die Aussicht aus den Fenstern eines Saales im königlichen Schlosse rundum die „strengste Aufsicht" über die Landesgrenzen.[462]

Vier Monate nach dem Brief an Stöber erläuterte er seinen auf die ganze räumliche Umwelt einschließlich der natürlichen Landschaft übertragenen Eindruck der Enge: „...dabei engten mich die politischen Verhältnisse ein, ich schämte mich, ein Knecht mit Knechten zu sein, einem vermoderten Fürstengeschlecht und einem kriechenden Staatsdiener-Aristokratismus zu Gefallen. Ich komme nach Gießen in die niedrigsten Verhältnisse, Kummer und Widerwillen machen mich krank."[463] In demselben Erlebniszusammenhang taucht auch das Bild des zum Automaten werdenden Menschen auf, das in „Leonce und Lena" zu einem tragenden Motiv entwickelt wird. „Seit ich über die Rheinbrücke ging [von Straßburg nach Gießen – H.P.], bin ich wie in mir vernichtet, ein einzelnes Gefühl taucht nicht in mir auf. Ich bin ein Automat; die Seele ist mir genommen."[464] Damit ist unzweifelhaft ein auslösender Zusammenhang der Krise Büchners angegeben. Es verdient dabei — nicht nur im Hinblick auf die Komödie — Beachtung, daß dies in dem viel, aber stets nur in der bekannten, aus dem Kontext herausgelösten Passage zitierten sogenannten „Fatalismus"-Brief steht. Das deprimierte „Ich fühlte mich wie zernichtet unter dem gräßlichen Fatalismus der Geschichte", das sich unmittelbar auf das Resultat des Studiums der Geschichte der Französischen Revolution bezieht, ist demnach in seiner Relation zu der seelischen Krise zu sehen, die primär durch den Druck der feudalen deutschen Kleinstaatverhältnisse und die nahe Zukunftsaussicht auf die Rolle eines großherzoglich-hessischen Untertans ausgelöst worden ist. Das geht überdies auch aus dem Briefanfang hervor, in dem Büchner seinen Abscheu davor ausdrückt, in dieser Umwelt mit ihrer „hohlen Mittelmäßigkeit in Allem" leben zu sollen. Die knappen expressiven Auslassungen Büchners über das Fazit seiner Befragung der geschichtlichen Erfahrungen der bürgerlichen Revolution in der gegebenen krisenhaften aktuellen politischen und persönlichen Situation stehen unmittelbar zwischen den Bekundungen der tiefen Betroffenheit durch eben diese Situation. Er mußte sie als um so niederdrückender empfinden, je weniger der geschichtliche Modellfall der Französischen Revolution dazu angetan war, der Suche nach einem realen Ausblick für die Gegenwart einen befriedigenden Anhalt zu geben. Das Verhältnis der Wechselwirkung zwischen dem einen und dem anderen ist unverkennbar. Erst aus ihm ergibt sich, welcher konkrete Gehalt und welcher wirkliche Stellenwert der Anwandlung von Verzweiflung über das Versperrtsein eines revolutionären Auswegs auf absehbare Zeit und dem damit verbundenen momentanen Eindruck des Fatalismus in der Geschichte zukommt.

Die Methode nahezu aller bürgerlichen Büchner-Deutungen fußt wesentlich darauf, die aus diesem konkreten Zusammenhang herausgelöste, kurzschlüssig und abstrakt auf das Verhältnis zur Revolution schlechthin bezogene Äußerung Büchners über den niederschmetternden Eindruck des „gräßlichen Fatalismus der Geschichte" zu einer absoluten Seinshaltung zu erklären und sie zum mehr oder weniger gewaltsam gehandhabten Universalschlüssel zu den Werken zu machen. Vornehmlich „Dantons Tod" schien geeignet, ein solches Vorgehen zu rechtfertigen. Das Revolutionsstück ohne Lösungsangebot und ohne optimistischen Ausblick wurde auf diese Weise in Anspruch genommen, um die These vom resignierenden Revolutionär, der sich von der Politik abkehrt und zur Literatur hinwendet, zu stützen, wobei es dann nahelag, „Leonce und Lena" als signifikanten Beleg der vollzogenen Ablösung des politischen durch ein rein ästhetisches Interesse anzusehen.[465] Hat die krisenhafte Stimmung Büchners ihre primäre Quelle aber in der unversöhnlichen Opposition gegen die Lebensverhältnisse im feudalbürokratischen hessischen Staatswesen statt in einer abstrakten geschichtspessimistischen Abkehr von jeglichem Gedanken an eine Revolution, so verändert das im Hinblick auf den Werkzusammenhang den vorauszusetzenden Sachverhalt. In einem ganz anderen Sinne fällt dann von der im sogenannten „Fatalismus"-Brief angesprochenen Problematik gerade auf „Leonce und Lena" ein erhellendes Licht und zudem auch auf die in „Dantons Tod" eingegangenen depressiven Stimmungen, die demnach differenzierter auf ihre wirklichen Grundlagen zurückzuführen sind.

Was sich in der Vision der Entpersönlichung zu einer Art lebendem Automaten verdichtet, ist das Gefühl der Bedrohung der seelischen Existenz infolge der Verurteilung zu einem Leben, das zum abstumpfenden mechanischen Ablauf wird, dem Sinn und Eigenwert genommen sind wie in der Erzählung über Lenz, in der dieses Gefühl zur tragischen Konsequenz geführt ist. Den Hintergrund dafür bildet die Erfahrung des unheilbaren Zerfallenseins mit den fortbestehenden anachronistischen Verhältnissen in den deutschen Ländern. Die Auseinandersetzung mit dieser Erfahrung erfolgte von einer extrem vorgeschobenen Position aus, die eine Umkehr oder ein wie immer geartetes Sicharrangieren ausschloß. Das unterschied Büchners Situation zu diesem Zeitpunkt — am Ende der ersten Welle vormärzlicher revolutionärer Bewegungen während zunehmender Repressionen der restaurativen Kräfte — markant von der jener politisierten bürgerlichen Schriftsteller, die einige Jahre lang die nun zunächst zerfallende literarische Opposition in Deutschland gebildet hatten.

Dem subjektiven Ausdruck nach war das unversöhnliche Verhältnis Büchners zum äußerlich konsolidierten Status quo wandelbar. Tendierte es in dem zitierten Brief und analog dazu in dem kurz vor der Flucht ins Ausland geschriebenen Drama „Dantons Tod" aus der Stimmung tiefer Niedergeschlagenheit heraus eher zum tragischen Ausdruck, so transponierte Büchner das Thema der augenscheinlichen Unwandelbarkeit des Bestehenden, das sich nur im ständigen Kreislauf mechanischer Wiederholung erhält, in „Leonce und Lena" auf die Ebene des Komischen bzw. Satirischen.

Die Märchenwelt, die die Szenerie des Stückes bildet, gibt sich leicht als ironisch stilisierte Nachbildung des Systems des vorgeblich aufgeklärten, modernen deutschen Duodezabsolutismus zu erkennen. Man darf dabei nicht die Künstlichkeit dieser Märchenwelt übersehen, den Ausweis des Gemachten, den sie trägt, wie auch nicht die Betonung des Spielcharakters, den Darstellung und Dargestelltes gleichermaßen tragen, denn dies weist die besondere Qualität des Unwirklichen aus, die der vorgeführten Welt vom Autor zugesprochen wird. Es ist eine Welt, die aus der Geschichte herausgefallen zu sein scheint, eine Wirklichkeit, die nur noch als Parodie ihrer selbst aufgefaßt werden kann.

Die komische Verfremdung, mit der Büchner arbeitet, unterscheidet sich wesentlich vom Spiel mit dem Spiel, wie es der romantischen Dramaturgie geläufig war und das fließend ins willkürliche Spiel mit der Wirklichkeit übergehen konnte, da in ihr allein das autonome Subjekt des Dichters das Maß aller Dinge abgab. Auch Grabbes Komödie „Scherz, Satire, Ironie und tiefere Bedeutung" beruht noch auf dieser Voraussetzung, während Büchner das komische Verfremdungsspiel letztlich in den Dienst einer vermittelt realitätsbezogenen geschichtlichen Objektivierung stellt.

Die Freiheit, mit der Büchner seinen Gegenstand behandelte, wäre ihm vor seiner Flucht kaum möglich gewesen. Die Distanz, die das Exil schuf, ermöglichte ein selbstsichereres, überlegeneres Überschauen. Ein Brief an die Eltern aus Straßburg vom 15. März 1836 gibt Auskunft über den Wechsel der Perspektive, der stattgefunden hat und jetzt — dank der neugewonnenen Selbstgewißheit — eine neue Ausdrucksweise zuläßt. Den Gerüchten und Verleumdungen der jungen Revolutionäre, die in den Gefängnissen oder im Ausland leben müssen, tritt der Briefschreiber aus der Solidarität der Verfolgten heraus mit der Bemerkung entgegen: „Uebrigens sind wir Flüchtigen und Verhafteten gerade nicht die Unwissendsten, Einfältigsten oder Liederlichsten! Ich sage nicht zuviel, daß bis jetzt die besten Schüler des Gymnasiums und die fleißigsten und unterrichtetsten Studenten dieß Schicksal getroffen hat, die mitgerechnet, welche von Examen und Staatsdienst zurückgewiesen sind." Und er fügt die den ganzen Abstand ausmessende Betrachtung hinzu: „Es ist doch im Ganzen ein armseliges, junges Geschlecht, was eben in Darmstadt herumläuft und sich ein Aemtchen zu erkriechen sucht!"[466]

Aus dieser Sicht auf die hessische Kleinstaatmisere mit ihrer bürgerlichen Angepaßtheit ist Büchners Komödienwelt entworfen. Sie sollte sich als formbildend erweisen. Mit solchem Abstand gesehen, konnte die zuvor bis zum Gefühl der inneren Vernichtung empfundene bedrückende Enge zum Gegenstand souveräner Belustigung werden. So blickt man auf etwas zurück, was man gründlich hinter sich gelassen hat.

Es versteht sich, daß dieser Abstand sich nicht einfach nur aus dem Ortswechsel von diesseits nach jenseits der Rheingrenze ergab, der den polizeilich Verfolgten in Sicherheit versetzte. Büchner hatte eine historische Grenze überschritten, als er im Entstehungsjahr von „Leonce und Lena" von Straßburg aus Karl Gutzkow auf die Inkonsequenz der bürgerlichen literarischen Opposition hinwies und mit Nachdruck dafürhielt, daß es unumgänglich sei, „die abgelebte moderne Gesellschaft zum Teufel gehen" zu lassen. Denn — und abermals ist die hinter dem spaßhaften Bild tiefernste entschiedene Haltung des Komödienautors deutlich wiedererkennbar: „Zu was soll ein Ding, wie diese, zwischen Himmel und Erde herumlaufen? Das ganze Leben derselben besteht nur in Versuchen, sich die entsetzlichste Langeweile zu vertreiben. Sie mag aussterben, das ist das einzig Neue, was sie noch erleben kann."[467] In Büchners Komödie sieht man „ein Ding, wie diese" zum Spott ihrer selbst gegenständlich „zwischen Himmel und Erde herumlaufen". Auch auf das Grundmotiv der in Wahrheit nur scheinhaften Handlung, die man in dem Stück sich entfalten sieht, ist damit hingewiesen. Prinz Leonce, der Held in seiner Welt, ist der groteske Paradefall eines Menschen, dessen Leben sich in hoffnungslosen Versuchen erschöpft, „sich die entsetzlichste Langeweile zu vertreiben".

In der Einleitung „Zur Kritik der Hegelschen Rechtsphilosophie" schrieb Marx im theoretischen Gewahrwerden desselben Wechsels der Epochenperspektive: „Das moderne *ancien régime* ist nur mehr der *Komödiant* einer Weltordnung, deren *wirkliche Helden* gestorben sind. Die Geschichte ist gründlich und macht viele Phasen durch, wenn sie eine alte Gestalt zu Grabe trägt. Die letzte Phase einer weltgeschichtlichen Gestalt ist ihre *Komödie.*"[468] Ganz in diesem Sinne ist die mit „Komödie" bezeichnete Qualität des anachronistischerweise noch Wirklichen in „Leonce und Lena" als ein Phänomen der Geschichte (und, wie man sehen wird, damit korrespondierend, der Literaturgeschichte) erfaßt.

In Büchners Sicht auf König Peters Puppenreich Popo liegt, so verstanden, das abschließende Urteil über eine Epoche, das im Lachen einer potentiellen Zuschauerschaft Widerhall sucht. Das Fatale ist nur, daß die Entschlossenheit, die „abgelebte moderne Gesellschaft" zum Teufel gehen zu lassen, sich vorab nur außerhalb von dieser artikulieren konnte, während das Volk noch immer stumm und ergeben „wie Dünger auf dem Acker"[469] vor den Herrschenden lag. Daher der bittere Bodensatz auf dem Grund der Komödie.

3

Findet die Frage nach dem sozialen Realitätsgehalt des Stücks einen sicheren Anhaltspunkt in der Bauernszene, so kann dabei nicht übersehen werden, daß gerade diese Szene dramaturgisch-formal einen Platz am Rande einnimmt, ohne in der Fabel begründete Verknüpfung mit der Geschichte vom Prinzen und der Prinzessin sowie der von König Peter getragenen Gegenhandlung.

Trotzdem, oder wie sich zeigt, gerade deshalb enthält sie den Schlüssel nicht allein zum grundlegenden Gehalt des Stückes als eines inhaltlichen Ganzen, sondern gleichermaßen zu dessen formalem dramentechnischem Bauprinzip. Sowohl die Schritte der Analyse als auch das Gesamtverständnis hängen vom Gebrauch bzw. Nichtgebrauch dieses Schlüssels ab. Es muß nämlich, um nicht auf falschen Prämissen aufzubauen, zunächst gefragt werden, ob der Stellenwert dieser Szene für das Ganze tatsächlich danach zu bemessen ist, welchen Raum ihr das betont traditionelle dramaturgische Modell der Lustspielhandlung um den Prinzen Leonce zuweist — wie es üblicherweise unbesehen vorausgesetzt wird —, oder ob nicht vielmehr umgekehrt dieses Modell als landläufige, vorzugsweise auf dem Theater gepflegte

Kunstpraxis dem Maßstab ausgeliefert wird, den die aus dem geschlossenen Rahmen und der tektonischen Symmetrie des märchenhaften — oberflächlich gesehen — harmlos anmutenden Spiels herausfallende Szene in Sicht bringt.

Alles bisher zum Bezugsfeld des Stücks Ermittelte spricht dafür, daß dieser Maßstab gerade in der ganz unmärchenhaften, allen schönen Schein entbehrenden sozialen Realität liegt, die hier durch einen momentan die Stimmung zerreißenden Lichtwechsel grell ins Bild kommt. Wenn das Spiel um Prinz Leonce und Prinzessin Lena irgendwo außerhalb seiner selbst seinen „geheimen Fluchtpunkt" hat, so in den hier in Erinnerung gerufenen, von den am Spiel Beteiligten vergessenen oder verdrängten objektiven Bedingungen ihrer Existenz — und nicht einfach, wie Jürgen Schröder in zu enger Sicht, den Außenbezug vernachlässigend, meint, im Dichter selbst, den er „ausschließlich als hervorbringenden Faktor" sieht.[470]

Zwei in dem Stück nicht zu übersehende Momente signalisieren, daß hier ostentativ der neuralgische Punkt des Verhältnisses zwischen der fiktiven Welt des scheinbar autonomen Bühnenspiels und der wirklichen Welt außerhalb des Theaters, auf die jene zu beziehen ist, hervortritt.

Das erste Moment ist das strukturelle Aus-dem-Rahmen-Fallen der Bauernszene selbst: „als einzig in ihrer Art kann sie" — so Erwin Scheuer in seiner formtypologischen Analyse des Stücks — „in die aufgestellten Szenentypen nicht eingeordnet werden".[471] In ihrem Inhalt, ihrer Typologie, ihrer Stimmungslage und ihrem Ausdruckswert steht sie im Kontrast zu allen übrigen Szenen. Der sonst spielerische, teils ironisch-lustige bis komisch-melancholische, teils närrisch-witzige Ton schlägt um in bittere satirische Anklage. Das heitere Spiel transzendiert an dieser Nahtstelle gewissermaßen aus der Welt des märchenhaften Scheins in die Realität. Der Spaß schlägt um — und es ist, um sich die Qualität dieses Umschlags zu verdeutlichen, hilfreich, hierzu die Unterscheidung von zweierlei Spott heranzuziehen, die Büchner im Februar 1834 in einem Brief aus Gießen an die Familie traf: „Man nennt mich einen *Spötter*. Es ist wahr, ich lache oft, aber ich lache nicht darüber, *wie* Jemand ein Mensch ist, sondern nur darüber, *daß* er ein Mensch ist, wofür er ohnehin nichts kann, und lache dabei über mich selbst, der ich sein Schicksal theile. Die Leute nennen das Spott, sie vertragen es nicht, daß man sich als Narr producirt und sie duzt; sie sind Verächter, Spötter und Hochmüthige, weil sie die Narrheit nur *außer sich* suchen. Ich habe freilich noch eine Art von Spott, es ist aber nicht der der Verachtung, sondern der des Hasses. Der Haß ist so gut erlaubt als die Liebe, und ich hege ihn im vollsten Maße gegen die, *welche verachten.* Es ist deren eine große Zahl, die, im Besitz einer lächerlichen Aeußerlichkeit, die man Bildung, oder eines todten Krams, den man Gelehrsamkeit heißt, die große Masse ihrer Brüder ihrem verachtenden Egoismus opfern. Der Aristocratismus ist die schändlichste Verachtung des heiligen Geistes im Menschen; gegen ihn kehre ich seine eigenen Waffen; Hochmuth gegen Hochmuth, Spott gegen Spott."[472]

Den stil- und strukturanalytischen Untersuchungen, die sich der Komödie bisher eingehend widmeten, konnte das Herausfallen der Bauernszene aus dem geschlossenen Formschema, an das Büchner sich allein mit diesem Stück hielt, nicht entgehen, doch wurde das für sie nicht zum Anlaß, nach der Funktion zu fragen, die ihr zukommt. Eher war man geneigt, geflissentlich zu überhören, was die Störung der ästhetischen Harmonie an dieser Schaltstelle signalisiert, und dementsprechend das fremdkörperhafte Einsprengsel als vermeintlich mehr oder weniger irrelevant für das Stück lediglich en passant zu vermerken oder es auch ganz zu übergehen.

Das zweite, nicht leicht zu übersehende Moment besteht in einem thematisch pointierten satirischen Hinweis auf den Ausschluß der Untertanen, auf deren Rücken sich, um in einem Bild aus der „Landboten"-Sphäre zu sprechen, die höfische „Affenkomödie" abspielt, aus dem Spielgeschehen. In der zweiten Szene des ersten Akts, bei der Ankleidezeremonie, kann sich König Peter nicht erinnern, was der Knopf bedeuten soll, den er sich in sein Schnupftuch geknüpft hatte, um sich etwas zu merken — bis es ihm schließlich einfällt: „PETER *freudig.* Ja, das ist's, das ist's. — Ich wollte mich an mein Volk erinnern!"[473] Die so schlaglichtartig transparent gemachte Exklusivität der Gesellschaft im Glanz des Bühnenlichts fordert beim Zuschauer den Gedanken an die Ungenannten heraus, die im Dunkeln bleiben, von deren „Fett" aber — nochmals im Bilde des „Hessischen Landboten" — die Lampen brennen, mit denen die feudale Szenerie illuminiert wird.

Darin bestätigt sich einmal mehr, daß die Bauernszene als

Schaltstelle für den — bezeichnenderweise ausgefallenen — Realitätsbezug der Spielhandlung in der Märchenidylle der Müßiggänger ein Bindeglied zwischen dem „Hessischen Landboten" und „Woyzeck" bildet. Im Unterschied zum „Hessischen Landboten" wird hier — nach dem Fehlschlagen der Versuche zur revolutionären Mobilisierung in Hessen — auch das apathisch-gehorsame Untertanenverhalten der Bauern selbst, ihr Stillhalten und widerspruchsloses Verharren im Zustand der Verdinglichung zu einem Zielpunkt der satirischen Kritik.

Um das — in scheinbarer Übereinstimmung mit der herrschenden ästhetischen Norm — Ausgesparte dennoch präsent zu halten, begnügt sich Büchner nicht damit, an einer Stelle gleichsam ein Loch in das künstliche Gewebe der Märchenwelt des Stücks zu reißen, das mit einem Mal einen Blick auf die gar nicht heitere Wirklichkeit dahinter freigibt und dabei die Flitterhaftigkeit der Theaterwirklichkeit augenfällig macht. Als nicht integrierter Theaterdichter, der sich kritisch gegen die herrschenden Regeln der Kunst verhält, unterläuft er überdies auf verschiedene Weise den festgelegten, absichtlich als eng in sich abgeschlossen ausgewiesenen Plan des Spiels und die Grenzen des darin Zulässigen. Das Vorgeführte deutet hin auf das von der Vorführung kraft geheiligter ästhetischer Gesetze — nicht etwa nur durch Zensur und Polizei — Ausgeschlossene, nicht Bühnenfähige, was letztlich heißt: gesellschaftlich Verdrängte. Dabei zeigt sich, welche Funktion die durch die Auflösung der Einheit von Handlung und Dialog und die Inkongruenz von Wortlaut und Aussagegehalt ermöglichte thematische Unterwanderung der an sich nahezu nichtssagenden Handlung zu erfüllen vermag. So ruft das breit ausgeführte Thema des Müßiggangs als Lebensform der Aristokraten, der, Überdruß und Langeweile erzeugend, die ganze Prinzenwelt durchdringt („Die Bienen sitzen so träg an den Blumen, und der Sonnenschein liegt so faul auf dem Boden. Es krassirt ein entsetzlicher Müßiggang."[474]), gerade deshalb, weil er von der ideologiebildenden, genießenden Oberschicht so erfolgreich ins Vergessen gedrängt wird, den Gedanken an die Kehrseite und Bedingung des Müßiggangs hervor, an die Fronarbeit als Lebensform des Volkes. Dieses Thema ist in der Theaterprinzenwelt tabu, denn es betrifft das Geheimnis der Grundlagen ihrer Existenz.

Ganz vollkommen wäre die Welt für die Müßiggänger erst,

wenn die Arbeit überhaupt, d. h. die uneingestandene Abhängigkeit von den Arbeitenden und die ständige latente Beunruhigung
und Bedrohung, die von ihnen ausgeht, per Dekret abgeschafft
werden könnte und das Genießen („Makkaroni, Melonen und
Feigen ... musikalische Kehlen, klassische Leiber und eine kom-
mode Religion!"[475]) ungestört wäre, wie Valerio es im utopisch-
phantastischen Schlußbild der Komödie ausmalt.

In dem Entwurf eines Dialogs, den Büchner nicht in die endgültige Fassung seines Stücks aufnahm, hatte er das gesellschaftlich verpönte und in der Kunst als der Sphäre des Schönen unerwünschte Thema der niederen, materiell nützlichen Arbeit zwischen Leonce und Valerio anzüglich zur Sprache gebracht. Am
Boden krabbelnde Ameisen veranlassen die beiden, auf ihre ab-
struse Weise über den Fleiß zu philosophieren, wobei der Prinz
eine von Valerio begonnene Beweiskette weiterführt und zu dem
Schluß kommt: „... also, wer arbeitet ist ein Schuft."[476] Valerio
gibt darauf — nur einen Augenblick lang seiner Rolle als Apologet des Nichtstuns untreu — zu bedenken: „Ja. — Aber dennoch
sind die Ameisen ein sehr nützliches Ungeziefer ..." Unmittelbar daran anschließend, bekennt er das Dilemma (aus dem zu
entkommen am Schluß der Sprung in die paradoxe Utopie dienen soll): „... und doch sind sie wieder nicht so nützlich, als
wenn sie gar keinen Schaden thäten. Nichts destoweniger, wer-
thestes Ungeziefer, kann ich mir nicht das Vergnügen versagen
einigen von Ihnen mit der Ferse auf den Hintern zu schlagen, die
Nasen zu putzen und die Nägel zu schneiden."[477] Die Reaktion
auf das Fortbestehen des Dilemmas verrät, was bleibt, wenn die
letzte Illusion des romantisch rebellierenden Thronfolgers ver-
raucht sein wird.

Die direkte Aufnahme des Themas der ausgebeuteten und verachteten Arbeit als notwendiger Bedingung der Existenzform
der Müßiggängerwelt in deren eigene Textur hätte die Grenze
verwischt, von der zu zeigen war, daß sie dem Denken der un-
produktiven, nur genießenden Klasse objektiv gesetzt und schon
in der vorgeprägten Form des Bewußtseins fixiert ist. Diese für
das eigentliche Dilemma blinde, die Wirklichkeit verkehrende
und harmonisierende Denkform, die zugleich in der ästhetischen
Norm — bis in die Gattungs- und Genrestruktur hinein — fixiert
war, gehörte für Büchner zum Gegenstand der Kritik. Folgerichtig konnte sie nicht zum Gefäß der Kritik gemacht werden. Viel-

mehr entschied Büchner sich dafür, sie konsequent in ihrem Funktionieren vorzuführen und sie von einem Standort außerhalb der mit der Lustspielfabel umgriffenen poetischen Welt zu beleuchten.

Von daher gewinnt das Stück erst seine Komplexität und ästhetische Stringenz. Der Dualismus der beiden sozialen Perspektiven, die es miteinander konfrontiert, tritt auf diese Weise zugleich als Gegenstand und Mittel der Darstellung in Erscheinung. Mit der Herstellung einer indirekten Korrelation zur empirischen Realität, die der fiktiven dramatischen Realität widerstreitet und die Authentizität des gesamten auf der Bühne zugelassenen sprechenden Personals in Frage stellt, ist das scheinbar konventionelle Lustspiel „Leonce und Lena" nicht zuletzt darauf angelegt, die Konvention des — höfisch integrierten bürgerlichen bzw. zum Bürgerlichen geöffneten höfischen — Theaters und das in diesem zum Ausdruck kommende idealistisch verkehrte Bild der Gesellschaft zu desavouieren.

Darin liegt ein konsequenzenreicher Anspruch. Das Stück verlangt ein Publikum, das fähig und interessiert ist, sich von hemmenden Konventionen und geläufigen Illusionen frei zu machen, sich der Wirklichkeit, so wie sie ist, zu stellen und damit eine grundsätzlich veränderte Haltung zum Theater einzunehmen. Es leitet zum selbständigen Sehen, zur kritischen, die Theaterillusion durchschauenden Rezeption an. Denn das Theater, das während der Kunstperiode, der Blütezeit des deutschen Idealismus, die Bestimmung erhalten hatte, Pflegestätte einer idealen, über die reale Misere triumphierenden Welt zu sein, ist die Probe auf das gesellschaftlich eingebürgerte Verhältnis zur Wirklichkeit. War ihm programmatisch der Anspruch zugedacht, höchstes Organ der Vervollkommnung der Menschheit durch ästhetische Erziehung zu sein, so war die Welt des schönen Scheins, die es produzierte, in der Praxis während der Restaurationszeit mit dem Versagen der aufklärerischen Fortschrittskonzeption zunehmend zu einer illusionären Ersatzwirklichkeit geworden, die im Namen der Kunst effektiv der Entfremdung vom Leben Vorschub leistete. Für dessen primäre Realität und die elementaren Bedürfnisse der Menschen öffnete solcherart idealistische Kunstübung „weder Augen noch Ohren"[478]. Im Gegenteil. „Sie gehen in's Theater, lesen Gedichte und Romane, schneiden den Fratzen darin die Gesichter nach und sagen zu Gottes Geschöpfen: wie gewöhnlich!"[479] Zu einer dem realen Leben übergeordneten Instanz erhoben, hatte das Theater als Tempel des Schönen und Idealen in diesen Jahren das Mißverhältnis von Kunst und Leben auf die Spitze getrieben. Wenn aber die wirklichen Menschen begannen, die erfundenen Figuren, welche die Bühne ihnen vorhielt, selbstvergessen nachzuahmen, war es an der Zeit, gegen die mißbrauchte Autonomie der Kunst die Autonomie der Wirklichkeit ins Bewußtsein zurückzurufen.

„Sezt die Leute aus dem Theater auf die Gasse: ach, die erbärmliche Wirklichkeit!" war daher der — gegen die „Marionetten mit himmelblauen Nasen und affectirtem Pathos" produzierende Idealkunst und die Flucht in die vergangenheitsselige Idylle gerichtete — Wahlspruch, unter dem der Autor von „Dantons Tod" angetreten war und dem er mit „Woyzeck" folgte.[480] „Leonce und Lena" dagegen — jedoch keineswegs unvereinbar damit — enthüllt in der Auseinandersetzung mit den versteinerten deutschen Zuständen die herrschende, solchem radikalen plebejischen Realismus entgegenstehende, verkehrtes Bewußtsein reproduzierende Kunstpraxis parodistisch in ihrem eigenen Bild.

Man muß sich dabei vergegenwärtigen, daß Theater, Oper und Konzert als willkommener Ersatz für das fehlende öffentliche Leben während der Restaurationsperiode gerade in einer Zeit des Niedergangs der künstlerischen Substanz eine enorme Bedeutung erlangt hatten. Parallel zur Entfaltung des technischen Bühnenapparats und Ausstattungswesens, die eine weitgehende Vervollkommnung der Theaterillusion ermöglichte, wodurch die Zuschauer zunehmend in eine passiv genießende unkritische Haltung versetzt wurden, vollzog sich eine Perfektionierung der artifiziellen Ausdrucksmittel. Aus der Verkümmerung produktiver gesellschaftlicher Funktionen heraus erblühten Virtuosentum und Starwesen. Das chimärische Wesen der vielbewunderten und vergötzten Theaterhelden, die ihre Untauglichkeit als Leitbilder hinlänglich erwiesen hatten, im Panoptikum der Komödie zu durchleuchten, so wie Büchner es unternahm, zielte daher über das Anliegen einer bloßen Literaturkomödie hinaus.

Man kann nicht daran vorbeigehen, daß der formale Kontrast zum Gesamtwerk außerordentlich auffallend ist. Das Material ist nicht wie sonst bei Büchner im originären Zugriff der lebendigen Wirklichkeit entnommen, es besteht zum überwiegenden Teil aus literarischen Gebrauchtwaren, die — samt zugehörigem technischem know how — nicht von weither, sondern aus nächster Nähe entlehnt sind, woraus betont kein Hehl gemacht wird. Im Gegenteil, die Authentizität, die Büchner gemeinhin im Faktisch-Realen sucht, soll hier allem Anschein nach im rein Literarischen, aus der zur Schau gestellten Übereinstimmung mit der Konvention und dem Festhalten am künstlerischen Standard erbracht werden. Schon der Name der prinzlichen Titelfigur stellt Leonce ausdrücklich neben Brentanos „Ponce de Leon", neben ein Stück, das 1801 ebenfalls durch ein — seinerzeit von Goethe angeregtes — Preisausschreiben des Cotta-Verlages für ein Lustspiel entstanden war und das seinerseits bereits rein literarischer Abstammung war. Ebenso offenkundig erinnert das Reich König Peters an das des harmlos-einfältigen Königs Gottlieb in Ludwig Tiecks „Prinz Zerbino", einer anderen, den Zeitgenossen wohlbekannten romantischen Komödie, in der gleichfalls ein schwermütiger Märchenprinz die Hauptrolle spielt.

Es muß — über die zahllosen einzelnen literarischen Reminiszenzen hinaus — auch auffallen, daß Büchner sich in „Leonce und Lena" ganz im Gegensatz zu den beiden anderen Stücken einer geradezu klassisch geschlossenen dramatischen Form bedient. Dieser entspricht die hermetische Abgeschlossenheit des Handlungsraums, deren soziale Relevanz und dialektische Problematisierung innerhalb des Stückes bereits deutlich wurden. Man müßte das ganz übersehen und eine hier und da anzutreffende Veräußerlichung und Vereinseitigung der Begriffe auf die Spitze treiben, wollte man das „Dichterische" der Komödie schlechterdings als alternative Entscheidung Büchners gegen den Realismus seiner anderen Stücke auffassen.[481]

Büchners Komödie, die keine bestimmte Wirklichkeit in ihrem äußeren Erscheinungsbild wiedergibt, ist nicht weniger realistisch und nicht weniger geschichtsbezogen als „Dantons Tod" und „Woyzeck". Der sozialkritische Realismus tritt hier insbesondere im strukturellen Erfassen bestimmter, geschichtlich wesentlicher Daseins- und Bewußtseinsabläufe einer untergangsreifen Gesellschaft in Erscheinung. Das geschieht — und das begründet die spezifische literarische Authentizität des Stücks — durch den kritischen mimetischen Aufschluß der aus den Widersprüchen dieser Gesellschaft und ihrer unbewältigten Umgestaltung hervorgegangenen ästhetischen Spielformen des Dramas wie der Sprache.

4

Drei Sphären des restaurativen Status quo werden im Spiegel der Komödie Büchners kritisch aufgefangen und in ihrem Wechselverhältnis erfaßt: die gesellschaftlich-staatliche Organisationsform, deren philosophisch-metaphysisches Korrelat und die Sphäre künstlerisch-ästhetischen Selbstverständnisses in ihr. Keine dieser Seiten kann, ohne den Aussagegehalt zu verflachen, den sie erst in der mehrschichtigen Ganzheit des Stücks gewinnt, von den übrigen abgetrennt werden.

Die Wirklichkeit im abgeschlossenen Kunstraum der Komödie ist die einer phantastisch bis ins Groteske stilisierten Idylle, die aus ihrer Bedingtheit heraus, aus dem Zwang der abgelebten, perspektivelosen Gesellschaft zur Selbstverklärung, als solche durchsichtig gemacht wird. Ihre Märchenhaftigkeit ist von gläserner, höchst zerbrechlicher Künstlichkeit. „LEONCE. ... Ich wage kaum die Hände auszustrecken, wie in einem engen Spiegelzimmer, aus Furcht überall anzustoßen, daß die schönen Figuren in Scherben auf dem Boden lägen und ich vor der kahlen, nackten Wand stünde."[482]

In allem, in der Figurengruppierung, in den Wortgefechten zwischen Leonce und Valerio, bei der Begegnung zwischen Leonce und Lena, herrscht ein im Grunde sehr labiles Gleichgewicht, das nur durch die Einhaltung der strengsten Symmetrie ausbalanciert werden kann und dessen Störung lebensbedrohliche Folgen für die Idylle heraufbeschwören könnte.

Selbst die geringste Abweichung ängstlich zu vermeiden, die Symmetrie durch die Überführung jeder Bewegung in Gleichförmigkeit zu erhalten ist daher die ständige Sorge des Monarchen, den dies Amt offenkundig überfordert: „Kommen Sie meine Herren!", wendet er sich an sein Hofgefolge. „Gehn Sie symmetrisch. Ist es nicht sehr heiß? Nehmen Sie doch auch Ihre Schnupftücher und wischen Sie sich das Gesicht!"[483] Derselbe Ordnungsvorgang, der sich hier im Choreographischen und Pantomimischen vollzieht, realisiert sich im sprachlichen Bereich unter anderem in dem Echo des Staatsrats, das jede Platitüde des Königs mit beflissener Ergebenheit bestätigt. In dieser Karikatur wird das im Reich Popo und zugleich auch im dramaturgischen Ablauf des Stücks regierende oberste Bewegungsgesetz sinnlich veranschaulicht. Es regiert eine Bewegung, die in Wahrheit nur den permanenten Stillstand überspielt. Ihr Archetyp ist das höfische Zeremoniell.

Der chronische Mangel an Dynamik und damit an „Möglichkeit des Daseins" offenbart sich in einem fortschreitenden Wirklichkeitsschwund, der auch im Gerinnen der dramatischen Zeit zutage tritt. Zum Ausblick auf die utopische Lösung am Schluß, die eine potenzierte Idylle verspricht, gehört deshalb nicht zufällig die Ankündigung des neu eingesetzten Königs Leonce, er werde „alle Uhren zerschlagen, alle Kalender verbieten" lassen.[484] Nur außerhalb der Zeit kann diese Welt weiterexistieren.

Wie die Stilisierung des Systems zur Idylle zu ihrer Vollendung in der illusionistischen totalen Utopie drängt, so tendiert die regulierte Bewegung zur totalen Regulierung, die jeden noch denkbaren Eigenimpuls der Individuen ausschließt — was freilich (da der objektive Widerspruch zwischen Herrschenden und Beherrschten innerhalb des Systems real nicht aufzuheben ist) nur durch die Eliminierung der Wirklichkeit geschehen kann, in der hermetisch abgedichteten Welt der Vorstellung.

Die Bewegung, schließlich zur reinen Scheinbewegung geworden, hat damit nur noch den Zweck, ihre eigene Regulierung zu demonstrieren. In der Formgestaltung des Dialogs, der sich als Scheingespräch entpuppt, und in der nichts verändernden, am Ende nur an den Ausgangspunkt zurückführenden Handlung wird das sinnfällig. Mit anderen Worten: die allein Beruhigung verschaffende absolute Integration der Individuen durch den Untertanenstaat ist abgeschlossen, die Mitglieder der Gesellschaft sind, nachdem die Anpassung ihre Eigenmotivation aufgezehrt hat, namentlich nach dem Scheitern des Ausbruchsversuchs von Leonce, durchweg Marionetten, Automaten, wie Valerio sie in der Maskerade der Schlußszene vorführt — einer die Wahrheit im Schein vorspiegelnden Komödie in der Komödie nach dem dramaturgischen Rezept Shakespeares. „Nichts als Kunst und Mechanismus, nichts als Pappendeckel und Uhrfedern." Dabei „so vollkommen gearbeitet, daß man sie von andern Menschen gar nicht unterscheiden" kann: die idealen, reibungslos funktionierenden, respektierlichen „Mitglieder der menschlichen Gesellschaft". „Sie sind sehr edel, denn sie sprechen hochdeutsch. Sie sind sehr moralisch, denn sie stehen auf den Glockenschlag auf . . .; auch haben sie eine gute Verdauung, was beweist, daß sie ein gutes Gewissen haben. Sie haben ein feines sittliches Gefühl, denn die Dame hat gar kein Wort für den Begriff Beinkleider . . . Sie sind sehr gebildet, denn die Dame singt alle neuen Opern und der Herr trägt Manschetten."[485]

In der Prosa der Philisterwirklichkeit, auf die diese szenische Demonstration verweist, entpuppt sich die triviale Nachahmung der „Marionetten mit himmelblauen Nasen" von der Bühne der Idealkunst als die Hohe Schule des angepaßten Staatsbürgers. Im Besitz aller äußeren Attribute, die ihn als solchen ausweisen, geht ihm nur genau das vollständig ab, was den humanistischen Inhalt des Ideals ausgemacht hatte: die Freiheit der individuellen Selbstbestimmung. Die Endstufe der Formalisierung ist damit erreicht: „ein konsequentes System, dessen Prinzip die *entmenschte Welt* ist", eine *„politische Tierwelt"*, wie Marx im Mai 1843 (analog zu Büchners Automatenbild)[486] den damaligen „Philisterstaat" nannte.[487]

In der Weltsicht König Peters ist diese letzte Konsequenz bereits a priori gegeben. Es gibt nur noch ein Subjekt: „PETER *während er angekleidet wird.* Der Mensch muß denken, und ich muß für meine Unterthanen denken, denn sie denken nicht, sie denken nicht. — Die Substanz ist das ‚an sich', das bin ich."[488] Das Ich des Herrschers ist zur abstrakten Verkörperung des Staatswesens geworden. Wie das wirkliche Volk verschwindet auch er selbst als wirklicher Mensch in dieser Abstraktion. Sie hebt ihn als Person auf.

PRÄSIDENT. An dem Tage der Vermählung ist ein höchster Wille gesonnen, seine allerhöchsten Willensäußerungen in die Hände Eurer Hoheit niederzulegen.
LEONCE. Sagen Sie einem höchsten Willen, daß ich Alles thun werde, das ausgenommen, was ich werde bleiben lassen . . .[489]

Das Aufgehen Peters in seiner Funktion läßt seine Persönlichkeit unwichtig werden. Das Amt des Königs ist es, für seine Untertanen zu denken und über sie zu befinden. Sein Philosophieren ist ein sisyphushafter Abwehrkampf gegen das stets drohende zerstörerische Einbrechen der verdrängten Wirklichkeit in sein hermetisches abstraktes System, in das sein Reich verwandelt ist.

Nicht allein die den Komödienkonflikt auslösende Widersetzlichkeit des Prinzen, der sich seiner durch den „höchsten Willen" beschlossenen, also unwiderruflich zur Realität bestimmten Verheiratung durch die Flucht zu entziehen versucht, stürzt Peter ins Dilemma. Da er sich permanent in dem Dilemma befindet, alles, was ist, unter den Hut der Idee zwängen zu müssen, erregt jede Berührung mit Konkretem seine Irritation. Vor allem „die Menschen machen [ihn] confus" (wie den Hauptmann die aus der bürgerlichen Denkschablone herausfallenden Äußerungen Woyzecks).[490] Selbst eine Ordnungswidrigkeit wie ein Manschettenknopf an der falschen Stelle oder andere peinliche Gegenständlichkeiten, mit denen sein Philosophieren beim Ankleidezeremoniell sich verwickelt, versetzen ihn in heillose Angst um den Bestand seines „ganzen Systems".[491]

Die Ankleideszene ist ein Kabinettstück der Kunst Büchners, in der komischen Übersteigerung des Spiels auf der Bühne dramatisch ins Bild zu bringen, wie das Denken der Herrschenden die Welt auf den Kopf stellt. Dabei kehrt er das Absurde dessen hervor, was in der gesellschaftlichen Praxis als das Gewöhnliche, nicht anders Denkbare anerkannt ist, und führt das Erhabene auf das Gewöhnlich-Menschliche zurück. Ein Kabinettstück vor allem auch der Prägnanz, mit der Büchner seinen vernichtenden Spott einsetzt, indem er unterderhand die verleugnete Realität des materiell Existenten gegen die absolutistische Anmaßung des Geistes, sprich: des verkehrten Bewußtseins, ausspielt. Er läßt dazu den „fast nackt" auftretenden König, während zwei Kammerdiener ihn ankleiden, seine problematische Identität mit seinem „System" vorführen: „An sich ist an sich, versteht ihr? Jetzt kommen meine Attribute, Modificationen, Affectionen und Accidenzien", und sowie er auf Konkretes stößt, schlägt auch schon sein souveränes Dozieren in Ungehaltenheit um, bis er schließlich in hilfloser Verwirrung endet: „. . . wo ist mein Hemd, meine Hose? — Halt, pfui! der freie Wille steht davorn ganz offen. Wo ist die Moral, wo sind die Manschetten? Die Kategorien sind in der schändlichsten Verwirrung . . ."[492]

Der Ankleideszene schließt sich ein Auftritt des Königs vor dem versammelten Staatsrat an mit dem neuen Anlauf zu einer

Ansprache, die sich im puren Nonsens erschöpft und nur als leere Gebärde ausgeführt ist. Nichtsdestoweniger aber wird sie von den Höflingen würdevoll mit der stereotypen ehrerbietigen Beifälligkeit aufgenommen, an der auch kein anderer Redeinhalt etwas ändern könnte. Der Text hat hier nichts mehr zu besagen, seine Funktion geht über an die Pantomime. Gegenläufig zum Handlungsvorgang des Ankleidens und des feierlichen Sich-kundgebens vollzieht die Szene die geistige Entblößung des monarchischen Systems und seiner Repräsentanten.

Es war auf diese Szene näher einzugehen, weil sie den Innenpol des Duodezkosmos, den die Komödie vorführt, umschreibt. In ihr artikuliert sich das System. Auf den exogenen Gegenpol, mit dem sie in bedeutungsvoll verschwiegener Korrespondenz steht, verweist, dramaturgisch pointiert, nur die Bauernszene. Was innerhalb des Stücks geschieht, untersteht vor allem der dominanten Spannung zwischen diesen Polen. In der Relation zu ihr kommt dem Gegenspiel des widersetzlichen Prinzen lediglich die Qualität einer innenseitigen Scheinopposition zu. Eben daraus resultiert die durchsichtige Nichtigkeit der eigentlichen Lustspielhandlung.

Die Teilung der Arbeit in materielle Produktion und geistige Tätigkeit, verbunden mit der Klassenteilung und der Legitimierung der gesellschaftlichen Teilung in Arbeitende und Müßiggänger, Produzierende und Genießende, wird auf diese Weise als Grundlage des idealistischen Weltbildes — und zugleich der idealistischen Kunstauffassung — erkennbar. Staat und Komödie spiegeln sich ineinander, verraten einander.

Hier ist nach der Rolle Valerios innerhalb der Konfiguration des Stücks zu fragen. Eine, wenn auch nicht die einzige Funktion des Valerio ist zweifellos die Ergänzung der Selbstdarstellung Leonces durch eine Figur, die dessen Standes- und Ichbefangenheit überschreitet.

Vergeblich versucht Valerio anfangs, Leonce einzureden, die ihm von Geburt her bestimmte Monarchenrolle ohne Umstände anzunehmen, um sich damit lustig die Zeit zu vertreiben. Da auch die Ersatzangebote einschließlich des alkoholischen Rauschs, die er — zum Teil in lustspielhafter Mephisto-Imitation — empfiehlt, Leonce nicht reizen können, übernimmt er es als anstelliger Diener des Narrenspiels seines Herren, den Faden der

Lustspielintrige zu knüpfen, die Prinz und Prinzessin dennoch zur unfreiwilligen Thronerhaltung zusammenführt. Arrangeur der fadenscheinigen Handlung, stellt er diese zugleich bloß, was in der demonstrativen szenischen Vorführung der Automatengesellschaft gipfelt, in die schließlich auch Leonce, aber auch er selbst integriert ist.

Trotz unverkennbar verwandter Züge und direkter Bezugnahmen (insbesondere auf „Wie es euch gefällt") würde man Fragestellung und Anlage der Komödie Büchners verkennen, wollte man Valerio schlechterdings dem Typ der weisen Narren bzw. Clowns mit gesundem Menschenverstand aus der Tradition Shakespeares zurechnen, die gegen die herrschende Sicht der Großen die Sicht und die Interessen der kleinen Leute zur Geltung bringen. Zwar spricht er die gleiche respektlose Sprache, voll dialektischem Wortwitz, zwar hält er auch dafür, daß über den Idealen und Grillen der heroischen und sentimentalen Protagonisten die elementaren leiblichen Bedürfnisse nicht zu vergessen sind. Gegen die idealistische Auffassung des Menschen als intelligiblen Wesens spielt er vulgärmaterialistisch dessen Naturseite aus, die vom Drama hohen Stils unterschlagen wird. Doch denkt Valerio dabei nur an das nächste Stück Braten und den nächsten Schluck Wein für sich selbst.

Als Gegenstimme ist er nicht glaubhaft, die Aufsässigkeit, die er an den Tag legt, ist längst in leere Gesten und bloßen Verbalismus übergegangen. Wie die private Rebellion des Prinzen gegen seinen Vater de facto alles bei der alten Festlegung läßt, so ist auch Valerios Opposition nur eine scheinhafte. Die auf Veränderung gerichtete Gesellschaftskritik ist zum Unterhaltung spendenden Gesellschaftsspiel geworden. Die geistige, einer Grundkonstellation des bürgerlichen Dramas nachgebildete Duellsituation Valerios gegenüber seinem Herrn verpufft in sinnentleerten Wortgefechten. Sein närrisches Räsonieren ändert nichts an dem System, dessen faktischer Mitträger und Miterhalter er ist. Die bürgerlichen Spitzen, die er gegen die Normen der Feudalgesellschaft und den deutschen Duodezabsolutismus anbringt, sind ohne subversive Effizienz.

In Wahrheit verbirgt sich in der Narrengestalt Valerios der Philister, dem (wie Marx schrieb) „die alte Welt gehört" — „Herr der Welt ist er freilich nur, indem er sie, wie die Würmer einen Leichnam, mit seiner Gesellschaft ausfüllt".[493] Sein Pragmatismus läuft auf nichts anderes hinaus, als was dem Tier auch genügt, auf Essen, Trinken und Schlafen. Daß ihm alles, dessen er als zoon politicon bedürfte, vorenthalten ist, darein hat er sich behaglich geschickt.[494]

Die Anpassung an seine privilegierte Dienerstellung am Hofe hat Valerio bereits zu sehr korrumpiert, als daß er ein heimlicher Vertrauter des Volks sein könnte. Diesem ist er entfremdet, vielmehr erweist er sich als Komplice der Mächtigen, deren Spiel er mitspielt — ein Nutznießer der bestehenden Ordnung, deren Verkehrtheit er besser als jeder andere durchschaut.

Daher sprengt sein Verhalten auch nicht — wie dies noch bei Shakespeares dem Volkstheater nahen Narrengestalten der Fall ist — die Wertordnung und dramaturgische Geschlossenheit des Stückes, um eine Kommunikation mit dem Publikum herzustellen, die die offizielle Spiel- und Sprachregelung plebejisch unterläuft.[495] Die Berufung dazu geht bei Büchner, wie die Bauernszene zeigt, von der Ausnahmefigur des Narren an das nach dem ästhetischen Reglement von der Bühnenhandlung ausgeschlossene Kollektiv der sozialen Gegenpartei über. Valerio, der die Verbindungslosigkeit der höfischen Mitspieler zu dieser, der Hunger leidenden und arbeitenden schweigenden Mehrheit, teilt, wird dementsprechend auch zum Mitträger des ästhetischen Hermetismus, der den Hoftheaterzuschnitt der satirischen Kopie des beschränkt bürgerlich-oppositionellen Lustspiels verrät.

5

Die Konzentration auf die Kritik des absolutistischen Staates, die bereits ein wichtiges Element des „Hessischen Landboten" bildete und die die Welt der Komödie Büchners bestimmt, bedeutet keineswegs, daß Büchner hinter seine extrem vorgeschobene sozialrevolutionäre Frontstellung gegen die alte Aristokratie und die neue, durch Besitz von Geld und Bildung privilegierte Klasse zurückgeht (das Bürgertum als Ausbeuterklasse, in „Woyzeck" durch Hauptmann und Doktor repräsentiert, tritt in „Leonce und Lena" nur am Rande in Gestalt des Schulmeisters und des Landrats, Angehörigen der zeittypischen besonderen bürgerlichen Beamtenklasse, in Erscheinung), er weicht nicht vor aktuellen Aufgabenstellungen aus, um sich statt dessen dem Spaß der spöttisch-heiteren Verabschiedung der quasi in sich selbst versinkenden Welt der Vergangenheit hinzugeben.[496]

Das Ancien régime machte im Frühsommer 1836, als Büchner „Leonce und Lena" schrieb, nachdrücklicher als in den unruhevollen Jahren zuvor das Recht der Gegenwart für sich geltend. Es wurde — sosehr es sich auch im Gefolge der antinapoleonischen Befreiungskriege ein modernes Ansehen verschafft hatte, indem es teilweise dem allgemeinen Verlangen nach Staatsverfassungen zumindest pro forma nachgegeben hatte und die reine absolutistische Regierungsform in ein gemischtes feudalbürokratisches Administrationssystem übergegangen war — zunehmend zum gemeinsamen Feind Nummer eins aller fortschrittlichen Kräfte in den deutschen Ländern. Dies wurde keineswegs durch die Tatsache aufgehoben, daß gerade die Verfassungsfragen die Bedeutung eines vorrangigen Kompromißbereichs im Interessenausgleich der deutschen Bourgeoisie mit den Feudalmächten gewannen. Das restaurierte Ancien régime, das die bürgerliche Klasse im einvernehmlichen Wunsch, eine Revolution wie in Frankreich zu vermeiden, an der Machtausübung beteiligte, konnte noch einmal von der Unumschränktheit seiner Herrschaft Gebrauch machen.

Zu der von Marx in der Einleitung „Zur Kritik der Hegelschen Rechtsphilosophie" auf Grund der neuerlichen Erstarkung der liberalen industriellen Bourgeoisie in den vierziger Jahren ausgesprochenen Auffassung „Das moderne *ancien régime* ist nur mehr der *Komödiant* einer Weltordnung, deren *wirkliche Helden* gestorben sind"[497] hatte Büchner sich — nach seiner sozialen Analyse des Staates als eines Instruments der Herrschenden zur Unterdrückung und Ausplünderung der Arbeitenden im „Hessischen Landboten" — in seiner Komödie bereits praktisch-poetisch vorgearbeitet.

Als Anfang der vierziger Jahre mit dem erneuten Auftrieb der gestärkten bürgerlichen Opposition, der mit der Entfaltung des sozialen Grundwiderspruchs des Kapitalismus verbunden war, sich ein Umschlag der Ideologie- und Gesellschaftskritik vorbereitete, kam es nicht nur — wie in den Kämpfen der dreißiger Jahre — zur akuten Konfrontation mit dem gleichen feudalbürokratischen Machtapparat. Die Frage des Staates war zu einer Schlüsselfrage der revolutionär-demokratischen Bewegung und der Herausbildung einer kommunistischen Alternative geworden.

Es bedurfte der Zerstörung der illusionären liberalen Reformhoffnungen, die insbesondere der Thronwechsel in Preußen 1840 abermals belebt hatte, um das unveränderte Grundprinzip des monarchischen Systems der Märchenkönigwelt Büchners in der Praxis wiederzuerkennen. Allen gemütvollen Verheißungen Friedrich Wilhelms IV., des Romantikers auf dem Thron, ungeachtet, war im Jahre 1843 ganz im Sinne des Selbstverständnisses Peters von Popo klarer denn je, wie Marx an Ruge schrieb: „. . . der König ist in Preußen das System. Er ist die einzige politische Person."[498] Und so konnte zur gleichen Zeit Ferdinand Cölestin Bernays in seiner „Rühmlichen Nachrede" auf das geheime, jetzt ans Licht gezogene „Schlußprotokoll der Wiener Ministerialkonferenz vom 12. Juni 1834" unwiderlegbar schlußfolgern: „Es gibt in allen Staaten Deutschlands nur eine einzige Regierungsform, das ist der Absolutismus; die Maske, in die er sich hüllt, läßt ihn nur in den einzelnen Ländern verschieden erscheinen — wie diese fällt, steht er ein und derselbe überall triumphierend da. Sein mysteriöser Name ist ,der Deutsche Bund', sein auf die Wissenschaft berechneter ,das monarchische Prinzip'; . . . sein Zweck ist die nachhaltige größtmögliche Ausbeutung der sogenannten Untertanen und seine Mittel deren vollständige Isolierung unter sich. Die Konsequenzen davon sind handgreiflich und leben auch alle vollständig in Deutschland."[499]

Übereinstimmend mit Büchner nannte Bernays das durch die Veröffentlichung des Geheimdokuments von 1834 aufgedeckte Spiel der deutschen Potentaten und Liberalen mit den teils versprochenen, teils angeblich gewährten Verfassungsrechten eine „Affenkomödie"[500]. Ebenso geschieht es nicht zufällig, sondern bezeichnet ein nunmehr für viele augenscheinlich gewordenes Mißverhältnis, daß Marx zu gleicher Zeit wiederholt von der „Komödie des Despotismus, die mit uns aufgeführt wird"[501], spricht. In der Einleitung „Zur Kritik der Hegelschen Rechtsphilosophie", wo er den Tragödien- bzw. Komödienaspekt einer bestimmten historischen Gestalt in der jeweiligen frühen oder späten Phase ihres Zugrundegehens als ein Phänomen der Weltgeschichte theoretisch entwickelt, führt er diese Aspekte ausdrücklich auf die konkrete zeitgenössische Erfahrung des „bornierten Inhalts des deutschen *status quo*" zurück: „. . . denn der deutsche

status quo ist die *offenherzige Vollendung des ancien régime* . . .
Der Kampf gegen die deutsche politische Gegenwart ist der
Kampf gegen die Vergangenheit der modernen Völker, und von
den Reminiszenzen dieser Vergangenheit werden sie noch immer belästigt. Es ist lehrreich für sie, das *ancien régime,* das bei ihnen seine *Tragödie* erlebte, als deutschen Revenant seine *Komödie* spielen zu sehen. *Tragisch* war seine Geschichte, solange es
die präexistierende Gewalt der Welt, die Freiheit dagegen ein
persönlicher Einfall war, mit einem Wort, solange es selbst an
seine Berechtigung glaubte und glauben mußte. . . . Das jetzige
deutsche Regime dagegen, . . . die zur Weltschau ausgestellte
Nichtigkeit des *ancien régime,* bildet sich nur noch ein, an sich
selbst zu glauben, und verlangt von der Welt dieselbe Einbildung."[502]
  Damit ist aus dem empirischen Erfassen einer bestimmten
zeitgeschichtlichen Situation ein Zugang zur Seins- und Be-
wußtseinslage der Figuren der Komödienwelt Büchners und zugleich zu deren ästhetischer Strukturierung gewiesen. Der zum
Spottbild seiner selbst werdende Zustand, den Marx analysiert,
ist in Büchners Komödie bereits zum Non plus ultra vorgetrie-
ben. Seinen vollen Ausdruck findet das in der Konfiguration
Peter — Leonce, die sich aus dem Verhältnis von überforder-
tem, des Regierens müdem Herrscher und wider seinen Willen
und seine Überzeugung in die Pflicht genommenem Thronfolger
situiert.

  Was Büchner als Dramatiker anstrebte, führte ihn auch strategisch an den Punkt, an dem Marx ansetzte, als er in der Einleitung „Zur Kritik der Hegelschen Rechtsphilosophie" das Konzept einer in die wirklichen gesellschaftlichen Kämpfe eingreifenden wissenschaftlichen, auf den praktischen Umsturz des Bestehenden hinarbeitenden Kritik umriß. „Es gilt die Schilderung
eines wechselseitigen dumpfen Drucks aller sozialen Sphären
aufeinander, einer allgemeinen tatlosen Verstimmung, einer sich
ebensosehr anerkennenden als verkennenden Beschränktheit,
eingefaßt in den Rahmen eines Regierungssystems, welches, von
der Konservation aller Erbärmlichkeiten lebend, selbst nichts ist
als die *Erbärmlichkeit an der Regierung"*[503], so wird da die während der Vormärzjahre herangereifte Aufgabenstellung formu-
liert.

Nicht nur in der Auffassung der Situation beider Etappen derselben revolutionären Vorbereitungsphase in Deutschland treffen sich hier die bis 1836 bzw. bis 1843 am weitesten vorgerückten und am umfassendsten fundierten Positionen. Man findet auch das Modell der politisch-psychologischen Wirkungsstrategie, die sich aus dem spezifischen von Büchner praktizierten künstlerischen Verfahren ablesen läßt, bei Marx in dem genannten Zusammenhang über die erforderliche „Kritik im Handgemenge" wieder, deren Gegenstand unter dem Niveau der Geschichte stehe und die es mit einem Feind zu tun habe, den es nicht zu widerlegen, sondern zu vernichten gelte.[504] „Es handelt sich darum, den Deutschen keinen Augenblick der Selbsttäuschung und Resignation zu gönnen. Man muß den wirklichen Druck noch drückender machen, indem man ihm das Bewußtsein des Drucks hinzufügt, die Schmach noch schmachvoller, indem man sie publiziert. Man muß jede Sphäre der deutschen Gesellschaft als die *partie honteuse* der deutschen Gesellschaft schildern, man muß diese versteinerten Verhältnisse dadurch zum Tanzen zwingen, daß man ihnen ihre eigne Melodie vorsingt! Man muß das Volk vor sich selbst *erschrecken* lehren, um ihm *Courage* zu machen."[505]

Auch Büchners Stück, das den komödienreifen versteinerten deutschen Zuständen mitsamt ihrem auf dem Kopf stehenden ideologischen und ästhetischen Selbstbild ihre eigene Melodie vorsingt, war auf seine besondere Weise ganz dazu geschaffen, diese „zum Tanzen zu zwingen" — vorausgesetzt, es hätte Resonanz finden können.

Zweifellos leitet sich die Übereinstimmung in dieser Strategie der Kritik bei Büchner und Marx von den Gemeinsamkeiten in der Auffassung ihres Gegenstandes her. Es ist dabei nicht ohne Belang, daß beide von verschiedenen Voraussetzungen aus und auf verschiedenen Wegen an den Umschlagspunkt vom revolutionären Demokratismus zum Kommunismus gelangten. Arbeitete Marx sich vom fortgeschrittensten Stand der (junghegelianischen) kritischen Theorie der vierziger Jahre aus zur praktischen sozialen revolutionären Bewegung vor, so kam Büchner bereits aus der Praxis der Bewegung, als er sich mit den deutschen Zuständen und deren Verkehrung durch die bürgerlich-idealistische Ideologie literarisch auseinandersetzte. Führte die Philosophie Marx auf die Politik, so war es für Büchner die Politik, die ihm die Auseinandersetzung mit philosophischen Fragestellungen abverlangte. Verwies ihn die mechanistische Begrenztheit des französischen Materialismus, an den er anknüpft, wieder auf die Befragung der Praxis, so nötigte diese Marx, beeinflußt von Feuerbach, die Hegelsche Dialektik aus ihrer abstrakten Form und idealistischen Begrenztheit zu befreien. War Marx mit den Mitteln des Theoretikers vom Konzept des allgemeinen „menschlichen Wesens" her auf dem Weg zur Entdeckung der wirklichen Menschen in ihren wirklichen, historisch gegebenen sozialen Lebensverhältnissen und Kämpfen, so trachtete Büchner danach, dieser ihm in der praktischen Beteiligung an der revolutionären Bewegung nach dem Juli 1830 aufgehenden Sicht mit künstlerischen Mitteln zur Geltung zu verhelfen.

Im Unterschied zu Büchner, der — im Gefolge der neu belebten babouvistischen Tradition — bereits im „Hessischen Landboten" den Staat als Instrument der Reichen zur Ausbeutung und Unterdrückung der Armen dargestellt hatte, verstand Marx den Staat zunächst noch als die bloß politische Abstraktion des Gemeinwesens,[506] die den Bürger als Menschen schlechthin, unabhängig von seiner Klassenzugehörigkeit, entfremdete. Unter den Bedingungen der raschen Entfaltung aller gesellschaftlichen Widersprüche im Spannungsfeld zwischen industrieller Revolution und feudalstaatlicher Verfassungswirklichkeit war es Marx jedoch schon wenig später möglich, über den Punkt hinaus zu gelangen, in dem die verschiedenen praktischen und theoretischen revolutionären Erfahrungen und Traditionen hier zusammentrafen, und den für das zukünftige Epochenbild entscheidenden Durchbruch zu erreichen.

Im Fortschreiten von der Kritik an der Idee der bürgerlichen Gesellschaft zur Kritik an deren materieller Wirklichkeit, im Vorstoßen der Theorie zur Praxis entdeckte Marx den Schlüssel zu dem alles und jeden beherrschenden „ehernen Gesetz", das zu erkennen Büchner das Höchste schien, in der politischen Ökonomie. So konnte er denn auch das Proletariat, zu dem er auf diesem Wege aus theoretischer Folgerichtigkeit stieß — die sich profilierende und eben erst zu sich kommende große Klasse der Besitzlosen, deren Standpunkt Büchner in Deutschland zum frühestmöglichen Zeitpunkt und mit der größten Rückhaltlosigkeit spontan eingenommen hatte —, bereits in seinem entwickelten Klassencharakter und seiner besonderen Rolle als Subjekt in der Geschichte erkennen.

Vor allem in zwei Punkten, die in dem hier gegebenen Zusammenhang festzuhalten sind, berühren sich Büchners nicht publik gewordener, für seine Komödie konstitutiver und Marx' knapp ein Jahrzehnt später gewonnener Standpunkt bei der Auseinandersetzung mit dem gesellschaftlich-staatlichen Status quo in Deutschland, in der sich beide von der Tradition der deutschen idealistischen Philosophie emanzipierten und dem Materialismus und Kommunismus zuwandten, der sich zuvor am weitesten in Frankreich entwickelt hatte: im prinzipiellen Charakter der Kritik, die zum gemeinsamen sozialen Kern der verschiedenen zeitgeschichtlichen Spielarten und theoretischen Modelle des alten und des „modernen" Klassenstaates vordrang (in ihnen allen blieb der Dualismus unauflösbar, der zwischen der Wirklichkeit der von Einzelinteressen bestimmten Gesellschaft und der idealen — nur als Fiktion aufrechtzuerhaltenden — Bestimmung des Staates zur Wahrnehmung des Gemeininteresses besteht); und verbunden damit in der grundlegenden Umwertung des Verhältnisses von politischem Willen und historischer Persönlichkeit auf der einen und den materiellen Lebensverhältnissen und Bedürfnissen der arbeitenden Klasse als Faktoren im gesellschaftlichen Prozeß auf der anderen Seite.

Unter diesem Gesichtswinkel ging es in beiden Fällen um mehr als die Kritik des bereits unter dem Niveau der Geschichte stehenden Staatsmodells des Absolutismus, das sich in den deutschen Ländern in kuriosem Kleinformat konserviert hielt. Beiden war gemeinsam, daß sie — anders als die republikanischen und utopisch-sozialistischen Kritiker — aus den deutschen Staatszuständen mehr als nur einen nationaleigentümlichen Anachronismus herauslasen, der bloß noch als verachtenswertes Gegenbild der neuen Gesellschafts- und Staatsform taugte, die in Frankreich schon ihre wechselvolle wirkliche Geschichte hatte, in Deutschland dagegen noch Ziel und Ideal der sich vorbereitenden bürgerlich-demokratischen Revolution war.

Indem sie sich — der eine zuerst von der empirischen, der andere von der theoretischen Ebene her — auf das hier noch existierende alte System als wirklichen Gegenstand der Kritik im Handgemenge einließen, nahmen sie auf die ihnen jeweils mögliche Weise eine einzigartige Chance wahr, die in dem während dieser beiden Jahrzehnte kraß zutage tretenden Anachronismus lag. Denn es ist zweifellos richtig, daß die fortschrittlichen demokratischen, sozialistischen und kommunistischen Gesellschaftskonzeptionen, die von deutschen Revolutionären im Vormärz entwickelt wurden, undenkbar wären ohne den zeitgeschichtlichen Anschauungsunterricht der „modernen Völker" Westeuropas, insbesondere seit der Julirevolution, die mit dem Bürgerkönigtum Louis-Philippes und dessen Juste-milieu-System eine eigentümliche legitimistische und zugleich unverhohlene Herrschaftsform des Kapitals hervorgebracht hatte. Aber es ist ebenso richtig und zeigt sich sehr deutlich bei Büchner 1834 und 1836 wie bei Marx 1843 und 1845: Gerade von der Erfahrung mit den Regimen des in Deutschland kompromittierten alten Systems aus, das als anachronistisch durchschaubar geworden war, fiel ein kritisch erhellendes Licht zurück auf die Verfassungswirklichkeit im bürgerlichen Frankreich und das moderne Herrschaftssystem überhaupt.[507]

Dessen tatsächliche Inkonsequenz, dessen Widerspruch in sich selbst, letztlich die Halbheit der nur politischen, bürgerlichen, nicht zugleich umfassenden menschlichen (nur von der notwendig werdenden neuen, sozialen Revolution zu leistenden) Emanzipation verriet sich denen, die nicht bei einer bloßen undialektischen Entgegensetzung von neuem und altem System stehenblieben, gerade in der Vergleichbarkeit bestimmter wiederkehrender Herrschaftsmechanismen und -bedingungen.

Im zeitlichen Nebeneinander von Vergangenheit und Gegenwart, von offen zutage liegender nationaler Borniertheit und international entfalteter widerspruchsvoller neuer Epochengesetzlichkeit lag damit ein Schlüssel, dessen volle Bedeutung sich erst in den vierziger Jahren erwies. Darauf beruht die Relevanz des — nur oberflächlich gesehen spezifisch deutschen — anachronistischen Gegenstandes der Komödie Büchners.

In erster Linie richtete sich Büchners spöttisch enthüllender Abgesang auf das monarchische System gegen die bis 1848 virulenten Illusionen der Liberalen, die ihre Hoffnungen auf die Reformierbarkeit und Vereinbarkeit dieses Systems mit einer verfassungsmäßigen Volksvertretung setzten. Je deutlicher die Tatsachen aber die klassenegoistische Begrenztheit auch der weitergesteckten politischen Ziele der bürgerlichen Demokratie auswiesen, um so mehr betraf die Komödie des Duodezabsolutismus zugleich das moderne republikanische Staatsmodell, dies sogar mit um so schneidenderer Schärfe, je konsequenter politisch dessen Charakter war und verstanden wurde.[508] Denn um so mehr bedurfte es der Selbsttäuschung über seinen Klasseninhalt und der idealistischen Überbrückung der realen Widersprüche.

Was in „Dantons Tod" noch in tragischer Form, als Mißverhältnis zur Realität, gestaltet worden war — die historische Probe auf das Ideal der bürgerlichen Demokratie in Gestalt der revolutionären Herrschaft der Jakobiner, deren Konvent Marx „das *Maximum* der *politischen Energie*, der *politischen Macht* und des *politischen Verstandes*"[509] nannte —, ist auch Gegenstand der kritischen Enthüllung in Büchners Lustspiel. „So sieht *Robespierre*" — heißt es in der schon zitierten Replik von Marx auf den Artikel Ruges zum Verhältnis des preußischen Königs zur notwendigen Sozialreform 1844 — „in der großen Armut und dem großen Reichtume nur ein Hindernis der *reinen Demokratie*. Er wünscht daher eine allgemeine *spartanische* Frugalität zu etablieren. Das Prinzip der Politik ist der *Wille*. Je einseitiger, das heißt also je vollendeter der *politische* Verstand ist, um so mehr glaubt er an die *Allmacht* des Willens, um so blinder ist er gegen die *natürlichen* und geistigen *Schranken* des Willens, um so unfähiger ist er also, die Quelle sozialer Gebrechen zu entdecken."[510]

Was Friedrich Wilhelm IV. von Preußen, als höchste und „einzige politische Person" seines Landes, mit den Heroen sogar der radikalsten Phase der Französischen Revolution vergleichbar macht, ist dieselbe notwendig verkehrte Auffassung des Prioritätsverhältnisses von sozialer Realität und politischer Verfassung, die Annahme, es handle sich bei dieser um eine kraft freien Willens realisierte Idee.

Alle sich noch so sehr widerstreitenden Staats- und Gesellschaftstheorien von Rousseau bis Hegel, von des einen fortschrittlichsten bis zu des anderen reaktionärsten Anhängern geben in diesem Punkt die ihnen gemeinsame schwache Stelle zu erkennen. Sie ist der gemeinsame Nenner, auf Grund dessen auch zwischen dem Komödienkönig Peter und der tragischen Gestalt Robespierres eine fatale Korrespondenz besteht. Um diesen objektiv begründeten gemeinsamen Nenner aufzufinden — wenn auch nicht wie Marx in der Form begrifflicher Bestimmtheit — und die Kritik bis zu ihm (und damit bis an den Kern der modernen Gesellschaftsproblematik) vorzutreiben, mußte der Kritiker schon den Standpunkt der jüngsten, eben erst auf den Platz tretenden Klasse einnehmen, für die der Gegensatz zwischen feudaler und bürgerlicher Ordnung nur noch ein relativer ist, die nicht nur an der Herrschaftsablösung einer bestimmten Klasse, sondern objektiv an der Abschaffung der Klassengesellschaft überhaupt interessiert ist und keiner ideologischen Selbsttäuschung bedarf. Das war ein Standpunkt, der *innerhalb* der Komödienwelt Büchners und ihrer Figurenbesetzung keinen Vertreter haben konnte, der als Sprachrohr des Dichters in Frage kam. Aus der zur Geltung gebrachten Sicht jedoch, aus der materialistisch aufgefaßten Korrelation von politischen, ideologischen (und für Büchner speziell auch ästhetischen) Auffassungen zu den bestehenden Lebensverhältnissen erhellt dieser Standpunkt.

6

Die anmaßliche oder eingebildete *Allmacht des Willens*, dem alles außer sich zum Objekt wird — für den jungen Marx die primäre Ansatzstelle seiner Kritik an der Beschränktheit des reinen politischen (bürgerlich beschränkten) Prinzips und seiner beginnenden Generalrevision der Gesellschaftserkenntnis —, wird in „Leonce und Lena" zum thematischen und dramaturgischen Drehpunkt. Die komplexe Handlung des Stücks und das disparate thematische Gefüge sind um ihn zentriert und kommen hier zur Deckung.

Das gilt gleichermaßen für die von Peter — der Spottgeburt des *politischen* Willens in Gestalt der Allmacht des Monarchen — getragene Staatsaktion wie auch für die von Leonce mit Hilfe von Valerio geführte individuelle Gegenaktion, die in der Romanze mit Lena kulminiert. Und es gilt ebenso für die von Leonce entfaltete dritte Handlungsdimension, sein Überspielen des Spiels, das allem übergeordnete Geschehen im separierten Reich des schönen Scheins, in das er, da seine wirkliche Flucht zum Scheitern verurteilt ist, ausweicht, um sich nach klassischem wie romantischem Muster als freies Subjekt wenigstens auf diese Weise im Allmachtbereich des *ästhetischen* Willens zu verwirklichen.[511]

Über dem durch die private Rebellion des Prinzen in seinen sozialen Grundlagen unangetasteten absoluten politischen Staat wölbt sich der absolute „ästhetische Staat". Sein Grundgesetz sollte dem Individuum die Freiheit des Willens als Grundlage humaner Selbstverwirklichung garantieren, ein Anspruch, den der einseitige politische ebenso wie der abstrakte moralische Wille nicht einzulösen vermochte.[512]

Der „Staat des schönen Scheins"[513], wie er Schiller als idealer Gegensatz zur häßlichen Wirklichkeit sowohl der alten feudalstaatlichen als auch der entstehenden Ordnung des Kapitalismus vorgeschwebt hatte, war ein nicht weniger rigoroser Entwurf als die gleichzeitige, zum äußersten vorgetriebene Revolution des politischen Staates in Frankreich 1793/94. Das mit Robespierre erreichte Maximum des politischen Verstandes, der, auch im maximalen Besitz und Einsatz der Macht, dennoch die ihren eigenen Widerspruch produzierende Wirklichkeit der neuen Gesellschaft nicht seinem idealistischen Prinzip unterwerfen kann, hat mit seinem deutschen Korrelat, dem Maximum des *ästhetischen* Verstandes (als das man Schillers klassizistische Kunstlehre wohl ansehen darf) dieselbe verkehrte Grundauffassung gemeinsam, die im Willen den letzten Grund der Dinge sah.

Beide überwölbten, sich im klassischen Musterbild der Antike spiegelnd, die gewöhnliche Wirklichkeit durch einen idealistischen Überbau, denn beide bedurften der Selbsttäuschung über ihren konkreten historischen Inhalt und ihre wirkliche Klassenbedingtheit; in beiden Sphären, im idealen bürgerlichen Staat wie im idealen Kunstreich, mußte daher notgedrungen die Form dem lebendigen Inhalt übergeordnet bleiben. Der wirkliche Unterbau der Gesellschaft blieb beiden etwas Fremdes, jedenfalls Sekundäres. In beider Richtung lag es, das Erstrebte, je offenkundiger die Wirklichkeit dessen Erfüllung versagte, ins Übersinnliche transzendieren zu lassen und — sei es die Vernunft in der von Robespierre eingeführten Religion des Höchsten Wesens, sei es das Ideal des vollkommenen Menschen im Kult des Kunstschönen — zu verhimmeln.[514]

Nur sollte der ästhetische Überstaat, als dessen schon unernsten, selbst keine andere Würde als die der närrischen Existenz beanspruchenden Prätendenten Büchner Leonce in seinem Komödienreich auftreten läßt, den politischen Staat an idealistischer Konsequenz noch überbieten. Wenn Leonce die ihm zufallende Macht übernimmt und zugleich die ihm damit auferlegte Zuständigkeit im närrischen Übermut aufkündigt, schwingt er sich, ausschließlich das Gesetz des freien „ästhetischen Bildungstriebs" anerkennend, zum Herrscher in dem von Schiller beschworenen „dritten fröhlichen Reiche des Spiels und des Scheins" auf, das „dem Menschen" (genauer aber, wie im Modell der Komödie erkennbar: dem privilegierten Individuum, dessen fiktiver Allmacht des Willens die ausgebeutete Arbeit, also reale Unfreiheit anderer zugrunde liegt) „die Fesseln aller Verhältnisse abnimmt und ihn von allem, was Zwang heißt, sowohl im physischen als im moralischen entbindet".[515]

Das chimärische Zukunftsreich, das König Leonce Lena zu Füßen legt, ein Paradies, dessen künstliches Klima rings um das Ländchen aufgestellte Brennspiegel „bis Ischia und Capri hinaufdestilliren" sollen — es ist übrigens das einzige Klima, in dem man sich Lenas blumenhaft zarte Natur lebensfähig denken kann, „das ganze Jahr zwischen Rosen und Veilchen, zwischen Orangen und Lorbeern" —, transzendiert ins vollkommene ästhetische Reich des schönen Scheins.[516] Die im Wunschdenken gefangen bleibende — nicht mehr geglaubte — Utopie vom vollkommenen Staat, die das verlorene Goldene Zeitalter der Menschheit (die Antike, wie das 18. Jahrhundert glaubte) in die Gegenwart holen will, und die erstmals mit der nachrevolutionären Prosa konfrontierte Poesie, die das Bild dieses Ideals wieder in eine höhere, in sich selbst abgeschlossene, dem wirklichen Leben der wirklichen Menschen unerreichbare Sphäre entrückt, ergänzen und verraten einander.

Als Kompensation der fehlgeschlagenen praktischen Emanzipationsversuche setzen die fiktiven Reichsgründungen des freien Willens de facto zumindest das augenblickliche Sichabfinden mit den wirklichen unfreien Verhältnissen voraus. Der idealistische Künstler aber, der Dichter der deutschen Kunstperiode zumal, ist der auf den Flügeln der Poesie aus der Misere in höhere Regionen exilierte, *hier* unumschränkt herrschende, ungekrönte, die Nation im Geiste gründende, den idealen Menschen überhaupt vertretende Gegenfürst.[517] Ihm stellt sich Leonce — in der Haltung des Narren — gleich.

Muß Peter, das herrschende System der Nichtigkeit in Person, bereits die äußerste Mühe aufwenden, um sich auch nur einbilden zu können, daß er an sich selbst glaubt, und diese Einbildung zudem noch seiner Umgebung abfordern, so erreicht das der Realität nicht mehr standhaltende Selbstbewußtsein des Systems in Leonce wahrhaftig den allerletzten Grad der Verflüchtigung. Insofern nämlich, als die bloße Einbildung, an sich selbst, an seine Existenzberechtigung zu glauben — für Peter eine Aufgabe, mit der er sich im Ernst abmüht —, für den inthronisierten Kronprinzen schließlich ganz und gar zu einem reinen, nur noch zum Zwecke der Selbstbelustigung, zur Vertreibung der „entsetzlichsten Langeweile" betriebenen Spiel wird. Um nicht wie Peter zum Gefangenen der verächtlich abgelehnten Rolle des Monarchen, die er zum Schluß doch übernimmt, zu werden, ergreift er — nach dem Versagen der philosophischen Selbsttäuschung — die letzte, raffinierteste Möglichkeit der freien Selbstbehauptung. Da er weder in der Lage noch bereit ist, die ihm zugefallene Rolle ernsthaft aufzufassen, sich mit ihr zu identifizieren, kann er sich darin versuchen, bloß noch *mit* ihr — d. h. aber mit der ganzen ihm in die Hände gefallenen Staatsmaschinerie und dem ihm zu eigen gemachten Untertanenvolk — zu spielen, sie zu ästhetisieren, also sich in dem Versuch zu gefallen, dem Zustand der Erbärmlichkeit zumindest für sich selber einen — wenn auch falschen — schönen Schein abzugewinnen.

Anders als der in der Abstraktion des Ichs zum allgemeinen Willen aufgehende und im „An-Sich" der Substanz als Person absorbierte König Peter rettet Leonce auf diese Weise seine Identität, muß er nicht an seinem Selbst irre werden; anders gesagt, es gelingt ihm, der Selbstentfremdung wenn schon nicht zu entgehen, so doch zumindest nicht zu erliegen. Die neue Existenzform, in die sich der seine abgespielte Rolle parodierende Souverän zu diesem Zweck flüchtet, ist die des autonomen Künstlers.

Möglich ist diese Selbstrettung des Individuums als freies Subjekt für Leonce freilich nur um den Preis der Verdinglichung der anderen, nicht wie er Privilegierten, deren entäußerte Wesenskräfte er sich angeeignet hat. Er verhehlt bei seinem Regierungsantritt nicht diese gesellschaftliche Quelle und Bedingung seiner Spielfreiheit.

„LEONCE. Nun Lena, siehst du jetzt, wie wir die Taschen voll haben, voll Puppen und Spielzeug? Was wollen wir damit anfangen? Wollen wir ihnen Schnurrbärte machen und ihnen Säbel anhängen? Oder wollen wir ihnen Fräcke anziehen, und sie infusorische Politik und Diplomatie treiben lassen und uns mit dem Mikroskop daneben setzen?" Und mit deutlichem Hinweis auf den Funktionsübergang zwischen profanem Spiel der Macht und reinem Spiel der Kunst, zwischen Politik und Theater, Staat und Komödie: „Oder hast du Verlangen nach einer Drehorgel auf der milchweiße ästhetische Spitzmäuse herumhuschen? Wollen wir ein Theater bauen?"[518]

Die sich hieran als Ausklang der Komödie anschließenden phantastischen Zukunftsverheißungen, in deren Ausmalung Leonce und Valerio miteinander wetteifern, sind weit davon entfernt, von den beiden Partnern des Dialogs (Lena wohnt ihm in stummer Abwendung bei) ernst genommen zu werden. Aller Utopismus von den antikisierenden Wunschbildern deutscher Italiensehnsucht des 18. Jahrhunderts bis zu den Heilserwartungen der modernen Jünger Saint-Simons taugt ihnen — und darin liegt zweifellos ein abschließendes Votum Büchners — nur noch zum parodistischen Spaß.

Unterdessen hat Leonce schon die Fäden in die Hand genommen, um die Puppen tanzen zu lassen. Wie es in Wirklichkeit im Reich Popo weitergehen wird, sagt seine Anweisung an die umstehenden Teilnehmer der nur mit Mühe und Not — beinahe nur „in effigie" — über die Bühne gebrachten, von der Allmacht des „höchsten Willens" beschlossenen, also unwiderruflich zu realisierenden Trauung, jetzt nach Hause zu gehen, aber die eingeübten Reden und Sprüche nicht zu vergessen: „. . . denn morgen fangen wir in aller Ruhe und Gemüthlichkeit den Spaß noch einmal von vorn an."[519]

Es gibt keine Zukunft für diese Welt, nur die durch Wiederholung in Gang gehaltene alte Mechanik — solange die Puppen Puppen (bzw. „politische Tiere") bleiben und mitspielen. Noch zeigen sie von sich aus keine Anzeichen, die das in Frage stellen.

Bedeutet das letztlich nicht doch nur die resignierte Bestätigung der Verewigung des bestehenden Zustands? Zweifellos beschwört das Stück diese Kehrseite der verabschiedeten Utopie als eine drohende Möglichkeit, ohne daß sich aber sein Fazit darin erschöpfte und ohne daß andererseits eine bloße mechanische Erschöpfung dieses Zustands in sich selbst durch die Wiederholung in Aussicht gestellt würde. Der Autor des Stücks setzt auf den subjektiven Faktor gerade da, wo dieser am meisten unterdrückt und in die tiefste Selbstverleugnung gedrängt ist. Daß er latent im Stück vorhanden ist, geht schon daraus hervor, daß die Wiederholung letztlich doch die Krise des Systems potenziert.

Die konsequente Ästhetisierung der Funktion des absoluten Souveräns, die Leonce vollzieht, ist ein Schritt zur Klarlegung der Verhältnisse. Sie bedeutet den Verzicht auf den Versuch, den Dualismus von sozialer Realität und elitärem Denken zu überbrücken, an dem Peter gescheitert ist.

Peter sieht in der Übergabe der Regierung an seinen Sohn (dem Zweck des Heiratsplans) für sich die Chance, die störende Realität nun ganz ignorieren und sich ausschließlich dem Geist widmen zu können. Er zieht sich zurück, um „sogleich ungestört ... zu denken" anzufangen, und nimmt seinen ganzen Staatsrat zu seiner Unterstützung dabei gleich mit aus der Verantwortung: „Kommen Sie meine Herren, wir müssen denken, ungestört denken."[520]

Leonce übernimmt die Alleinverantwortung und erklärt sie zugleich für absolut unverbindlich. Tatsächlich enthüllt er damit nur das Wesen des Absolutismus, das in Wirklichkeit darin besteht, niemandem verantwortlich zu sein, als das System der Unverantwortlichkeit. Seinen Mitnarren Valerio, der neben ihm die größte Qualifikation im Nichtstun und im zungenfertigen leeren Wortspiel besitzt, wird er als Staatsminister einsetzen.

Indem er seine Rolle offen als Rolle, als etwas von ihm selbst Unterschiedenes, behandelt, sind die anderen Rollenträger veranlaßt, auch die Frage nach *ihrer* Identität zu stellen, d. h. zu beginnen, die ihnen zugewiesene Objektrolle nicht mehr als selbstverständlich hinzunehmen. Die Darstellung und Selbstdarstellung des Spiels als Spiels fordert zur eindeutigen Unterscheidung zwischen Sein und Schein heraus, sie soll die wirklichen Menschen in ihren wirklichen Verhältnissen aus der Täuschung und Selbsttäuschung aufstören. Sie verweist sie brüsk darauf, auch ihrerseits zum Bewußtsein ihrer selbst zu kommen.

Für das Volk, für die Untertanen kann es keine größere Herausforderung, kaum ein wirksameres Mittel geben, sie aus ihrer Indolenz herauszureißen, als die Tatsache, daß der neue Herrscher sich ihrer so sicher zu sein scheint, daß er es nicht einmal der Mühe für nötig erachtet, ihnen die übliche Komödie des treu sorgenden Landesvaters vorzuspielen. Die Mehrzahl der gehorsamen Untertanen — einschließlich des mutmaßlich erreichbaren

Adressaten des Stücks, des gebildeten liberalen oppositionellen Bürgertums —, die vielen, die immer noch wenigstens den vermeintlich besseren, reformwilligen Fürsten Autoritätsgläubigkeit und Ergebenheit, Geduld in der Not und die Hoffnung auf gnädig gewährte Verbesserungen entgegenbringen, müssen erkennen, daß sie es sind, die sich aufs unwürdigste zum Narren halten lassen. 1848 endlich war, wie Varnhagen von Ense in seinem Tagebuch notierte, offenkundig: „Die Konstitutionen sind eine Komödie, das fühlt, das sieht das Volk", und der Zeuge der Märzereignisse beglaubigt gewissermaßen das Wirkungskalkül, das Büchners Komödie zugrunde liegt, wenn er seiner Beobachtung hinzufügt: „. . . nichts reißt gewaltiger zu Wut und Rache als das Gefühl, betrogen, genarrt zu sein."[521]

Die Figur des Reformkönigs in der Narrenjacke, die offenherzigste Selbstdarstellung des alten monarchischen Systems in seiner allerneusten und letzten Kostümierung, war ganz dazu angetan, einer solchen heilsam ernüchternden Selbstbesinnung einen Anstoß zu geben.

7

Die nuancenreiche und modellgerechte ironische Inszenierung des ästhetischen Staats in Büchners Komödie ist keinesfalls nur auf deren klassische Weimarer Ausprägung gemünzt. Wie die märchenspielhafte Karikatur des Staates der klassengeteilten Gesellschaft nicht ausschließlich den Typ der absolutistischen deutschen Restaurationsregime oder eine andere besondere geschichtliche Form widerspiegelt, sind es generelle idealistische Kunstprinzipien, dramaturgische und stilistische Arrangements verschiedener Spielart, die Büchner in der Nachbildung ihrer charakteristischen Strukturen persifliert.

Die einander ungewollt bestätigenden Formen der klassischen bürgerlichen Tragödie und des shakespearisierenden romantischen Lustspiels insbesondere werden in dem Stück gleichermaßen zum literarischen Gegenstand der Parodie. Denn sie dienten dem von der Restauration beherrschten Theater der Zeit als maßgebendes artifizielles Spielmaterial und vielfach strapazierte und trivialisierte dramaturgische Grundmuster. Der wirklichkeitsabgewandte exaltierte Theaterkult und seine Funktion, als

Surrogat des öffentlichen Lebens Ventile für „den Abzug der un-
zufriedenen Stimmung"[522]zu öffnen, bildeten die wirkungs-
ästhetische Angriffsfläche der Kritik Büchners. Dieser hielt gegen den idealistischen Autonomieanspruch des privilegierten Individuums, gegen das Abdrängen des demokratischen Anspruchs
auf reale Emanzipation ins Reich des ästhetischen Scheins die
Notwendigkeit der wirklichen sozialen Emanzipation des Volkes als grundlegende materielle Bedingung für die Befreiung der
Persönlichkeit.

Es sind daher auch nicht nur bestimmte hochberühmte literarische Figuren, die das Stück parodistisch zitiert. Nur insofern sie
dramatische Grundtypen repräsentieren, die das konventionelle
Theater der Zeit prägen, scheinen Faust und Hamlet, der im
unaufhaltsamen Handeln aufgehende und der in die Reflexion
verstrickte Protagonist, als ostentativ heraufbeschworene Reminiszenzen durch den Lustspielaufzug hindurch. Leonce selbst parodiert, indem er seine Rolle spielt, die unsterblichen Theaterhelden. Das Rollenspiel, als das sein Handeln sich zu erkennen
gibt, ist Wiederholung. Es ahmt nur ein zur ästhetischen Erbau-
ung ausgestelltes, von der Wirklichkeit abgetrenntes, zur bloßen
Theatralik entleertes Handeln nach.

Weil es in Wirklichkeit keine ernst zu nehmende Rolle, mit
der er sich identifizieren könnte, gibt — „Alle diese Helden, diese
Genies, diese Dummköpfe, diese Heiligen, diese Sünder, diese
Familienväter sind im Grunde nichts als raffinirte Müßiggänger"[523] —, kann Leonce sich selbst nicht mehr „wichtig werden"[524]. Er ist der zur Schau gestellte und sich selbst parodierende Theaterheld schlechthin, der dazu bestimmt ist, die mangelnde reale Möglichkeit zu freiem Handeln und zur Selbstverwirklichung des isolierten Individuums in der Gesellschaft unter
dem restaurierten Ancien régime zu kompensieren. Der Glaube
an die Reformierbarkeit dieses Systems ist aber endgültig zusam-
mengebrochen. Daher sieht Leonce auch in der nahen Aussicht,
selbst den Thron zu besteigen, keine echte Chance. Sein Auftreten auf der Bühne zeigt an, daß der Illusionsvorrat der bürgerlichen Emanzipationsbewegung des 18. Jahrhunderts erschöpft
ist. In der Krise der Persönlichkeit, die er mit komischem Pathos
tragiert, spiegelt sich das Schicksal der bürgerlichen Ideale wider.

Die Passion, „an Idealen zu laboriren", ist für Leonce — zusammen mit Valerio — schon eine Quelle der Komik.[525] Es offenbart deshalb den äußersten Grad des komischen Mißverhältnisses, in dem die Bühnenfigur Leonce zu ihren Vorgängern steht, wenn die Gouvernante Lenas, um die unfreiwillige Verlobte zu trösten, von ihm sagt: „... er soll ja ein wahrer Don Carlos sein."[526] Keine Rolle und keine Rollenauffassung liegen Leonce ferner als die des mit sich selbst identischen Carlos. Alles, was diesen zum idealen tragischen Helden qualifizierte, liegt unwiederbringlich hinter Leonce. Allen Glauben, alle Hoffnungen, alle glühende Tatbereitschaft hat er längst begraben, alle heroischen und romantischen Illusionen hat er schon verfliegen sehen.

Darum ist er, wie Lena betroffen bemerkt, „so alt unter seinen blonden Locken"[527]. Als letzter Abkömmling vom Stamm der Dramenhelden bühnenwürdigen hohen adeligen Standes, die einst als Stellvertretergestalten für die bürgerliche Hoffnung auf einen kommenden guten Fürsten und humane Herrschaftsverhältnisse einstanden, hat er, ganz auf die erschöpfte Selbstbespiegelung des hochgestellten Individuums angewiesen, der Welt und sich selbst nichts Neues zu entdecken. „Ich stülpe mich jeden Tag vier und zwanzigmal herum, wie einen Handschuh. O ich kenne mich, ich weiß was ich in einer Viertelstunde, was ich in acht Tagen, was ich in einem Jahre denken und träumen werde. Gott, was habe ich denn verbrochen, daß du mich, wie einen Schulbuben, meine Lection so oft hersagen läßt?"[528]

Noch seine aus echtem Leiden kommende Klage liefert er einer Ironisierung aus, die es ihm erlaubt, sich momentan in der Schwebe zwischen Ich-Zersetzung und Ich-Rettung zu halten. Daraus resultiert der Zwang zum Spiel — der Kompensation für den Ausfall wirklichen Handelns —, ein Zwang, dem er keinen Augenblick entrinnen kann.

Den Helfer, dessen er dazu bedarf, findet er in Valerio: „Komm Valerio, wir müssen was treiben, was treiben. Wir wollen uns mit tiefen Gedanken abgeben; wir wollen untersuchen wie es kommt, daß der Stuhl auf drei Beinen steht und nicht auf zwei ... Komm, wir wollen Ameisen zergliedern, Staubfäden zählen; ich werde es doch noch zu irgend einer fürstlichen Liebhaberei bringen. Ich werde doch noch eine Kinderrassel finden ..."[529]

Die letzte Weisheit, die ihm zu verkünden bleibt, ist das Nar-

222

renspiel, das die eigene Person als Zielscheibe nicht ausläßt. Neben seine Rolle tretend, ruft er sich spöttisch selbst auf die Bühne: „Komm Leonce, halte mir einen Monolog, ich will zuhören." Und er klatscht den eigenen Tiraden (die nur Nachhall sind) mit gespielter selbstaufmunternder Geste Beifall: „Bravo Leonce! Bravo! *Er klatscht.* Es thut mir ganz wohl, wenn ich mir so rufe. He! Leonce! Leonce!"[530]

Er kann um so mehr in dieser Art mit sich umspringen, als er ja nicht allein für sich als Individuum auf der Bühne steht. Er erfüllt zugleich Schillers klassischen Begriff der Tragödiengestalten, nach dem diese „keine wirklichen Wesen, die blos der Gewalt des Moments gehorchen", sind, „sondern ideale Personen und Repräsentanten ihrer Gattung, die das Tiefe der Menschheit aussprechen".[531] Denn in Leonce — der nicht allein Erbprinz auf der Realebene des Stücks, sondern auch als dramatische Figur auf der Bühne ist — liegen Individuum, d. h. wirkliches Wesen, und Rolle, d. h. Form der repräsentativen Bestimmung, in einem Widerstreit miteinander, in dem der Triumph des einen gleichbedeutend ist mit dem Verlust des anderen. Völliges Aufgehen in der festgelegten Rolle hieße, zur Spielpuppe, zum Automaten-Menschen werden.

Alle für Leonce denkbaren Rollen auf der Bühne sind schon durchgespielt, ebenso wie ihm alle Berufe im Leben, die für ihn in Frage kämen, nur als durchsichtige Verkleidungen müßigen, nichts auf der Welt ändernden Tuns und untaugliche Versuche, sich die Langeweile zu vertreiben, erscheinen.[532] Die Berufe, welche die Gesellschaft als Leitbilder für nicht anpassungswillige höherstrebende Individuen bereithält — den Gelehrten, der sich der reinen Wissenschaft verschreibt, den „Helden", wie ihn die „Alexanders- und Napoleonsromantik" der Zeit sich ausmalt, oder das Künstler-„Genie" —, sind für Leonce keine wirklichen Alternativen zu der ihm zugedachten, von ihm verabscheuten Rolle des Königs.[533] So zieht er es vor, wenn schon nicht die unerreichbare Erfüllung, so doch wenigstens Ablenkung und Unterhaltung im Nachspielen der überlieferten theatralischen Muster zu suchen.

Die Anzüglichkeit dieses Nachspielens aber besteht in dessen betontem Vorführungscharakter, der das Geschehen und die Form seiner Darbietung als illusorisch entlarvt, eingeschlossen die Spielpose der romantischen Selbstreflexion. Diese freilich vermag noch der geistreich desillusionierten Destruktion des Ichs eine subtile gebrochene Poesie abzugewinnen, die Raum zu neuer, augenblicklicher Subjektbehauptung schafft.

8

Treibt Valerio, scheinbar gegen den „höchsten Willen" (Peter), tatsächlich als dessen zuverlässigster Erfüllungsgehilfe, die *äu-ßere* lustspielhafte Handlung voran, so bleibt Leonce die Haupt-rolle der *inneren* Handlung vorbehalten, die parodistisch den sei-nem Stand gemäßen hohen Stil der Tragödie anklingen läßt. Übertrieben getreu dem Gesetz der klassischen Dramaturgie ge-horchend, verlagert sich das Hauptgeschehen in die innere Handlung. Im Kontrast zur Enge des äußeren Raumes — mit der überzeichneten perspektivischen Verkürzung, die das ganze Kö-nigreich Popo auf der Bühne Platz finden läßt, einer Persiflage der Einheit des Ortes im Drama der geschlossenen Form — öff-net der imaginäre Schauplatz der vom Figurenbewußtsein aufge-schlagenen Bühne einen, wie es scheint, unbegrenzten Spiel-raum. Erst (und nur!) in ihm vollendet sich die idealistische (Schein-)Befreiung des Individuums von den Fesseln der Wirk-lichkeit.[534]

Dinge, Natur, Landschaft und auch Personen werden hier, dem freien Willen des autonomen Ich-Bewußtseins ausgeliefert, zu auswechselbaren Requisiten einer flüchtigen, ständig umstür-zenden und umbaubedürftigen chimärischen Augenblickswirk-lichkeit. Leonce verhält sich auf diese Weise als privates Subjekt im Grunde analog zu seinem Vater als politischem Subjekt. Sein ästhetisch-sensualistischer Solipsismus entspricht dem politisch-rationalistischen König Peters. Die Kehrseite der Entmateriali-sierung der Welt, an der beide sich versuchen — der eine müh-selig mit Hilfe der Philosophie, der andere mit zauberhafter Leichtigkeit durch die ästhetisierende Verwandlung des Lebens in ein Spiel der Phantasie und Sprache —, ist in beiden Fällen die Verdinglichung der Umgebung, über die sie real verfügen.

Auch Leonce bedarf in seiner künstlichen Welt der Requisiten und menschlichen Puppen, damit der Illusion „Alles ganz natür-lich wird"[535]. Während er die Allmacht des Monarchen ablehnt, der „aus ordentlichen Menschen ordentliche Soldaten ausschneiden" oder „schwarze Fräcke und weiße Halsbinden zu Staatsdienern machen" kann,[536] nimmt er selbst, ebenfalls ganz selbstherrlicher Souverän der Welt nach seinem Bilde, noch bevor er sich herbeiläßt, den ganzen „Puppen- und Spielzeug"-Staat als neuer Eigentümer zu übernehmen, für sich auf seine Weise in Anspruch, Dinge und Menschen als austauschbare Objekte zu gebrauchen.

Die Szene zwischen Leonce und Rosetta, einem Opfer dieser Haltung, gibt in der Vorführung der psychischen Mechanik empfindsam-sadistischer Reizgewinnung den sozialen Prozeß zu erkennen. Durch ihre ungleiche Stellung und ihre Liebe doppelt abhängig, dient Rosetta dem Prinzen als Spielzeug, das man nach Wunsch und Laune benutzen und schließlich zerbrechen kann, wenn es die Langeweile, die es vertreiben sollte, wieder aufkommen läßt.

Mehr noch enthüllt diese Szene das Schöpfungsgeheimnis der Überwelt, die das Ich der poetischen Selbstherrschaft zu setzen vermag. Es ist die illusionschaffende Inszenierungskunst des Helden, der hier als der Regisseur seines eigenen Seelendramas auftritt. Der Vorgang solcher (nicht nur theaterüblichen) Inszenierung selbst wird in Büchners Stück zum Gegenstand absichtsvoll nachahmender Darstellung. Man kann Leonce zusehen, wie er, assistiert von einigen lautlos arbeitenden Dienern, den hermetischen Spielraum ausgestaltet, der ihm zum künstlichen Paradies des mit routinierter Sorgfalt arrangierten erotischen Rausches dienen soll: „EIN REICHGESCHMÜCKTER SAAL. KERZEN BRENNEN. *Leonce mit einigen Dienern.* LEONCE. Sind alle Läden geschlossen? Zündet die Kerzen an! Weg mit dem Tag! Ich will Nacht, tiefe ambrosische Nacht. Stellt die Lampen unter Krystallglocken zwischen die Oleander, daß sie wie Mädchenaugen unter den Wimpern der Blätter hervorträumen. Rückt die Rosen näher, daß der Wein wie Thautropfen auf die Kelche sprudle. Musik! Wo sind die Violinen? Wo ist die Rosetta? Fort! Alle hinaus! *Die Diener gehen ab. Leonce streckt sich auf ein Ruhebett. Rosetta, zierlich gekleidet, tritt ein. Man hört Musik aus der Ferne.*"[537]

Rosetta wird hier, die kunstvoll aufgebaute „ambrosische Nacht"-Szenerie vollendend (es ist eine vorwegnehmende, dem Privilegierten vorbehaltene, an den flüchtigen Augenblick gebundene Kleinform des zeitlosen Reichs himmlischer Glückseligkeit auf Erden), in eine Rolle eingesetzt, die das zu diesem Zeitpunkt auf dem Programm stehende Stück vorsieht. Sie spielt sie weder zum erstenmal, noch ist sie die erste und gewiß auch nicht die letzte, die sie spielt. Denn die Rolle ist nicht an eine bestimmte Person gebunden und kann ohne Veränderung des Arrangements umbesetzt werden. Gerade dies macht das wirkliche Schicksal Rosettas aus, das in der ihr zugeteilten Rolle im Spiel enthalten ist. Der durch die Rolle bestimmte Handlungsinhalt ist letztendlich: Rosetta muß gehen. In der Dramaturgie des Leonce-Stücks nimmt die Szene nur den Platz einer Episode ein, in bezug auf Rosetta ist sie ein Drama für sich. Rosetta hat das fertige Schema nur auszufüllen. Ist Leonce Autor, Held, Dramaturg, Regisseur und noch dazu Inspizient der Szene und nicht zuletzt Intendant des Hauses und Zuschauer in einem, so hat sie nur als Spielfigur zu fungieren, als eine Marionette in der Hand des auf Selbsttäuschung versessenen Spielleiters — wie die Figuren auf der Staatsbühne König Peters, nur mit dem Unterschied, daß der Lenkungsvorgang hier verinnerlicht und die Inszenierung eine raffiniertere ist.

Eine Parallelität zwischen der Zwangsrolle der Bauern im Handlungszusammenhang der von Peter getragenen Staatsaktion und der Rolle Rosettas in der privaten Gegenhandlung des Prinzen ist nicht von der Hand zu weisen, wenn die Verdinglichung sich hier auch in subtilerer Weise vollzieht. Bemerkenswert ist, daß die Bauernszene ebenfalls nicht eine gefälschte Wirklichkeit an sich darstellt, sondern vielmehr — indem der Autor gleichfalls vorzeitig den Blick hinter den Theatervorhang freigibt — die Inszenierungstechnik, der sich die Vorspiegelung bedient. Die Szene zeigt deshalb nicht die fertig präparierte Huldigungsschau der „freiwillig" angetretenen Untertanen, sondern deren Einübung vor dem programmgemäßen Auftritt. Auch die Rosetta-Szene lenkt gleich anfangs das Interesse auf ein solches funktionales Moment des Geschehens, das ein Drama der geschlossenen Form übergange. Nicht zuletzt lebt ja der Komödiencharakter des Stücks aus dem betonten Spannungsverhältnis zur Theaterkonvention, das sich in einem Wechselspiel von überspitzender Kopie und Verschiebungen der Perspektive sowie des Verhältnisses von vorgeführtem und verdecktem Geschehen äußert. Büchner macht so die dramatische Kunstform in ihrer Funktionalität mit zum Gegenstand seines Stücks, um die sich in ihr verratende und bestätigende gesellschaftliche Praxis aufzudecken.

Wie man Rosetta, herbeigerufen durch ihr Stichwort, an der vorgesehenen Stelle erscheinen sieht, so erlebt man auch ihr Ausscheiden aus dem Spiel als einen Akt des allvermögenden Willens ihres Gebieters. Da sie als Figur ganz sein Geschöpf ist, genügt es, daß er, ihrer überdrüssig und die Vorstellung abbrechend, die Augen fest vor ihrem Anblick verschließt, um sie von der Bühne, die er selbst aufgeschlagen hat, wieder ins Nichts verschwinden zu lassen. Da sie für ihn nichts anderes als die Verkörperung des eigenen vorübergehenden Gefühls ist — in diesem Sinne spricht er sie nun als seine tote Liebe an —, kann er sie, sich noch bis zuletzt am Spiel ihrer „Todesfarben" weidend, für immer in seinem Selbst begraben.[538] Freilich erkennt man die Kunst Büchners und den Impetus seines konkreten humanen Anliegens daran, daß er gegen die scharfsinnig diagnostizierte Struktur der gesellschaftlichen Lebenspraxis, in der (in welcher Sphäre auch immer) Menschen zu Zweckobjekten anderer, durch Macht Privilegierter manipuliert werden, gegen die verdinglichende Anmaßung, eine glaubwürdige Kraft des Widerstandes spürbar macht. Das geschieht, indem er bei alledem der verbleibenden Diskrepanz zwischen Person und Figur, dem Nichtaufgehen des wirklichen Menschen in der festgelegten Rollenfunktion, zum Ausdruck verhilft. Ein poetisches Mittel dazu kann das den bedrückten Gestalten zu Gebote stehende Lied sein, das im Volke lebt und den Zirkel des manipulierten Spiels naturhaft durchbricht, wie das von Rosetta gesungene „O meine müden Füße, ihr müßt tanzen" mit der Schlußstrophe

O meine armen Augen, ihr müßt blitzen
Im Strahl der Kerzen,
Und lieber schlieft ihr aus im Dunkeln
Von euren Schmerzen.[539]

Gegen den Zwang der Rolle erhebt sich hier die Selbstäußerung des lebendigen, den Schmerz empfindenden Menschen. Und wenn Leonce die Figur seines Spiels als dessen scheinbar allmächtiger Meister abzugehen zwingt, so bleibt doch, von ihm nicht zurücknehmbar, die wirkliche Rosetta im Bewußtsein des Zuschauers zurück — im Nachklang jener anderen Verse, mit denen sie sich singend, ihre Verlassenheit beklagend, „traurig und langsam" von der Bühne entfernt:

Ich bin eine arme Waise,
Ich fürchte mich ganz allein.
Ach lieber Gram —
Willst du nicht kommen mit mir heim?[540]

Die Scheinhaftigkeit des Spiels läßt nicht den echten, mit menschlichem Leben zu bezahlenden Einsatz vergessen, den es als Tribut verlangt. Das Stück ist deshalb mehr als nur ein Spiel mit Marionetten, es ist zugleich die Komödie eines solchen mitsamt dem darin enthaltenen tragischen Grund. Auch in der Gestalt des Leonce ist, soweit er selbst Opfer der von ihm mitgetragenen Verhältnisse ist, diese Ambivalenz angelegt. Diese erlaubt es Büchner im übrigen, eigene Erfahrungen und Stimmungen in sie einfließen zu lassen.[541]

Leonce hat, um sich der Erfüllung seiner Rolle am Hofe zu entziehen und die Leere seines Lebens weiter, so gut es geht, zu überbrücken, sich mit gekünsteltem Enthusiasmus auf das Nachspielen eines anderen Musters illusionärer Emanzipation geworfen. Ein vielbesungenes erinnerungsvolles „Wehen aus Süden" hat ihn ergriffen, als er nach dem modischen Leitbild eines Lazzaroni mit Valerio nach Italien aufbricht, ins klassische Land der Sehnsucht, unter den Himmel der versunkenen, zur Idylle verklärten Kulturwelt der Antike.[542] Da begegnet ihm in Gestalt Lenas das Wunder.

Die Liebesbegegnung mit Lena vermag, solange er noch nicht weiß, daß auch dieses ihn am tiefsten berührende Erlebnis sich als ein Trugbild herausstellen wird, ihn einen Augenblick lang zu verwandeln. So sehr, daß der fast nicht mehr gekannte Mensch in ihm die Oberhand über den Komödianten gewinnt und er im Ton schlichten Ernstes etwas sagen kann, was Büchners ureigenste Überzeugung wiedergibt. Der eben noch als blasierter Don Juan posiert hat („Mein Gott, wieviel Weiber hat man nöthig, um die Scala der Liebe auf und ab zu singen? Kaum daß Eine einen Ton ausfüllt."[543]), offenbart jetzt dem ungläubig staunenden Valerio seinen Wunsch zu heiraten und versichert ihm, „daß selbst der Geringste unter den Menschen so groß ist, daß das Leben noch viel zu kurz ist, um ihn lieben zu können"[544].

Damit ist positiv ausgesprochen, was die Aufhebung der alles beherrschenden entmenschlichenden Verhältnisse bedeutet: die ausnahmslose Anerkennung des Selbstwerts eines jeden Menschen, das Ende seiner Herabwürdigung zum bloßen Objekt und Mittel fremder Zwecke. Ein solcher Zustand, der in der verdrehten Daseins- und Anschauungsform der Komödienwirklichkeit nur als extreme Verrücktheit für die Dauer eines Augenblicks denkbar sein kann, wäre der eigentlich normale, natürliche, menschengerechte, vernünftige. Doch was vernünftig ist, ist nicht. Ja sogar die Vorstellung vermag ihn nur als etwas Überirdisches zu fassen. An diesem Umschlagspunkt gibt das Stück sich deutlich in seinem Sinn als Komödie der verkehrten Welt zu erkennen.

Die fatale Ironie besteht darin, daß eben gerade dieser Moment, der Leonce — hier das einzige Mal ohne Pose und hinter keiner Maske — die einfache Wahrheit, den möglichen, so hoffnungslos vermißten Lebenssinn zugänglich macht, der tiefsten und vollständigsten Täuschung entspringt. Genau an dieser Stelle des Stücks läßt Büchner daher nicht von ungefähr die kontrastierende Realität der Bauernszene hereinplatzen.

Tatsächlich muß der Prinz und künftige König Leonce, um eine solche Vermenschlichung zu erfahren, so außer sich sein, seine soziale Rolle momentan so sehr vergessen wie der Gutsherr Puntila, wenn er betrunken ist. Freilich ist die Trunkenheit des Leonce, die ihm die Welt vom Kopf auf die Füße stellt, von anderer, nämlich mystischer, Sinnlichkeit und Idealität verschmelzender Art. Nur dieses eine Mal scheint ihm die Befreiung aus jedem Rollenzwang zu gelingen — das Wunder der Verwandlung in sich selbst. Es ist der alles erfüllende höchste Augenblick des weltumspannenden Selbstgefühls, den zu erleben es Faust umtrieb und für den er zu jedem Einsatz bereit war. Leonce fällt er in der Berührung mit Lena zu, als die beiden sich nachtwandlerisch zusammenfinden. Dem Genuß der höchsten Seligkeit — einmal ganz man selbst sein und dann sterben — kann nur noch der Wunsch, tot zu sein, folgen. Auch das ist schon (von Büchner parodiertes) Klischee, auch wenn Leonce dies eine Mal scheinbar nicht spielt, sondern wirklich erlebt. „Zu viel! zu viel! Mein ganzes Sein ist in dem einen Augenblick. Jetzt stirb. Mehr ist unmöglich . . . *Er will sich in den Fluß stürzen*."[545]

Leonce, ohne sich dessen bewußt zu sein, vollendet gerade

diesmal das Spiel so weit, daß es für ihn geradezu in Wirklichkeit umschlägt. Aber Valerio, der ihn zurückhält, reißt seinen Herren rechtzeitig aus der „Illusion" und bringt ihn zu sich. Er hat sein distanziertes Rollenbewußtsein bereits wiedererlangt, als er sich resigniert ins Gras legt und zu Valerio sagt: „Mensch, du hast mich um den schönsten Selbstmord gebracht. Ich werde in meinem Leben keinen so vorzüglichen Augenblick mehr dazu finden . . . Jetzt bin ich schon aus der Stimmung."[546]

Die Vermenschlichung des Prinzen durch die Liebe war Poesie, das Produkt eines schönen Traums, der rasch verfliegt. Die Wirklichkeit sieht anders aus. Das eine und das andere durchleuchten einander, und beide, Traum und Wirklichkeit, werden so deutlicher. Mit ebenso schneidender Schärfe wie feiner Ironie aber stellt Büchner — simultan mit dem verkehrten politisch-philosophischen Bewußtsein — die ästhetische Inszenierungstechnik des schönen Scheins bloß, durch die die Lebenswirklichkeit noch um einen Grad radikaler eskamotiert wird.

An der Gestalt der Prinzessin Lena, dem Non plus ultra einer idealen Kunstfigur, wird das am deutlichsten. Sie ignoriert die realen häßlichen Bedingungen ihrer hochgestellten schönen Existenz (die der Masse des Untertanen-Volks entzogene Möglichkeit menschenwürdigen Daseins) in reinster Unschuld, weil ihr jedes Bewußtsein davon fehlt. Von ihr, dem denkbar wehrlosesten Opfer, das die Staatsaktion sich ausersehen kann, fällt im abgeschlossenen Handlungsraum des Stücks das hellste Licht auf den Widerspruch zwischen der Realität des Lebens und der Idealität der Kunst, zwischen sozial determiniertem Rollenzwang und autonomer individueller Selbstentfaltung. Unter allen auftretenden Personen beharrt allein Lena in fragloser Unbedingtheit auf ihrer Identität. Diese ist so ungebrochen und so sehr zum Ideal ihrer selbst erhoben, daß sie als bloße leere Form erscheint. Sie ist Form ohne Inhalt, Identität ohne Individualität. Nichts Besonderes, nichts, was die Figur als etwas einmalig Gewordenes erkennbar und faßbar machen könnte, ist ihr eingezeichnet. Die absolute innere Autonomie, die sie vor allem anderen auszeichnet, kann sie nur als Person ohne Persönlichkeit behaupten. Ihre Natur, die Natur an sich ist, schließt jede Anpassung und damit verbundene Beschränkung oder Verleugnung ihrer selbst aus. Sie ist die einzige, der der Zwang, etwas darzustellen, fremd ist, die nichts will als sie selbst sein.

Die Absolutheit ihres durch kein Bewußtsein beirrten blumen-
haften Seins („Ich dachte die Zeit an nichts. Es ging so
hin ...“[547]) beruht auf dessen Unbestimmtheit. Erst die ihr zuge-
dachte Bestimmung (einen Mann zu heiraten, den sie nicht liebt,
den sie nicht einmal kennt) läßt sie zum Bewußtsein, nämlich
ihres Unglücks, kommen und fordert sie zu einer Haltung, der
des elegischen Protestes, heraus. Nur die Freiheit von äußerer
Bestimmung ermöglicht ihr die Harmonie mit sich selbst, ohne
die sie gar nicht existieren könnte. Um sich die zu erhalten, bedarf sie der ästhetischen Abschirmung gegen die Wirklichkeit,
deren volles Tageslicht sie welken lassen müßte: „... du weißt
man hätte mich eigentlich in eine Scherbe setzen sollen. Ich brauche Thau und Nachtluft wie die Blumen.“[548] Ein nächtlicher
mondbeschienener Garten ist daher der passend traumhafte Ort
für ihre Liebesbegegnung mit Leonce. Ganz ungegenständlich,
poetisch entwirklicht, als unverhoffter schöner Zusammenklang
zweier selbstverlorener („träumend vor sich hin“ sprechender[549])
Stimmen im freien Raum hat sich die Annäherung vollzogen, die
dem vorausging — parallel zu dem kontrastierenden, ganz und
gar nicht zarten burlesken Zusammenstoß zwischen Valerio und
der Gouvernante.

Darin, daß Lena ganz in sich ruht und keiner Rolle bedarf,
die sie darstellen müßte, in ihrer Freiheit von jedem inneren
Spielzwang ist sie das Gegenteil von Leonce. Beiden gemeinsam ist die Verweigerung einer äußeren aufgezwungenen
Bestimmung. Aber was Leonce für sich durch unaufhörliche
artifizielle Anstrengung erstrebt, ist Lena von Natur: Schönheit im klassizistischen Verstande, als „Freiheit in der Erscheinung“[550]. Ihr kann er sich nicht entziehen, denn die „Wirkung
auf das Gefühlsvermögen“[551], die von ihr ausgeht, ist unwider-
stehlich.

Leonce müßte Lena erfinden, als das einzige für ihn noch
nicht entwertete Ideal, nach dem er sucht, gäbe es sie nicht. Tatsächlich tut er dies. Als seine Erfindung, vielmehr als Hervor-
bringung seiner träumenden Seele ruft er sie in der nächtlichen
Mondscheinszene des zweiten Aktes auf die Bühne seines Dramas:

LEONCE. Steh auf in deinem weißen Kleide und wandle ...
LENA. Wer spricht da?

LEONCE. Ein Traum.
LENA. Träume sind selig.[552]

In der Szene davor hatte er ihre mystische Geburt schon mit
der Mitteilung angekündigt, daß er „anfange mit der Melancholie niederzukommen"[553]. Da produziert er sich vor Valerio (der
ihn nun auf dem sichersten Weg ins Narrenhaus sieht) pathetisch im Habitus des Schöpfers: „Welch Gähren in der Tiefe,
welch Werden in mir, wie sich die Stimme durch den Raum
gießt."[554]
Die sich Rettung davor verspricht, „einem höchsten Willen",
d. h. der Staatsraison, geopfert zu werden, unterliegt der in noch
höherem Grade totalen privaten Verfügung durch den ästhetischen Willen von Leonce. Gerade daß er sie frei von jeglicher Bestimmung vorfindet, macht sie um so freier bestimmbar für ihn:
„LEONCE. Sie weiß nur daß sie mich liebt."[555] Das Geheimnis
der poetischen Erschaffung Lenas als Kunstfigur allerhöchsten
Grades hat Büchner, mit Quellennachweis, im Motto zum zweiten Akt angegeben:

Wie ist mir eine Stimme doch erklungen
    Im tiefsten Innern,
Und hat mit Einemmale mir verschlungen
    All mein Erinnern.[556]

Als ursprüngliches Dasein für sich wird Lena durch den
Schöpfungsakt des allmächtigen ästhetischen Willens aufgehoben. Das romantische Procedere verdeckt ebensowenig wie die
äußere Konturlosigkeit der Figur die Tatsache, daß Leonce hierbei ebensosehr klassischem Vorgang folgt. Doch ob romantisch-
modern oder klassisch-antik, ob Lena oder Helena — beides fügt
sich in dasselbe idealistische Grundmuster. Das Urbild der Sehnsucht, das Leonce leitet und das er gleichzeitig in die Parodie seiner selbst einbezieht („Ich habe das Ideal eines Frauenzimmers in
mir und muß es suchen."[557]), scheint unverkennbar in den Zügen, die er Lena verleiht. „Sie ist unendlich schön und unendlich
geistlos. ... Diese himmlisch stupiden Augen, dieser göttlich ein-
fältige Mund, dieses schafnasige griechische Profil, dieser geistige Tod in diesem geistigen Leib."[558] Das ist ein parodistischer
Abgesang des antiken Ideals (in Gestalt der schönen Helena),

wie Winckelmann es dem deutschen Bildungsbürgertum vermittelt und wie es Goethe noch einmal wachgerufen und am Ende elegisch verabschiedet hatte. Büchners Leonce spielt auch die klassisch-romantische Phantasmagorie der Totenbeschwörung von Goethes Faust noch einmal nach, dieses Mal in ihrer letzten historischen Gestalt, als Komödie.

„Woyzeck"

Überlieferung und Textproblematik

1

Der Dramentext, in dem die Umwälzung des literarischen Weltbilds durch Büchner am weitesten vorangetrieben erscheint, ist nur in einem Komplex von schlecht leserlichen handschriftlichen Fragmenten ohne Titelangabe überliefert. Entstehungs- und Überlieferungsgeschichte sind nur unzureichend belegt und lassen so viele dringliche Fragen offen, wie es bei einem Werk der neueren Literatur sonst kaum der Fall ist.

Einige Stellen aus Briefen Büchners geben immerhin Auskunft über seine Situation zum wahrscheinlichen Zeitpunkt des Beginns der Arbeiten im Sommer 1836. Einen „vollen Winter und ein halbes Frühjahr"[559] hatte er sich in angestrengter Tag- und Nachtarbeit seiner Abhandlung über das Nervensystem der Barben gewidmet. Zufrieden mit dem Erfolg, den sie ihm bei der Straßburger Gesellschaft der Naturforscher einbrachte, berichtete er: „Ich habe in 3 verschiednen Sitzungen 3 Vorträge darüber gehalten, worauf die Gesellschaft sogleich beschloß sie unter ihren Memoiren abdrucken zu lassen; obendrein machte sie mich zu ihrem correspondirenden Mitglied." Das schrieb er am 1. Juni an Eugen Boeckel und fuhr fort: „... wenn ich meinen Doctor bezahlt habe, so bleibt mir kein Heller mehr und schreiben habe ich die Zeit nichts können. Ich muß eine Zeitlang vom lieben Credit leben und sehen, wie ich mir in den nächsten 6–8 Wochen Rock und Hosen aus meinen großen weißen Papierbogen, die ich vollschmieren soll, schneiden werde."[560]

Am 2. September schrieb er an seinen Bruder Wilhelm: „Ich habe mich jetzt ganz auf das Studium der Naturwissenschaften und der Philosophie gelegt, und werde in Kurzem nach *Zürich* gehen, um in meiner Eigenschaft als überflüssiges Mitglied der Gesellschaft meinen Mitmenschen Vorlesungen über etwas ebenfalls höchst Ueberflüssiges, nämlich über die philosophischen Systeme der Deutschen seit Cartesius und Spinoza, zu halten. — Dabei bin ich gerade daran, sich einige Menschen auf dem Papier todtschlagen oder verheirathen zu lassen ..."[561]

Weist die Bemerkung vom Juni unter verschiedenen möglichen literarischen Vorhaben allenfalls mit einiger Sicherheit allein auf die Lustspiel-Preisaufgabe, so ist anzunehmen, daß nun, Anfang September, neben „Leonce und Lena" auch schon von der Dramatisierung der Mordgeschichte Woyzecks die Rede ist. Ein Brief vom September an die Familie bezieht sich, ohne einen Titel zu nennen, offenbar auch auf „Woyzeck". Er setzt vorangegangene Mitteilungen über einen fortgeschrittenen Stand der Arbeit voraus. Es heißt darin: „Ich habe meine zwei Dramen noch nicht aus den Händen gegeben, ich bin noch mit Manchem unzufrieden und will nicht, daß es mir geht, wie das erste Mal."[562]

Spätestens als Büchner am 18. Oktober nach Zürich abreiste, lag zumindest eine erste fast abgeschlossene Niederschrift vor. Im Herbst und Winter bis zur tödlichen Erkrankung im Februar folgte eine Phase konzeptioneller Vertiefung und Ausgestaltung. Nach Büchners Tod am 19. Februar 1837 fanden sich in seinen Papieren nur die Manuskripte verschiedener mehr oder weniger unvollendeter Entwürfe. Ein Titel ist nicht angegeben.

Wenn nicht mit einer Aufführung auf dem Theater, so hat Büchner bei der Arbeit an seinem letzten Stück doch fest mit dem Druck des Werkes gerechnet. In einem seiner letzten Briefe aus Zürich schrieb er 1837 an die Braut, er werde „in längstens acht Tagen ‚Leonce und Lena' mit noch zwei anderen Dramen erscheinen lassen"[563]. Es steht außer Zweifel, daß es sich bei einem der „zwei anderen Dramen" um „Woyzeck" gehandelt haben muß.[564] Übereinstimmend mit der Erwartung Büchners, teilte auch Wilhelm Schulz, bei dem Büchner zuletzt gewohnt und dessen Frau Caroline den Kranken gepflegt hatte, in seinem Nachruf in der „Züricher Zeitung" am 23. Februar 1837 mit, „ein beinahe vollendetes Drama" (womit ebenfalls nur „Woyzeck" gemeint sein kann), das sich neben „Leonce und Lena" und „Lenz" in den hinterlassenen Schriften Büchners befinde, werde „demnächst im Druck erscheinen".[565]

Es kam anders. Und die Geschichte der verunglückten Edition des Stücks spiegelt und bestätigt auf ihre Art — teils direkt, teils indirekt — dessen Singularität.

Den ersten Versuch einer postumen Veröffentlichung, von dem man etwas weiß, unternahm Karl Gutzkow. Das Stück sollte innerhalb einer Gesamtausgabe, die Gutzkow mit dem Verlag Sauerländer und der Familie Büchners vereinbarte, erscheinen. Gutzkow sah sich bald nicht nur erheblichen Schwierigkeiten — so bei der Entzifferung der Handschriften und der Beschaffung erforderlicher Materialien — gegenüber. Er mußte auch bald erkennen, „daß die Arbeit auch aus einem anderen Grunde schwierig und höchst zeitraubend sein würde: der Zensur wegen. Welche endlosen Verhandlungen mit dem Zensor waren der Veröffentlichung von ‚Dantons Tod‘ vorausgegangen!"[566] Differenzen zwischen dem Herausgeber und der Familie Büchner, die sich aus deren finanziellen Ansprüchen und sachlichen Vorbehalten ergaben, führten zum Scheitern des Projekts. Einer von Büchners jüngerem Bruder Ludwig überlieferten Aussage zufolge gingen die Vorbehalte vor allem darauf zurück, daß der Vater Ernst Büchner „von Gutzkow eine Verherrlichung der revolutionären und sozialistischen Ansichten Georgs befürchtete"[567]. Mit dem Plan einer Gesamtausgabe wurde auch das Vorhaben, „Woyzeck" zu veröffentlichen, zunächst fallengelassen, nachdem auch ein zweiter von der Familie anstelle Gutzkows beauftragter Herausgeber, Büchners Freund Georg Zimmermann, gescheitert war.[568]

Die erste Ausgabe der Werke Büchners erschien schließlich 1850, ihr Herausgeber war Ludwig Büchner. Nachlässig zusammengestellt und unzuverlässig, gibt sie die Texte nur unvollständig und in grober Verstümmelung wieder. Das vierzehn Jahre zuvor angekündigte nachgelassene Drama fehlt in ihr. In der Einleitung des Herausgebers heißt es dazu: „Was das erwähnte Trauerspielfragment anlangt, so ist dasselbe zum größten Teil mit blasser Tinte geschrieben und durchaus unleserlich; die einzelnen Szenen, die entziffert werden konnten, sind durch das Ausfallende so wenig untereinander in Zusammenhang zu bringen, daß nichts davon in der Sammlung mitgeteilt werden konnte."[569] Später ergänzte Ludwig Büchner: „Ich erinnere mich, daß nicht nur die Schwierigkeit der Entzifferung, sondern auch der Inhalt, soweit ich ihn entziffern konnte, mich seinerzeit veranlaßt haben, das Fragment in der Sammlung der ‚Nachgelassenen Schriften‘ nicht aufzunehmen."[570] Nähere Auskunft über den Stein des Anstoßes gab er nur mit der Bemerkung, das Stück enthalte „viel Triviales, von den Cynismen ganz abgesehen"[571].

Wie der ideologische Sperrmechanismus „ästhetisch" reinigender Zensur auf den radikalen kritischen Realismus und sozialrevolutionären Gehalt des Stücks reagierte, dafür lieferte

Ludwig Büchner noch weitere anschauliche Beispiele, als 1875 Karl Emil Franzos, unterstützt von Sauerländer, das verunglückte Projekt einer Gesamtausgabe von neuem aufgriff. Ludwig Büchner war inzwischen durch sein außerordentlich erfolgreiches Buch „Kraft und Stoff" (1855) einer der bekanntesten naturwissenschaftlich-philosophischen Schriftsteller des 19. Jahrhunderts, sein Bruder Georg indessen bis zu diesem Zeitpunkt noch immer der „unbekannteste deutsche Dichter", wie der schleppende Absatz der noch vorrätigen „Nachgelassenen Schriften" von 1850 mit maximal 2—3 Exemplaren pro Jahr bewies.[572]

Franzos hatte 1875 die „Woyzeck"-Handschriften entziffert und Ludwig Büchner, der über den Nachlaß verfügte, ein für den Druck vorbereitetes Manuskript des Stücks vorgelegt. Er war nicht wenig erstaunt, als er es zurückerhielt und, mit Textänderungen durchsetzt, die beanstandeten „Cynismen im bösartigsten Sinne des Worts ‚veranständigt' oder ganz unterdrückt" fand.[573] Im Begleitbrief Ludwig Büchners las er dazu die verblüffende Erklärung: „Ich habe mir erlaubt, einige kleine *Buchstaben-* und *Ausdrucksfehler* zu korrigieren." „Georg Büchner schreibt den ‚Wozzeck' mit Cynismen und Ludwig Büchner korrigiert die Cynismen als ‚Ausdrucksfehler'!!"[574] kommentierte Franzos. In gleicher Weise schützte Bruder Büchner im übrigen auch in seinem Kampf gegen die Wiederherstellung der Originalfassung des im Erstdruck von 1835 gröbstens verstümmelten „Danton" ästhetische Normative vor. Der offiziellen Zensur zuvorkommend, bestand er 1877 (unter der Drohung, andernfalls dem Herausgeber seinen Auftrag zu entziehen) darauf, eine Anzahl wiederhergestellter Textstellen, „die absolut nicht gedruckt werden dürfen", abermals zu streichen, mit dem Bemerken, diese Stellen seien „für den Zusammenhang des Ganzen durchaus entbehrlich und mehr geeignet, den Eindruck des Kunstwerks als solchen zu stören, als zu heben".[575] In der Rolle des durchaus informierten Anwalts wahrer Kunst schrieb er Franzos bei dieser Veranlassung: „... in ganz Deutschland werden Sie keinen anständigen Verleger finden, der seine Firma für den Druck solcher Dinge hergibt."[576] Tatsächlich fürchtete auch der Verleger Sauerländer, der sich verdienstvoll für die Publikation Büchners einsetzte, auf Grund von Erkundigungen bei Juristen, daß die Ausgabe vor allem wegen des „Hessischen Landboten", der darin ebenfalls erstmals vollständig wiedergegeben werden sollte, konfisziert werden könnte.

Hiernach kann man unschwer ermessen, welche Widerstände Karl Emil Franzos überwinden mußte, bis 1879 die erste Ausgabe, die Büchners wichtigstes Stück enthielt, erscheinen konnte. Er war durch eigene Erfahrungen mit dem bürgerlichen Literaturbetrieb auf diesen Kampf vorbereitet. Sein erstes Buch, „Die Juden von Barnow" (1877), das seinerzeit in vielen Ländern Aufsehen erregte, hatte erst nach fünfjährigen Bemühungen, nachdem es bereits von 17 Verlagen abgelehnt worden war, erscheinen können. Grund: Es machte auf das der schönen Literatur unzuträgliche elende Schicksal der doppelt unterdrückten Juden in Ostgalizien, dem Armenhaus der k. u. k. Monarchie und größten Getto Europas, aufmerksam, dem Franzos (der Sohn eines Arztes wie die Brüder Büchner) selbst entstammte.

In der Büchner-Literatur hat es sich eingebürgert und ist es noch üblich, daß als Erstdruck des „Woyzeck" die Frankfurter Ausgabe von 1879 angegeben wird.[577] Diese Angabe bedarf jedoch der Berichtigung, um so mehr, als dies nicht ohne Belang für die Wirkungsgeschichte Büchners ist. Es gehörte nämlich zur Strategie von Franzos bei der Durchsetzung seines Vorhabens, daß er Büchners Drama bereits einige Jahre vor der Buchausgabe zweimal als Vorabdruck veröffentlichte, zuerst (20 der insgesamt 32 überlieferten Szenen bzw. Szenenentwürfe) am 5. und 23. November 1875 in der Wiener Tageszeitung „Neue Freie Presse", was durch deren sozialdemokratisch orientierten Chefredakteur Michael Etienne ermöglicht wurde. Der zweite (vollständige und mit der Buchfassung identische) Druck erschien im Januar 1877 in der Berliner Wochenschrift „Mehr Licht".[578] Hinter diesen nun gedruckt vorliegenden Text konnte keine Büchner-Ausgabe mehr zurückgehen.

2

Damit ist noch nichts über die ungewöhnlich schwierige textkritische Situation gesagt, vor die der erste Herausgeber des Dramas gestellt war, und über die mit seiner Arbeit aufgeworfene philologisch-editorische Problematik. Diese hat sich — befördert zum einen durch die im 20. Jahrhundert enorm angewachsene Inanspruchnahme des Werkes von kontroversen ideologischen

Positionen her und zum anderen durch die von der modernen Editionswissenschaft entwickelten Prinzipien und Anforderungen — als so folgenreich herausgestellt, daß sie mittlerweile eine spezielle „Woyzeck"-Editionsphilologie beschäftigt und zu einem zentralen Gebiet der Auseinandersetzung um Büchner geworden ist.

Die textphilologische Problematik kann in dem hier gegebenen Rahmen nicht ausgebreitet werden.[579] Sie verlangt aber Berücksichtigung, weil die im Laufe der Zeit aus ihr abgeleiteten Konsequenzen im Umgang mit dem Text und für die Auffassung des Werkes eine Tragweite erhalten haben, die bis an die Grundsubstanz des Werks und des Büchner-Bildes insgesamt reicht. Jede der gängigen Auffassungen des Stücks und jeder neue Versuch einer Interpretation fußt auf mehr oder weniger sicheren oder anfechtbaren Ergebnissen der editorischen Textsicherung und -vermittlung, aus welcher sich die Rezeptionsvorgabe, das les- und aufführbare „Werk" erst konstituiert. Und es leuchtet ein, daß die in das edierte Werk eingegangenen textkritischen Entscheidungen der jeweiligen Herausgeber um so größere konstitutive Bedeutung gewinnen müssen, je mehr notwendige Entscheidungen der Autor selbst in den überlieferten Textzeugen offengelassen hat. Das wirft aber nicht allein die Frage auf nach dem verdeckten Anteil des Editors an der Rezeptionsvorgabe mit den darin enthaltenen Interpretationsansätzen (im Sinne des Autors oder auch gegen ihn), sondern zugleich die nach dem möglichen Einfluß bestimmter vorgegebener Interpretationstendenzen auf die Entscheidungen der Herausgeber.

Jedes Werk unterliegt in jedem Rezeptionsakt, der seiner Natur nach subjektiv ist, prinzipiell einer Varianz. Der Editor nimmt bei solcher konstitutiven Mitwirkung dank seiner potenzierten Einflußmöglichkeit nur eben eine Schlüsselposition unter den Rezipienten ein — so wie der Regisseur, der seine subjektive Verfügungsgewalt über den Text allerdings unverhohlen in Anspruch nimmt und sich auch in keinem Punkt der Kontrolle entziehen kann, während der Editor sich ja ganz hinter den Autor zurückzieht, in dessen Dienst er sich stellt, vermeintlich ohne eine eigene Intention einzubringen. Soweit das unterderhand dennoch geschieht, erscheint eine solche Vorprogrammierung des Werkverständnisses als die des Autors.

Kaum irgendein anderes Werk der neueren Literatur fordert

auf Grund des Schicksals, das ihm zuteil wurde, so zwingend wie Büchners letztes Stück dazu heraus, sich diese Zusammenhänge bewußtzumachen und sich der an der impliziten Steuerung der Werkauffassung beteiligten Voraussetzungen kritisch zu vergewissern. Selten nur wird es wie beim „Woyzeck" auch einen Fall geben, wo dieser Einfluß so gravierend ist, daß er das Werk bis in die Grundsubstanz hinein zur Disposition stellen konnte. Dabei ist die Besorgnis um die Authentizität des Textes kein isoliert zu fassender Gesichtspunkt. Die extreme Verfügbarkeit des Stücks tritt in der Wirkungsgeschichte auf einzigartige Weise hervor. Begünstigend für eine Aneignung auf dem Wege der Assimilation und auch der Umprägung bis hin zur Entstellung hat sich zweifellos nicht allein der unvollendete Zustand des Stückes ausgewirkt. Entscheidend war sicher, daß die Offenheit, die aus dem äußerlich bedingten Fragmentzustand resultiert, mit einer im Werk von vornherein angelegten strukturellen Offenheit zusammenwirkte.

Der Originalitätsgrad, das Nichtgebundensein an ein feststehendes eingeführtes dramaturgisches Regelsystem, die weitgehende Unabhängigkeit von einem rahmengebenden Zeitstil waren zweifellos nicht zu unterschätzende Momente, die einen besonders freien Umgang mit dem Stück begünstigten und die erlaubten, es sich nach verschiedenen Bedürfnissen und Intentionen zurecht zu lesen und zurecht zu spielen. „Da nur eine mutmaßliche, nicht aber eine sicher verbürgte Fassung des Werkes in der vom Dichter beabsichtigten Szenenfolge vorliegt", schrieb Eugen Kilian anläßlich der von ihm inszenierten Uraufführung am 8. November 1913 in München, „war es um so mehr erlaubt, einige szenische Vereinfachungen und Zusammenlegungen vorzunehmen"[580]. Das „Unfertige, Unausgeglichene, Skizzenhafte"[581] des Stücks diente zur Rechtfertigung einer besonders freien Einrichtung.

Verschiedene literarische Strömungen seit dem kritischen Realismus des 19. Jahrhunderts haben sich im „Woyzeck" selbst wiedergefunden und widergespiegelt. Das Entsprechende gilt auch für Interpretationsmuster, die auf eine jeweils aktuelle ideologische Integration, zumindest Neutralisierung des Stücks hinauslaufen, um seiner — seit dem ersten Erscheinen hervorgetretenen — revolutionären Wirksamkeit entgegenzuarbeiten.[582]

Alle diese Zugriffe und vielfach widersprüchlichen, oftmals in sich selbst nicht klar und eindeutig festgelegten Bemühungen um das Werk haben dessen Bild bis heute geprägt. Ihres Einflusses wegen ist hier auch die Oper Alban Bergs nach Büchners Stück zu erwähnen.[583] So viel alle sich aus dem Stück genommen haben, so viel Eigenes haben sie zugleich von sich selbst hineingelegt, und so viel Originäres ist dabei abgeschliffen und überdeckt worden. Willkürlichkeiten, wie sie sich kein Regisseur mit dem Stück eines anderen Autors erlauben würde, haben Schule gemacht — auch im Umgang mit den anderen beiden Stücken Büchners.

Vor allem aber blieb die engagierte Art der Werkaneignung nicht ohne Rückwirkung auf die philologische Textgestaltung. Der Vorwurf, durch Mit-, Weiter- und Umdichten in den Kompetenzbereich des Autors übergegriffen zu haben, ist nach Karl Emil Franzos mit nicht weniger Berechtigung auch späteren Herausgebern mit wissenschaftlich-kritischem Anspruch gemacht worden — so vor allem Fritz Bergemann, der seiner kritischen Ausgabe von 1922 im Insel-Verlag (die, obwohl umgehend vergriffen, nicht mehr aufgelegt wurde) 1926 eine Leseausgabe folgen ließ, deren bearbeiteter Text bis in die sechziger Jahre unumstritten als maßgeblich galt.[584] Tatsächlich traten in ihr sogar Editionsphilologie und künstlerische Adaption miteinander in Konkurrenz.[585] In die seit 1926 verbreiteten Ausgaben, die Standardcharakter erlangten und auf die sich die Werkinterpretation noch bis in die Gegenwart hinein zu stützen pflegte, hat Bergemann, abweichend von seiner kritischen Textdarbietung von 1922, die Version einer Bühnenbearbeitung übernommen, die von dem neoromantisch und neoklassizistisch beeinflußten, aus dem Stefan-George-Kreis kommenden Dichter Ernst Hardt stammt.[586]

In der Tat hat man es bei der Lektüre, Aufführung oder Diskussion des Stücks je nach dem Vermittlungsweg nicht mit *einer* Rezeptionsvorgabe, sondern mit Werkversionen zu tun, die sich in Handlungsverlauf, Szenenverwendung, Charakteristik und Verhalten der Hauptgestalt und damit in der Gesamtaussage zum Teil erheblich voneinander unterscheiden.[587] Die literaturwissenschaftliche Forschung, die Büchner ohnehin erst geraume Zeit nach seiner verspäteten Entdeckung zur Kenntnis nahm, hat das allzulange völlig übersehen.

Dennoch kann festgestellt werden, daß sich im Verlauf der

Wirkungsgeschichte die Grundsubstanz des Stückes immer wieder behauptet und durchgesetzt hat. Und es verdient in Erinnerung gerufen zu werden, daß die Entdeckung und die enorme Wirkung Büchners, insbesondere seines „Woyzeck", im 20. Jahrhundert von der editorischen Grundlegung durch Karl Emil Franzos ihren Ausgang nahm. Die gesamte Rezeption während der entscheidenden Phase der Durchsetzung Büchners fußt bis in die zwanziger Jahre hinein auf der Textfassung von Franzos. Das gilt für die ersten das Werk verbreitenden Leseausgaben anderer Herausgeber, die Aufführungen und Einwirkungen auf das moderne Theater sowie auf die Dramatik der Zeit, einschließlich Alban Bergs Oper „Wozzeck", deren Titel auf die falsche Lesung des Namens durch Franzos zurückgeht. Die seit Georg Witkowskis Vergleich mit der Handschrift (1920)[588] gehäuften Klagen über die Unzulänglichkeit der textkritischen Grundlegung durch Franzos und besonders die Geringschätzung seiner Arbeit durch die spätere zünftige „Woyzeck"-Philologie, die ihm seinen Dilettantismus nicht verzeiht und dazu neigt, ihn zum Sündenbock aller philologischen Sorgen mit dem „verstümmelten Woyzeck"[589] zu stempeln, machen bei aller sachlichen Berechtigung dieser Kritik zu Unrecht mitunter vergessen, daß alle bisher erreichten Fortschritte in der Verbesserung der Textbeschaffenheit die Leistung des ersten Herausgebers zur Voraussetzung haben, ohne den das Stück vermutlich überhaupt nicht überliefert worden wäre.

Die seit den sechziger Jahren in vielfach kontroversen textkritischen Untersuchungen und mehreren Editionen in der BRD begonnene philologische Rekonstruktionsarbeit ist in ihren Konsequenzen für die Werkinterpretation und -rezeption im einzelnen noch nicht abschließend zu beurteilen. Auf jeden Fall ergibt sich — auch über den „Woyzeck"-Komplex hinaus — für die Forschung wie auch für die Leser und das Theater eine veränderte Situation. Vorläufig scheinen die neuen textkritischen Arbeiten trotz einer Vielzahl neuer Einsichten paradoxerweise, statt zur Klärung des Werkverständnisses und Büchner-Bildes beizutragen, die Divergenzen und Unsicherheiten eher noch zu steigern.

Hinter der umfassenden Ausbreitung der zum Teil nicht eindeutig lösbaren Textproblematik und einem komplizierten, in verschiedenen Spielarten für einen engen Spezialistenkreis ausgearbeiteten philologischen Apparat zur Darstellung der schwer durchschaubaren Handschriftenverhältnisse und der einzelnen daraus abgeleiteten mutmaßlichen Fassungen droht beiläufig das Werk zu verschwinden. So druckt Egon Krause in seiner kritischen „Woyzeck"-Ausgabe[590] vier den Handschriftenbestand wiedergebende Fragmente, bietet aber kein aus dem Material zu erschließendes Stück. Ein solches aus den überlieferten Niederschriften, die unterschiedliche Entwicklungsstufen repräsentieren, herzustellen, was bislang bedenkenlos auch mit Hilfe von Kontaminationen versucht wurde (so von Franzos und Bergemann), wird aus editorischer Grundsatztreue kategorisch abgelehnt. Die Kehrseite und Folge davon ist, daß in der Praxis bei Interpreten und Theatern der ohnehin vorhandenen Willkür im Umgang mit dem Textmaterial vollends alle Riegel geöffnet werden. Es sei denn, die auch bereits zur Diskussion gestellte rigoroseste Konsequenz solchen philologischen Purismus würde gezogen: „‚Woyzeck' muß demnach aus dem internationalen Spielplan verschwinden", falls es nicht „‚im letzten Augenblick', bevor dieses ‚Verdikt' wirksam wird, doch noch gelingt, Einsicht in die Fassungen, in die Entstehungsgeschichte des Werkes und damit endlich auch eine verantwortbare Lese- und Bühnenfassung zu gewinnen."[591]

Wenn darüber hinaus der Verlag die Krausesche Ausgabe im Umschlagtext als „die bisher treueste, den Handschriften am genauesten folgende" rühmt, welche (man liest richtig) „endlich auf den sinn- und hoffnungslosen Versuch verzichtet, einen lese- oder spielbaren Gesamttext aus den vielen Fragmenten herzustellen", dann muß man das wohl als einen Versuch der Zurücknahme des „Woyzeck" mit Hilfe der Philologie verstehen.

Als Äquivalent für das unter den Händen des Editors verschwindende Werk bietet Krause unter dem gleichen Buchdeckel, unter dem das geschieht, eine Theorie. Danach ist es Büchners letzter Wille gewesen, das Erdenschicksal Woyzecks (der im übrigen nur in einer der Fassungen als „männliche Hauptgestalt" auftauche, weshalb außer dem Stück auch dessen Titel anfechtbar sei)[592] dadurch zu verklären, daß er ihn stellvertretend für die Menschheit schlechthin zum religiösen Menschen an sich erhöhen und seine Einsetzung in die Nachfolge Christi andeuten wollte. Ursprünglich „sehr stark von der Natur geprägt", sei Woyzeck daher — ebenso wie Marie — schließlich „über die Natur hinausgereift", nämlich zur „freien Bejahung des ihm zugefügten Leids".[593] Da nun aber manches, was „die so überbetonte ‚Quälerei des armen und verachteten Woyzeck'" zu bekräftigen scheint, für diese Version „vollkommen unbrauchbar" ist und das Kernstück der Fabel, die Mordhandlung, einer solchen Mission Woyzecks widerspricht, liege es nahe (so Krauses Theorie), daß Büchner, mit all diesen Widersprüchen nicht mehr fertig werdend, zum Schluß selbst freiwillig auf die unmöglich gewordene Fertigstellung des Stücks verzichtet habe.[594]

Man muß kein geschulter Philologe sein und kommt mit dem Material aus, das die bescheidenste, nur halbwegs redliche nicht-wissenschaftliche Leseausgabe an die Hand gibt, um die Entfernung abzumessen zwischen dieser bisher freiesten Umdichtung „Woyzecks" im Namen der Wissenschaft und dem, was Büchner geschrieben hat. Weit ist der Abstand zwischen Franzos, dem ersten Herausgeber, der Büchners Werk ans Licht der Welt verhalf, und Krause, der neben anderen mitwirkt, die noch in Gang befindliche Entdeckung und nachhaltige, tief ins Bewußtsein der Gegenwart eingedrungene Wirkung des Stücks rückgängig zu machen.

Der Widerspruch zwischen dem Anrecht der literarischen Öffentlichkeit auf eines der faszinierendsten Stücke der Weltdramatik einerseits und den Anforderungen strenger editionsphilologischer Grundsatztreue andererseits ist sicherlich nicht dadurch aufhebbar, daß dem Fragmentkomplex der Status eines — wie auch immer bedingten — Werkganzen abgesprochen, die Existenz eines solchen für nichtig erklärt und sogar deren Möglichkeit kategorisch bestritten wird. Die Beweise für die Entdeckung, daß es ein Drama „Woyzeck" von Büchner gar nicht gebe, mögen in sich noch so schlüssig sein. Gegen sie sprechen die unauslöschlichen Spuren der Wirkung im literarischen Bewußtsein des 20. Jahrhunderts. Sie verbürgen hinlänglich die unleugbare und letztlich unverfälschbare Existenz von Büchners „Woyzeck".

Die trotz vermehrter Einsichten schwer lösbare Aufgabe, der die Forschung sich nicht entziehen kann, bleibt es indessen, einen möglichst authentischen und philologisch stichhaltigen, les- und spielbaren Text zu sichern.[595] Drei auch heute noch zu vervollkommnende Voraussetzungen sind dazu nötig. Erstens geht es darum, die Entzifferung und Übertragung der stark verblaßten, vielfach überaus flüchtigen, mit nicht immer eindeuti-

gen Korrekturen und Streichungen, mit ungewöhnlichen Abkür-
zungen und wechselnden mundartlichen, umgangssprachlichen
und hochdeutschen Formen durchsetzten Niederschriften Büchners weiter zu verbessern. Zweitens gilt es, die vier oder fünf Ent-
stehungsschichten innerhalb der drei überlieferten Niederschriften richtig voneinander abzuheben und in ihrer Zuordnung im
ganzen sowie Abhängigkeit im einzelnen zu bestimmen. Die Ergebnisse dieser Sondierung entscheiden über die Bewertung und
die Verwendbarkeit der einzelnen Szenen bzw. Szenenfassun-
gen und damit zugleich über die Grundelemente der Handlung
(umstritten ist ja z. B. nicht nur, wie Woyzeck endet, sondern neben anderem sogar, ob er der letzten Absicht des Autors zufolge
Marie überhaupt ermordet oder nicht). Drittens kommt es darauf an, die von Büchner mit der größten Wahrscheinlichkeit angestrebte Reihenfolge der Szenen bzw. Szenenkomplexe, die aus
der leider unbestimmten Bogen- und Seitenfolge der Handschriften nicht zweifelsfrei ersichtlich ist, zu klären und schlüssig
zu begründen.

Bei freilich beachtlich fortgeschrittenem Erkenntnisstand und
Problembewußtsein steht damit die Arbeit an den gleichen Auf-
gaben auf der Tagesordnung, mit denen die Geschichte der
„Woyzeck"-Edition begonnen hat.

Werksubstanz und Werkstruktur

1

„Woyzeck ist der Mensch, auf dem alle rumtrampeln ... Bei alledem bleibt wahr: daß Woyzeck durch seine Machtlosigkeit ju-
stament furchtbarsten Einspruch erhebt ..." (Alfred Kerr).[596]

„... nichts als das Schicksal eines gemeinen Soldaten ..., der
seine ungetreue Geliebte ersticht, ... die mindeste Existenz, für
die selbst die Uniform eines gewöhnlichen Infantristen zu weit
und zu betont scheint, ... ein Schauspiel ohnegleichen, wie
dieser mißbrauchte Mensch in seiner Stalljacke im Weltraum
steht ..." (Rainer Maria Rilke).[597]

„... hier dichtet jemand aus dem Grunderlebnis menschlicher
Standesgleichheit und menschlichen Glücks*anspruchs*. ...
Dieses Trauerspiel hat zum ersten Male den Helden unter-

halb aller bisher dramenwürdigen Stände gefunden." (Arnold Zweig)[598]

So und in ähnlicher Weise haben verschiedene Betrachter das Stück — vor aller Kenntnis der philologischen Fragwürdigkeit seiner Existenz — aufgenommen, den Kernpunkt übereinstimmend und mit fragloser Sicherheit erfassend. Behält das auch nach den mehrfachen gründlichen Revisionen des Textes in jüngster Zeit noch seine Gültigkeit?

So heftig umstritten auch wichtige textkritische Fragen sind, so wenig Einhelligkeit auch darüber besteht, ob und wie eine Büchners letztem Willen entsprechende Fassung des Stücks zu rekonstruieren sei, so sehr haben die philologischen Bemühungen der letzten beiden Jahrzehnte doch insgesamt die Erkenntnisse über das unabgeschlossen überlieferte Werk präzisiert und sicherer fundiert. Der Interpretation steht damit objektiv eine tragfähigere, in vielem verbesserte Grundlage zur Verfügung, jedoch keine völlig veränderte, die alles Bisherige umstürzte, wie des öfteren zu Unrecht der Anschein erweckt worden ist. Ein gemeinsamer Nenner, der für alle Versuche der Herstellung eines Textganzen verbindlich ist und auf den sich alle Deutungen zu beziehen haben, ergibt sich aus der übereinstimmend anerkannten Vorrangstellung der letzten überlieferten Niederschrift Büchners mit 16 ausgearbeiteten Szenen. Diese gehören ausnahmslos zum grundlegenden Bestand des Stücks, bestimmen dessen künstlerischen Standort und zeichnen in ihrer weitgehend eindeutig festgelegten Reihenfolge einen (wenn auch nicht vollständigen) Rahmen für den dramaturgischen Aufbau vor.

Nach den Korrekturen, die nunmehr endlich zur Kenntnis zu nehmen sind, bildet die Rasierszene „Hauptmann. Woyzeck" entgegen der traditionell eingeführten Anordnung mit Bestimmtheit nicht die authentische Eröffnung des Stücks. Überwiegender Auffassung zufolge hat als Anfang vielmehr die Szene „Freies Feld. Die Stadt in der Ferne" zu gelten, in der Woyzeck und sein Kamerad Andres damit beschäftigt sind, für den Hauptmann Stöcke zu schneiden, und in der Woyzeck von Angstvisionen überfallen wird. Auch mit dieser Szene wird Woyzeck als arbeitend eingeführt (was man in einer Inszenierungstradition, die darauf aus ist, den faktischen Bühnenvorgang in dramatische Stimmungen aufzulösen, zu überspielen pflegte). Als einer, der unfreie Lohnarbeit ausübt, dürfte er nach althergebrachter dramenästhetischer Rangordnung in einem ernsten Stück allenfalls als Randfigur einen Platz beanspruchen, nicht aber tragische Mittelpunktsgestalt sein.

Es ist nicht ohne Belang, wenn diese und andere eingebürgerte Umstellungen von Szenen gegen die erkennbare Absicht des Autors — Franzos und Bergemann hatten sich dazu vom Normgefühl des klassischen Dramentyps verleiten lassen — nun definitiv rückgängig gemacht werden. Entscheidendes ändert sich dadurch nicht. Nebenbei gewinnt die genannte Szenenumstellung dadurch eine etwas paradoxe Note, daß gerade die Rasierszene beim Hauptmann es war, die Volker Klotz als Musterbeispiel für die Theorie der Exposition im Dramentyp der offenen Form gedient hat.[599]

Fest steht, daß die von Franzos stammende Schlußversion zu verabschieden ist, nach der Woyzeck im Teich ertrinkt, als er, an den Tatort zurückgekehrt, das Messer im Wasser verbergen und sich von Blutflecken reinigen will. Diese Szene, die nur in der ersten Entwurfsreihe mit der vollständigsten Handlung enthalten ist (unter der Überschrift „Louis an einem Teich", entsprechend dem ursprünglichen, der Hauptfigur zugedachten Vornamen), erscheint dort — auch ohne das hinzugedichtete Ertrinken — als Abschluß geeignet. Sie läßt sich dagegen als Schluß nicht mehr ohne weiteres mit der Szene vereinbaren, mit der die letzte überlieferte Fassung abbricht („Caserne").[600] Darin übergibt Woyzeck, der hier beklemmend ruhig geworden ist, Andres seine wenigen Habseligkeiten mit überlegten kurzen testamentarischen Verfügungen. Als letztes „zieht [er] ein Papier hervor" und liest ab, was daraufsteht: „Friedrich Johann Franz Woyzeck, Wehrmann, Füsilir im 2. Regiment, 2. Bataillon, 4. Compagnie, geb. d. i.", ergänzend fügt er hinzu, „ich bin heut alt 30 Jahr, 7 Monat und 12 Tage".[601] Seine innere Gesammeltheit hierbei, der abschließende Gestus deuten darauf hin, daß Woyzeck auf seine Aburteilung und Hinrichtung gefaßt ist. Ein solcher Ausgang war von Büchner in dem frühen fragmentarischen Szenenentwurf „Gerichtsdiener, Barbier, Arzt, Richter" anschließend an die Teichszene anvisiert worden[602] — was einen Schluß mit dem Tod Woyzecks durch Ertrinken auch als Möglichkeit für den früheren Handlungsplan hinfällig macht.

Entscheidendes, die Grundsubstanz Betreffendes wird freilich auch damit nicht in Frage gestellt. Das wäre allerdings der Fall, wenn Büchner tatsächlich, wie Krause unterstellt, die Mord-handlung, die schon in der ersten Entwurfsreihe ausgeführt ist, hätte ausfallen lassen wollen, um seinen Helden stattdessen kraft einer „vom freien Willen getragenen geistigen Entscheidung Woyzecks" auf seine Rachegedanken verzichten und zu christli-cher Umkehr gelangen zu lassen.[603] Dem widerspricht bei ge-nauerem Hinsehen nicht allein das gesamte zusammenhängende Motivgefüge der ersten Entwürfe, sondern ebensosehr gerade die Kasernenszene „Andres. Woyzeck kramt in seinen Sachen", mit der das Fragment der letzten überlieferten Niederschrift ab-bricht und auf die allein Krause sich zu stützen versucht. Die Deutung, die er der veränderten Haltung Woyzecks in dieser Szene mit seiner Hypothese einer inneren religiösen Läuterung gibt, wird ganz einfach durch den Handlungsschritt, der in der Szene vollzogen wird, widerlegt. Dieser kann seinen Sinn nur im Funktionszusammenhang der Gesamthandlung haben. Welches Motiv sollte ein in sich gegangener, mit seinem Schicksal christ-lich ausgesöhnter Woyzeck, der die Mordabsicht überwunden hat, haben, so unwiderruflich wie hier mit dem Leben abzu-schließen? Der Sinn dieses Rückblicks kann nur sein, daß sich Woyzeck nun der unvermeidlichen letzten Leidensstrecke zu-wendet.

Bei den wenigen Worten, die an dieser Stelle des Stücks fallen, kommt es zu einem spürbaren Stau der dramatischen Bewegung, der über ihre weitere Richtung ebensowenig einen Zweifel läßt wie über ihre Unaufhaltsamkeit. Der ganze Druck des schon Ge-schehenen liegt auf Woyzeck, der auch das, was folgen wird, klar vor sich sieht — was ihn für den anderen schon unerreichbar macht. Daher die tiefe Beklemmung, die sich im Verhalten von Andres kundgibt („*ganz starr, sagt zu Allem*: Ja wohl."[604]). Ganz am Schluß löst sich Andres schließlich aus seiner Erstarrung, um Hilfe für seinen Stubengenossen besorgt, sagt er: „Franz, du kommst in's Lazareth. Armer du muß Schnaps trinke und Pulver drin das tödt das Fieber."[605] Das ist die letzte menschliche Zu-wendung, die Woyzeck erfährt. Und als solche nimmt er sie auch auf, wenn er — über den Wortinhalt hinweg — antwortet: „Ja Andres, wann der Schreiner der Hobelspän sammlet, es weiß nie-mand, wer sein Kopf drauf lege wird."[606] Da bleibt keine Um-kehrmöglichkeit offen.

Selbst wenn man nur die letzte überlieferte Niederschrift mit ihren 16 ausgearbeiteten Szenen als authentisch gelten lassen wollte (ohne der Notwendigkeit zuzustimmen, diese, wo es erforderlich und angängig ist, durch die Hinzufügung von Szenen aus den Handschriften früherer Entstehungsstufen zu ergänzen), bliebe das Stück in seinen Grundlinien und seinem wesentlichen Aussagegehalt unverkennbar erhalten.

Folgende Handlungskomponenten sind in diesen Szenen entwickelt: Das Verhältnis Woyzeck — Marie; die Untreuehandlung Marie — Tambourmajor und das daraus folgende Eifersuchtsdrama; der Zusammenstoß Woyzeck — Tambourmajor im Wirtshaus; die Mordhandlung, vom ersten Gedanken an den Mord bis zum Messerkauf sowie die querverbundenen Handlungskomplexe Woyzeck — Hauptmann und Woyzeck — Doktor.

Auskunft über die Richtung, in die Büchner sich mit der stufenweisen Weiterentwicklung des Stücks bewegte, gibt der Vergleich dieses Fragments mit den früheren Ausarbeitungen. Die erste und umfangreichste Szenenreihe (21 Szenen), in der Woyzeck (Franz) noch Louis und Marie noch Margreth (in der folgenden Niederschrift, einer Zwischenstufe, Louisel) genannt werden, weist noch eine einspurige Handlungsführung auf und hält sich im Rahmen einer Eifersuchtstragödie, die durch den gesellschaftlich nur um einiges überlegenen „Unteroffizier" (erst später „Tambourmajor") ausgelöst wird.

Nacheinander kommen in der weiteren Ausarbeitung erst die parallel zur Eifersuchtshandlung und zueinander plazierten Handlungszweige mit dem Doktor (an einer Stelle auch Professor) und dem Hauptmann hinzu, die das Drama zu einem komplexen Gesellschaftsstück ausweiten. Das geschieht aus dem Bemühen, den tödlich ausgehenden Eifersuchtsfall umfassender aus seiner Verflochtenheit mit den konkreten Lebensverhältnissen und auch den vermittelt mitbedingenden Umständen zu rekonstruieren.

2

Den Stoff zu dem Stück, in dem sich Büchner ganz und gar den „leidenden und gedrückten Gestalten" zuwandte, bot auch diesmal ein durch Dokumente überlieferter wirklicher Fall — wie man heute weiß, waren es sogar mehrere Fälle.[607] In seinen

Grundelementen stützt es sich wiederum auf ein vorgegebenes Tatsachengerüst; indessen erscheint der vorliegende Text in einem konstitutiveren Sinne als „Dantons Tod" und „Lenz" als das Produkt freier künstlerischer Gestaltung. Das gilt, abgesehen von der inneren Linienführung und der eigenen Sprache des Stückes, insbesondere für Woyzeck, die ureigenste Gestalt Büchners. In ihr und ihrem Schicksal liegt das Bedeutsame des Stücks.

Im Jahre 1824 war der einundvierzigjährige arbeitslose Perükkenmacher und Friseur Johann Christian Woyzeck — ehemals Soldat, Krankenpfleger, Bediensteter —, der am 21. Juni 1821 aus Eifersucht seine Geliebte erstochen hatte, auf dem Marktplatz in Leipzig öffentlich hingerichtet worden.[608]

Der Fall hatte in medizinischen Fachkreisen Aufsehen erregt, weil gegen die Verurteilung eingewandt worden war, der Täter habe zeitweise an Gemütsstörungen gelitten. Bereits im Hause des Vaters muß Büchner der abschließende Bericht des begutachtenden Arztes, des Hofrates Dr. Clarus, aus einer medizinischen Zeitschrift[609], für die auch Ernst Büchner Beiträge schrieb, bekannt geworden sein. Außer dem Fall Woyzeck hat Büchner noch zwei andere, beachtenswerte Ähnlichkeiten aufweisende Mordprozesse, die im Zusammenhang mit dieser Diskussion ebenfalls eine Rolle spielten, in seinem Stück verarbeitet.[610] Zu den auffallend weitreichenden Übereinstimmungen in den Grundzügen dieser Fälle gehörte „die Zugehörigkeit aller Personen zu den unteren und ärmeren Schichten des Volkes, ihre Armut und Bedürftigkeit"[611], gesellschaftliche Schwierigkeiten, die einer Heirat mit der Geliebten entgegenstanden, die Existenz eines unehelichen Kindes, äußere Ähnlichkeiten im Tatgeschehen und schließlich die Untersuchung der Frage, ob die Täter „im Besitze ihrer freien Willenskraft" oder unzurechnungsfähig waren, deren Bejahung jeweils — obwohl mehrfach angefochten — den Ausschlag für die Todesurteile gab.[612]

Die veröffentlichten medizinischen Gutachten und Prozeßakten hatten für Büchner nicht nur die Bedeutung von Quellen, denen er den Stoff zu seinem Stück entnahm. Er erkannte in ihnen die ideologisierte Form, in der die Öffentlichkeit das wirkliche Geschehen kennenlernte und die ihrerseits falsches gesellschaftliches Bewußtsein verbreitete, und zwar gezielt, wie besonders das Vorwort von Clarus zur ersten Veröffentlichung seines Gutachtens über Woyzecks Zurechnungsfähigkeit zeigt, das den Standpunkt der „*unverletzlichen Heiligkeit des Gesetzes*"[613] vertritt.

Es belegt, wie das wirkliche Schicksal Woyzecks bereits im Akt der Bekanntmachung in einen aktuellen Zusammenhang ideologischer Massenrepression einbezogen wird, wenn Clarus schreibt: „Möge die heranwachsende Jugend bei dem Anblicke des blutenden Verbrechers, oder bei dem Gedanken an ihn, sich tief die Wahrheit einprägen, daß Arbeitsscheu, Spiel, Trunkenheit, ungesetzmäßige Befriedigung der Geschlechtslust, und schlechte Gesellschaft, ungeahnet und allmählich zu Verbrechen und zum Blutgerüste führen können."[614]

Diesen aktuellen gesellschaftlichen Wirkungszusammenhang als symptomatisch aufzugreifen und kritisch aufzuhellen ist die deutlich erkennbare Absicht, von der Büchner sich bei der dramatischen Restitution der Geschichte Woyzecks leiten läßt. Unter diesem wirkungsstrategischen Gesichtspunkt — nicht wegen des bloßen allgemeinen Nachweises, daß die Schuld nicht beim Verbrecher, sondern bei der Gesellschaft liege — wird durch das Stück der Prozeß gegen Woyzeck einer exemplarischen Revision unterzogen. Den ideologischen Kernpunkt des Angriffs gibt die Unterstellung ab, der Angeklagte sei auf Grund einer absoluten sittlichen Handlungsfreiheit voll für seine Tat verantwortlich.

Aus materialistischer Sicht stellt Büchner dagegen dar, wie Woyzeck unter dem Druck der sozialen Umstände, denen er ausgesetzt ist, zum Mord als zwanghaftem Tatgeschehen getrieben wird — und damit in die Selbstzerstörung, mit der die Tötung Maries gleichbedeutend ist, des einzigen, was er besitzt („...ich bin ein arm Teufel, — und hab sonst nichts auf der Welt..."[615]).

Gegenüber der Konzeption, die der Autor des „Hessischen Landboten" zur Grundlage seines praktischen politischen Handelns gemacht hat, zeigt die Tatsache, daß in Büchners sozialem Drama nicht ein Bauer, sondern ein städtischer Plebejer zur tragenden Figur erhoben wird, eine bemerkenswerte Modifikation an. Nicht ein „Armer" schlechthin, sondern einer der Ärmsten unter den Armen rückt in den Mittelpunkt des Interesses: ein Mann aus der Mitte derer, die, um ihre nackte Existenz zu erhalten, gezwungen sind, sich selbst bzw. ihre Arbeitskraft zu verkaufen, einer jener vollkommen Besitzlosen also, aus denen sich das Proletariat rekrutierte, wenn auch Woyzecks Lebensbild noch dadurch bestimmt wird, daß er — entsprechend dem Entwicklungsstand in Deutschland — als einzelner isoliert und daher wehrlos dasteht.[616]

Woyzeck ist einer von denen, die nichts zu verlieren haben als ihre Ketten (nicht einmal die heroischen Illusionen eines Danton), die „einen universellen Charakter durch ihre universellen Leiden" [617] haben. Es ist die Eigenschaft, die Marx ein Jahrzehnt später im Proletariat auffand, als er schrieb, daß es „mit einem Wort der *völlige Verlust* des Menschen ist, also nur durch die *völlige Wiedergewinnung des Menschen* sich selbst gewinnen kann"[618], die gerade Woyzeck zu einem neuen Typ des dramatischen Helden geeignet macht. Daß er im strengen sozialökonomischen Sinne allenfalls dem Halbproletariat, dem vorerst noch latenten Fabrikproletariat, angehört, hebt diese Eignung nicht auf.

Der Vergleich der Dramengestalt mit dem historischen Vorbild zeigt, daß Büchner diejenigen Züge des realen Woyzeck nicht übernahm, die ihn noch als kleinbürgerlich orientierten depravierten Handwerker auswiesen, und daß er stattdessen die proletarischen Züge soweit herausarbeitete, wie die Verhältnisse dies zuließen. Aus Sachsen versetzte er seine Gestalt in die Umwelt der vertrauten hessischen Kleinstadt. Als einfacher Soldat gehört Woyzeck zur untersten Schicht der Recht- und Besitzlosen. Außerhalb des Dienstes rasiert er, von Beruf Barbier, den Hauptmann und schneidet für ihn die (wohl zur „Erziehung" der Rekruten gebrauchten) Stöcke. Da das Geld für ihn, Marie — die Frau, die er als Soldat nicht heiraten darf — und das Kind trotzdem nicht reicht, stellt er sich noch dem Doktor für Experimente zur Verfügung (wie sie übrigens Justus Liebig um 1834 in Gießen an Soldaten durchführte), die zur physischen und psychischen Zerrüttung seiner Persönlichkeit führen. Als es dem Tambourmajor gelingt, Marie zu verführen, verliert Woyzeck alles, was er noch verlieren kann. Marie und das Kind waren seine ganze Zuflucht in einer feindlichen Umwelt, die nur Plage, Erniedrigung und obendrein den Hohn seiner Peiniger für ihn bereithält. Die Verstoßung aus dem einzigen menschlichen Bezirk, in dem er er selbst sein konnte, der Schmerz und die Erbitterung treiben ihn schließlich an die Grenze des Wahnsinns und zum

Mord an der geliebten Frau, mit dem er seinem Kind die Mutter nimmt.

Auch Marie ist ein Opfer derselben Umstände. Sie führt das Leben einer Proletarierfrau der dreißiger Jahre des 19. Jahrhunderts. In der Armseligkeit ihres Daseins hegt sie die Sehnsucht nach der Verwirklichung ihres unterdrückten Lebensanspruchs. In ihrem aufbegehrenden weiblichen Selbstgefühl weiß sie sich noch inmitten dürftigster Verhältnisse vollkommen ebenbürtig mit den „großen Madamen", denen alle Wege zum Glück geebnet sind.[619] An dem Widerspruch zwischen elementarem Lebensanspruch und dem Zwang der gesellschaftlichen Umstände zerbricht ihr Leben, aber ihr unverbildetes, naturkräftiges Selbstbewußtsein bleibt ungebrochen. Die Sünden- und Reuegefühle, die besonders christliche Interpreten ihr zusprechen möchten,[620] sind nichts anderes als zutiefst verständliche weltliche Gewissensbisse bei dem Gedanken an die ungewollten leidvollen Folgen ihrer Untreue zuallernächst für Woyzeck, eine elementare menschliche Reaktion also, die ebensowenig einer religiösen wie irgendeiner anderen ideellen Motivierung bedarf. Man muß angesichts der in Mode gekommenen Spekulationen über das angebliche „Sündenbewußtsein" Maries, die das Bild der Figur in immer mehr Interpretationen trüben, Haltung und Temperament der echten Marie, wie sie Büchner gestaltet hat, in Erinnerung rufen und damit ihre Resistenz gegen den ideologisch-moralischen Druck und die Indoktrination ihrer Umwelt als entscheidendes Charakteristikum hervorheben. Der Auftritt, mit dem sie in der letzten Niederschrift des Stücks eingeführt wird, läßt daran nichts zu deuten offen.

MARIE *singt.*
    Soldaten das sind schöne Bursch . . .
MARGRETH. Ihre Auge glänze ja noch.
MARIE. Und wenn! Trag sie Ihre Auge zum Jud und laß Sie sie putze, vielleicht glänze sie noch, daß man sie für zwei Knöpf verkaufe könnt.
MARGRETH. Was Sie? Sie? Frau Jungfer, ich bin eine honette Person, aber Sie, Sie guckt 7 Paar lederne Hose durch.
MARIE. Luder! *Schlägt das Fenster zu.* Komm mein Bub. Was die Leut wollen. Bist doch nur en arm Hurenkind und machst deiner Mutter Freud mit deim unehrliche Gesicht. Sa! Sa! *Singt.*

Mädel, was fangst du jetzt an?
Hast ein klein Kind und kein Mann.
Ey was frag ich danach,
Sing ich die ganze Nacht
Heyo popeio mein Bu. Juchhe!
Giebt mir kein Mensch nix dazu.[621]

Marie in der Musterrolle der reuigen Sünderin, die allen Bedürfnissen der Sinnlichkeit entsagt — nichts im Text ist geeignet,
eine solche Figurenauffassung zu belegen. Fände sie Bestätigung, würde dies ein Zurückgehen Büchners hinter den grundsätzlichen Anspruch der Marion im „Danton" bedeuten.
Auch die zu einer solchen Deutung gern herangezogene
(fälschlich so genannte) „Gebetsszene", das Parallelstück zur sogenannten „Testamentsszene" in der letzten Niederschrift, widerspricht dem unmißverständlich. „MARIE *blättert in der Bibel*",
lautet die Szenenanweisung; aber ihren Versuch, sich aus ihrer
angstvollen Beunruhigung in die zumindest momentane Beruhigung eines Gebetes zu retten, läßt Büchner demonstrativ mißlin-
gen. Der naheliegende menschliche Grund ihrer verzweifelten
Betroffenheit liegt so offen zutage, daß er jede moraltheologi-
sche bzw. -philosophische Spekulation erübrigt. („Das Kind
giebt mir einen Stich in's Herz." — „Der Franz ist nit gekomm,
gestern nit, heut nit, es wird heiß hier. *Sie macht das Fenster
auf.*"[622]) Dem Druck, den die Unentrinnbarkeit der realen Situation erzeugt, ist, so muß Marie erfahren, nicht auszuweichen
durch Öffnung zur Transzendenz. Die Verheißung eines barm-
herzigen helfenden Gottes versagt. Nichts geschieht, was der ei-
sigen Erfahrung von Lenz widerspräche.
Um auf einen erlösenden Gnadenerweis hoffen zu können
(wie ihn etwa Gretchen in höchster moralischer Not durch die
„Stimme von oben" erfährt), müßte Marie die kategorische Bedingung erfüllen, die sie dem Urteil über die Ehebrecherin in
der Bibel entnimmt: „Geh hin und sündige hinfort nicht
mehr."[623] Dazu müßte sie ihre Natur verleugnen, denn das hieße,
der Sinnlichkeit und dem für sie einzig wirklichen Leben entsa-
gen. „Herrgott, Herrgott! Ich kann nicht", bekennt sie spontan
gegen diese Überforderung. Und im Bekenntnis dieses Unver-
mögens, in dem Bekenntnis zu sich selbst als wirklichem Menschen von Fleisch und Blut, äußert sich eine Selbstbehauptung,

die Marie als eine Gestalt von andersartigem, aber nicht geringerem menschlichem Format als dem jener „idealistischen Gestalten" ausweist, die die Bühne des bürgerlichen Bildungstheaters beherrschten. Weil es einen Wert außerhalb des Lebens, der wichtiger wäre als das Leben selbst, für sie nicht gibt, kann für sie auch Entsagung keinen Sinn haben.

Es ist für Marie ebensowenig wie für Woyzeck ein Moralkonflikt, der sie bedrängt. Das Stück so zu lesen hieße, seine materialistisch konstituierte Dramaturgie zu verkennen oder zu entstellen. Nicht um den Widerspruch von Individuen gegen ein ehernes Moralgesetz handelt es sich hier, sondern um die Kollision ihres naturgegebenen Rechtsanspruchs zu leben, und zwar als sie selbst und für sich selbst, mit den entfremdenden und zerstörerischen gesellschaftlichen Zwängen, die die Menschen gegeneinander und damit jeden auch gegen sich selbst treiben — um den Zusammenstoß mit einer Macht, der vom Dichter fatale Realität, aber keine höhere Notwendigkeit zugeschrieben wird.

Es gibt kein Indiz dafür, daß Büchner Marie den Anspruch ihrer Sinnlichkeit bestreiten wollte, dem der von früh bis spät gehetzte, körperlich ruinierte Woyzeck nicht mehr genügen kann. Als tragisch führt er aber die Verwicklung vor, die die Befriedigung des sexuellen Verlangens unter den gegebenen sozialen Umständen mit sich zieht. Die Forderung der Emanzipation des Fleisches, welche in der bürgerlichen Liberalität der Marion-Welt noch ein so reizvolles Flair entfalten konnte, blamiert sich vor Leuten in Lebensverhältnissen wie denen Maries und Woyzecks.

Heißt das, Büchner habe sich von den Emanzipationsbestrebungen Heines und der Jungdeutschen zurückgezogen auf einen konservativen Moralstandpunkt? Hat er Woyzeck die Rolle eines mehr oder weniger berufenen Anwalts und Rächers eines verletzten Moralgesetzes übertragen?[624] Dann wäre der Mord an Marie nichts anderes als wahnwitzige richterliche Selbstvermessenheit. Das würde zugleich bedeuten, Woyzeck hätte sich unter Büchners Händen entgegen dem moralischen Verdikt des Gerichtsgutachters Clarus in einen puritanischen Fanatiker verwandelt, der statt als abschreckendes Beispiel eines Menschen, der auf dem Weg der „Unzucht" und ordnungsgefährdenden „ungesetzmäßigen Befriedigung der Geschlechtslust"[625] zum Verbrecher wurde, nun ganz im Sinne von Clarus rehabilitiert wird und als religiös motivierter Überzeugungstäter gegen den Sündenverfall der Welt erscheint. Die Schuldverteilung würde sich dann allerdings zugunsten des Täters und zu Lasten des Opfers verschieben. Eine solche Lesart, die einem „Sündenbewußtsein" Maries eine dramaturgische Funktion zuweisen könnte, läßt sich allerdings nur auf dem Wege spekulativer Konstruktion herstellen. Sie hätte einen nicht aus persönlicher existentieller Betroffenheit motivierten Woyzeck, sondern einen religiösen Eiferer gegen die „Sünde der Welt" zur Voraussetzung, der von der Gesamtheit der Texte her nicht zu belegen ist. Seine Ausbrüche, die in diese Richtung deuten könnten, sind ausnahmslos akute Projektionen seiner Eifersucht, d. h. seiner Verletztheit.[626] Woyzecks wiederholte Berufungen auf die Natur, wenn er sich gegen die abstrakten Wertordnungen des Hauptmanns und des Doktors zur Wehr setzt, die Veranlassung, die er zur Moralpredigt des Hauptmanns gibt, und seine Widerrede, die bedrängend reale Vorstellung des an den anderen übergegangenen körperlichen Besitzes der Frau („Wie er an ihr herumtappt, an ihrem Leib, er, er hat sie wie ich zu Anfang!"[627]), der Reiz, den ihre körperliche Anziehungskraft noch unmittelbar vor dem Mord auf ihn ausübt („Was du heiße Lippen hast! [heiß, heiß, Hurenathem] und doch möcht' ich den Himmel geben sie noch einmal zu küssen"[628]) — dies alles zusammen ergibt ein Bild, das für sich spricht.

3

Zwingend leitet Büchner Denken und Verhalten der im Drama auftretenden Personen aus ihrem sozialen Sein ab. Die angeblich ewige und für jeden gleichermaßen verbindliche „unverletzliche Heiligkeit des Gesetzes", der Moral und der Religion verliert, mit der Erfahrungswirklichkeit der Besitzlosen konfrontiert, den Anschein des Absoluten und gibt klar ihren Klassencharakter zu erkennen. Auf die abstrakten Tugendermahnungen des Hauptmanns, seines Vorgesetzten und sozialen „Partners", antwortet Woyzeck: „Es muß was Schöns seyn um die Tugend, Herr Hauptmann. Aber ich bin ein armer Kerl."[629] Tugend und Moral sind Privilegien der Herrschenden, gebunden an den Besitz wie Wohlleben und Bildung. „. . . Geld, Geld. Wer kein Geld hat. Da setz eimal einer seinsgleichen auf die Moral in die Welt. Man hat auch sein Fleisch und Blut. Unseins ist doch einmal unseelig in der und der andern Welt, ich glaub' wenn wir in Himmel kämen, so müßten wir donnern helfen."[630]

Nicht im Standesunterschied an sich — wie im bürgerlichen Trauerspiel — liegt die Quelle für die tragische Verwicklung, in die Woyzeck gerät, sondern in den materiellen Lebensbedingungen, zu denen ihn seine Besitzlosigkeit verurteilt. In ihr liegen die auslösenden Momente der Liebes- und Eifersuchtstragödie und der umfassenden körperlich-psychischen Zerstörung seiner Persönlichkeit.

In der Konstellation der dramatischen Figuren wird auf diese Weise die Grundstruktur der bürgerlichen Gesellschaft erkennbar. Die kontrastierenden Charakterisierungsanweisungen für die naturbezogenen und individualisierten Volksgestalten einerseits (sie haben ausnahmslos persönliche Namen) und die ideologiebesessenen typenhaften Vertreter der „gebildeten und wohlhabenden Minorität"[631] andererseits (sie haben allesamt nur Standes- und Funktionsbezeichnungen) sowie die Zuordnung der Gestalten des Hauptmanns und des Doktors zu dem die Mordhandlung auslösenden Tambourmajor machen das sinnfällig. Die übliche Dreiecksanlage einer bloßen Eifersuchtstragödie wird so zugunsten einer übergeordneten, historisch wesentlichen Struktur durchbrochen. Die Gruppierung Woyzeck, Marie, Kind („Christianche"), Großmutter, Andres, Karl, Käthe — Tambourmajor, Hauptmann, Doktor, Richter, Gerichtsdiener kennzeichnet scharf den übergreifenden objektiven antagonistischen Klassengegensatz, in dem der dramatisch zentrale persönliche Konflikt zwischen Woyzeck und Marie verwurzelt ist.

Der Konflikt zwischen den dramatischen Hauptgestalten (Woyzeck — Marie; wie Danton — Robespierre) ist von abgeleiteter Art und kann von diesen nicht autonom ausgetragen werden, er untersteht aber auch keiner höheren Macht mehr — keiner göttlichen oder sittlichen Weltordnung und keinem Schicksal. (Sie kann im Drama nicht mehr gegenständlich erscheinen, seitdem die Götter nicht mehr wie im antiken Drama auftreten, und so hat sich ein entscheidendes Moment des traditionellen Dramas ins Metaphysische verlagert.) Der Konflikt ist vielmehr verknüpft mit einem größeren Feld realer Widersprüche, die auf der Bühne darstellbar sind und die — nicht nur als Hintergrund oder Milieu wie im Drama des Naturalismus — eine neue gesellschaftliche Dimension ins Drama bringen.

Für die Anlage der Fabel und den szenischen Gesamtaufbau hat das wichtige Folgen. Mit der Preisgabe der Fiktion eines in sich abgeschlossenen Geschehens wird auch die strenge Geschlossenheit der traditionellen dramatischen Form aufgebrochen. In der Fabel werden aus dem Lebensprozeß gegriffene Situationen verknüpft. Die Abfolge der Szenen ergibt sich nicht aus einem streng linearen, in sich logischen Handlungszusammenhang, d. h. aus der Logik des Autors, der den Faden der Fabel knüpft, sondern aus einem komplexen, die „Umstände", die „außer uns liegen"[632], umgreifenden Kausalzusammenhang.

Hier wird ein wichtiger Unterschied zwischen der Objektivität des klassischen Kunstwerks und dem Objektivitätsprinzip Büchners sichtbar. Aufgeboten wird dabei nicht Wirklichkeit an sich, sondern Wirklichkeit als Erfahrung der „großen Masse". Damit führt Büchner ein Praxiskriterium in den Kunstbereich ein, das auf den philosophischen Praxisbegriff der „Feuerbach-Thesen" vorausweist.

Wie immer in Büchners Stücken wird gegen die erhabene Idee die „erbärmliche Wirklichkeit" aus der Perspektive der „gewöhnlichen", um ihren elementaren Lebensanspruch betrogenen Leute gesetzt. Sie darf in der Gestaltung des vorgeführten Materials weder „dichterisch überhöht" oder „verklärt" werden, noch bedarf sie einer kommentierenden, vom Autor von außen herangetragenen Bewertung. Denn kritisch überwunden wird nicht die schlechte Wirklichkeit durch die vollkommenere Idee, sondern die bürgerliche ideologische Sicht durch die plebejische Erfahrung. Die Notwendigkeit der Veränderung ergibt sich aus der kenntlich gemachten Realität des „nothwendigen Bedürfnisses", sie muß nicht durch das ideale Gegenbild eines besseren Weltzustandes nahegelegt werden. Die Utopie als optimistischer „Ausblick" taugt nur noch als Gegenstand der Farce, wie man am Schluß von „Leonce und Lena" sieht.

Auch „Woyzeck" endet nicht in der versöhnenden Andeutung einer Lösung, sondern in der herausfordernden Vorführung der Notwendigkeit einer Lösung. Von der Bühne appelliert nicht der Dichter durch den Mund seiner Gestalten, vielmehr provozieren die vorgeführten, ungeklärten und unannehmbaren Verhältnisse selbst die Reaktion des potentiellen Publikums. In der Szene wird die objektiv-reale Widersprüchlichkeit aufgedeckt; sie ist nicht die Gelegenheit für die dargestellten Personen, verbal ihren Standpunkt zu vertreten, diese führen vor allem eine bestimmte, an ihre gesellschaftliche Stellung gebundene Lebensweise vor, an der ihre Worte gemessen werden.

Rolle und Stellenwert der Figurenrede werden dadurch stark relativiert; andere, vor allem gestische Ausdrucksmittel gewinnen dagegen an Bedeutung. Der große Monolog — das klassische Mittel der Selbstdarstellung des großen autonomen Individuums — kann in dieser Dramaturgie ebensowenig ein brauchbares Kunstmittel mehr sein wie das Operieren mit Sentenzen, die — von der Situation ablösbar — absolute Gültigkeit beanspruchen.

Wie der Revolutionär Büchner sich in seiner politischen Strategie auf die potentielle Fähigkeit der „großen Masse" zur Selbstbefreiung stützt, so verläßt er sich in seiner künstlerischen Strategie auf die dem vorgeführten Material selbst innewohnende Aussagekraft. Das darauf basierende Verfahren ist dem vom Gegenstand abgelösten, abstrakt argumentierenden und subjektiv reflektierenden Vorgehen der oppositionellen bürgerlichen Schriftsteller, die sich auf den „Zeitgeist" berufen, entschieden entgegengesetzt. Der grundsätzlichen weltanschaulichen und politischen Differenz gegenüber den Jungdeutschen entspricht auch die der künstlerischen Praxis.

Ein Beispiel en détail für die Arbeitsweise dieses aus materialistischer Gesellschaftserkenntnis entwickelten Verfahrens bietet die Szene Doktor — Woyzeck.

Der Anfang eines Dialogs zwischen Woyzeck und dem Doktor führt in provokativer Direktheit auf den zentralen Punkt der polemisch zugespitzten weltanschaulichen und ästhetischen Konzeption Büchners und zeigt dabei zugleich in nuce deren dramaturgische Realisation:

DOCTOR. Was erleb' ich Woyzeck? Ein Mann von Wort.
WOYZECK. Was denn Herr Doctor?
DOCTOR. Ich hab's gesehn Woyzeck; Er hat auf die Straß gepißt, an die Wand gepißt wie ein Hund. — Und doch 2 Groschen täglich. Woyzeck das ist schlecht. Die Welt wird schlecht, sehr schlecht.
WOYZECK. Aber Herr Doctor, wenn einem die Natur kommt.

DOCTOR. Die Natur kommt, die Natur kommt! Die Natur! Hab'
ich nicht nachgewiesen, daß der musculus constrictor vesicae
dem Willen unterworfen ist? Die Natur? Woyzeck, der
Mensch ist frei, in dem Menschen verklärt sich die Individualität zur Freiheit. Den Harn nicht halten können![633]

Der Satz „der Mensch ist frei", der in der szenischen Entfaltung der Situation satirisch ad absurdum geführt wird, stellt sich
als die allgemeine Fassung der von Büchner als falsches gesellschaftliches Bewußtsein bekämpften bürgerlichen Ideologie dar,
deren Optimismus mit der Krise der bürgerlichen Revolutionsbe-
wegung in Europa in den dreißiger Jahren bereits empfindlich
erschüttert war. In dem Maße, in dem die neue Gesellschaft
selbst Realitäten produzierte, die sich der Beherrschung durch
ihre Produzenten entzogen, in dem diese sich vielmehr der Beherrschung durch ihre eigenen Produkte ausgesetzt fühlen mußten, war die ernüchternde Entdeckung zu machen, daß sich an
Stelle der persönlichen Abhängigkeitsverhältnisse des Feudalis-
mus nicht der ersehnte Zustand allgemeiner Freiheit, Gleichheit
und Brüderlichkeit, sondern eine universale Herrschaft sachli-
cher Abhängigkeitsverhältnisse herausbildete.
War diese Entdeckung und ihre wissenschaftliche Auswertung
in den vierziger Jahren das Werk von Marx und Engels, so war
die zumeist mehr oder weniger vage, vielfach vermittelte Erfahrung dieser modernen Abhängigkeitsformen schon zuvor zu
einem Erkundungsgegenstand der Literatur geworden. Das empirische Material, das sie beibrachte, gewann für die Entwicklung der realistischen, gesellschaftliche Impulse vermittelnden
Literatur nach dem Abschluß der klassisch-romantischen Periode hervorragende Bedeutung. Indem sie unter dem Eindruck der nicht überbrückbaren Kluft zwischen Ideal und Wirklichkeit der bürgerlich-kapitalistischen Gesellschaft die Erfahrung der vielfältigen unlöslichen Verwobenheit der einzelnen
in Natur und Gesellschaft aufnahm, wurde es möglich, sich
von der aus der klassischen Dramatiktradition überkommenen
Frage nach dem Bezug der realen Lebensprozesse zu einer vor-
ausgesetzten unverletzbaren metaphysischen Weltordnung abzuwenden und die Aufmerksamkeit auf die der Wirklichkeit
selbst innewohnenden Zusammenhänge und bewegenden Kräfte
zu lenken.

Ronald Peacock, der noch in jüngster Zeit die Eignung Woyzecks zum tragischen Helden bezweifelt, unterliegt einem doppelten Irrtum, wenn er meint: „Eine wirklich gültige seelische Verzweiflung, eine echte Anklage des Menschen gegen Gott oder das Universum kann nur mit den feinsten Argumenten des Geistes, nie mit dem Gestammel des Sprachunfähigen vorgebracht werden."[634] Büchners Stück durch die Schablone der klassischen bürgerlichen idealistischen Dramaturgie betrachtend, übersieht er nicht nur, daß hier weder Gott noch das Universum unter Anklage steht, sondern eine bestimmte historische gesellschaftliche Ordnung. Er übersieht auch — und damit wird die besondere, für Büchner charakteristische Einheit von dramaturgischem Programm und dramaturgischer Strategie zum Gegenstand seines Irrtums —, daß die dramatische Auseinandersetzung, die zur Anklage wird, überhaupt nicht auf der Ebene der „feinsten Argumente des Geistes" ausgetragen wird.

Darin bewährt sich gerade der Realismus Büchners, daß die Freiheitsphrase des Doktors von Woyzeck verbal gar nicht widerlegt werden muß und auch nicht widerlegt werden darf, weil ein solcher Versuch bedeuten würde, das bürgerliche ideologische Argumentationsmuster als allgemeingültig anzuerkennen. Auch da, wo Woyzeck auf die Vorhaltungen der bürgerlichen Gegenfiguren antwortet, z. B. dem Hauptmann, kann er nichts mit dessen Argumentation anfangen, sondern gibt ein seiner sozialen Lage entsprechendes, ganz anderes Wertbewußtsein zu erkennen und stürzt den Hauptmann gerade dadurch in Verwirrung.

Die Widerlegung des Doktors wie des Hauptmanns erfolgt nicht in der ideologisierten Sprachsphäre der bürgerlichen Figuren, sondern auf einer Ebene, auf der sogar die „Sprachunfähigkeit" Woyzecks zu einem sprechenden Argument gegen den Doktor wird. Das ist die Ebene der im Stück insgesamt zum Sprechen gebrachten Tatsachen. Gegen die verbale Behauptung der Freiheit des menschlichen Willens schlechthin wird — im konkreten Fall — die in der Szene vorgeführte soziale Beziehung der Dialogpartner gesetzt, d. h. die in ihr vergegenständlichte Unfreiheit Woyzecks, genauer seine ökonomische Abhängigkeit, die auf einem ungleichen Kaufverhältnis basiert, dessen Bedingungen der sozial Stärkere bestimmt. „2 Groschen täglich", das ist exakt der Preis, für den Woyzeck sich mit Haut und Haaren dem Doktor für das medizinische Experiment überläßt, dessen Risiko darin besteht, daß die Versuchsperson „krepirt", und dessen gewünschter Erfolg, nämlich der ruhmversprechende Beweis einer Hypothese, dann gesichert ist, wenn Zeichen ihrer geistigen Zerrüttung eintreten. Diese zwei Groschen sind aber genau der Betrag, den Woyzeck neben dem kärglichen Sold und dem Nebenverdienst beim Hauptmann braucht, um sein Leben und das seiner bürgerlich nicht anerkannten Familie zu erhalten; d. h. Woyzecks „Freiheit" ist eine frühe, krasse Variante der Freiheit des freien Lohnarbeiters. Sein Leben verkaufen zu müssen, um zu leben — das Unbegreifliche einer solchen Lage ist der Hintergrund für Woyzecks Grübeln und sein Phantasieren von der „doppelten Natur" und allerlei unentzifferbaren geheimnisvollen Zeichen.[635] Seine Krankheit und sein Zugrundegehen werden zu einem Symptom der von der kapitalistischen Gesellschaft produzierten Schizophrenie.

Enthüllt wird in dem angeführten Szenenanfang aber nicht nur die Nichtübereinstimmung der Freiheitsbehauptung des Doktors mit der Wirklichkeit, sondern auch (und das läßt sie aus seinem Mund ganz besonders zynisch klingen) die Funktion dieser Behauptung, ideologisches Herrschaftsmittel zu sein, auf die die einst revolutionär beflügelnde Emanzipationslosung herabgekommen war. An den freien Willen Woyzecks wird appelliert, damit er sich in seiner unfreien Rolle dem Willen seines Ausbeuters fügt. Durch die Verpflichtung auf eine fiktive Freiheit und Ehre („Was erleb' ich Woyzeck? Ein Mann von Wort."[636]) soll seine Unterwerfung erst vollständig gemacht werden.

Weil damit aber letztlich die Grundlage sogar seiner biologischen Existenz angegriffen wird, wehrt sich Woyzeck instinktiv gegen die ideologische Integration. Ein Ausdruck seines Widerstands auf der Basis des noch nicht zum Bewußtsein gewordenen Klasseninstinkts ist es, daß er — ebenso wie Marie und die anderen plebejischen Figuren — nicht die Sprache und damit das gegen ihn und seinesgleichen arbeitende Denken der bürgerlichen Figuren annimmt. Hier liegt die Bedeutung der von Büchner in das Drama ernsten Charakters eingeführten Volkssprache, vor allem aber der „Sprachlosigkeit" Woyzecks. Sie ist nicht einfach nur Ausdruck des Unbefähigtseins, das den „Armen" charakterisiert. Was oberflächlich als seine Unbeholfenheit in der Beherrschung der Sprache erscheint, bedeutet, daß er sich der Beherrschung durch sie widersetzt. Anders als in Büchners erster Niederschrift der Barbier (eine später verworfene Vorform seiner Woyzeck-Figur) spricht er als Beherrschter nicht geschwätzig nach, was die Herrschenden, die auch die Sprache beherrschen, ihm vorsprechen, und er macht sich nicht wie dieser zum selbstentfremdeten Vollstrecker der Fremdbeherrschung („BARBIER. . . . Ich bin die Wissenschaft. Ich bekomm für mei Wissenschaftlichkeit alle Woche ein halbe Gulden, schlag Er mich nicht grad oder ich muß verhungern. Ich bin eine Spinosa pericyclyda; ich hab ein lateinischen Rücken. Ich bin ein lebendiges Skelett. Die ganze Menschheit studirt an mir. Was ist der Mensch? Knochen! Staub, Sand, Dreck. Was ist die Natur? Staub, Sand, Dreck."[637] — In der Art des Hauptmanns „gerührt", redet er weiter.) Das dunkel Absonderliche dagegen, in das Woyzecks Reden als anderes Reden aus der Sprachnorm seiner höhergestellten Dialogpartner ausbricht, und der Ausdruckszwang, unter dem er steht, deuten sein erwachtes Bedürfnis nach einer noch nicht gefundenen Sprache an, die seiner Natur und seiner eigenen Erfahrung entspricht.

Die Sprache ist so keine selbstverständliche Konstante mehr, sie zeigt sich in Büchners Stück als problematisch geworden, was mit tief einschneidenden Konsequenzen für die Dialogstruktur verbunden ist. Weitaus mehr als gewohnt ist man auf den „Zwischentext" verwiesen. Eine deutliche Verschiebung und Spannung im Verhältnis von Figurenrede und Handlungsvorgang, von verbalem und körperlichem Ausdruck treten auf.

In seinem unklaren Drang, die ihm unverständlichen Zusammenhänge zu durchschauen („Wer das lesen könnt."[638]), sich zum Bewußtsein seiner Lage emporzuarbeiten, bereitet sich sein Subjektwerden vor, deutet sich eine mögliche Perspektive seiner Klasse über den Status quo hinaus an. Aber nicht das Vorführen dieser Perspektive, nicht das Vorzeigen eines vorgegebenen Ziels, nicht das Angebot einer versöhnenden, tröstenden oder auf irgendeine Weise die Wirklichkeit überspringenden Idee darf von einem Drama dieses Typs erwartet werden. Es zeigt dem Zuschauer keinen Ausweg auf, sondern mutet ihm die Konfrontation mit der Unerträglichkeit eines permanenten Zustands zu, mit einer Ausweglosigkeit, die unannehmbar ist und deshalb „Möglichkeit des Daseins" nur noch in einer alles Gewesene und

alles Gedachte übersteigenden revolutionären Alternative offenläßt.

Erst von dem neuen sozialrevolutionären Anliegen aus wird
die unversöhnliche Kritik Büchners an der bürgerlichen Ideologie voll verständlich. Und erst die neue Qualität des revolutionären Anspruchs ermöglicht und erfordert auch die ästhetisch nicht
minder revolutionäre Überwindung der bürgerlichen idealistischen Literaturtradition. Bis in die Einzelheiten des dramaturgischen Verfahrens verschafft sich in Büchners Werk das „nothwendige Bedürfniß der großen Masse" seine Geltung.

Nicht eine Reformierung der alten Form bzw. der Gattung des
Dramas ist angestrebt, sondern ein ganz anderes literarisches
Funktionsmodell. Es ist nicht darauf angelegt, um Verständnis
und Mitleid zu werben oder anzuklagen. Durch den Zwang zur
illusionslosen Anschauung und das Empfinden der Unerträglichkeit des Zustands wird ein realitätszugewandtes praktisches Verhalten angeregt – vor allem die Erkenntnis, daß außer ihnen
selbst niemand da ist, auf den die Niedergedrückten – Woyzeck
ebenso wie Marie, Andres, das Kind, die Großmutter, die ganze
leidende Klasse der Besitz- und Machtlosen – hoffen dürfen.
Nichts bleibt ihnen erspart, solange die Ausbrüche ihrer Gegen-
aggression, zu denen der Druck heilloser Not und der Schmerz
seelischer Verletzungen sie treibt, sich blind und zerstörerisch
nur immer gegen sie selbst richten.

Darin gleicht „Woyzeck" „Dantons Tod" – es ist ein Drama
ohne Ausblick, aber ein Drama, das, indem es keinen Ausweg
zeigt, dazu zwingt, einen zu suchen. Deshalb läßt es nicht die geringste Ausflucht in Scheinlösungen offen. Diese waren, virtuos
ausgespielt, in „Leonce und Lena" Gegenstand der Verabschiedung durch die Märchenkomödie. In „Woyzeck" wird das Antimärchen zum kosmischen Fluchtpunkt. Das erlösende Wunder
ist von niemandem und von nirgendher zu erwarten.

Es gibt nur das unausweichliche, bedrückend gegenwärtige
Hier und Jetzt, das verlangt, sich ihm zu stellen. Das verlassene
„arm Kind" erfährt auf seiner Reise in den Himmel dort nur
noch größere Verlassenheit, den Widerschein einer ausgestorbe-
nen, entseelten Schöpfung, so daß ihm nichts übrigbleibt als die
Rückkehr auf die verwüstete Erde. Das „Märchen", das der
Großmutter abverlangt wird und das ihr zu einem Antimärchen
gerät, nimmt auf der Höhe des Handlungsbogens, als die Bewe-

gung zu einem momentanen Stillstand kommt, die Stelle eines Sinnzentrums ein, das unversehens das Einzelgeschehen in eine Gesamtdimension rückt. Als integrierte Weltdeutung ist es die Negation jeder Theodizee, was nicht mit „Nihilismus" zu verwechseln ist. Der Bogen durchs All, den das Märchen beschreibt, endet nicht in der unendlichen, antwortlosen Leere, sondern lenkt den Blick zurück auf die Erde, wo er nicht von dem übrigbleibenden Kind loskommt, dessen Geschichte sich an Maries und Woyzecks Kind erneut erfüllen wird: „. . . und da hat sich's hingesetzt und geweint und da sitzt es noch und ist ganz allein."[639]

„Antimärchen" ist hier etwas anderes als eine negative Utopie. Aus dem anfänglichen zeit- und raumlosen „Es war einmal" des Märchens hat die Großmutter dem „arm Kind" mit der Schlußwendung ihrer Erzählung zu einer Präsenz verholfen, der man sich nicht entziehen kann. Die Haltung tiefer Traurigkeit, weit entfernt von Sentimentalität, trägt den Gestus dieses Hindeutens und die unausgesprochene Aufforderung, die darin enthalten ist. Als Haltung, die nicht an die eine Texteinheit und an die Figurenperspektive der Großmutter gebunden bleibt, verträgt sie sich weder mit dem Zustand des Außersichseins, auf den die Tragödie abzielt, noch mit der Gefühlsauflösung und Ausschaltung der Rationalität durch das Rührstück. Im Gegenteil: Wie auf die Gegenwärtigkeit des Gegenstands, so wird auf das völlige Beisichsein und die uneingeschränkte Reaktionsfähigkeit des Zuschauers insistiert. Als textstrukturierend ist die verhalten betroffene, objektivierende Erzählweise der Großmutter der Haltung vergleichbar, in der der Dichter selbst auf den Helden seiner Wahl und die anderen Opfer des Geschehens hindeutet. Einen bezeichnenden Gegensatz dazu bildet die Art der entwürdigend ausstellenden Vorführung Woyzecks durch den Professor/Doktor vor den Studenten.

Ein weiteres, in sich geschlossenes Modell einer Demonstration innerhalb der Gesamtvorführung des Dramas bietet die Szene des Marktschreiers, die in der ersten Fassung des Stücks als Exposition geplant war und in der dieser in philosophisch bezüglich-anzüglicher Manier das „astronomische Pferd" vorführt. Die „unverdorbe Natur"[640] (wie Gerhard Schmid jetzt korrigierend entziffern konnte, statt „unideale Natur", wie es noch bei Lehmann fälschlich heißt und zahlreichen Interpretationen als Stichwort diente), „die Creatur wie sie Gott gemacht", ohne „Kunst" und „Erziehung", soll die „menschlich Societät" durch ihre „viehische Vernunft" beschämen.[641] „Rapräsentation"[642] ist das Ankündigungswort der Vorstellung in der unmoralischen Anstalt der Schaubude, in der als das große Drama im kleinen gleich die Verführungshandlung Tambourmajor (hier noch: Unteroffizier) — Marie beginnt:

„Herein. Es wird sein, die rapräsentation. Das commencement vom commencement wird sogleich nehm sein Anfang.

Sehn Sie die Fortschritte der Civilisation. Alles schreitet fort, ein Pferd, ein Aff, ein Canaillevogel! Der Aff ist schon ein Soldat, s' ist noch nit viel, unterst Stuf von menschliche Geschlecht!"[643]

Auf Theater als Methode der Darstellung reflektiert auch Büchners letztes Stück. Verschiedene Spielarten von Vorführung zitierend, stellt es zugleich seinen eigenen Vorführungscharakter heraus, gibt es den Blick frei für Technik und Methode. Wie die Gestalten in diesem Stück keine Sprache sprechen, die ihnen als etwas Fertiges, unfehlbar Verläßliches bereitstünde und Redetext eingäbe, der nur den Anlaß der Situation brauchte, um abgerufen zu werden, wie sie vielmehr erst aus dem Anstoß heraus zur Artikulation kommen und ihrer Rede die verschiedenen Spuren ihrer Produktion noch anhaften, so gibt auch die Realität, die das Werk als Ganzes aufbaut, keine Scheinobjektivität des In-sich-Vollendetseins und der Abgetrenntheit von den Bedingungen seiner Herstellung vor.

Die (Kunst-)Wirklichkeit des Werks gibt sich nicht als Naturgegebenes, das nur so und nicht anders gesehen werden kann. Die Vorführung verschiedener Muster und Modalitäten der Präsentation regt zum vergleichenden Wechsel des Blickwinkels an und zum Herausfinden des aufschlußreichsten Standpunkts. Die vorgeführte Wirklichkeit wird so aus dem starren gesellschaftlich vorgegebenen Bewußtseinszusammenhang lösbar, wie er für den wirklichen Fall Woyzeck aus den publizierten Gutachten abzulesen ist. Die zutreffende Beurteilung von Wirklichkeit ist von der Zuverlässigkeit der Form ihres Erfassens und ihrer Vermittlung abhängig; erst wenn diese der Kritik zugänglich wird, kann es jene (auf deren Veränderung es letztlich ankommt) auch. Das mußte Grund genug sein für Büchner, den Einblick in das Funktionieren seines Beziehungen der Wirklichkeit nachbildenden theatralischen Modells freizugeben und den Vergleich mit gleichzeitig wirksamen (dominanten) anderen Modellen in der Vorführung herauszufordern. Die Methode der Präsentation, der er sich bedient, zeigt in der Verschränkung mit Gegen- und Ergänzungsperspektiven einen ausgeprägt dialektischen Charakter. Theater wird so zum Übungsfeld der Wahrnehmungsfähigkeit. Es will denen, die ein vitales Interesse daran haben, „Augen und Ohren" öffnen für das, was in Wirklichkeit „um und in ihnen, sich jeden Augenblick neu gebiert"[644]. Damit stimmt die Schlußfolgerung überein, zu der Büchner das Studium der Philosophie geführt hat. Angesichts der Grenze spekulativer Erkenntnis schrieb er — während der Arbeit am „Woyzeck" — in der Ausarbeitung seiner Vorlesung über Spinoza: „Wir müssen uns daher nach andern Hülfsmitteln umsehen und wo möglich durch richtigen Gebrauch der Sinne, durch die Erfahrung auf den rechten Weg zu kommen suchen."[645]

Evidenz war auch das Kriterium für ihn, an dem sich der richtige Gebrauch der Mittel des Theaters zu erweisen hatte. Dafür bildete die Befähigung des Naturwissenschaftlers zur Autopsie, die Gutzkow schon als die Stärke seines ersten Dramas erkannt hatte, eine unschätzbare Mitgift. Das Verfahren dramatischer Vorführkunst, das Büchner in „Woyzeck" praktizierte, läßt als ein Lehrmodell, auf das es sich teils positiv, teils kritisch bezieht, auch die philosophisch-mathematische Methode der Demonstration erkennen, die er an Descartes und Spinoza studierte und mit der er sich in seinen philosophischen Ausarbeitungen befaßte. Die Demonstration hatte es der Philosophie ermöglicht, sich von der Religion zu emanzipieren und die Autonomie der Wissenschaft zu begründen. In der Ausdehnung des Rechts des urteilenden Verstandes gegen Vorurteile des Glaubens und Anmaßungen von Dogmen fand Büchner Spinoza „kühner als Cartesius, er dehnt das Recht der Demonstration weiter aus, der demonstrirende Verstand ist Alles und ist Allem gewachsen"[646].

Ganz ohne Zweifel ist dies eine Position, auf die Büchner sich bei der Entwicklung seiner Ästhetik stützt. Die Rolle des klar urteilenden Verstandes und die Ausschaltung jeder ihn beeinträchtigenden Affektion aus seiner Wirkungsstrategie sprechen eindeutig dafür. Zugleich aber forderte rationalistische Einseitigkeit, die zur Grundlage einer überschwenglichen Selbsthochschätzung der Wissenschaft werden konnte, was Büchner zu der

These veranlaßte „*Der Spinozismus ist der Enthusiasmus der Mathematik*"[647], seinen entschiedenen Widerspruch heraus. Dieser Widerspruch hat Pate gestanden bei der Horrorgestalt des Doktors, der Vision der Eliminierung des Menschen im rein rationalistisch-mathematisch gesteuerten pragmatischen Verwertungsmechanismus des Kapitalismus.

Ästhetik des Dramas im Umbruch

1

In „Woyzeck" kommt — trotz schwieriger, zum Teil unlösbar erscheinender Probleme, die die Überlieferungssituation aufgibt — die Singularität der literarischen Leistung Büchners zweifellos am markantesten zum Ausdruck. Dieser Fragmentkomplex macht in seiner Unverwechselbarkeit die in kurzer Zeit durchmessene Wegstrecke deutlich, die in „Dantons Tod" ihren im Kontext der zeitgenössischen Literatur bereits äußerst exponierten Ausgangspunkt hatte. Zielrichtung und Reichweite von Büchners künstlerischem Vorstoß sind an „Woyzeck" ablesbar. In der Ausrichtung der sozialen und ästhetischen Intention, die der Fragmentkomplex als Ganzes erkennen läßt, zeichnet sich die gemeinsame Fluchtlinie ab, die die Entfaltung des Gesamtwerkes aufweist. Damit ist ein immanentes Richtmaß gegeben, auf dessen Beachtung keine ernst zu nehmende Interpretation, Zuordnung und Bewertung auch der früheren Texte verzichten können.

In „Woyzeck" nahm Büchner Fragestellungen und Intentionen seines politischen Wirkens und seiner ersten literarischen Arbeiten, aber auch Gesichtspunkte, auf die ihn seine naturwissenschaftlichen Untersuchungen (in Verbindung mit seinen gleichzeitigen philosophischen Studien) hinlenkten, auf einer Stufe fortgeschrittener kritischer Verarbeitung neu auf und verfolgte sie weiter. Er trug damit den historisch weitestreichenden Impuls der ersten großen Volksbewegung nach dem Sieg der französischen Bourgeoisie von 1830, ihren uneingelösten fundamentalen Menschheitsanspruch, über ihre frühe schwere Niederlage hinweg als Schriftsteller in adäquater Form weiter — keine Beruhigung zulassend, solange Menschen sozial erniedrigt, als Mittel zu fremden Zwecken mißbraucht, gleichgültig oder zynisch der Verelendung überlassen und dem Eigeninteresse Mächtigerer zuliebe dem Verderben ausgesetzt werden.

Büchner hat auf Ungleichheitsverhältnisse solcher Art, ohne zu moralisieren, mit einer sozialen Sensibilität reagiert, die ihresgleichen sucht. Verfehlt wäre es, darin einen Anschluß an das Mitleidsgebot der Aufklärungspoetik zu vermuten.[648]

Gewiß sind in „Woyzeck" einzelne Genremerkmale des bürgerlichen Dramas des sogenannten mittleren Stils (mit diesem übereinstimmend im Gegensatz zur klassischen Tragödie und zur Komödie, die den Unterschied zwischen hohen und niederen Ständen als menschlichen Rangunterschied ästhetisch rechtfertigen) leicht wiederzuerkennen — so vor allem der passive, leidende Held und der Gegenwartsstoff aus dem Lebensbereich des Alltäglichen. Doch bewegen sie sich hier nicht nur auf einer neuen sozialen Basis, sie stehen auch in einem grundsätzlich anderen ästhetischen Struktur- und Funktionszusammenhang. Feststellbar sind auch Bezüge zu Entwicklungsformen des Genres, Berührungen mit dem Sturm-und-Drang-Drama und Lessing und mehr noch mit den ästhetisch-philosophischen Grundlegungen der vorrevolutionären antiklassizistischen bürgerlichen Dramaturgie in der französischen Aufklärung (nicht zuletzt auch mit Rousseaus Lehre von der Moral des „natürlichen" Menschen, aus der Mercier seine Theorie eines neuen politisierten Theaters ableitete). Dabei bildet für die Rezeption in Deutschland und speziell für Büchner zweifellos Diderot (mit Rückbezug auf Spinoza) den zentralen gemeinsamen Ausgangspunkt.[649]

Aber je genauer man den Zusammenhängen im ganzen wie im einzelnen nachgeht, um so deutlicher wird, daß es die geschichtlichen Erfahrungen waren, die Büchner die Umwälzung der Grundlagen der bürgerlichen Poetik abverlangt haben. Nicht gerührte Anteilnahme am Leiden seines „Helden" fordert er heraus, sondern ein tatbereites solidarisches Parteinehmen, das sich nicht auf die Entscheidung zwischen „Tugend" und „Laster" beschränkt. Dies setzt freilich mitempfindende Teilnahme voraus — eine Fähigkeit, die die sensualistischen Kunsttraditionen, und nicht zuletzt die Mitleidsästhetik der Aufklärung, ausbilden halfen. Das Verhältnis der Anteilnahme zu ihrem Gegenstand ist aber bei Büchner genau bestimmt. Sie setzt sich nicht illusionär

im allumfassenden und alle versöhnenden Gefühl des Mensch-
seins über die Realität der jeweiligen sozialen Konstellation und
damit über jeden objektiven Gegensatz hinweg, wie dies in der
Theorie und Praxis des bürgerlichen Dramas von der französischen Aufklärung bis zum Wunschprogramm der Klassenver-
söhnung im Entwurf eines deutschen Nationaltheaters geschah.
Die von Büchner geforderte Anteilnahme hat eine Übereinstimmung oder Gleichgerichtetheit von realen Interessen über Raum
und Dauer der Theatervorstellung hinaus ebenso zur Bedingung
wie den Widerspruch zu Gegeninteressen. Die objektive Unversöhnlichkeit dieses Widerspruchs sucht Büchner durch den Bühnenvorgang bewußtzumachen.

Nur so war der Circulus vitiosus zu durchbrechen, in dem die
alte Wirkungsästhetik sich bewegte, der es nicht möglich war,
eine Vermittlung zwischen dem zu einem moralischen Endzweck konstruierten Vorgang im Theater und den einer eigenen
(undurchschauten) Gesetzlichkeit unterstehenden Vorgängen
im wirklichen Leben herzustellen. Daß die bürgerliche Dramaturgie in der Aufklärungstradition ihren eigentlich beabsichtigten Zweck, eine wirkliche Wandlung der Menschen zum Guten,
nicht zuletzt gerade wegen der hermetischen Absperrung der
Scheinrealität des Theaters von der Außenwelt zugunsten einer
ungestörten Einfühlung und Steigerung der „reinen" (d. h. von
materieller Bedingtheit gereinigten) Empfindungen nicht erreichen konnte, davon mußte sich schon ihr Begründer Diderot
selbst überzeugen. „Am Eingang der Comédie Française läßt der
Bürger alle seine Laster zurück; erst auf dem Heimweg nimmt er
sie wieder auf. Drinnen ist er gerecht, unvoreingenommen, ein
guter Vater und Freund, ein Freund der Tugend; und oft habe
ich gesehen, wie neben mir böse Menschen gerade über solche
Handlungen höchst entrüstet waren, die sie unweigerlich selbst
begangen hätten, wenn sie sich in denselben Umständen befunden hätten wie die Gestalten des Dichters, die sie verabscheuten."[650]

Schon wegen der beschriebenen Folgenlosigkeit konnte das
auf allgemeinen Fortschritt durch Erziehung zum Humanismus
vertrauende Kunstprinzip, das dem bürgerlichen Drama zugrunde lag, den „notwendigen Bedürfnissen" derjenigen nicht
genügen, die vom Besitz und vom Bildungsprivileg des Bürgertums ausgeschlossen waren und die keinen Grund fanden, des-

sen Optimismus als sich etablierende neue herrschende Klasse zu teilen. Verständlicherweise stellt sich deshalb eine größere Nähe Büchners zu denjenigen postrevolutionären bürgerlichen Ansichten der modernen Gesellschaft her, die der Skepsis oder Verzweiflung zuneigen, als zu den utopisch überschwenglichen bis nüchtern angepaßten Einstellungen derer, die meinten, die vorrevolutionäre bürgerliche Ideologie prolongieren zu können. Häufig genug sind daraus falsche Gleichsetzungen vor allem mit dem mystischen Pessimismus Schopenhauers abgeleitet worden, deren Unhaltbarkeit evident ist, sobald man den konkreten gesellschaftlichen Begründungszusammenhang des „Pessimismus" Büchners in Betracht zieht.

Aus seiner eigenen literarischen Praxis, besonders seiner dramaturgischen Strategie, wie aus seiner kritisch abhebenden Bezugnahme auf einflußreiche bürgerliche, mehr oder weniger idealistische Traditionen geht hervor, daß Büchner der Literatur auf Grund ihrer ästhetischen Potenzen eine aktive, gesellschaftlich eingreifende (was nicht heißt, die materiellen Verhältnisse von sich aus — gleichsam „von der Idee" her — verändernde) Rolle zuschreibt.

Anders als Diderot, der nur das Ausbleiben des erhofften Übergreifens der im Theater erzeugten moralisch-ästhetischen Wirkungen in die wirkliche Welt konstatiert, zieht Büchner unter dem Gesichtswinkel, den sein historisch neuer sozialer Interessenstandpunkt eröffnet, noch einen weiteren Aspekt ins Blickfeld — er urteilt „nicht im Namen der Moral, sondern im Namen der Geschädigten"[651], um eine treffende Unterscheidung Brechts anzuwenden. Die seiner ästhetischen Neuorientierung immanente Kritik an einer Kunst, die dem Standard des „bürgerlichen Dramas" und seiner trivialisierten Verbreitungsformen entspricht, und ebenso an ihrem Gegenspiel, der pathetisch erhabenen „Idealkunst", lenkt die Aufmerksamkeit vor allem auf deren verkehrte Wirkungen. Denn solche vermochte sie — als falsches Bewußtsein, d. h. als Verhalten, das die Wirklichkeit verfehlt — tatsächlich aus dem abgeschlossenen Raum ästhetischer Imagination heraus in die wirkliche gesellschaftliche Praxis einzubringen.

Exemplarischer Träger dieser übergreifenden Wirkung war der aus der Illusion des Theatergeschehens, aber nicht aus der Illusion der dadurch vermittelten philosophisch-moralischen Vorstellungen über die Welt und sich selbst entlassene Zuschauer, der gebildete Bürger also, der Geld bezahlt hatte, für das er einen ästhetischen Genuß erwartete, derselbe, dessen Besserung der Zielsetzung des Dichters zufolge der eigentliche Endzweck der dramatischen Vorstellung sein sollte. Während seiner Einfühlung in das vorgeführte Geschehen frei von den Zwängen äußerer Umstände und von materiellem Eigeninteresse (d. h. sie vergessend), empfindet er sich tatsächlich als um so „besser", je mehr Mitleid in ihm aufkommt, das er als gesteigerte Empfindung genießt. Dem Funktionsmechanismus des bürgerlichen Dramas gehorchend, wird das angeschaute Leiden in eine Art moralisch-ästhetischen Selbstgenuß des Mitleidens umgesetzt.

Dieser Vorgang aber bleibt durchaus nicht folgenlos. Er hinterläßt im Zuschauer ein mit bestimmten Wahrnehmungsmustern und Verhaltenseinstellungen verbundenes Selbstwertgefühl, über dessen wirkliche Grundlagen er sich keine Rechenschaft gibt, ein „ganz behagliches Selbstgefühl"[652] übrigens, das ihm als einem Angehörigen des „gesitteten" Teiles der Menschheit zukommt, einer Klasse also, die zur herrschenden Klasse der „modernen Gesellschaft" berufen ist und die ihr Herrschaftsinteresse noch für identisch mit dem edelsten und allgemeinsten Menschheitsinteresse hält. Das falsche Bewußtsein, das sie produziert, bekundet sich deshalb primär noch als — z. T. naive — Selbsttäuschung.[653]

Der bildungs- und tugendstolze Bürger, dem nicht zuletzt das Theater des 18. Jahrhunderts eine Idealvorstellung seiner selbst vorgab, bemerkte nicht den wirklichen egoistischen Inhalt seiner Existenz, nicht die Erbarmungslosigkeit und Verachtung in seinem Verhältnis zu den Angehörigen der subbürgerlichen Klasse, die sich als ökonomisch Abhängige zwar für ihn nützlich machen mögen, denen aber durch ihr Manko an höherer Kultur jene Ansehnlichkeit abgeht, der sie bedürften, um für menschlich vollwertig genommen zu werden. „Sie gehen in's Theater, lesen Gedichte und Romane, schneiden den Fratzen darin die Gesichter nach und sagen zu Gottes Geschöpfen: wie gewöhnlich!"[654] Der Bürger, der in das wunschhafte Wirkungsschema des Bildungstheaters paßt, wie es Büchner vor Augen steht, ist uneigennützig, gewissenhaft, von ansprechbarem Gemüt, tugendhaft und der Unmoral abgeneigt. Er hat außer seinem bequemen Auskommen und dem Stolz seines Standes auch noch Zeit, an die Ewigkeit zu denken (wenn ihn das vielleicht auch übermäßig mitnimmt und es geschehen kann, daß ihm davon „ganz angst um die Welt"[655] wird), Zeit und Behuf, über die Moral zu räsonieren (auch wenn er dabei über den Zirkelschluß, den Payne in „Dantons Tod" selbst besseren Denkern vorwirft,[656] nicht hinauskommen kann und sich deshalb besser an so gewisse Sätze hält wie „Moral das ist wenn man moralisch ist" — immerhin: „Es ist ein gutes Wort."[657]). Der gebildete Bürger ist mit einem Wort „ein guter Mensch, der sein gutes Gewissen hat"[658] — alles in allem ganz wie Woyzecks Hauptmann.

Am Hauptmann stellt Büchner in der Tat bloß, was der kathartischen Wirkungsästhetik des bürgerlichen Dramas als Agens dient und was sie auch im Endresultat nolens volens nur erreicht. Der Hauptmann übt den moralischen Selbstgenuß, der nichts anderes ist als eine Verwandlungsform des praktischen bürgerlichen Egoismus, in musterbildlicher Weise: „... ich sag' mir immer: Du bist ein tugendhafter Mensch, *gerührt* ein guter Mensch, ein guter Mensch."[659] Sein einfältiges Gemüt überfordernd, hat die bewußtseinsformende Kultur der Gefühlsbildung bei ihm eine Hypochondrie erzeugt, die ihn zu einem kulturhistorisch bemerkenswerten Fall macht. Er klagt: „Herr Doctor, ich bin so schwermüthig, ich habe so was Schwärmerisches, ich muß immer weinen, wenn ich meinen Rock an der Wand hängen sehe ..."[660]

Zu beachten ist das Hervortreten des verselbständigten, rein funktionalen Aspekts. Büchners satirische Diagnose verbildeter Gefühlsansprechbarkeit stellt als Konsequenz der Egozentrik des (mit-)leidseligen Selbstgefühls die Gleichgültigkeit und beliebige Austauschbarkeit des empfindungsauslösenden Gegenstands heraus. Der Anblick seines eigenen Rocks oder eines Mühlrads löst beim Hauptmann keinen geringeren Rühreffekt aus als das Los des geplagten armen Woyzeck, dem er — gerührt und begütigend — versichert, daß auch er „ein guter Mensch" sei.[661]

Wie das Wirkungsschema der Ästhetik der Besserung objektiv vorgibt, kommt es auf den Effekt der Rührung und nicht auf deren realen Grund an. Wichtiger als das Schicksal des Leidenden — und zwar des wirklichen letztlich ebenso wie des fiktiven — ist das moralisch läuternde Gefühl des Mitleid Hegenden. Büchners werkimmanente Kritik der ästhetischen Grundlagen bürgerli-

cher Dramaturgie von der Aufklärung bis zur epigonalen Nachfolge der Kunstperiode treibt materialistisch den sozialen Kern
des Problems hervor.

Der Mitleidige, Bessergestellte, der „sein gutes Gewissen" auf
die Einbildung stützt, besser zu sein, hat kein reales Interesse an
der Erlösung des unglücklicheren anderen von seinen Leiden. Im
Gegenteil, erst die Gelegenheit zum unverbindlichen Mitgefühl
verschafft ihm den vollen Genuß seines künstlicher Stützung be-
dürfenden Selbstgefühls. Auch dazu (über die materiellen
Dienstleistungen hinaus) dient Woyzeck dem Hauptmann in
musterbildlicher Weise. Der Hauptmann mag noch so simplen
Geistes und noch so stumpfen Gemüts sein — in der versöhnlich
gerührten Herablassung zu dem „abscheulich dummen" Soldaten Woyzeck, der „keine Tugend" hat,[662] findet er allemal die
Bestätigung seiner anmaßlich eingebildeten Vorzüge.

Hinter dem scheinhaften, eingebildeten Wohlwollen des „guten" Hauptmanns verbirgt sich eine inhumane Verhaltensweise.
Das enthüllt die Straßenszene mit dem Doktor und dem hinzu-
kommenden Woyzeck, in der sich der Hauptmann mit kaum
verhohlenen zynischen Anspielungen auf das Verhältnis zwischen Marie und dem Tambourmajor einen Spaß daraus macht,
Woyzeck die Augen zu öffnen, um sich am Schock des im Innersten Getroffenen zu weiden — bis der aus der Rolle des braven
Untergebenen zu fallen droht und der Hauptmann ihn mit den
beiden probatesten Mitteln der Macht zugleich, mit der Andro-
hung brutaler Gewalt und mit gut zuredender Anbiederung, zur
Räson bringt: „Kerl, will Er erschossen werden, will Er ein Paar
Kugeln vor den Kopf haben? Er ersticht mich mit seinen Augen,
und ich mein's gut mit Ihm, weil Er ein guter Mensch ist Woyzeck, ein guter Mensch."[663] Eingeredetes humanes Mitgefühl
entpuppt sich als kannibalischer Genuß am Leiden des anderen.

Hierin ergänzen sich Hauptmann und Doktor, die sonst so
ungleichen Angehörigen der herrschenden Klasse, mit denen es
Woyzeck zu tun hat. Sie sind nicht nur verschiedene Charakter-
typen, die, einander verachtend, dennoch zusammengehören als
Nutznießer der Bedürftigkeit und des Ausgeliefertseins des Besitzlosen. Die verschiedenen Verhaltensmuster, die sie als kom-
plementäre Figuren repräsentieren, sind charakteristisch für
zwei Bildungsstufen innerhalb der Entwicklung des Bürgertums.
Die auf ein allgemein-menschliches Vollkommenheitsideal und

dementsprechende Moral- und Gemütswerte fixierte Stufe, der der Typ des Hauptmanns zugehört, wird bereits historisch in den Schatten gestellt durch die andere, die Büchner in abschreckender Vorausschau mit dem Typ des Doktors grell beleuchtet — im Zeichen eines offen menschenverachtenden Wissenschaftseifers und Zweckstrebens, das sich jeder Gefühls- und Gewissensanfälligkeit enthebt. Der Gegensatz ist nur relativ. Der enthemmte Egoismus des bürgerlichen Individuums als Grundelement der „modernen Gesellschaft" schärft den Blick für seine frühen unschuldsvollen Ansätze. Von den Erfahrungen der Betrogenen aus gesehen, gibt er unter seinen täuschenden ideologischen Verhüllungen, den Signaturen von Freiheit, Emanzipation, Humanität, Moral und Schönheit, jeweils seinen (spiegelverkehrten) fatalen Abdruck zu erkennen.

2

War es die mit dem vorrevolutionären bürgerlichen Drama des 18. Jahrhunderts entwickelte „Funktion der Einfühlung, die herrschende Klasse durch ästhetischen Egalitarismus zu entmachten"[664], so konnte sich — über den Wirkungsmechanismus einer die Realität überspringenden, unkontrollierten Identifikation — daraus nur der Egalitarismus eines illusionären Selbstbewußtseins konstituieren. Dieses war — besonders in Deutschland bei ausbleibender Revolution — mehr dazu geneigt, sich allein in der Bewußtseinssphäre über die existierenden sozialen Gegensätze, die fortgesetzt reale Inhumanität hervorbrachten, hinwegzusetzen, statt darauf zu bestehen, sie in der Wirklichkeit zu beseitigen. Büchner dagegen bestand darauf, und seine Art von Dichtung schließt deshalb ihrer Anlage nach die Versöhnung mit der Macht des Bestehenden aus, auf die er die bürgerliche Ästhetik letztlich faktisch hinauslaufen sah oder die er von ihr als Ausgangsbedingung des Kunstschaffens anerkannt fand.

Auch ohne diesen Anspruch, der die Bedürfnisse der Realität über die Forderungen des schönen Ideals stellte, blieb das Postulat einer standesunabhängigen Gleichheit nicht wirkungslos. Denn das illusionäre Selbstbewußtsein des Bürgers, in das diese Fiktion einer Gleichheit einging, konnte zwar gegen die überlebte Feudalherrschaft unzweifelhaft produktive Impulse abgeben; der veränderte Wirkungszusammenhang, den der neue gesellschaftliche Grundwiderspruch mit sich brachte, ließ es jedoch in dem Maße, in dem es allgemeine, massenhafte Verbreitung fand, zu einem Faktor der Machtbehauptung und ideologischen Niederhaltung der „ungebildeten und armen Klasse"[665] werden, soweit diese noch keine eigene, eigenes Urteilen ermöglichende Position bezogen hatte. Die „ungebildete und arme Klasse" konnte schwerlich ohne Anleihe am Kultur- und Wissensfonds des Bürgertums auskommen. Von entscheidender Wichtigkeit war es aber für sie, das in bestimmte Vorstellungsformen und Funktionszusammenhänge eingebundene Wissen von einem eigenen, historisch erst zu bestimmenden Standpunkt aus, d. h. kritisch aufzunehmen. Um sich zur Emanzipation aus der Vormundschaft der Privilegierten zu befähigen, statt sich widerspruchslos in Unmündigkeit halten und blind als Werkzeug gegen sich selbst gebrauchen zu lassen, mußte sie ein unverfälschtes, illusionsfreies Bewußtsein ihrer selbst, das hieß primär ein erfahrungsgemäßes Verständnis ihrer wirklichen Lebensverhältnisse und Existenzbedingungen entwickeln, mußte sie sich selbst als gesellschaftliches Subjekt verwirklichen lernen.

„Woyzeck", die dramatische Rekonstruktion eines authentischen Falls, vermittelt auf spezifische Weise — als Abbild und als Katalysator — ein Stück dieses Selbsterfahrungsprozesses in seiner elementaren Anfangsphase. Die Analyse der gesellschaftlichen Rollenverteilung sowie deren subjektiven Verständnisses oder Mißverständnisses in „Dantons Tod", als dessen offenes, geschichtlich dringliches Problem sich die Identitätsfindung des Volkes, der Klasse der Besitzlosen und Arbeitenden, erwiesen hatte, wird damit weitergetrieben. Die Umkehr der Perspektive in die Sicht von unten, die alles einem neuen Licht und einer neuen Beurteilung aussetzt, wird zu Ende gebracht. Das geschieht mittels eines herausgehobenen Beispiels. Woyzeck ist einer aus der Vielzahl der Namenlosen, die der (unter der Hülle der Fortschrittsideologie hierarchische) Vollkommenheitsmaßstab der bürgerlichen Mittel- und Oberklasse auf die unterste Stufe der menschlichen Zivilisation verweist,[666] einer von denen, die wohl als Problem für die Gesellschaft, der sie ebenso nützlich wie lästig sind, aber nicht um ihrer selbst willen Beachtung zu finden pflegen und deren sich auch die herrschende Ästhetik bestenfalls als Vehikel der Mitleiderregung und Rührung bedient, ohne ihnen über diese Funktion hinaus eine eigene Bedeutung zuzuerkennen.

Bei Büchner rückt der denkbar „unbedeutendste" Held in den Mittelpunkt des Interesses und folgerichtig ins Zentrum des Dramas. Dieses erfährt hierdurch bis in die einzelnen Elemente der Bauweise, der Handlungs- und Dialogführung, des Bildausdrucks und der Figurengestaltung, der Gestik und der Sprache, vor allem aber in seinem gesamten Funktionszusammenhang eine durchgreifende Innovation. Verglichen mit „Dantons Tod", wo die Demontage der überlieferten Form noch dominiert, ist die neue Bauform von konstruktiver Art. Doch hebt sie sich nicht minder nachdrücklich von der herrschenden Ästhetik ab. Sie ist ein Gegenmodell. Mit ihr reagiert Büchner auf fragwürdig gewordene Wirkungsmechanismen, die nicht nur an eine einzelne historische oder individuelle Spielart des bürgerlichen Dramas gebunden sind. Die Kritik, die in der Realisierung des Gegenentwurfs produktiv wird, ist vielmehr von solcher Art, daß sie — ähnlich Büchners Kritik des idealistischen Philosophierens — das verschiedenen Varianten gemeinsame ästhetische Grundmodell trifft.

Aus der neuen Sicht änderte sich in der entscheidenden Frage der Wirkungsstrategie nur wenig, wenn Goethe und Schiller im Drama der Klassik, verglichen mit dem der Aufklärung und des Sturm und Drang, die Funktion der Einfühlung relativierten, das begrenzt moralisch-reale Interesse in ein universelles moralisch-ästhetisches Interesse überführten und vom Standpunkt des subjektiven Anspruchs auf den Standpunkt der objektiven Macht eines höheren Gesetzes schöner Sittlichkeit übergingen. Schillers Ausführungen „Über den Grund des Vergnügens an tragischen Gegenständen" radikalisieren noch das Prinzip der Überführung vorgeführter fremder Leiden in ästhetischen Genuß beim Zuschauer. Denn seinem von Kant ausgehenden Konzept zufolge soll der Anblick leidender Entsagung von allen Interessen der Sinnlichkeit — einschließlich der Erduldung physischer Torturen und der Aufopferung des Lebens als Preises für die „siegende Macht des sittlichen Gesetzes" — ein „himmlisches Vergnügen" bereiten.[667]

Für Büchner war dagegen schon in „Dantons Tod" die ästhetische Funktionalisierung und harmonisierende Auflösung von wirklichem Schmerz und wirklicher physischer Vernichtung ein herausfordernder Anlaß zur Aufkündigung der herrschenden Kunstideologie. Schiller als dramaturgischer Antipode wird beschworen, wenn die gefangenen Dantonisten sich weigern, die qualvolle Empfindung ihres existentiellen Zugrundegehens zu verleugnen, wenn sie, die heroischen Masken ablegend, sich selbst der Idealisierung ihres elenden Endes zu einem pathetisch-erhabenen Schauspiel widersetzen, als Philippeau, der einzige sich versöhnlich fügende, ihnen den „höheren Standpunkt" vorhält und meint, man brauche „gerade nicht hoch über der Erde zu stehen um von all dem wirren Schwanken und Flimmern nichts mehr zu sehen und die Augen von einigen großen, göttlichen Linien erfüllt zu haben. Es giebt ein Ohr für welches das Ineinanderschreien und der Zeter, die uns betäuben, ein Strom von Harmonien sind."[668] Danton, Hérault und Camille rebellieren — darin im Einklang mit Büchner — gegen die Dramaturgie einer solchen Weltordnung des schönen Scheins, die den Opfern der irdischen Gewaltverhältnisse die Rolle zuweist, sich als Element höherer Harmonien zu fühlen. „DANTON. Aber wir sind die armen Musicanten und unsere Körper die Instrumente. Sind die häßlichen Töne, welche auf ihnen herausgepfuscht werden nur da um höher und höher dringend und endlich leise verhallend wie ein wollüstiger Hauch in himmlichen Ohren zu sterben?"[669]

Die mehrfachen Variationen dieses Bildes, das sich auf die Sage vom erzenen Stier des griechischen Bildhauers Perilaos bezieht,[670] umschreiben den ästhetischen Verwertungszusammenhang, der nur die letztlich bestätigende Widerspiegelung jener Verhältnisse ist, denen die Menschen in der auf Gewalt und Ausbeutung beruhenden Klassengesellschaft in Wirklichkeit unterworfen sind.

Wie für den idealistischen Dichter und dessen Publikum der Leidende in der ihm zugedachten ideellen, ästhetischen Funktion eine Verwertung findet, die den Wert seiner sinnlich-realen Existenz annulliert, so dient Woyzeck dem Hauptmann zur Hebung seines moralischen Selbstgefühls. Ebenso reduziert der Doktor (der selbst aufhört, Mensch zu sein, indem er restlos und bedingungslos in seiner Forscherrolle aufgeht) ihn auf die „vertraglich" festgelegte Funktion als Objekt physiologischer Versuche. Und die Ökonomie desselben Verwertungsgesetzes zwingt den armseligen Händler, der Woyzeck das Messer verkauft, ihn mit derselben Ausschließlichkeit (d. h. der Ausschließung des Menschen) für sich auf die Rolle des willkommenen Messerkäufers mit mörderischen Absichten festzulegen. Ihren unüberbietbar extremen Ausdruck findet das Prinzip der Funktionalisierung, der Aufreibung des Menschen in entfremdenden Zwecken aber durch den Gerichtsdiener, den die tragische Erfüllung der unglückseligen Rolle Woyzecks und damit die Bestätigung der eigenen Rolle zu dem Ausruf hinreißt: „Ein guter Mord, ein ächter Mord, ein schöner Mord, so schön als man ihn nur verlangen thun kann, wir haben schon lange so kein gehabt."[671] Daß dies am Ende des ersten und einzigen umfassenden Handlungsentwurfs die einzige Textaufzeichnung Büchners zu der konzeptionellen Notierung einer Szene ist, die post factum handeln sollte, bezeugt, wie wichtig ihm das Motiv entmenschlichender Verwertung in Verbindung mit einem borniert teleologisch-funktionalistischen Rollenbewußtsein war.

Das Entzücken über den Vollkommenheitsgrad der selbstentäußerten Rollenerfüllung stellt sich hier — in blitzlichthafter sarkastischer Enthüllung — im Aufschwung zur reinen Form ästhetisch-idealen Wohlgefallens dar. Autonom über das Leben als Rohstoff verfügend, ist die ästhetische die subtilste und „freieste" Verwertungsform, welche die zweckbesessene Zwangsgesellschaft, in der nichts um seiner selbst willen, ohne fremde Bestimmung, existieren darf, hervorzubringen vermag.

Nicht zuletzt auch im spezifischen formalen Entgegenwirken gegen ein die Realität der entmenschlichenden Verhältnisse quasi bestätigendes formalisierendes Grundmuster der ästhetischen Aneignung, dessen Wirkung nicht auf die Kunst beschränkt bleibt, konstituiert das Drama vom Typ „Woyzeck" ein ästhetisches Verhältnis zur Wirklichkeit, das auf Authentizität ausgeht und auf einen Humanismus der Realität statt der Idealität. Die dramatische Präsentation beläßt ihrem Gegenstand die ihm in Wirklichkeit eigene, in keinem außer ihm liegenden höheren Zweck aufhebbare empirisch-reale Bedeutung. Daher kommt es, dem analytischen Anliegen entsprechend, nicht auf naturalistisch getreue Wiedergabe, sondern auf die strukturellen Zusammenhänge und Funktionsmechanismen an. Widerspiegelungs- und Wirkungsintention greifen dabei, einander unterstützend, ineinander. Ein intensives Wechselverhältnis zwischen der Behauptung des Eigenwerts des Gegenstands und der Unmittelbarkeit seiner Vorführung fordert nicht nur eindringlich zur Anteilnahme heraus. Es baut auch eine Distanz auf, die eine emotional kurzschlüssige, unkritische Einfühlung verhindert, und hält zugleich die Anteilnahme über das Erleben innerhalb der künstlerischen Fiktion hinaus wach. Denn indem dem Zuschauer (anders als er es vom bürgerlichen Drama und der Tragödie her gewohnt ist) nicht der Genuß einer Versöhnung gewährt wird, die ihn vom Mitleiden befreit, indem die Spannung, in die er gezogen wurde, nicht zur Lösung in eine Katharsis übergeführt wird, ist er veranlaßt, sie in die Verarbeitung von Widersprüchen analoger Art, die er in der eigenen Erfahrungswelt vorfindet, einzubringen.

Als neuer Typ einer Mittelpunktsfigur im Drama nach Büchners historisch vorausgreifender Verabschiedung des bürgerlichen Helden kann Woyzeck nicht einfach unter anderem sozialem Vorzeichen dessen Stelle in einem vorgegebenen dramaturgischen Schema einnehmen. Abgesehen davon, daß er sie gar nicht ausfüllen könnte und das Fehlen aller Voraussetzungen der Freiheit dazu für ihn gerade zu zeigen ist, waren ja zugleich mit den Fragestellungen, die ihn als neuen Figurentyp empfahlen, die ästhetischen Grundlagen jenes vorgegebenen Schemas hinfällig geworden. So ist Woyzeck — wovor die Rezeption sich über ein Jahrhundert nach der verspäteten Entdeckung des Stücks noch vielfach hartnäckig verschließt — kein Held der Besserung, liegt seine außerordentliche Wirkungspotenz nicht darin, als Leitbild zu fungieren. Sie ist vielmehr in dem Anspruch begründet — den er nicht verkündet, aber verkörpert —, nichts als er selbst zu sein, was nicht mehr, aber auch nicht weniger verlangt als „Möglichkeit des Daseins" als Mensch. In einer Mission aufzugehen, Verkünder einer Botschaft, Träger eines neuen Bewußtseins der Auserwähltheit zu sein liegt außerhalb dieses Anspruchs und würde ihn abschwächen.

Unter den Vermittlungen der Bewußtseinsverbildung durch Aufklärung von oben, gegen die der soziale Selbsterfahrungsprozeß, in dem Woyzeck steht, sich durchzusetzen hat, sind Theater und Literatur in seiner Bildungssituation gewiß die fernstliegenden Medien. Gerade sie aber, und speziell die Ästhetik des Dramas, stellten ein Wirkungsmodell für den Mechanismus der Bewußtseinsbildung bereit, das auch in außerkünstlerischen Bereichen — bis in die Massenpropaganda hinein — funk-

tionierte. Büchner konnte es sogar im publizistischen Nieder-
schlag, den die ideologische Verwertung des historischen Mord-
falls Woyzeck zutage gebracht hatte, wiederfinden. In einer
Flugschrift von 1824 wurden dem hingerichteten Johann Christian Woyzeck postume „lehrreiche Abschiedsworte von seinen
Freunden und Bekannten" nachgesagt, in denen er sich in rollen-
fügsamer reuiger Selbstentäußerung zum furchterweckenden
bösen Beispiel bestimmt, das der Menschheit zum Wohl dienen
soll. Darin heißt es: „Ich scheide von meinen Freunden und Bekannten mit wehmuthsvollem freundschaftlichem Herzen und
habe nur den Wunsch, daß mein tragisches Ende durch zügellose
Leidenschaft herbeigeführt einen tiefen und bleibenden Eindruck machen möge... Ein Glück für die Menschheit, wenn
man an meinem Blutgerüste mit Grauen und Entsetzen vorüber-
geht und jeder auf seiner Hut ist, damit ihn nicht die Versuchung
zum Bösen verleite."[672] Mit der gleichen Wirkungsabsicht hatte
Gerichtsgutachter Clarus, an das große Publikum gewandt, die
Mittel der Besserungsästhetik, Furcht und Mitleid, aufgerufen.
Er weiß: „Den Gebildeten und Fühlenden ergreift tiefes, banges
Mitleid, da er in dem Verbrecher noch immer den Menschen,
den ehemaligen Mitbürger und Mitgenossen der Wohlthaten
einer gemeinschaftlichen Religion, einer seegensvollen und mil-
den Regierung, und so mancher lokalen Vorzüge und Annehm-
lichkeiten des hiesigen Aufenthalts erblickt..."[673] Aber „neben
dem Mitleiden" sollten Furcht und Schrecken die Zeugen der
Hinrichtung auf dem Leipziger Marktplatz, vor allem „die heranwachsende Jugend, bei dem Anblicke des blutenden Verbrechers"[674] erfassen. Und am Schluß beschwört er den grundlegenden Glaubenssatz des Besserungsprinzips, auf dem die Dramaturgie des bürgerlichen Dramas ebenso wie die öffentliche
Enthauptungsszene basiert und den Büchners Ästhetik materialistisch umkehrt: „Mögen endlich alle, mit dem festen
Entschlusse, von dieser schauerlichen Handlung zurückkehren:
Besser zu *seyn*, damit es besser *werde*."[675]

3

Nicht allein vom Klassizismus Schillers (und Goethes) stößt
Büchner sich ab. Mit dem Versuch von Hans-Jürgen Schings,
ihn zusammen mit Lenz auf die theoretische Linie des vorrevolu-

tionären bürgerlichen Dramas, namentlich auf Mercier und den jungen Goethe, festzulegen,[676] verträgt es sich schlecht, daß Büchner zwar in „Dantons Tod" sogar Mercier als historische Figur auftreten läßt, ihm aber (im Unterschied zu Desmoulins) kein einziges Wort zuteilt, das für seine Kunstauffassung stünde. Er läßt im Gegenteil Mercier, den girondistischen Gefangenen, dessen überholte politische Position ohnehin schon jedes Interesse verloren hat, einzig und allein den Zusammenbruch seines metaphysischen Weltbildes erleben, das schon anachronistisch ist und hinter den Einsichten von Payne, Danton und Desmoulins zurückbleibt.

Auf dem Höhepunkt der verzweifelt vergeblichen Suche der Gefangenen, angesichts des Todes einen philosophischen Halt zu finden, läßt Büchner sie den unabweisbaren Schmerz, das existierende unerhörte Leiden, dem auch sie sich nicht entziehen können und dessen sich keine Macht erbarmt, als den physisch fühlbaren Beweis für das Unvollkommene der Welt und damit für die Nichtexistenz einer göttlichen Heilsordnung erfahren. Das Leidenmüssen ist der unumstößliche „Fels des Atheismus", denn schon das „leiseste Zucken des Schmerzes ... macht einen Riß in der Schöpfung von oben bis unten".[677] — Wenn Büchner dieses Argument, das er (ohne Quellengrundlage) seinem Payne gibt, im Dialog gerade gegen Mercier richtet, den gescheiterten Anwalt der „Moral"[678], dann besagt das auch, daß für ihn auch dessen Mitleids- und Sympathieästhetik und das Genrekonzept des „bürgerlichen Dramas" überhaupt historisch erledigt ist. Denn die Wirkungsstrategie der Einfühlung und der Erregung von Mitleid über alles real Trennende hinweg setzte noch mit fragloser Selbstverständlichkeit eine universelle Schöpfungsharmonie voraus. Sie war Manifestation einer Ästhetik des Vertrauens auf eine von höchster Vernunft getragene Ordnung, die sich allen Störungen gegenüber, wie sie gesellschaftliche Übelstände darstellen, durchsetzen würde, einer Ästhetik des Vertrauens in die Allmacht einer ausgleichenden Gerechtigkeit, die (so vermittelte es die pantheistische Sicht des Spinozismus) durch eine allempfindende, alles durchdringende und belebende Weltseele garantiert war. Zugleich mit den Adressaten, dem bürgerlichen Kunstpublikum, war daher immer auch eine solche höhere Instanz angesprochen, als deren Mittler sich der Dichter vorzugsweise verstand. Übereinstimmung mit ihr herzustellen war Ziel des großen Erziehungsunternehmens der Literatur des 18. Jahrhunderts.

Mit der historischen Erfahrung unaufhörlich triumphierenden gesellschaftlichen Unrechts und sinnlos erscheinenden massenhaften Leidens war diese Ordnung zweifelhaft geworden. Goethe hatte sie im „Faust" wenigstens dem heroisch Strebenden, stellvertretend für den „besseren Teil" der Menschheit, über die zurückbleibenden unglücklichen Opfer hinweg jedenfalls noch in (wo auch immer gedachten) „höheren Sphären" verheißen. Sie verliert den letzten Schein von Glaubwürdigkeit, wenn man Zeuge davon wird, wie mit Woyzeck — dem ersten, den ein Dichter aus der anonymen Masse der Opfer des bürgerlichen Fortschritts mit eigenem Namen und eigenem Gesicht zu nicht mehr abweisbarer Gegenwärtigkeit auftauchen läßt — einer der Geringsten und Gutherzigsten unter der Vielzahl der Unscheinbaren zur Bestätigung der sogenannten „gesitteten" Gesellschaft zugrunde geht.

Wie schon Goethe, doch mit anderen Konsequenzen fand Büchner den ursprünglich naiven Glauben an die Herstellbarkeit einer harmonischen menschlichen Ordnung innerhalb der realen bürgerlichen Gesellschaft überholt. Gegen das Moment sich abfindender realer Anpassung an das Bestehende bei Goethe, das seinen ästhetischen Ausdruck in der Form der versöhnlichen Tragödie findet, verbinden ihn andererseits mit der vorklassischen Aufklärungs- und Sturm-und-Drang-Periode deren ungebrochene revolutionäre Impulse, die er auf neuer, temporär noch schwacher, aber historisch tragfähiger Basis weitertrieb. Die Affinität Büchners zu Lenz und der „literarischen Revolution" des Sturm und Drang läßt freilich nicht übersehen, daß beider Bemühungen sich in ihren Grundlagen und Resultaten nicht mehr gleichen und sich nicht weniger unterscheiden als Büchners „Woyzeck" und „Der Hofmeister" von Lenz.

Wie weit aber die vorrevolutionäre bürgerliche Ästhetik und das von Diderot und Mercier initiierte Drama des mittleren Stils vom Typ des „Hausvaters" bereits hinter Büchner lagen, zeigt nichts deutlicher als der spezifische Unterschied seiner neuen Dramenform und der alten des Familienstücks. „Woyzeck" muß geradezu als dessen unvereinbarer Gegensatz erscheinen. Zeigte sich die Heiligkeit der Ehe und Familie als Grundpfeiler des Staates — für deren Beleidigung Gutzkow ins Gefängnis mußte

— unter den proletarisierten Lebensverhältnissen des Simon in „Dantons Tod" bereits als Farce, so wurde in „Woyzeck" der Abgrund vollends deutlich, der die Lebensumstände des Proletariats der frühen Vormärzzeit vom Ideal der bürgerlichen Familie trennt. Die Theaterreform Diderots, mit deren antiklassizistischer Stoßrichtung Büchner völlig übereinstimmte, hatte gegen die das Theater beherrschende feudale Hofszenerie den Salon als die Musterbühne bürgerlicher Bildungs- und Gefühlskultur zum Schauplatz des Dramas erhoben. Unter den Bedingungen der Entgegensetzung von Privatwelt und Geschäftswelt, von Häuslichkeit und Öffentlichkeit, Individuum und Staat bildete das Haus, hinter dessen Schwelle auch Herr Miller ein souveräner Herr ist, einen inselhaften Ort gesicherten Familienlebens, möglicher harmonischer Gemeinschaft — einen zur Idyllisierung wie geschaffenen Hort der Tugend. Tief unterhalb davon existiert das Milieu, in dem Woyzeck mit Marie lebt, vorerst unter aller Bühnenwürdigkeit. Was ihnen bleibt und was die Literatur fortan zu entdecken hat, ist die „Erbärmlichkeit" der „Gasse".

Schon „Lenz" war ein Epilog auf die alte, an ihrem Erbteil von idealistischer Moral gescheiterte Mitleidspoetik. Der Glaube an die erlösende Allmacht höheren Mitgefühls, an der der Künstler als „Universalgenie" und alter deus — stellvertretend für den Menschen schlechthin — teilhat, war es schließlich, dessen Versagen Lenz in der Erzählung Büchners zerbrechen ließ.

Der Kontext dieses durch den Atheismus als Konsequenz gesellschaftlicher Erfahrung erzwungenen Abschieds Büchners von der ihm noch nahen Tradition reicht aber noch weiter. Es handelt sich um einen Abschied vom Kunstglauben schlechthin, der das Signum der vorwissenschaftlichen Bewußtseinsverfassung in einer abgeschlossenen Kulturepoche ist. Ein anderer durch den französischen Materialismus erzogener Schriftsteller, der gesagt haben soll, Gott sei nur dadurch entschuldigt, daß er nicht existiere, Stendhal, hat im Vorwort seiner „Souveniers d'Egotisme" (1832—1835) ein Stichwort gegeben, das bei aller Unterschiedlichkeit der Schlußfolgerungen prägnant das gleichzeitige Gewahrwerden des ästhetischen Umbruchs über nationale Grenzen hinweg bezeugt und das Hans Robert Jauß deshalb seinem Aufsatz „Das Ende der Kunstperiode — Aspekte der literarischen Revolution bei Heine, Hugo und Stendhal" als Motto vorangestellt hat: „Le génie poétique est mort, mais le génie du soupçon est venu au monde."[679] „Der Geist der Poesie ist tot, an seine Stelle tritt der Geist des Zweifels." Ein Aspekt der Wende im ästhetischen Denken, die von dieser Erfahrung ausgeht, ist angesichts der überwältigenden Realität der „modernen Gesellschaft" die „Abdankung der Imagination"[680] — zumindest als allumfassendes Prinzip künstlerischer Produktion.

In Frage gestellt werden damit aber auch die hergebrachten Konzeptionen der Rolle des „schöpferischen" Künstler-Ichs. Herausgefordert hatte dazu nicht zuletzt die Romantik mit ihrem Aufstand der Subjektivität gegen alle äußeren Zwänge durch die Übersteigerung der vom Sturm und Drang übernommenen Geniekonzeption. So verschieden die Antworten auf die neue Situation innerhalb der nachromantischen modernen bürgerlichen Kunstentwicklung auch ausfallen, mehr oder weniger gemeinsam ist ihnen zum einen die Erfahrung des universellen Eingebundenseins des Lebens in den Geschichtsprozeß und die jeweils verschiedene Wirklichkeit der Zeit sowie zum anderen die Erfahrung der sich daraus ergebenden Abhängigkeiten des poetischen Subjekts, das genötigt ist, sein problematisch gewordenes Selbstverständnis einer andauernden grundsätzlichen Revision zu unterziehen.

Die konstitutive Bedeutung dieser beiden Aspekte ist auch an Büchners Texten ablesbar. Was Büchner aber auffällig abhebt und ihn trotz seiner so oft berufenen Modernität bisher noch aus jeder Theorie der modernen Literatur herausfallen läßt, ist die — in „Woyzeck" am stärksten ausgeprägte — außerordentliche Objektivität oder, anders gesagt, das ungewöhnliche Zurücktreten des Subjekts des Autors aus der Mitte des Interesses und dessen dennoch spürbare, wenn auch schwer zu fassende, stark beteiligte allgegenwärtige Anwesenheit. Im Mittelpunkt steht, ganz in ihrer Eigenwertigkeit belassen, aus sich selbst heraus zur Erscheinung gebracht, die Sache, auf die und in die jedoch als Darstellungshaltung das engagierte Ich des Autors eingeht. Eine den Gegenstand nahebringende und dabei ungewöhnliche Betroffenheit auslösende Objektivität ist das Resultat. Die Quelle dafür ist außer in seinem revolutionären sozialen Engagement nicht zuletzt auch in der Auffassungs- und Demonstrationsweise des Naturwissenschaftlers zu suchen, die in Büchners Fall eine besonders glückliche Verbindung mit der des Dichters einging.

Zeittafel

1813   *17. Oktober:* Frühmorgens, Karl Georg Büchner in Goddelau, Großherzogtum Hessen-Darmstadt, geboren.
Vater: Ernst Karl Büchner (1786—1861). Nach Sanitätsdienst bei holländischen und französischen Truppen unter Napoleon seit 1812 Distriktsarzt in Goddelau.
Mutter: Caroline Luise Büchner, geb. Reuß (1791—1858), seit Oktober 1812 mit Ernst Karl Büchner verheiratet.
Großvater väterlicherseits: Jakob Karl Büchner (1753—1835). Amtschirurgus in Reinheim im Odenwald.
Großvater mütterlicherseits: Johann Georg Reuß (1757—1815). Hofrat, Verwalter einer Irrenanstalt in Hofheim, während der Assistentenzeit Ernst Karl Büchners dessen Vorgesetzter.

1815   Büchners erste Schwester, Mathilde, geboren (gest. 1888).

1816   Übersiedlung der Familie nach Darmstadt, wo der Vater Bezirksarzt und Großherzoglicher Medizinalrat wird.
Büchners erster Bruder, Wilhelm, geboren (gest. 1892). Später Pharmazeut. Gründete 1841 eine Ultramarinfabrik. 1850 demokratischer Abgeordneter im Landtag von Hessen-Darmstadt und 1877 im Deutschen Reichstag.

1819   Erster elementarer Unterricht Büchners in Lesen und Schreiben durch die Mutter (etwa 1819/20).

1821   Büchners zweite Schwester, Louise, geboren (gest. 1877). Später Schriftstellerin, Wortführerin der Reformbewegung zur Verbesserung der Lage der Frauen, bekannt durch ihr Buch „Die Frauen und ihr Beruf" (1855).

1822   Aufnahme Büchners in eine Privatschule in Darmstadt.

1824   Büchners Bruder Ludwig geboren (gest. 1899). Promotion 1848 („Beiträge zur Hall'schen Lehre von einem exito-motorischen Nerven-System"), danach praktischer Arzt. Sein Buch „Kraft und Stoff" (1855) propagierte Grundsätze des naturwissenschaftlich-philosophischen Materialismus. Nach der Teilnahme an der Revolution von 1848 blieb Ludwig als bürgerlicher Demokrat im Konflikt mit den staatlichen Institutionen; er trat gegen die Emanzipation der Arbeiterbewegung von bürgerlicher Bevormundung auf.

1825   *Ostern:* Aufnahme in die 2. Klasse des Großherzoglichen Pädagog in Darmstadt, zu Büchners Zeit eines der besten protestantischen Gymnasien in Deutschland. Das auf klassische Bildung gerichtete Lehrprogramm legte Wert auf Sprachkenntnisse, besonders in Griechisch und Latein, daneben in Französisch, Englisch und Italienisch. Großen Raum nahm die Ausbildung in Rhetorik ein, weniger die in den naturwissenschaftlichen Fächern.
Lektüre: Homer, Aischylos, Sophokles und andere antike Autoren, Shakespeare, Goethe, Schiller, Jean Paul, Tieck und „die Hauptromantiker" Calderon, französische Autoren, Herders „Stimmen der Völker in Liedern", „Des Knaben Wunderhorn" sowie „alle Volkspoesie, die wir auftreiben konnten" (Mitschüler Luck) und Heine.

1827	Büchners jüngster Bruder, Alexander, geboren (gest. 1904). Jura-Studium und Promotion in Gießen. 1848 als revolutionärer Demokrat Zeitungsredakteur. Seit 1855 als Lehrer in Frankreich, zuletzt als Professor für Literatur in Caën, wo er als französischer Staatsbürger starb.
1828	In einem Zirkel von Schülern der Unterprima, der anfangs hauptsächlich von schöngeistigen Interessen bestimmt war, entwickelt sich ein reger Gedankenaustausch über philosophische, religiöse, moralische und in den folgenden Jahren zunehmend auch politische Fragen, wobei der „residenzliche Kulturboden" „ergötzlichen Stoff zu allerlei kritischem und humoristischem Wetteifer in Beurteilung der Zustände bot" (F. Zimmermann). Es bilden sich freundschaftliche Beziehungen zu den Zwillingsbrüdern Friedrich und Georg Zimmermann, zu Ludwig Wilhelm Luck, Karl Minnigerode u.a., die z.T. die Schulzeit überdauerten.

Im Rahmen zeitüblicher poetischer Pflichtübung entsteht das Gedicht „Die Nacht" als „kleines Weihnachtsgeschenk von G. Büchner für seine guten Eltern".

1829	*Herbst*: Schulrede „Über den Heldentod der vierhundert Pforzheimer", in der Büchner passagenweise Fichtes „Reden an die deutsche Nation" plagiiert. Ausarbeitung „Über den Traum eines Arcadiers" mit natur- und religionsphilosophischen Gedanken.
1830	Nach der Julirevolution in Frankreich — am Ende ihrer Schulzeit — sollen sich Büchner und Minnigerode „nur mit den Worten . . . *Bon jour, citoyen!*" gegrüßt haben (Luck).

Sommer: Rezension zu einem Aufsatz „Über den Selbstmord".

29. September: (Während der Ausbreitung des bäuerlich-plebejischen Aufstands in Oberhessen) Auftritt Büchners auf dem öffentlichen Gymnasial-Redeactus mit einer „Rede zur Verteidigung des Cato von Utika".

1831	*30. März*: Öffentliche Abiturrede Büchners. „Karl Georg Büchner wird im Namen des Menenius Agrippa das auf dem heiligen Berge gelagerte Volk zur Rückkehr nach Rom in lateinischer Sprache ermahnen."(Schulprogramm.)

Das Reifezeugnis vom 30. März 1831 bewertet seine Leistungen als „hinlänglich" (im Lateinischen) bis „bedeutend" (in Geschichte) und „vorzüglich" (in Deutsch). „In der Mathematik war es wegen mangelnder Vorkenntnisse und kurzen Gesichts nicht möglich, mit den meisten Mitschülern gleichen Schritt zu halten." „. . . von seinem klaren und durchdringenden Verstande hegen wir eine viel zu vorteilhafte Ansicht, als daß wir glauben könnten, er würde jemals durch Erschlaffung, Versäumnis oder voreilig absprechende Urteile seinem eigenen Lebensglück im Wege stehen."

Oktober (?): Abreise nach Straßburg, nachdem am 9. September dem Ersuchen des Vaters, Georg die Absolvierung der ersten beiden Jahre des Studiums außer Landes zu erlauben, vom Großherzöglichen Ministerium stattgegeben worden ist. Logis bei dem protestantischen Pfarrer Johann Jacob Jaeglé. Zwischen dessen Tochter Wilhelmine (Minna), die den Haushalt führt, und Büchner entsteht in der folgenden Zeit ein heimliches Liebesverhältnis.

9. November: Immatrikulation Büchners als Medizinstudent an der Universität Straßburg. Zu seinen Lehrern gehören der Physiologe Ernest-

Alexandre Lauth und der Anatom und Zoologe Georges-Louis Duvernoy, ein Schüler Cuviers.

1831   *17. November*: Einführung Büchners (wahrscheinlich durch seinen Studienfreund Eugen Boeckel) in die von Theologiestudenten gegründete Verbindung „Eugenia". Den Mittelpunkt des Kreises bilden die Brüder Adolph und August Stöber, die sich um die Traditionen der elsässischen Volksdichtung verdient gemacht haben. Der Vater der Stöbers, mit denen Büchner Freundschaft schließt, ist der Straßburger Jurist und Schriftsteller Daniel Ehrenfried Stöber („Vie de Frédéric Oberlin", 1831).

4. Dezember: Zwei Tage nach der Unterdrückung des Generalstreiks und Arbeiteraufstands in Lyon, nimmt Büchner an einer großen Kundgebung bei der Ankunft der führenden Generäle des gescheiterten polnischen Aufstandes Ramorino, Langermann und Schneider im französischen Exil teil.

1832   *24. Mai*: Drei Tage vor dem Hambacher Fest spricht Büchner in der „Eugenia" „in etwas zu grellen Farben von der Verderbtheit der deutschen Regierungen und der Roheit der Studenten auf vielen Universitäten, namentlich in Gießen, und auch in Heidelberg" (Protokoll).

28. Juni: Etwa drei Wochen nach dem Volksaufstand in Paris berichtet das Protokoll über eine Sitzung der „Eugenia": „Es wird mit außerordentlicher Lebhaftigkeit über verschiedene Gegenstände, namentlich das sittliche Bewußtsein, über Hus, Ravaillac und Sand, welche die Dialektik von Freund Büchner in eine Reihe stellt, über die Strafgesetze und über das Unnatürliche unseres gesellschaftlichen Zustandes, besonders in Beziehung auf Reich und Arm, debattiert."

5. Juli: Protokoll der „Eugenia": Büchner, „der so feurige und so streng republikanisch gesinnte deutsche Patriot, schleudert einmal wieder alle möglichen Blitze und Donnerkeile gegen alles, was sich Fürst und König nennt, und selbst die *constitutionelle* Verfassung unseres Vaterlands bleibt von ihm nicht unangetastet".

3. August bis 27. Oktober: Ferienaufenthalt in Darmstadt.

1833   *5. (?) April*: Stellungnahme Büchners zum Frankfurter Wachensturm und Bekenntnis zum notwendigen gewaltsamen Umsturz der politischen und sozialen Ordnung.

Ende Mai: Zusammentreffen mit dem saint-simonistischen Agitator A. Rousseau.

Ende Juni: Mehrtägige Wanderung durch die Vogesen mit den Brüdern Stöber und vermutlich noch anderen Freunden aus der „Eugenia". Sie führt wahrscheinlich die Wege entlang (Steintal, Fouday), die Büchner später in seiner Erzählung Lenz gehen läßt.

Ende Juli: Rückkehr aus Straßburg, um vorschriftsgemäß 2 Jahre an der Landesuniversität des Großherzogtums Hessen in Gießen zu studieren.

Sommer: In Darmstadt bei den Eltern. Dort achttägiger Besuch des Straßburger „Eugenia"-Freundes Alexis Muston, der in seinem Tagebuch über eine gemeinsame Odenwaldwanderung und intensive Gespräche mit Büchner berichtet — „über den Saint-Simonismus, religiöse und soziale Erneuerung, universelle Republik, vereinigte Staaten von Europa und andere Utopien".

1833 *31. Oktober*: Immatrikulation Büchners an der Universität Gießen. Von den Gießener Professoren übt vor allem der Anatom Wernekinck Einfluß auf ihn aus, der seine besondere Fähigkeit im Anfertigen exakter Präparate fördert und sein Interesse auf die vergleichende Anatomie lenkt.

November: Teilnahme an einem von den hessischen Liberalen ausgerichteten festlichen Empfang der oppositionellen Abgeordneten des vom Großherzog aufgelösten Landtags.

Ende November: Büchner erkrankt an einer Hirnhautentzündung. Nach fünf Wochen, die er in Gießen „halb im Dreck und halb im Bett" zubringt, erholt er sich bis zum Jahresende in Darmstadt.

1834 *Anfang Januar*: Wiederaufnahme des Studiums in Gießen. Während sich in Frankreich eine arbeiterkommunistische (neobabouvistische) Mehrheit innerhalb der republikanischen Opposition gegen das Bürgerkönigtum herausbildet und die Societé des Droits de l'homme et du citoyen auf eine soziale Revolution orientiert (mit dem Ziel der Gütergemeinschaft), kommt es in Hessen zu einer Offensive der antifeudalen Opposition mit illegaler Flugschriftenpropaganda (Ludwig Weidigs „Leuchter und Beleuchter für Hessen und der Hessen Notwehr", „Bauern-Conversations-Lexicon" mit den Artikeln „Abgabe", „Bürger", „Briefgeheimnis" der radikalen republikanischen „Union" in Frankfurt). Büchner studiert die Geschichte der Französischen Revolution. Vom üblichen studentischen Treiben („Kneipen, Renomieren, Krakehlen und Disputieren in angemessenem Tabaksqualm") „hielt (er) sich gänzlich abseits, verkehrte nur mit einem etwas verlotterten und verlumpten Genie, August Becker, gewöhnlich nur der rothe August genannt". Diesem engsten Vertrauten Büchners wurde 1844 behördlich bescheinigt, daß er „einem Communismus verfiel, welcher leider nur allzutief sein ganzes Wesen schon ergriffen hatte, als er [1835—1838] noch in Untersuchung war". Becker vermittelt die Verbindung zu dem Butzbacher Schulrektor und Pfarrer Ludwig Weidig, der Schlüsselfigur in den geheimen Oppositionsunternehmungen in Hessen und den benachbarten süddeutschen Ländern.

Februar: Klagen über den Zerfall früher Freundschaften („Meine Freunde verlassen mich . . ."; an Wilhelmine Jaeglé).

März: (etwa am 7.) Klagen über „unaufhörliches Kopfweh und Fieber", einen seelischen „Starrkrampf", ein „Gefühl des Gestorbenseins". Einige Tage darauf im Brief an Wilhelmine Jaeglé bringt er seine Krise in Zusammenhang mit seinem Studium der Revolutionsgeschichte („Ich fühlte mich wie zernichtet unter dem gräßlichen Fatalismus der Geschichte.") und seine Abneigung, sich in Gießen einzuleben („die Stadt ist abscheulich" — „Seit ich über die Rheinbrücke ging, bin ich wie in mir vernichtet . . .").

Mitte März: Mit vier Beteiligten an der Vorbereitung des Frankfurter Wachensturms vom 3. April 1833, die aus der Haft entlassen worden waren, und anderen gründet Büchner in Gießen die bald darauf so genannte Gesellschaft der Menschenrechte, die erste frühkommunistisch orientierte revolutionäre Vereinigung in Deutschland (etwa 10—12 Mitglieder). Ihr politisch-organisatorisches Vorbild ist die Societé des Droits de l'homme, die zu dieser Zeit in Frankreich 6000 Mitglieder in 300 Sektionen (eine davon in Straßburg) umfaßt.

1834 *Mitte bis Ende März*: Arbeit am Entwurf einer Flugschrift, in der er die neobabouvistische Agitation gegen den Staat als Maschinerie der Unterdrückung und Ausbeutung in den Händen der herrschenden Klasse aufgreift, von Weidig Mitte April, Anfang Mai überarbeitet und mit dem Titel „Der Hessische Landbote" versehen.

Ende März bis Mitte April: In den Osterferien Reise nach Straßburg; auf Wunsch Wilhelmines Bekanntgabe der Verlobung. Den Eltern, die über Büchners Ausbleiben zu den Ferien aufgeregt waren, erklärt er von Straßburg aus seinen Zustand in Gießen: „... ich [war] in tiefe Schwermuth verfallen; dabei engten mich die politischen Verhältnisse ein, ich schämte mich, ein Knecht mit Knechten zu sein, einem vermoderten Fürstengeschlecht und einem kriechenden Staatsdiener-Aristokratismus zu Gefallen. Ich komme nach Gießen in die niedrigsten Verhältnisse, Kummer und Widerwillen machen mich krank."

9.—12. April: Generalstreik und Aufstand in Lyon.

13./14. April: Aufstand in Paris mit Barrikadenkämpfen in den Arbeitervierteln. Der Pariser Aufstand endet mit einem Blutbad, Massenverhaftungen und der völligen Zerschlagung der republikanischen Opposition.

12.—14. April: Dauersitzung des zentralen Komitees der Societé des Droits de l'homme in Straßburg, wo sich Studenten und die Behörden schon seit Anfang April auf bewaffnete Kämpfe vorbereiteten.

Mitte April: Büchner gründet, aus Straßburg zurückkommend, wo er sich mit dem fortgeschrittensten Stand der ideologischen und organisatorischen Entwicklung der republikanischen und frühproletarischen kommunistischen Bewegung in Frankreich vertraut gemacht hat, mit drei ehemaligen Mitschülern und fünf Handwerksgehilfen auch in Darmstadt eine Sektion der Gesellschaft der Menschenrechte.

Ende April: Zu Semesterbeginn in Gießen. Auf dem Lehrprogramm stehen u.a. Kollegs über Gefäß- und Nervenlehre, Vergleichende Anatomie, Physiologie des Menschen, Lehre von den Geistes- und Gemütskrankheiten, Formen und Behandlungen von Geisteskrankheiten, Gerichtliche Medizin. Der Professor für Philosophie, Ästhetik und Psychologie Joseph Hillebrand bestätigt Büchner am Ende des Sommersemesters, seine „Vorlesungen über die Logik u. das Naturrecht mit lobenswerthem Fleiße gehört" zu haben.

Pfingsten: Nochmalige Reise nach Straßburg.

Mai, Juni: Büchner reorganisiert die Gießener Sektion der Gesellschaft der Menschenrechte (wahrscheinlich erhält sie dabei diesen Namen). Führend neben Büchner: August Becker, Karl Minnigerode, Jakob Schütz und Gustav Klemm. Themen der geheimen Zusammenkünfte: Revolution und Gütergemeinschaft, Staatseinrichtungen und Menschenrechte, Republikanismus, Liberalismus und Volksinteressen, Konzipierung und Verbreitung von Flugschriften, Fragen der Organisation, der Sicherheit und der Verbreitung der Gesellschaft an anderen Orten (hierbei werden auch die Erfahrungen der deutschen Handwerkervereine in der Schweiz, die sich 1834 zur politischen Organisation Junges Deutschland zusammenschlossen, herangezogen). Verbindungen werden hergestellt zu Studenten, Intellektuellen und Handwerkern anderer oppositioneller Vereinigungen und revolutionärer Gruppen in Gießen, Butzbach, Friedberg, Mainz, Hanau, Marburg, Frankfurt und Offenbach.

1834 *3. Juli*: Im Gartenlokal auf der Badenburg versammeln sich auf Initiative Weidigs revolutionäre Demokraten aus dem Großherzogtum und Kurhessen, um einen regionalen Preßverein zu gründen, ein gemeinsames Rahmenprogramm der Flugschriftenagitation zu beschließen und einen gemeinsamen Nenner für die verschiedenen geheimen Vereinigungen zu finden. Es treffen drei revolutionäre Richtungen mit unterschiedlichen Klasseninteressen zusammen: Auffassungen des Bildungs- und Besitzbürgertums vertritt der Marburger Kreis um Dr. Leopold Eichelberg, die der kleinbürgerlichen und kleinbäuerlichen Landbevölkerung der Butzbacher Weidig-Kreis, zu dem auch Gießener Studenten gehören; für die Interessen der besitzlosen „untersten Volks-Klassen" treten Büchner und Gustav Klemm als Abgesandte der Gesellschaft der Menschenrechte ein. Auseinandersetzung zwischen Weidig, der um Integration bemüht ist, und Büchner, der mit seinem Flugschriftenkonzept den sozialrevolutionären „Kampf der Armen gegen die Reichen" propagiert, womit er auf entschiedenen Widerspruch stößt. Eichelberg und dessen Freunde verurteilen Büchners Hinwendung zu „Proletariern" und seine „extravaganten Ansichten", die auf „vollständige Anarchie" hinausliefen. Weidig setzt einen Kompromiß auf der Linie des von ihm bearbeiteten „Hessischen Landboten" durch.

5.—9. Juli: Büchner und Jakob Schütz bringen das überarbeitete Manuskript des „Hessischen Landboten" mit einem Empfehlungsschreiben Weidigs von Butzbach nach Offenbach zur Druckerei von Karl Preller.

31. Juli: Schütz und Karl Minnigerode holen die ausgedruckten „Landboten"-Exemplare aus Offenbach ab, die zur Verteilung in Butzbach, Friedberg, Darmstadt, Gießen, Frankfurt und Marburg bestimmt sind.

1. August: Verhaftung Minnigerodes bei seiner Ankunft in Gießen auf Grund der Denunziation des Butzbachers Johann Konrad Kuhl. Es werden Ermittlungen gegen die Beteiligten eingeleitet. Nach Bekanntwerden der Festnahme macht sich Büchner sofort auf den Weg nach Butzbach, Mannheim und Frankfurt, um alle Gefährdeten zu warnen. So bleibt eine Hausdurchsuchung bei Preller erfolglos, und Schütz kann bei Freunden untertauchen und drei Wochen später nach Frankreich fliehen.

5. August: Nach Gießen zurückgekehrt, findet Büchner sein Zimmer durchsucht, Papiere beschlagnahmt und seinen Schrank versiegelt. Ohne zu wissen, daß Kuhl ihn schon als Verfasser des „Hessischen Landboten" angegeben hat und das Ministerium des Innern bereits am 1. August seine Verhaftung angewiesen und am 4. August eine steckbriefliche Fahndungsanweisung erlassen hat, vertraut er auf ein fingiertes Alibi und die Verschwiegenheit von Minnigerode, protestiert bei dem ermittelnden Universitätsrichter Konrad Georgi und verunsichert diesen durch sein Auftreten so, daß er die befohlene Verhaftung unterläßt.

August/September: Die Verbreitung des größten Teils der Auflage des „Hessischen Landboten" wird fortgesetzt. Ein (revoluzzerhaft verworrenes) Manuskript einer „Zweiten Botschaft" des „Hessischen Landboten" von Eichelberg wird von der Gießener Gesellschaft der Menschenrechte abgelehnt, bleibt ungedruckt. Die politischen Differenzen zwischen der

Gesellschaft der Menschenrechte, dem Weidig-Kreis und dem Kreis um Eichelberg vertiefen sich.

1834 *7. September*: Weidig wird von Butzbach nach Ober-Gleen versetzt.

September — Dezember: Wegen der verstärkten Untersuchungen in Gießen zieht sich Büchner nach Darmstadt zurück, bereitet sich im Labor des Vaters auf das Examen vor, führt Studienbewerber in die Anatomie ein, beschäftigt sich erneut mit der Geschichte der Französischen Revolution und mit der Geschichte der Philosophie. Anfang September Besuch Wilhelmine Jaeglés.

Zeitlich parallel zu fortgesetzten Bemühungen der anderen revolutionären Zirkel in Oberhessen, in Kurhessen und Frankfurt, der Vorbereitung eines neuen überregionalen Treffens durch Weidig, der Drucklegung und Verbreitung einer 5., von Weidig und Sylvester Jordan verfaßten Nummer des „Leuchters und Beleuchters für Hessen" und einer nochmals (diesmal durch Eichelberg) überarbeiteten Auflage des „Hessischen Landboten" baut Büchner mit seinen Darmstädter Freunden und in Korrespondenz mit der Gießener Sektion die Organisations- und Aktionsbasis sowie das politische Programm der Gesellschaft der Menschenrechte in Darmstadt aus. Bis Ende Oktober regelmäßig wöchentlich Versammlungen, bis mindestens Dezember noch unregelmäßig. Die Mitglieder üben sich „sehr eifrig in den Waffen" und legen „bedeutende Schießvorräthe" an (Wilhelm Büchner an Karl Emil Franzos). Bemühungen um die Anschaffung einer eigenen Druckerpresse (Geldsammlungen), in Zusammenarbeit mit dem Weidig-Kreis Vorbereitungen zur Befreiung Minnigerodes und anderer Gefangener in Friedberg. Die ideologische Arbeit der Gruppe stützt sich neben der neobabouvistischen Version der Erklärung der Menschenrechte auf „Grundsätze" einer von Büchner verfaßten Ausarbeitung (nicht überliefert).

November: Der Marburger Zirkel läßt eine durch Eichelberg veränderte, nochmals politisch abgeschwächte neue Auflage des „Hessischen Landboten" drucken, die zwischen Dezember 1834 und März 1835 von Gießen, Butzbach, Ober-Gleen und Alsfeld aus verteilt wird.

27. November: Verhaftung Karl Zeuners aus Butzbach (erste Verhaftung aus dem Büchner-Weidig-Kreis nach der Festnahme Minnigerodes).

Mitte Dezember: Angespannte konspirative Tätigkeit der Gesellschaft der Menschenrechte und sich verschärfende Überwachung. Wahrscheinlich Beginn der Arbeit an „Dantons Tod".

1835 *Januar*: Gerichtliche Vorladungen und Verhöre in Offenbach und Friedberg.

21. Februar: Büchner schickt das Manuskript von „Dantons Tod" nach Frankfurt an Karl Gutzkow, Herausgeber des wöchentlich erscheinenden „Literatur-Blatts" zur Tageszeitung „Phönix" (seit Januar 1835 Verlag Sauerländer), mit der dringenden Bitte, es dem Verleger zum Druck zu empfehlen (Gutzkows positive Antwort und Einladung zur Mitarbeit am „Phönix": 25. und 28. Februar).

Ende Februar: Büchner weicht einer Vorladung des Darmstädter Untersuchungsrichters aus, indem er seinen Bruder Wilhelm an seiner Stelle schickt.

5. oder 6. März: Nachdem er Gutzkow von der Absicht abgebracht hat, ihn in Darmstadt zu besuchen, veranlaßt eine neue Vorladung der großherzoglich-hessischen Behörde zur Untersuchung „politischer Umtriebe" nach Friedberg Büchner zur Flucht. Mit finanziellen Mitteln unterstützt ihn dabei die Gesellschaft der Menschenrechte, von deren Mitgliedern vor ihm schon Jakob Schütz und Ludwig Nievergelter ins Exil gegangen sind.

9. März: Büchner passiert bei Weißenburg die französische Grenze.

26. März—7. April: Im „Phönix" erscheint ein (unvollständiger) Vorabdruck von „Dantons Tod", durch Gutzkow von den anstößigsten Ausdrücken gereinigt wie dann auch die Buchausgabe drei Monate später.

6. April: Festnahme August Beckers, der unterwegs ist, um sich an der Verteilung einer Fortsetzungsnummer des „Bauern-Conversations-Lexicons" von Eichelberg und Franz Weller zu beteiligen. Beginn der schon seit längerem befürchteten bis 1836 anhaltenden Welle von Verhaftungen und Hausdurchsuchungen in Marburg und im Großherzogtum Hessen-Darmstadt (Verhaftung Eichelbergs am 7. April, Weidigs am 22. April, Klemms am 8. Mai, nach einem Verhör am 21. April).

Viele von Verhaftungen Bedrohte können sich ins Exil retten, die meisten kommen zunächst nach Straßburg (wo ihr Aufenthalt vom Verzicht auf politische Betätigung abhängig gemacht wird). Büchner hält Kontakt zu den Freunden Louis Becker und Ludwig Nievergelter aus der Gesellschaft der Menschenrechte. Feste Freundschaft schließt er zu dieser Zeit mit Wilhelm und Caroline Schulz. Schulz, der 1834 aus schwerer Festungshaft ausgebrochen war und als politischer Publizist zu den konsequentesten Demokraten des Vormärz gehörte, wird im Frühsommer 1835 aus Straßburg ausgewiesen, im September 1836 tritt er eine Dozentenstelle an der Universität Zürich an.

5. Mai: Beginn des Prozesses gegen 164 Teilnehmer des Aufstands vom April 1834 in Paris. Büchner erfährt die Verhaftung von Weidig und dessen Mitstreiter Pfarrer Heinrich Christian Flick aus Petterweil.

12. Mai: Gutzkow bestätigt Büchner den Erhalt von „Äußerungen über neure Lit." und erinnert ihn an den Plan zu einer „Novelle Lenz".

18. Juni: Im „Frankfurter Journal" erscheint der vom Untersuchungsrichter Georgi am 13. Juni unterzeichnete Steckbrief Büchners mit der Aufforderung an die „öffentlichen Behörden des In- und Auslands", den wegen „seiner indicirten Teilnahme an staatsverräterischen Handlungen" Gesuchten festzunehmen und „wohlverwahrt . . . abzuliefern" (wiederholter Abdruck am 23. und 27. Juli).

Mitte Juli: Buchausgabe von „Dantons Tod" mit dem willkürlich vom Verlag hinzugefügten Untertitel „Dramatische Bilder aus Frankreichs Schreckensherrschaft".

11. Juli: Gutzkows Rezension zu „Dantons Tod" im „Literatur-Blatt" des „Phönix". Unterdessen hat Büchner (vermittelt durch Gutzkow) für eine bei Sauerländer erscheinende Ausgabe der Werke von Victor Hugo dessen Dramen „Lucretia Borgia" und „Maria Tudor" übersetzt.

August: Nach dem Höllenmaschinen-Attentat eines Korsen auf Louis-Philippe weitere Einschränkungen der politischen Freiheitsrechte in

Frankreich, bedrohliche Verunsicherung der Lage politischer Exilanten. Aus Straßburg reisen deshalb in kurzer Zeit „fast sämmtliche Flüchtlinge in die Schweiz und in das Innere Frankreichs". Um der Gefahr einer Auslieferung vorzubeugen, verbreitet Büchner unter Freunden und Bekannten, er „sei nach Zürich gegangen".

1835 *September*: Büchner sagt Beiträge für die von Gutzkow und Wienbarg als Sammlungsorgan der zersplitterten literarischen Opposition in Deutschland geplante Wochenschrift „Deutsche Revue" zu, weist aber die Einladung (vom 28. August) zu ständiger Mitarbeit ab. Wolfgang Menzel eröffnet mit einer Serie von Schmähartikeln gegen Gutzkow und dessen (im August erschienenen) Roman „Wally, die Zweiflerin" am 11., 14., 28. September und 19. Oktober (fortgesetzt mit der Anklage der „Unmoral" gegen die Autoren des „Jungen Deutschlands" und Heine am 23. und 26. Oktober) im „Literatur-Blatt" zum Stuttgarter „Morgenblatt für gebildete Stände" den Unterdrückungsfeldzug gegen die fortschrittliche deutsche Literatur.

28. Oktober: Eine Rezension im „Literarischen Notizenblatt" zur Dresdner „Abendzeitung" denunziert „Dantons Tod" als eines „jener Bücher . . ., welche jede gute Staatspolizei nie öffentlich auslegen läßt und den geheimen Betrieb möglichst verhindert". Büchners Revolutionsdrama dient zum Beweisstück dafür, welche „Auswüchse der Unsittlichkeit" und „Pestbeulen der Frechheit" der Einfluß Gutzkows („Frankfurter Läster- und Lasterschule" hieß es bei Menzel) hervorbringe.

14. November: Die preußische Regierung verbietet Verlag, Druck und Verbreitung aller Schriften jungdeutscher Autoren.

30. November—10. Februar 1836: Gutzkow in Mannheim inhaftiert. Die „Deutsche Revue" mit Mitarbeitern wie *„Heine, Börne, Mundt, Schulz, Büchner* usw." (Büchner an die Familie, 2. November 1835, Zitat aus einer Anzeige in der Augsburger „Allgemeinen Zeitung" vom 26. Oktober) fällt als erstes Unternehmen (pünktlich vor der ersten Auslieferung am 1. Dezember) dem allgemeinen Verbot zum Opfer.

10. Dezember: Der Deutsche Bundestag beschließt das generelle Verbot aller Schriften „der unter der Bezeichnung ‚das junge Deutschland' oder ‚die junge Literatur' bekannten literarischen Schule, zu welcher namentlich Heinr. Heine, Karl Gutzkow, Heinr. Laube, Ludolf Wienbarg und Theodor Mundt gehören".

Spätestens Dezember: Büchner beginnt seine Untersuchungen über das Nervensystem von Fischen mit dem Ziel einer Promotion an der 1833 gegründeten Universität Zürich.

1836 *13., 20. April und 4. Mai*: Büchner referiert vor der Société d'histoire naturelle de Strasbourg „Sur le système nerveux du barbeau". Die Société ernennt ihn zu ihrem korrespondierenden Mitglied.

Sommer: Studien über Cartesius und Spinoza („Ich habe nämlich die fixe Idee, im nächsten Semester zu Zürich einen Kurs über die Entwickelung der deutschen Philosophie seit Cartesius zu lesen . . ."). Arbeit an „Leonce und Lena"; erste Szenenentwürfe zu „Woyzeck" und Vorarbeiten zu einem Drama über Pietro Aretino vor Mitte Oktober.

Spätsommer: Besuch der Mutter und der Schwester Mathilde in Straßburg.

1836   *3. September*: Die Universität Zürich verleiht Büchner für seine in den „Memoires de la Société du Museum d'Histoire Naturelle de Strasbourg" (Band 2, Paris 1836) veröffentlichte Abhandlung „die philosophische Doktorwürde" (eines der vier empfehlenden Gutachten von Lorenz Oken).

       18. Oktober: Nach der schwierigen Beschaffung der notwendigen Papiere übersiedelt Büchner nach Zürich, wo er ab 7. November mit Wilhelm und Caroline Schulz in einem Haus wohnt.

       5. November: Probevorlesung „Über Schädelnerven", die den „allgemeinsten Beifall" findet, Zulassung als Privatdozent an der Universität Zürich. Beginnt mit einem Kolleg „Zootomische Demonstrationen" über „Vergleichende Anatomie der Fische und Amphibien", wofür er zum größten Teil frische selbstangefertigte Präparate verwendete. Für das Sommersemester 1837 kündigte er Vorlesungen über vergleichende Anatomie der Wirbeltiere an. Daneben führt er u.a. die Arbeit am „Woyzeck" weiter und genießt die „Freude am Schaffen" seiner „poetischen Produkte".

1837   *20. Januar*: Wilhelmine Jaeglé schreibt er, er habe sich „verkältet und im Bett gelegen. Aber jetzt ist's besser", und zu einem nicht genau bestimmbaren Zeitpunkt: er werde „in längstens acht Tagen Leonce und Lena mit noch zwei anderen Dramen erscheinen lassen".

       2.–3. Februar: Verschlechterung seines Zustands bis zu einem „heftigen Nervenfieber".

       11. Februar: Erste Bewußtseinstrübungen, heftige Fieberphantasien. „Eine Phantasie, die oft wiederkehrte, war die, daß er wähnte ausgeliefert zu werden", berichtet Caroline Schulz, die den Kranken pflegt, in ihren Aufzeichnungen über Büchners letzte Tage.

       14. Februar: Der zweite behandelnde Arzt, Professor Schönlein, diagnostiziert „Faulfieber", d. h. Typhus.

       19. Februar: Zwei Tage nach der Ankunft von Wilhelmine Jaeglé aus Straßburg Tod Büchners.

       21. Februar: Beerdigung unter Teilnahme von „mehreren hundert Personen".

Bibliographische Hinweise

1. Ausgaben der Werke Georg Büchners

Der Hessische Landbote. Erste Botschaft. Darmstadt [Offenbach], im Juli 1834 [Faksimiledruck in: Georg Büchner/Friedrich Ludwig Weidig: Der Hessische Landbote. 1834, Neudruck beider Ausgaben mit einem Nachwort von Eckhart G. Franz. Marburg 1973].

Dantons Tod. Dramatische Bilder aus Frankreichs Schreckensherrschaft. Frankfurt a. M. 1835.

Victor Hugo, Lucretia Borgia; Maria Tudor. Deutsch von Georg Büchner. In: Hugo, Sämmtliche Werke, Band 6, Frankfurt a. M. 1835.

Mémoire sur le système nerveux du barbeau. In: Mémoires de la Société du Museum d'Histoire Naturelle de Strasbourg. Band 2, Paris 1836.

Lenz. Eine Reliquie von Georg Büchner. Begleitet von einer Vor- und Nachbemerkung des Herausgebers. (Hrsg. von Karl Gutzkow). In: Telegraph für Deutschland, 1839, Nr. 5, 7, 8, 9, 10, 11, 13, 14.

Nachgelassene Schriften. Hrsg. von Ludwig Büchner. Frankfurt a. M. 1850 [mit dem ersten vollständigen Druck von „Leonce und Lena"].

Sämmtliche Werke und handschriftlicher Nachlaß. Erste kritische Gesammt-Ausgabe. Eingeleitet und hrsg. von Karl Emil Franzos. Frankfurt a. M. 1879 [erste Werkausgabe mit „Wozzeck" und dem „Hessischen Landboten"].

Woyzeck. Nach den Handschriften des Dichters hrsg. von Georg Witkowski. Leipzig 1920.

Sämtliche Werke und Briefe. Auf Grund des handschriftlichen Nachlasses hrsg. von Fritz Bergemann. Leipzig 1922.

Werke und Briefe. Hrsg. von Fritz Bergemann. Leipzig 1926; 3. Aufl., 1940, 4. Aufl. 1949.

Werke und Briefe. Gesamtausgabe. Hrsg. von Fritz Bergemann. Leipzig 1952 und 1956.

Werke und Briefe. Gesamtausgabe. Neue durchgesehene Ausgabe. Hrsg. von Fritz Bergemann. Wiesbaden 1958; Leipzig 1968; letzte (13.) Aufl., Frankfurt a. M. 1979.

Sämtliche Werke. Nebst Briefen und anderen Dokumenten. Einleitung von Werner Bökenkamp. Hrsg. und erläutert von Hans Jürgen Meinerts. Gütersloh 1963.

Werke. Ausgewählt und eingeleitet von Henri Poschmann. Berlin und Weimar 1964; 5. Aufl., 1980.

Sämtliche Werke und Briefe. Historisch-kritische Ausgabe mit Kommentar, hrsg. von Werner R. Lehmann. Band 1: Dichtungen und Übersetzungen. Mit Dokumentation zur Stoffgeschichte. Hamburg 1967; München 1974; 3. Aufl., 1979. Band 2: Vermischte Schriften und Briefe. Hamburg 1971; München 1972.

Woyzeck. Texte und Dokumente. Kritisch hrsg. von Egon Krause. Frankfurt a. M. 1969.

Woyzeck. Kritische Lese- und Arbeitsausgabe. Hrsg. von Lothar Bornscheuer. Stuttgart 1972 (Reclams Universal-Bibliothek Nr. 9347).

Woyzeck. Erläuterungen und Dokumente. Hrsg. von Lothar Bornscheuer. Stuttgart 1972 (Reclams Universal-Bibliothek Nr. 8117).

Georg Büchner/Friedrich Ludwig Weidig. Der Hessische Landbote. Texte, Materialien, Kommentar. Hrsg. von Gerhard Schaub. München – Wien 1976 (Reihe Hanser 202).

Werke und Briefe. Nach der historisch-kritischen Ausgabe von Werner R. Lehmann. Kommentiert von Karl Pörnbacher, Gerhard Schaub, Hans-Joachim Simm und Edda Ziegler. Nachwort von Werner R. Lehmann. München – Wien 1980 (Hanser Bibliothek); dass. München 1980 (dtv weltliteratur 2065).

Dantons Tod. Entwurf einer Studienausgabe [nach der Handschrift, mit 9 Faksimiles, Quellenmarkierungen, Marginalien und Vorbemerkung]. Hrsg. von Thomas Michael Mayer. In: Georg Büchner. Dantons Tod. Die Trauerarbeit im Schönen. Ein Theaterlesebuch. Hrsg.: Direktorium Schauspiel Frankfurt. Redaktion: Peter von Becker. Frankfurt a. M. 1980; dass. Marburg 1980 [Sonderdruck für die Mitglieder der Georg Büchner Gesellschaft].

Woyzeck, Faksimileausgabe der Handschriften. Transskription. Kommentar. Lesartenverzeichnis. Bearbeitet von Gerhard Schmid. Leipzig 1981 (Manu scripta).

2. Bibliographien und Forschungsberichte

Schlick, Werner: Das Georg-Büchner-Schrifttum bis 1965. Eine internationale Bibliographie. Hildesheim 1968.

Knapp, Gerhard P.: Kommentierte Bibliographie zu Georg Büchner. In: Georg Büchner I/II. Hrsg. von Heinz Ludwig Arnold. Sonderband aus der Reihe text + kritik. München 1979, S. 426–455.

Georg-Büchner-Literatur 1977–1980. Unter Mitarbeit von Andreas Altenhoff, Jan-Christoph Hauschild, Elmar Mellwig und Roland Tscherpel zusammengestellt von Thomas Michael Mayer. In: Georg-Büchner-Jahrbuch. Band 1, 1981. In Verbindung mit der Georg-Büchner-Gesellschaft und der Forschungsstelle Georg Büchner – Literatur und Geschichte des Vormärz – der Philipps-Universität Marburg hrsg. von Thomas Michael Mayer. Frankfurt a. M. 1981, S. 319–350.

Ullmann, Bo: Der unpolitische Georg Büchner. Zum Büchner-Bild der Forschung, unter besonderer Berücksichtigung der Woyzeck-Interpretation. In: Stockholm Studies in Modern Philology, Neue Folge, Band 4, 1972, S. 86 bis 130.

Knapp, Gerhard P.: Georg Büchner. Eine kritische Einführung in die Forschung. Frankfurt a. M. 1975.

Kim Whang-Chin: Kritische Betrachtungen zur Büchner-Forschung – besonders in bezug auf Dantons Tod. In: Koreanische Zeitschrift für Germanistik, 1980, Heft 24, S. 70–94.

Mayer, Thomas Michael: Zu einigen neueren Tendenzen der Büchner-Forschung. Ein kritischer Literaturbericht. Teil I. In: Georg Büchner I/II. Hrsg. von Heinz Ludwig Arnold. Sonderband aus der Reihe text + kritik. München 1979, S. 327–356; Teil II: Editionen. In: Georg Büchner III. Hrsg. von Heinz Ludwig Arnold. Sonderband aus der Reihe text + kritik. München 1981, S. 265–311.

3. Sekundärliteratur

Georg Büchner I/II. Hrsg. von Heinz Ludwig Arnold. Sonderband aus der Reihe text + kritik. München 1979. Darin u. a.: Thomas Michael Mayer, Büchner und Weidig — Frühkommunismus und revolutionäre Demokratie. Zur Textverteilung des „Hessischen Landboten", S. 16—298; ders., Georg Büchner. Eine kurze Chronik zu Leben und Werk, S. 357—425; Reinhold Grimm, Cœur und Carreau. Über die Liebe bei Georg Büchner, S. 299—327.

Georg Büchner III. Hrsg. von Heinz Ludwig Arnold. Sonderband aus der Reihe text + kritik. München 1981. Darin u. a.: Volker Braun, Büchners Briefe, S. 5 bis 14; Bernard Görlich/Anke Lehr, Materialismus und Subjektivität in den Schriften Georg Büchners, S. 35—62; William Bruce Armstrong, „Arbeit" und „Muße" in den Werken Georg Büchners, S. 63—98; Walter Hinck, Büchner und Brecht, S. 236—246; Beiträge von Volker Bohn zur Frührezeption von „Dantons Tod", S. 99—130 (mit Dokumenten), Otto F. Riewoldt über Georg Büchner in der DDR (S. 218—235).

Georg-Büchner-Jahrbuch, 1. Jg., 1981. In Verbindung mit der Georg-Büchner-Gesellschaft und der Forschungsstelle Georg Büchner — Literatur und Geschichte des Vormärz — im Institut für Neuere deutsche Literatur der Philipps-Universität Marburg hrsg. von Thomas Michael Mayer. Frankfurt a. M. 1981. Darin u. a.: Volker Braun, Büchners Briefe, S. 11—21; Reinhold Grimm, Georg Büchner und der moderne Begriff der Revolte, S. 22—67; Thomas Michael Mayer, Die Verbreitung und Wirkung des „Hessischen Landboten", S. 68—111; ders., Unbekannte Briefe aus der Gesellschaft der Menschenrechte, S. 275—286; Hans-Joachim Ruckhäberle, Georg Büchners „Dantons Tod" — Drama ohne Alternative, S. 169—176; Alexander Lang und Henri Poschmann, Ein Brief-Austausch zu „Dantons Tod", S. 177—186.

Georg Büchner. Dantons Tod. Die Trauerarbeit im Schönen. Ein Theater-Lesebuch. Hrsg.: Direktorium Schauspiel Frankfurt. Redaktion: Peter von Becker. Frankfurt a. M. 1980. Darin u. a.: Peter von Becker, Die Trauerarbeit im Schönen, S. 75—90; Dolf Oehler, Liberté, Liberté Chérie. Männerphantasien über die Freiheit. Zur Problematik der erotischen Freiheitsallegorie, S. 91—105; Hans-Thies Lehmann, Dramatische Form und Revolution. Überlegungen zur Korrespondenz zweier Theatertexte: Georg Büchners „Dantons Tod" und Heiner Müllers „Der Auftrag", S. 106—121; Wilhelm Schulz, Nachgelassene Schriften von G. Büchner [Teil-Neudruck der Rezension von 1851], S. 151—165.

Abutille, Carlo Mario: Angst und Zynismus bei Georg Büchner. Bern 1969.

Anz, Heinrich: „Leiden sei all mein Gewinnst". Zur Aufnahme und Kritik christlicher Leidenstheologie bei Georg Büchner. In: Text & Kontext (Kopenhagen), 4. Jg., 1976, Heft 3, S. 57—72.

Baumann, Gerhart: Georg Büchner. Die dramatische Ausdruckswelt. Göttingen 1961; 2., durchgesehene und ergänzte Aufl. 1976.

Beckers, Gustav: Georg Büchners „Leonce und Lena"; Ein Lustspiel der Langeweile. Heidelberg 1961.

Benn, Maurice B.: The Drama of Revolt. A Critical Study of Georg Büchner. Cambridge — New York — Melbourne 1976.

Bornkessel, Axel: Georg Büchners „Leonce und Lena" auf der deutschsprachigen Bühne. Studien zur Rezeption des Lustspiels durch das Theater. Diss. Köln 1970.

Bornscheuer, Lothar: Neue Beurteilung der Woyzeck-Handschriften. In: Germanisch-romanische Monatsschrift, Neue Folge, Band 22, 1972, S. 113−123.

Bräuning-Oktavio, Hermann: Georg Büchner. Gedanken über Leben, Werk und Tod. Bonn 1976.

Buch, Wilfried: Woyzeck. Fassungen und Wandlungen. Dortmund 1970.

Büchner, Anton: Die Familie Büchner. Georg Büchners Vorfahren, Eltern und Geschwister. Darmstadt 1963.

Büttner, Ludwig: Büchners Bild vom Menschen. Nürnberg 1967.

Diehl, W[ilhelm]: Minnigerodes Verhaftung und Georg Büchners Flucht. In: Hessische Chronik, 9. Jg., 1920, S. 5−18.

Döhner jr., Otto: Georg Büchners Naturauffassung. Diss. Marburg 1967.

Dolfini, Giorgio: Il teatro di Georg Büchner. Milano 1961.

Dune, Edmond: Un poète matérialiste: Georg Büchner. In: Critique, 9. Jg., 1953, S. 481−495 und 601−611.

Dymschitz, Alexander: Die ästhetischen Anschauungen Georg Büchners. In: Weimarer Beiträge, 8. Jg., 1962, Heft 1, S. 108−123.

Elema, Hans: Der verstümmelte „Woyzeck". In: Neophilologus, 49. Jg., 1965, Heft 2, S. 131−156.

Emrich, Wilhelm: Georg Büchner und die moderne Literatur. In: Emrich, Polemik. Frankfurt a. M.−Bonn 1968.

Fink, Gonthier-Louis: Volkslied und Verseinlage in den Dramen Büchners. In: Deutsche Vierteljahrsschrift für Literaturwissenschaft und Geistesgeschichte, 35. Jg., 1961, S. 558−593.

Fischer, Heinz: Georg Büchner. Untersuchungen und Marginalien. Bonn 1972.

Franzos, Karl Emil: Über Georg Büchner. In: Deutsche Dichtung, 29. Jg., 1901, S. 195−203 und 289−300.

Goltschnigg, Dietmar: Rezeptions- und Wirkungsgeschichte Georg Büchners. Kronberg/Ts. 1975 (Monographien Literaturwissenschaft 22. Skriptor).

Grimm, Reinhold: Spiel und Wirklichkeit in einigen Revolutionsdramen. In: BASIS. Jahrbuch für deutsche Gegenwartsliteratur, 1. Jg., 1970, S. 49−93.

Gutzkow, Karl: Ein Kind der neuen Zeit. In: Frankfurter Telegraph, Neue Folge, Juni 1837, Nr. 42, S. 329−332; Nr. 43, S. 337−340; Nr. 44, S. 345 bis 348.

Heise, Wolfgang: Wahrheit der Geschichte. Beispiel Georg Büchner. In: Jürgen Kuczynski/Wolfgang Heise, Bild und Begriff. Studien über Beziehungen zwischen Kunst und Wissenschaft. Berlin und Weimar 1975, S. 240−255.

Helbig, Louis Ferdinand: Das Geschichtsdrama Georg Büchners. Zitatprobleme und historische Wahrheit in „Dantons Tod". Bern−Frankfurt a. M. 1973.

Herrmann, Hans Peter: „Den 20. Jänner ging Lenz durchs Gebirg". Zur Textgestalt von Georg Büchners nachgelassener Erzählung. In: Zeitschrift für deutsche Philologie, Band 85, 1966, Heft 2, S. 251−267.

Hinderer, Walter: Büchner − Kommentar zum dichterischen Werk. München 1977.

Honigmann, Georg: Die sozialen und politischen Ideen im Weltbild Büchners. Diss. Gießen 1929.

Höllerer, Walter: Georg Büchner. In: Höllerer, Zwischen Klassik und Moderne. Lachen und Weinen in der Dichtung der Übergangszeit. Stuttgart 1958, S. 100−142.

Hörnigk, Frank: Untersuchung über den Zusammenhang von revolutionärer Praxis, revolutionär-demokratischer Ideologiebildung und ästhetischem Programm bei Georg Büchner. Diss. Berlin 1973.

Immelt, Kurt: Der „Hessische Landbote" und seine Bedeutung für die revolutionäre Bewegung des Vormärz im Großherzogtum Hessen-Darmstadt. In: Mitteilungen des Oberhessischen Geschichtsvereins, Neue Folge, Band 52, 1967, S. 13 bis 77.

Jancke, Gerhard: Georg Büchner. Genese und Aktualität seines Werkes. Einführung in das Gesamtwerk. Kronberg/Ts. 1975; 3. Aufl., 1979 (Scriptor Taschenbücher S 56 Literaturwissenschaft).

Jens, Walter: Schwermut und Revolte: Georg Büchner. In: Jens, Von deutscher Rede. München 1969, S. 80–103.

Johann, Ernst: Georg Büchner in Selbstzeugnissen und Bilddokumenten. Hamburg 1958; 13. Aufl., 1977.

Kanzog, Klaus: Wozzeck, Woyzeck und kein Ende. Zur Standortbestimmung der Editionsphilologie. In: Deutsche Vierteljahrsschrift für Literaturwissenschaft und Geistesgeschichte, 47. Jg., 1973, Heft 3, S. 420–442.

Klotz, Volker: Geschlossene und offene Form im Drama. München 1960 (Literatur als Kunst).

Kobel, Erwin: Georg Büchner. Das dichterische Werk. Berlin [West]–New York 1974.

Koshibe, Noboru: Die Modernität der Dramatik Georg Büchners. In: Doitsu Bungaku [d. i. Die deutsche Literatur]. Hrsg. von der Japanischen Gesellschaft für Germanistik (Tokio), 30. Jg., 1963, S. 64–75.

Krapp, Helmut: Der Dialog bei Georg Büchner. Darmstadt 1958; München 1970 (Literatur als Kunst).

Kühne, Erich: Über die Anthropologie Grabbes und Büchners und den Realismus ihres Geschichtsdramas. Zur Gesellschaftsgeschichte des Verhältnisses von Volksbewegung und Einzelpersönlichkeit in der 1. Hälfte des 19. Jahrhunderts. Diss. habil. Berlin 1951.

Lamberechts, Luc: Zur Struktur von Büchners Woyzeck. Mit einer Darstellung des dramaturgischen Verhältnisses Büchner – Brecht. In: Amsterdamer Beiträge zur Germanistik, Band 1, 1972, S. 119–148.

Lehmann, Werner R.: Textkritische Noten. Prolegomena zur Hamburger Büchner-Ausgabe. Hamburg 1967.

Lindenberger, Herbert: Georg Büchner. Carbondale/Illinois 1964.

Lipmann, Heinz: Georg Büchner und die Romantik. München 1923.

Lukács, Georg: Der faschistisch verfälschte und der wirkliche Georg Büchner. In: Deutsche Realisten des 19. Jahrhunderts. Berlin 1951, S. 66–88.

Lukens, Nancy: Büchner's Valerio and the theatrical Fool-Tradition. Stuttgart 1977 (Stuttgarter Arbeiten zur Germanistik, Nr. 37).

Majut, Rudolf: Lebensbühne und Marionette. Berlin 1931 (Germanische Studien 100).

Martens, Wolfgang: Zum Menschenbild Georg Büchners. „Woyzeck" und die Marionszene in „Dantons Tod". In: Wirkendes Wort, 8. Jg., 1957/58, S. 13–20.

Martens, Wolfgang: Ideologie und Verzweiflung. Religiöse Motive in Büchners Revolutionsdrama. In: Euphorion, Band 54, 1960, S. 83–108.

Materialien zur Rezeptions- und Wirkungsgeschichte Georg Büchners. Hrsg.: Dietmar Goltschnigg. Kronberg/Ts. 1974 (Skripten Literaturwissenschaft 12).

Mautner, Franz H.: Wortgewebe, Sinngefüge und „Idee" in Büchners „Woyzeck". In: Deutsche Vierteljahrsschrift für Literaturwissenschaft und Geistesgeschichte, 35. Jg., 1961, S. 521–557.

Mayer, Hans: Georg Büchner und seine Zeit. Wiesbaden 1946; Berlin [1947], Berlin 1960; Frankfurt a. M. 1972; 3. Aufl., 1977 (suhrkamp taschenbücher 58).

Mayer, Hans: Georg Büchner: Woyzeck. Vollständiger Text und Paralipomena. Dokumentation. Frankfurt a. M.–Berlin 1963 (Dichtung und Wirklichkeit 11).

McEwen, Leslie: The Narren-Motifs in the Works of Georg Büchner. Bern 1968.

Mori, Mitsuaki: [Die philologischen Probleme des „Woyzeck" – japanisch mit deutscher Zusammenfassung]. In: Doitsu Bungaku, 56. Jg., 1976, S. 49–60.

Mosler, Peter: Georg Büchners „Leonce und Lena". Langeweile als gesellschaftliche Bewußtseinsform. Bonn 1974.

Noellner, Friedrich: Actenmäßige Darlegung des wegen Hochverraths eingeleiteten Verfahrens gegen den Pfarrer D. Friedrich Ludwig Weidig, mit besonderer Rücksicht auf die rechtlichen Grundsätze über Staatsverbrechen und deutsches Strafverfahren, sowie auf die öffentlichen Verhandlungen über die politischen Processe im Großherzogthume Hessen überhaupt und die späteren Untersuchungen gegen die Brüder des D. Weidig. Darmstadt 1844.

Paul, Ulrike: Vom Geschichtsdrama zur politischen Diskussion. Über die Desintegration von Individuum und Geschichte bei Georg Büchner und Peter Weiss. München 1974.

Paulus, Ursula: Georg Büchners „Woyzeck". Eine kritische Betrachtung zu der Edition Fritz Bergemanns. In: Jahrbuch der Deutschen Schiller-Gesellschaft, 8. Jg., 1964, S. 226–246.

Poschmann, Henri: Das künstlerische Werk Georg Büchners. In: Weimarer Beiträge, 7/1971, S. 12–49.

Poschmann, Henri: Bürgerliche Freiheitsideologie und soziale Determination. Zur materialistischen Fundierung der Dramaturgie Büchners. In: Streitpunkt Vormärz. Beiträge zur Kritik bürgerlicher und revisionistischer Erbeauffassungen. Berlin 1977, S. 219–244 und 310–313.

Proß, Wolfgang: Naturgeschichtliches Gesetz und gesellschaftliche Anomie: Georg Büchner, Johann Lucas Schönlein und Auguste Comte. In: Literatur in der sozialen Bewegung. Aufsätze und Forschungsberichte zum 19. Jahrhundert. In Verbindung mit Günter Häntzschel und Georg Jäger hrsg. von Alberto Martino. Tübingen 1977, S. 228–259.

Ratschewa, Bisserka: Konzepzijata sa Tschoweke w dramaturgijata na Büchner [Das Menschenbild in der Dramatik Büchners]. In: Literaturna Misl (Sofia), 8/1980, S. 83–95.

Regina, Mario: Struttura ę significato del Woyzeck di Georg Büchner. Bari 1976.

Requardt, Paul: Über Büchners Kunstanschauung. In: Requardt, Bildlichkeit der Dichtung. Aufsätze zur deutschen Literatur vom 18. bis 20. Jahrhundert. München 1974.

Renker, Armin: Georg Büchner und das Lustspiel der Romantik. Eine Studie über „Leonce und Lena". Berlin 1924.

Richards, David G.: Georg Büchners Woyzeck. Interpretation und Textgestaltung. Bonn 1975.

Richards, David G.: Georg Büchner and the Birth of the Modern Drama. Albany — New York 1977.

Rilla, Paul: Georg Büchner und die sublime Langeweile. In: Dramaturgische Blätter, 2. Jg., 1948, Heft 1, S. 1—12.

Ruckhäberle, Hans-Joachim: Flugschriftenliteratur im historischen Umkreis Georg Büchners. Kronberg/Ts. 1975 (Skripten Literaturwissenschaft 16).

Schanze, Helmut: Büchners Spätrezeption. Zum Problem des „modernen" Dramas in der 2. Hälfte des 19. Jahrhunderts. In: Gestaltungsgeschichte und Gesellschaftsgeschichte. Literatur-, Kunst- und Musikwissenschaftliche Studien. In Zusammenarbeit mit Käte Hamburger hrsg. von Helmut Kreuzer. Stuttgart 1969, S. 338—351.

Schaub, Gerhard: Georg Büchner und die Schulrhetorik. Untersuchungen und Quellen zu seinen Schülerarbeiten. Bern — Frankfurt a. M. 1975.

Scheuer, Erwin: Akt und Szene in der offenen Form des Dramas, dargestellt an den Dramen Georg Büchners. Berlin 1929 (Germanische Studien 77).

Schings, Hans-Jürgen: Der mitleidigste Mensch ist der beste Mensch. Poetik des Mitleids von Lessing bis Büchner. München 1980.

Schmidt, Henry J.: Satire, Caricatur and Perspectivism in the Works of Georg Büchner. Paris 1970.

Schröder, Jürgen: Georg Büchners „Leonce und Lena". Eine verkehrte Komödie. München 1966 (Zur Erkenntnis der Dichtung 2).

Schwarz, Alfred: From Büchner to Beckett. Dramatic Theory and the Modes of Tragic Drama. Athens 1978.

Schwarz, M. G.: Das Schaffen Georg Büchners. Diss. Leningrad 1952.

Segebrecht-Paulus, Ursula: Genuß und Leid im Werk Georg Büchners. Diss. München 1969.

Sengle, Friedrich: Georg Büchner. In: Sengle, Biedermeierzeit. Deutsche Literatur im Spannungsfeld zwischen Restauration und Revolution 1815—1848, Band 3: Die Dichter. Stuttgart 1980, S. 265—331 und 1093—1097.

Sieß, Jürgen: Zitat und Kontext bei Georg Büchner. Eine Studie zu den Dramen „Dantons Tod" und „Leonce und Lena". Göppingen 1975.

Strudthoff, Ingeborg: Die Rezeption Georg Büchners durch das deutsche Theater. Berlin-Dahlem [1957] (Theater und Drama 19).

Szondi, Peter: „Dantons Tod". In: Szondi, Versuch über das Tragische. Frankfurt a. M. 1961, S. 103—109.

Taran-Zajčenko, P. V.: Georg Bjuchner. Moskau 1963.

Thorn-Prikker, Jan: Revolutionär ohne Revolution. Interpretation der Werke Georg Büchners. Stuttgart 1978 (Literaturwissenschaft — Gesellschaftswissenschaft 33).

Turk, Horst: Das politische Drama des Danton. Geschichte einer Rezeption. In: Turk, Wirkungsästhetik und Interpretation der literarischen Wirkung. München 1976, S. 107—137.

Ueding, Cornelie: Denken, sprechen, handeln. Aufklärung und Aufklärungskritik im Werk Georg Büchners. Bern — Frankfurt a. M. 1976.

Ullmann, Bo: Die sozialkritische Thematik im Werk Georg Büchners und ihre Entfaltung im „Woyzeck". Stockholm 1972.

Viehweg, Wolfram: Georg Büchners „Dantons Tod" auf dem deutschen Theater. München 1964.

Viëtor, Karl: Georg Büchner. Politik, Dichtung, Wissenschaft. Bern 1949.

Werner, Hans-Georg: Die oppositionelle Dichtung des Vormärz und die bürgerliche Ordnung (Heine und Büchner). In: Wissenschaftliche Zeitschrift der Martin-Luther-Universität Halle — Wittenberg. Gesellschafts- u. sprachwissenschaftliche Reihe, 13. Jg., 1964, Heft 8, S. 557—569.

Werner, Hans-Georg: Büchners „Woyzeck". Dichtungssprache als Analyseobjekt. In: Weimarer Beiträge, 12/1981, S. 72—99.

Wetzel, Heinz: „Dantons Tod" und das Erwachen von Büchners sozialem Selbstverständnis. In: Deutsche Vierteljahrsschrift für Literaturwissenschaft und Geistesgeschichte, 50. Jg., 1976, Heft 3, S. 434—448.

Wetzel, Heinz: Die Entwicklung Woyzecks in Büchners Entwürfen. In: Euphorion, 74. Band, 1980, 3. Heft, S. 375—396.

Wiese, Benno von: Georg Büchner. Die Tragödie des Nihilismus. In: Benno von Wiese, Die deutsche Tragödie von Lessing bis Hebbel. 7. Aufl., Hamburg 1967, S. 513—534.

Wiese, Benno von: Der „arme" Woyzeck. Ein Beitrag zur Umwertung des Heldenideals im 19. Jahrhundert. In: Texte und Kontexte. Studien zur deutschen und vergleichenden Literaturwissenschaft. Festschrift für Norbert Fuerst zum 65. Geburtstag. Hrsg. von Manfred Durzag, Eberhard Reichmann und Ulrich Weisstein. Bern — München 1973, S. 309—326.

Wittkowski, Wolfgang: Georg Büchner. Persönlichkeit, Weltbild, Werk. Heidelberg 1978.

Wittkowski, Wolfgang: Europäische Literaturrevolution ohne Büchner? Büchners Christlichkeit im Licht der Rezeptionsforschung. In: Literaturwissenschaftliches Jahrbuch, Neue Folge, 1978, S. 257—275.

Zobel von Zabeltitz, Max: Georg Büchner. Sein Leben und sein Schaffen. Bonn 1915 (Bonner Forschungen, Neue Folge, Band 8).

Zöllner, Bernd: Büchners Drama „Dantons Tod" und das Menschen- und Geschichtsbild in den Revolutionsgeschichten von Thiers und Mignet. Diss. Kiel 1972.

Zons, Raimar St.: Georg Büchner. Dialektik der Grenze. Bonn 1976.

Zweig, Arnold: Versuch über Büchner. In: Zweig, Essays. Band 1, Berlin 1959, S. 152—205.

(Weitere Literaturangaben finden sich in den Anmerkungen.)

Anmerkungen

Siglen

SWB   Georg Büchner, Sämtliche Werke und Briefe. Historisch-kritische
Ausgabe mit Kommentar, hrsg. von Werner R. Lehmann. Band 1:
Dichtungen und Übersetzungen. Mit Dokumentationen zur Stoff-
geschichte. Hamburg 1967; Band 2: Vermischte Schriften und
Briefe. Hamburg 1971.

WB   Georg Büchners Werke und Briefe. Gesamtausgabe. Neue, durchgesehene Ausgabe. Hrsg. von Fritz Bergemann. Wiesbaden − Leipzig 1958.

t + k   Georg Büchner I/II. Hrsg. von Heinz Ludwig Arnold. Sonderband
aus der Reihe text + kritik. München 1979.

HSA   Heinrich Heine, Säkularausgabe. Werke, Briefwechsel, Lebens-
zeugnisse. Hrsg. von den Nationalen Forschungs- und Gedenkstät-
ten der klassischen deutschen Literatur in Weimar und dem Centre
National de la Recherche Scientifique in Paris. Berlin−Paris 1970 ff.

HWB   Heinrich Heine, Werke und Briefe in 10 Bänden. Hrsg. von Hans
Kaufmann. Berlin 1961−1964.

MEW bzw.   Karl Marx/Friedrich Engels, Werke. Hrsg. vom Institut für Marxis-
MEW/EB   mus-Leninismus beim ZK der SED. Band 1−39, Ergänzungsband.
Erster und Zweiter Teil: Schriften − Manuskripte − Briefe bis 1844.
Berlin 1956−1968.

1 Vgl. Anton Büchner, Die Familie Büchner. Georg Büchners Vorfahren, Eltern und Geschwister. Darmstadt 1963.

2 Wilhelm Büchner an Karl Emil Franzos, 23. Dezember 1878; WB,
S. 566−569.

3 Eugen Boeckel an Georg Büchner, 16. Januar 1836; SWB, Band 2, S. 483.

4 Karl Emil Franzos in der Einleitung zu: Georg Büchner's Sämmtliche Werke und handschriftlicher Nachlaß. Erste kritische Gesammt-Ausgabe. Eingeleitet und hrsg. von Karl Emil Franzos. Frankfurt a.M. 1879,
S. XIf.

5 Aus einer Rede des Darmstädter Gymnasialdirektors Karl Dilthey vom
Herbst 1830 vor Schülern, unter denen sich Büchner befand, zitiert nach:
Gerhard Schaub, Georg Büchner und die Schulrhetorik. Untersuchungen
und Quellen zu seinen Schülerarbeiten. Bern−Frankfurt a. M. 1975, S. 13
(Regensburger Beiträge zur deutschen Sprach- und Literaturwissenschaft.
Band 3). − Schaubs Arbeit gehört zu den grundlegenden Quellenerschlie-
ßungen der neueren Büchner-Forschung. Sie gibt erstmals genauer und ver-
läßlich Aufschluß über die Ausgangssituation der geistigen Entwicklung
Büchners.

6 Büchner an die Familie, Februar 1834; SWB, Band 2, S. 423.

7 SWB, Band 2, S. 422.

8 Vgl.: Gerhard P. Knapp, Georg Büchner. Eine kritische Einführung in die
Forschung. Frankfurt a.M. 1975; Henri Poschmann, Sammelreferat in: Re-
feratedienst zur Literaturwissenschaft, 1/1977, S. 67−76; Thomas Michael

Mayer, Zu einigen neueren Tendenzen der Büchner-Forschung; t + k, S. 327–356.

9 Ludwig Wilhelm Luck an Karl Emil Franzos, 11. September 1878; WB, S. 556f.

10 Schülerglossen, Schulheftnotizen; WB, S. 458f.

11 WB, S. 553.

12 Die Nacht. Ein kleines Weihnachtsgeschenk von G. Büchner für seine guten Eltern, 1828; SWB, Band 1, S. 187f.

13 Schulerinnerungen Friedrich Zimmermanns; WB, S. 554.

14 Vgl. Ludwig Wilhelm Luck an Karl Emil Franzos, 11. September 1878; WB, S. 556.

15 WB, S. 553.

16 Karl Dilthey, Rede gegen die auf Universitäten Statt findenden geheimen Verbindungen. Darmstadt 1828. Zitiert nach: Schaub, Georg Büchner und die Schulrhetorik, S. 13. — Nach Schaub sprechen noch andere Indizien dafür, daß es während Büchners Schulzeit in Darmstadt „rebellisch-oppositionelle Schülergruppen am Pädagog gegeben hat" (ebenda).

17 Ebenda.

18 Gustav Paul, Die Stellung der Antike in der Geschichte des Ludwig-Georg-Gymnasiums in Darmstadt. In: Archiv für hessische Geschichte und Altertumskunde, Neue Folge, Band 16, 1930, S. 169 — hier zitiert nach: Schaub, Georg Büchner und die Schulrhetorik, S. 12.

19 Vgl. Willi Schröder, Politische Ansichten und Aktionen der „Unbedingten" in der Burschenschaft. In: Wissenschaftliche Zeitschrift der Friedrich-Schiller-Universität Jena. Gesellschafts- und sprachwissenschaftliche Reihe, 15. Jg., 1/1966.

20 Vgl. Siegfried Büttner, Die Anfänge des Parlamentarismus in Hessen—Darmstadt und das du Thilsche System. Neustadt a.d. Aisch 1969.

21 Vgl. Hugo Bloß, Die Entwicklung des Strafverfahrens in Hessen—Darmstadt im 19. Jahrhundert. Diss. Gießen 1934.

22 SWB, Band 2, S. 50.

23 Denkwürdigkeiten aus dem Dienstleben des Hessen-Darmstädtischen Staatsministers Freiherrn du Thil 1803–1848. Stuttgart—Berlin 1921, S. 36.

24 Zitiert nach: Kurt Immelt, Der „Hessische Landbote" und seine Bedeutung für die revolutionäre Bewegung des Vormärz im Großherzogtum Hessen—Darmstadt. In: Mitteilungen des Oberhessischen Geschichtsvereins, Neue Folge, Band 52, 1967, S. 24.

25 Thomas Michael Mayer, Georg Büchner und der „Hessische Landbote". Volksbewegung und revolutionärer Demokratismus in Hessen 1830-1835. Arbeitsbericht auf der Tagung der Historischen Kommission zu Berlin [West] im Mai 1977 (Typoskript).

26 Louise Büchner, Nachgelassene belletristische und vermischte Schriften in zwei Bänden. Band 1, Frankfurt a. M. 1878, S. 179–262; Neudruck: Luise Büchner, Ein Dichter. Novellenfragment. Mit Georg Büchners Cato-Rede. Anmerkungen und Nachwort von Anton Büchner. Darmstadt 1965.

27 Immelt, Der „Hessische Landbote" ... In: Mitteilungen des Oberhessischen Geschichtsvereins, 1967, S. 29.

28 Thomas Michael Mayer, Georg Büchner und der „Hessische Landbote" (Typoskript).

29 Ebenda.

30 Zitiert nach: Immelt, Der „Hessische Landbote" ... In: Mitteilungen des Oberhessischen Geschichtsvereins, 1967, S. 29f.

31 Vgl.: Karl Obermann, Deutschland von 1815 bis 1849. Berlin 1961; Helmut Bock, Die Illusion der Freiheit. Deutsche Klassenkämpfer zur Zeit der französischen Julirevolution 1830 bis 1831. Berlin 1980.

32 Einen ausführlichen Überblick über diese Zusammenhänge gibt Hans Mayer, Georg Büchner und seine Zeit. Berlin [1947], S. 67—93; eine umfassende und detaillierte Analyse der Bezüge gibt erstmals Thomas Michael Mayer, Büchner und Weidig — Frühkommunismus und revolutionäre Demokratie. Zur Textverteilung des „Hessischen Landboten"; t + k, S. 16—298.

33 Vgl. Joachim Höppner/Waltraud Seidel-Höppner, Von Babeuf bis Blanqui. Französischer Sozialismus und Kommunismus vor Marx. 2 Bände, Leipzig 1975. Band 1: Einführung, Band 2: Texte.

34 Thomas Michael Mayer, Georg Büchner. Eine kurze Chronik zu Leben und Werk; t + k, S. 367 — im folgenden zitiert als: Kurze Chronik.

35 SWB, Band 2, S. 416.

36 Büchner an die Familie, Juni 1833; SWB, Band 2, S. 418.

37 Büchner an August Stöber, 9. Dezember 1833; SWB, Band 2, S. 422.

38 Büchner an Wilhelmine Jaeglé, [nach dem 10. März 1834]; SWB, Band 2, S. 425f.

39 Abgedruckt in: Friedrich Noellner, Actenmäßige Darlegung des wegen Hochverraths eingeleiteten Verfahrens gegen den Pfarrer D. Friedrich Ludwig Weidig, mit besonderer Rücksicht auf die rechtlichen Grundsätze über Staatsverbrechen und deutsches Strafverfahren, sowie auf die öffentlichen Verhandlungen über die politischen Processe im Großherzogthume Hessen überhaupt und die späteren Untersuchungen gegen die Brüder des D. Weidig. Darmstadt 1844, S. 420f.

40 Thomas Michael Mayer, Kurze Chronik; t + k, S. 378f.

41 August Becker im Verhör vom 1. September 1837, abgedruckt in: Noellner, Actenmäßige Darlegung . . ., S. 421.

42 Der Hessische Landbote; SWB, Band 2, S. 36 und 40.

43 SWB, Band 2, S. 434f.

44 SWB, Band 1, S. 33.

45 SWB, Band 1, S. 33.

46 Thomas Michael Mayer, Kurze Chronik; t + k, S. 392 und 394f.

47 SWB, Band 1, S. 33.

48 Karl Gutzkow an Büchner, 7. April 1835; SWB, Band 2, S. 478.

49 SWB, Band 1, S. 33.

50 Karl Gutzkow, Ein Kind der neuen Zeit. In: Frankfurter Telegraph, Neue Folge, Nr. 42, Juni 1837, S. 332.

51 Ebenda.

52 Thomas Michael Mayer, Kurze Chronik; t + k, S. 393.

53 Karl Gutzkow an Büchner, 7. April 1835; SWB, Band 2, S. 478.

54 Karl Gutzkow an Büchner, 3. März 1835; SWB Band 2, S. 475.

55 Gutzkow, Ein Kind der neuen Zeit. In: Frankfurter Telegraph, Neue Folge, Nr. 42, Juni 1837, S. 330.

56 Gutzkow, Ein Kind der neuen Zeit. In: Frankfurter Telegraph, Neue Folge, Nr. 43, Juni 1837, S. 337.

57 Ebenda, S. 338.
58 Vgl. dazu: Frank Hörnigk, Untersuchung über den Zusammenhang von revolutionärer Praxis, revolutionär-demokratischer Ideologiebildung und ästhetischem Programm bei Georg Büchner. Diss. Berlin 1973.
59 Ludwig Börne, Dramaturgische Blätter. Vorrede. In: Börnes Werke in zwei Bänden. Ausgewählt und eingeleitet von Helmut Bock und Walter Dietze. Weimar 1959, Band 1, S. 11.
60 Ebenda.
61 W[ilhelm] Diehl, Minnigerodes Verhaftung und Georg Büchners Flucht. In: Hessische Chronik, 9. Jg., 1920, S. 12.
62 Ebenda.
63 Immelt, Der „Hessische Landbote"... In: Mitteilungen des Oberhessischen Geschichtsvereins, 1967, S. 59f.
64 Vgl. Mitteilungen über die gerichtlich abgewiesenen Klagen des Johann Conrad Kuhl zu Butzbach gegen den Großherzoglich Hessischen dirigierenden Staatsminister Freiherrn du Thil und den Großherzoglich Hessischen Central-Fiscus. Verfaßt von dem Großh. Hessischen Ministerialrathe Dr. Breidenbach. Darmstadt 1844, S. 46 und 59. − Kuhl sollte für seine Angaben insgesamt etwa 4000 Gulden erhalten. Seine wiederholten gerichtlichen Klagen wegen der vorzeitig eingestellten Zahlungen der Regierung wurden 1844 endgültig abgewiesen.
65 Immelt, Der „Hessische Landbote"... In: Mitteilungen des Oberhessischen Geschichtsvereins, 1967, S. 59.
66 Ebenda.
67 Abgedruckt bei: Diehl, Minnigerodes Verhaftung... In: Hessische Chronik, 1920, S. 14f. − In Unkenntnis der von Diehl schon 1920 veröffentlichten Dokumente hat sich in der wissenschaftlichen Büchner-Literatur die Legende fortgeerbt, der Spitzel Kuhl habe wohl Minnigerode, Schütz, Zeuner, Becker und andere Mitstreiter Büchners und Weidigs denunziert, aber sein Wissen, daß Büchner der gesuchte Verfasser des „Hessischen Landboten" war, den Behörden verschwiegen, und die Verfolgung Büchners hätte aus ungeklärten Rücksichten erst mit zehn Monaten Verspätung eingesetzt, „als er schon in Sicherheit war" (Fritz Bergemann, Nachwort zu: WB, S. 610). Auch Hans Magnus Enzensberger, der sich bei seinem Dokumentationsband zum „Hessischen Landboten" „auf die grundlegenden Arbeiten von Bergemann, Viëtor und [Hans] Mayer" verlassen zu können glaubt (Georg Büchner/Ludwig Weidig, Der Hessische Landbote. Texte, Briefe, Prozeßakten. Kommentiert von Hans Magnus Enzensberger. Frankfurt a.M. 1965, S. 170), bekräftigt noch die irrtümliche Auffassung, daß Büchner aus unaufgeklärten Gründen geschont worden sei, und behauptet sogar, daß es „auf keine Weise zu belegen ist", daß Kuhl sein Wissen um die Verfasserschaft Büchners preisgegeben hätte (ebenda, S. 59f.).
68 Vgl. die Aussage Karl Zeuners vor Gericht im Verhör vom 21. November 1835, abgedruckt in: Noellner, Actenmäßige Darlegung..., S. 431f.
69 Vgl. Franzos, Einleitung zu: Georg Büchner's Sämmtliche Werke..., S. CXXXI.
70 Büchner an die Familie, 3. August 1834 (aus Frankfurt a.M.); SWB, Band 2, S. 430.
71 Büchner an die Familie, 5. August 1834 (aus Gießen); SWB, Band 2, S. 431.

72. Büchner an die Familie, Ende August 1834 (aus Gießen). SWB, Band 2, S. 433.

73 Büchner an die Familie, 8. August 1834 (aus Gießen); SWB, Band 2, S. 431.

74 SWB, Band 1, S. 33.

75 Vgl. Reinhold Grimm, Spiel und Wirklichkeit in einigen Revolutionsdramen. In: BASIS. Jahrbuch für deutsche Gegenwartsliteratur, 1. Jg., 1970.

76 Vgl. den Bericht Georgis über die Vernehmung Büchners vom 5. August 1834, abgedruckt bei: Diehl, Minnigerodes Verhaftung ... In: Hessische Chronik, 1920, S. 15f.

77 Ebenda, S. 16.

78 Ebenda.

79 Noellner, Actenmäßige Darlegung ..., S. 109 und 114.

80 Ebenda.

81 Diehl, Minnigerodes Verhaftung . . In: Hessische Chronik, 1920, S. 16.

82 Nachweislich in Friedberg, der Umgebung von Gießen, den Dörfern um Butzbach und Marburg — vgl. Thomas Michael Mayer, Kurze Chronik; t + k, S. 384 ff. Mayer kann die bislang verbreitete Behauptung, die Bauern und Handwerker hätten aus Angst zahlreiche Exemplare der Flugschrift den Behörden abgeliefert, entkräften. Darüber hinaus bringt er Beweise für die bisher allgemein bestrittene unmittelbare Wirkung der Schrift bei.

83 Vgl. Diehl, Minnigerodes Verhaftung ... In: Hessische Chronik, 1920, S. 11.

84 Vgl. Immelt, Der „Hessische Landbote" ... In: Mitteilungen des Oberhessischen Geschichtsvereins, 1967, S. 70.

85 Frankfurter Journal, 13. Juni 1835, Beilage Nr. 166 (wiederholt in den Ausgaben vom 23. und 27. Juni 1835).

86 Gottfried Benn, Rede in Darmstadt. In: Benn, Essays. Wiesbaden 1951, S. 181.

87 Büchner an Wilhelmine Jaeglé, 13. Januar 1837; SWB, Band 2, S. 463.

88 Büchner an August (und Adolph) Stöber, 24. August 1832; SWB, Band 2, S. 414.

89 Büchner an August Stöber, 9. Dezember 1833; SWB, Band 2, S. 421.

90 Zitat aus einem nicht erhaltenen Brief Büchners an Gutzkow, überliefert in: Gutzkow, Ein Kind der neuen Zeit. In: Frankfurter Telegraph, Neue Folge, Nr. 44, Juni 1837, S. 345.

91 Vgl. Noellner, Actenmäßige Darlegung ..., S. 151, 153 u. a.

92 SWB, Band 2, S. 442.

93 SWB, Band 2, S. 462. Die Nachricht von Karl Minnigerodes Tod war falsch. Indessen war bekannt, daß Minnigerode nach zwei Jahren Untersuchungshaft in Lebensgefahr schwebte. Auch amtliche ärztliche Gutachten bestätigten dies (vgl. Noellner, Actenmäßige Darlegung ..., S. 617–629). Zur Wassersucht, die sich von den Beinen aufsteigend in Bauch und Brust ausbreitete, und schweren Hautödemen, die in Brand überzugehen drohten, traten zunehmend „Erscheinungen eines total gestörten Geistes- und Gemüthslebens" des von „wirren angstvollen Ideen" verfolgten Kranken (ebenda, S. 623). Am 9. Mai 1837 wurde Minnigerode deshalb gegen Kaution entlassen. Erst im Zusammenhang mit der Amnestie von 1839 wurde vom Großherzog die Einstellung des Verfahrens gegen ihn endgültig ver-

fügt. Wie später auch August Becker und viele andere Verfolgte emigrierte Minnigerode 1839 nach Amerika.

94 SWB, Band 2, S. 435 f. — Vgl. dazu die Feststellung von Minnigerodes Anwalt Kekulé zur zerrütteten Gesundheit seines Klienten in einem Schreiben vom 10. Januar 1837 an das hessisch-darmstädtische Oberappellationsgericht: „Dieß sind die Folgen eines bloßen *Untersuchungsarrestes*; ob der Verhaftete schuldig oder unschuldig ist, darüber liegt noch keine juristische Ansicht, kein Urtheil vor. Die Lage der Sache muß aber doch eben deßhalb auch in solcher Beschaffenheit erhalten werden, daß der Gefangene, wenn er künftig für *unschuldig* erkannt wird, nicht *bereits die kostbarsten und unersetzlichsten Güter des Lebens oder das Leben selbst eingebüßt hat;* aber es scheint bald, daß wer einmal in eine politische Untersuchung gerathen sei, dadurch auch von der Milde und Humanität unserer Gesetze und Institutionen ausgestoßen und in einen der Gerechtigkeit fremden Kreis eines bis zum Tode reichenden Jammers gezogen sei." (Noellner, Actenmäßige Darlegung . . ., S. 617.)

95 Büchner an die Familie, 26. September 1835; SWB, Band 2, S. 448. Als die „eines lebendig Begrabenen" hatte auch Weidig die Bedingungen seiner Untersuchungshaft bezeichnet (Noellner, Actenmäßige Darlegung . . ., S. 509). Vgl. auch die Aussage eines anderen Untersuchungsgefangenen, des am 16. Oktober 1835 verhafteten Hofgerichtssekretariatsaccessisten Ludwig Bogen aus Michelstadt, der sechs Wochen nach einem im Oktober 1835 mißglückten Fluchtversuch versucht hatte, sich die Pulsadern zu zerschneiden: „Eine *Geisteskrankheit* muß man den Zustand nennen, in welchem ich mich die ganze Zeit hindurch befunden habe. Ich möchte noch in Verzweiflung kommen, wenn ich an die sechs Wochen zurückdenke, in welchen ich *ohne Licht* dagelegen habe." (Ebenda, S. 271.)

96 Büchner an die Familie, Anfang August 1835; SWB, Band 2, S. 446.

97 Cornelie Ueding (Denken, sprechen, handeln. Aufklärung und Aufklärungskritik im Werk Georg Büchners. Bern—Frankfurt a. M. 1976, S. 11) hat mit Recht eine Formulierung in meinem Aufsatz „Das dichterische Werk Georg Büchners" (in: Weimarer Beiträge, 7/1971), die im Sinne einer solchen verengenden Sicht verstanden werden konnte, in Frage gestellt. Nicht allein unter dem wirkungsästhetischen Aspekt des Adressatenbezugs, den sie dabei im Blick hat, verbietet sich das angesichts der im Werk aufgegriffenen Vielfalt der Bezüge.

98 Vgl. Friedrich Sengle, Das deutsche Geschichtsdrama. Geschichte eines literarischen Mythos. Stuttgart 1952.

99 Vgl. Obermann, Deutschland von 1815 bis 1849; Bock, Die Illusion der Freiheit.

100 Madonna. Unterhaltungen mit einer Heiligen. Hrsg. von Theodor Mundt. Leipzig 1835, S. 433.

101 Friedrich Schiller, Was kann eine gute stehende Schaubühne eigentlich wirken? [später u. d. T. Die Schaubühne als eine moralische Anstalt betrachtet.] In: Schillers Werke. Nationalausgabe. Band 20, Weimar 1962, S. 96.

102 SWB, Band 1, S. 37.

103 HSA, Band 7, S. 225. Der Artikel vom 12. Februar 1832 wurde von Heine nicht in die Buchausgabe der „Französischen Zustände" aufgenommen.

104 Büchner an August Stöber, 9. Dezember 1833; SWB, Band 2, S. 422. Vgl. auch Büchners Einschätzung der französischen Julimonarchie im Brief an die Familie vom Dezember 1832 aus Straßburg: „... das Ganze ist doch nur eine Comödie. Der König und die Kammern regieren, und das Volk klatscht und bezahlt." (SWB, Band 2, S. 415.)

105 Büchner an Wilhelmine Jaeglé, [nach dem 10. März 1834]; SWB, Band 2, S. 426.

106 Büchner an die Familie, [nach dem 4. Dezember 1831]; SWB, Band 2, S. 413.

107 Vgl.: Walter Markov/Albert Soboul, 1789. Die Große Revolution der Franzosen. Berlin 1973, S. 363ff.; Von Brutus zu Marat. Kunst im Nationalkonvent 1789–1795. Reden und Dekrete. Hrsg. und übersetzt von Katharina Scheinfuß. Dresden 1973, S. 90ff.

108 SWB, Band 1, S. 37.

109 Philipp Jakob Siebenpfeiffer, Deutschland. 1832, S. 66; zitiert nach: Hans-Joachim Ruckhäberle, Flugschriftenliteratur im historischen Umkreis Georg Büchners. Kronberg Ts. 1975, S. 72.

110 Heinrich Heine, Ludwig Börne. Eine Denkschrift; HWB, Band 6, S. 166.

111 Karl Gutzkow, Offenes Sendschreiben an den hiesigen Göthe-Ausschuß. In: Frankfurter Telegraph, Neue Folge, Nr. 11, April 1837, S. 82.

112 Schiller, Die Schaubühne ... In: Schillers Werke. Nationalausgabe. Band 20, S. 96 (vgl. Anm. 101).

113 Büchner an die Familie, 8. August 1834; SWB, Band 2, S. 431.

114 SWB, Band 2, S. 431f.

115 Aus einem von Thomas Michael Mayer in den Prozeßakten aufgefundenen chiffrierten Brief von Ludwig Rosenstiel an Gustav Klemm, auszugsweise abgedruckt in: Thomas Michael Mayer, Kurze Chronik; t + k, S. 387.

116 Zitiert nach dem auszugsweisen Abdruck aus der von Walter Grab entdeckten und zur Herausgabe vorbereiteten Besprechung der „Nachgelassenen Schriften" Büchners von Wilhelm Schulz (Deutsche Monatsschrift für Politik, Wissenschaft und Leben. Hrsg. von Adolf Kolatschek. 2. Jg., Bremen 1851, Heft 2) in: Georg Büchner. Dantons Tod. Die Trauerarbeit im Schönen. Ein Theaterlesebuch. Hrsg.: Direktorium Schauspiel Frankfurt. Frankfurt a. M. 1980, S. 75.

117 Ebenda.

118 Ebenda.

119 Wilhelm Büchner an Karl Emil Franzos, 9. September 1878; WB, S. 566.

120 Ebenda.

121 Franzos, Einleitung zu: Georg Büchner's Sämmtliche Werke ..., S. CLIII.

122 Vgl. Karl Vogt, Aus meinem Leben. Erinnerungen und Rückblicke. Stuttgart 1896, S. 134–157.

123 Thomas Michael Mayer, Büchner und Weidig; t + k, S. 28f.; ders., Kurze Chronik; t + k, S. 387.

124 Vgl. Franzos nach Angaben Wilhelm Büchners in Einleitung zu: Georg Büchner's Sämmtliche Werke ..., S. CLV.

125 Wilhelm Büchner an Karl Emil Franzos, 23. Dezember 1878; WB, S. 568.

126 Franzos nach Angaben Wilhelm Büchners in der Einleitung zu: Georg Büchner's Sämmtliche Werke ..., S. CXLV.

127 Friedrich Gundolf, Romantiker. Berlin 1930. S. 377.

128 Hans Mayer, Georg Büchner und seine Zeit, S. 180.
129 Auf Karl Viëtor (Die Tragödie des heldischen Pessimismus. In: Deutsche Vierteljahrsschrift für Literaturwissenschaft und Geistesgeschichte, 12. Jg., 1934, S. 173ff., sowie ders., Georg Büchner. Politik, Dichtung, Wissenschaft. Bern 1949) geht die Konstruktion eines angeblichen Gegensatzes zwischen dem Politiker und dem Dichter Büchner zurück. Demnach sollen Büchners Dichtungen Ausdruck einer „heroischen Resignation", eines „ausweglosen Pessimismus" des enttäuschten Revolutionärs sein. Mit „Dantons Tod" habe Büchner eine „untendenziöse, reine Dichtung" geschrieben, die „nicht den Zeitgenossen herausfordert und keine Gegenwart erörtert", sondern eine ewige „religiöse Wahrheit" verkünde, nämlich die des Nihilismus „als Gegenidee zu der des Lebens". Vgl. dazu: Georg Lukács, Der faschistisch verfälschte und der wirkliche Georg Büchner. In: Deutsche Realisten des 19. Jahrhunderts. Berlin 1951, S. 66—88. An die von Viëtor nahegelegte Auffassung der Dichtungen Büchners als Produkt des Nihilismus knüpfen auch die folgenden Darstellungen an, die gleichfalls nicht geringen Einfluß erlangten: Robert Mühlher, Georg Büchner und die Mythologie des Nihilismus. In: Mühlher, Dichtung der Krise. Mythos und Psychologie in der Dichtung des 19. und 20. Jahrhunderts. Wien 1951, S. 97—145; Benno von Wiese, Die Tragödie des Nihilismus. In: Wiese, Die deutsche Tragödie von Lessing bis Hebbel. 7. Aufl., Hamburg 1967.
130 Vgl. Wilhelm Büchner an Karl Emil Franzos, 9. September 1878; WB, S. 566.
131 Werner Kowalski, Die Volksagitation in der Freien Stadt Frankfurt nach dem Wachensturm vom April 1833. In: Die Volksmassen — Gestalter der Geschichte. Festgabe für Leo Stern zum 60. Geburtstag. Hrsg. von Hans-Joachim Bartnuß u. a. Berlin 1962, S. 170.
132 Karl Glossy, Literarische Geheimberichte aus dem Vormärz. 1. Teil (1833 bis 1842). In: Jahrbuch der Grillparzer-Gesellschaft, 22. Jg., Wien 1912, S. 98.
133 Vgl. Ruckhäberle, Flugschriftenliteratur . . ., S. 101, 227—236.
134 Büchner an Wilhelm Büchner, [Straßburg 1835]; SWB, Band 2, S. 440.
135 Büchner an unbekannten Empfänger, [Straßburg 1835]; SWB, Band 2, S. 440.
136 Paralleldruck der Juli- und November-Fassung in: SWB, Band 2, S. 34—61. Beide Schriften galten bis jüngsthin als verschollen. War die Juli-Fassung durch ein erhalten gebliebenes Exemplar (im Goethe- und Schiller-Archiv, Weimar) überliefert, so kannte man die November-Fassung nur aus den von Noellner (1844) zitierten Auszügen. Ein kurz vor dem zweiten Weltkrieg aufgetauchtes Exemplar fiel 1944 in Darmstadt den Kriegszerstörungen zum Opfer. Neuerdings fand Thomas Michael Mayer in den von ihm erstmals gründlich durchforschten umfangreichen Polizei- und Gerichtsakten über die revolutionäre Bewegung in Hessen mehrere Exemplare beider Fassungen. Darauf basiert die Faksimile-Ausgabe: Georg Büchner/ Friedrich Ludwig Weidig, Der Hessische Landbote. 1834. Neudruck beider Ausgaben mit einem Nachwort von Eckhart G. Franz. Marburg 1973. Vgl. auch: Georg Büchner/Friedrich Ludwig Weidig, Der Hessische Landbote. Texte, Materialien, Kommentar. Hrsg. von Gerhard Schaub. München—Wien 1976.

137 Vgl.: Ludwig Müller, Aus Deutschlands trüben Tagen. Marburg 1892, S. 112; Immelt, Der „Hessische Landbote"... In: Mitteilungen des Oberhessischen Geschichtsvereins, 1967, S. 67; Thomas Michael Mayer, Kurze Chronik; t + k, S. 386.

138 Georg Büchner, Nachgelassene Schriften. Hrsg. von Ludwig Büchner. Frankfurt a. M. 1850, S. 19. Vgl. auch: Franzos, Einleitung zu: Georg Büchner's Sämmtliche Werke ..., S. CXCVI—CLXI. Franzos stellt die Tätigkeit Büchners in der Gesellschaft der Menschenrechte in Darmstadt während dieser Periode auf Grund der ihm von Büchners jüngerem Bruder Wilhelm mitgeteilten Erinnerungen und anderer Quellen dar. Seine von der Forschung weitgehend außer Betracht gelassenen ausführlichen Angaben konnten jetzt durch die umfassenden Quellenforschungen von Thomas Michael Mayer als „zwar aus gemischten Quellen und im Detail romanhaft, aber einschließlich der Aktivitäten Büchners für die Befreiung Minnigerodes im allgemeinen zutreffend" verifiziert werden (Thomas Michael Mayer, Büchner und Weidig; t + k, S. 106).

139 Leopold Friedrich Ilse, Geschichte der politischen Untersuchungen welche durch die Bundesversammlung errichtete Kommission zu Mainz und der Bundeszentralbehörde zu Frankfurt in den Jahren 1819 bis 1827 und 1833 bis 1842 geführt sind. Frankfurt a. M. 1860, S. 429.

140 Ebenda.

141 Thomas Michael Mayer, Kurze Chronik; t + k, S. 386f.

142 Büchner, Nachgelassene Schriften, S. 19.

143 Thomas Michael Mayer, Büchner und Weidig; t + k, S. 106—108 (nach neu aufgefundenen Prozeßakten der „Bundes-Centralbehörde" mit Verhöraussagen von Adam Koch, Gustav Klemm, Karl Braubach und Valentin Kalbfleisch).

144 Zitiert nach: Thomas Michael Mayer, Büchner und Weidig; t + k, S. 107.

145 Zitiert nach: Thomas Michael Mayer, Büchner und Weidig; t + k, S. 107.

146 Vgl. Thomas Michael Mayer, Büchner und Weidig, t + k, S. 153, Anm. 662.

147 Thomas Michael Mayer (Kurze Chronik; t + k, S. 387 und 389) nennt unter diesen und anderen von Büchner benutzten Quellen Thiers' „Histoire de la Révolution française", Merciers „Tableau de Paris" und „Le nouveau Paris", die „Galerie historique des Contemporains" und das Sammelwerk „Unsere Zeit".

148 Vgl. Thomas Michael Mayer, Kurze Chronik; t + k, S. 388; ders., Georg Büchner und „Der Hessische Landbote" (Typoskript), S. 13.

149 SWB, Band 2, S. 34 und 38.

150 SWB, Band 2, S. 35 und 37.

151 SWB, Band 2, S. 52.

152 Abgedruckt in: Noellner, Actenmäßige Darlegung ..., S. 425.

153 Büchner an die Familie, Juni 1833; SWB, Band 2, S. 418.

154 Büchner an Karl Gutzkow, [Straßburg 1835]; SWB, Band 2, S. 441.

155 Abgedruckt in: Frühproletarische Literatur. Die Flugschriften der deutschen Handwerkergesellenvereine in Paris 1832—1839. Hrsg.: Hans-Joachim Ruckhäberle. Kronberg Ts. 1977, S. 185.

156 Ebenda, S. 172.

157 Vgl. die revidierte neobabouvistische „Erklärung der Menschen- und Bürgerrechte" von Anfang 1834 nach der französischen Vorlage von Ch.-A.-Teste (Paris 1833); ebenda, S. 125—129.

158 Vgl. ebenda, S. 40—60.

159 Vgl. Höppner/Seidel-Höppner, Von Babeuf bis Blanqui, Band 1: Einführung, S. 318—336; Band 2: Texte, S. 374—407.

160 Thomas Michael Mayer, Büchner und Weidig; t + k, S. 201—217.

161 Erstausgabe des von August Becker 1847 verfaßten und von Georg Kuhlmann eingelieferten Geheimberichtes an Metternich und von Vinets Rapport nebst einer Einleitung hrsg. von Ernst Barnikol. Kiel 1932, S. 6 (Geschichte des religiösen und atheistischen Frühsozialismus).

162 Büchner an Karl Gutzkow, [1836]; SWB, Band 2, S. 455.

163 SWB, Band 2, S. 455.

164 Aussage Eichelbergs im Verhör vom 26. Mai 1835; abgedruckt in: Noellner, Actenmäßige Darlegung . . ., S. 429. — Leopold Eichelberg und Sylvester Jordan vertraten gegen das sozialrevolutionäre Konzept des „Landboten", der „nur für die Proletarier, die Hefe des Volkes berechnet" sei bzw. sich „bloß an die untersten Volks-Classen, an den eigentlichen Pöbel" wende, die Auffassung, daß vielmehr die „wohlhabendere revolutionäre Classe zur Vollendung des Revolutionswerks und zur Aufbauung einer neuen Ordnung unablässig [?] notwendig" sei (Zitat aus den Prozeßakten nach: Thomas Michael Mayer, Georg Büchner und der „Hessische Landbote" [Typoskript]).

165 Zusätzlich zu den (nach dreijähriger Untersuchungshaft) am 12. September 1837 vom kurfürstlichen Obergericht Marburg verhängten neun Jahren Freiheitsstrafe erhielt Eichelberg als Mitangeklagter im Prozeß gegen Sylvester Jordan am 14. Juli 1834 noch weitere eineinhalb Jahre. Erst während der Märzrevolution 1848 gelangte er aus dem Kastell in Kassel wieder in Freiheit. In Marburg, wo er während der Revolution eine Gesellschaft der reinen Republikaner gründete, war er anschließend noch kurze Zeit politisch tätig. Vgl.: Noellner, Actenmäßige Darlegung . . ., S. 428; Franz, Nachwort zu: Büchner/Weidig, Der Hessische Landbote. Neudruck beider Ausgaben . . ., S. 12.

166 Zitiert nach: Thomas Michael Mayer, Büchner und Weidig; t + k, S. 52.

167 Deutscher Text in: Frühproletarische Literatur, S. 125—129.

168 Abgedruckt in: Frühproletarische Literatur, S. 135.

169 Aufruf an alle, welche der deutschen Sprache angehören. In: Der Hülferuf der deutschen Jugend. Hrsg. und redigiert von einigen deutschen Arbeitern. Genf 1841, Lieferung 1, S. 2—6. Abgedruckt in: Werner Kowalski, Vom kleinbürgerlichen Demokratismus zum Kommunismus. Zeitschriften aus der Frühzeit der deutschen Arbeiterbewegung (1834—1847). Berlin 1967, S. 126.

170 Abgedruckt in: Kowalski, Vom kleinbürgerlichen Demokratismus zum Kommunismus, S. 391.

171 Ebenda.

172 SWB, Band 2, S. 440.

173 Büchner an die Familie, Mai 1836; SWB, Band 2, S. 456.

174 SWB, Band 2, S. 456.

175 Büchner an die Familie, Anfang August 1835; SWB, Band 2, S. 446.

176 Vgl. Julius Campe an Heinrich Heine, 6. August 1835; HSA, Band 24, S. 331: „Wäre Louis Phillip getödtet, wir ständen da, wo wir 1830 um diese Zeit uns befanden. Gottes Finger ist hier sichtbar gewesen! — Aber es beweist, auf welchem Vulkan wir stehen! Nur ein Menschenleben durfte fallen, und die Blutfahne wehete überall!"

177 Büchner an die Familie, Anfang August 1835; SWB, Band 2, S. 446.

178 Büchner an Karl Gutzkow, [März 1835]; SWB, Band 2, S. 436f.

179 Büchner an die Familie, 17. August 1835; SWB, Band 2, S. 447.

180 Büchner an die Familie, Juli 1835; SWB, Band 2, S. 442.

181 Büchner an die Familie, Anfang August 1835; SWB, Band 2, S. 446.

182 So reagiert gewiß nicht jemand, der eben ein Stück geschrieben hat mit der Absicht einer „tragischen Widerlegung alles revolutionären Handelns" (Wiese, Die Tragödie des Nihilismus. In: Wiese, Die deutsche Tragödie . . . S. 514). Ohne der Analyse des Werkes vorzugreifen, kann nach allem bisherigen gesagt werden, daß man auf jeden Fall im Autor dieses Stückes weder den Verkünder eines „heldischen Pessimismus" (Viëtor) noch einen „Fatalisten aus Einsicht" (Helmut Koopmann, „Dantons Tod" und die antike Welt. Zur Geschichtsphilosophie Georg Büchners. In: Zeitschrift für deutsche Philologie, 84. Jg., 1965, Sonderheft, S. 22—44) vor sich hat. Solche und andere falsche Stichworte bürgerlicher Literaturwissenschaftler, die Büchner auf einen abgrundtiefen „Geschichtspessimismus" (Ludwig Büttner, Georg Büchner. Revolutionär und Pessimist. Ein Beitrag zur Geistesgeschichte des 19. Jahrhunderts. Nürnberg 1948) und eine Philosophie der „Sinnlosigkeit" (Carlo Mario Abutille, Angst und Zynismus bei Georg Büchner. Bern 1969) festzulegen versuchen und die fast ausschließlich aus wenigen, vom konkreten Zusammenhang abgelösten lapidaren Formulierungen des sogenannten „Fatalismus"-Briefs vom März 1834 abgeleitet sind, verlieren jede Glaubwürdigkeit, wenn man sie mit dem wirklichen Tun und Verhalten Büchners konfrontiert.

183 Büchner an Karl Gutzkow, [Straßburg 1835]; SWB, Band 2, S. 450.

184 Ludwig Wilhelm Luck an Karl Emil Franzos, 11. September 1878; WB, S. 557.

185 Gottfried Stiehler, Der Idealismus von Kant bis Hegel. Darstellung und Kritik. Berlin 1970, S. 263.

186 Den Versuch, Büchner in Beziehung zu Hegel zu setzen, unternimmt Wolfgang Heise mit „Wahrheit der Geschichte. Beispiel Georg Büchner" (in: Jürgen Kuczynski/Wolfgang Heise, Bild und Begriff. Studien über die Beziehungen zwischen Kunst und Wissenschaft. Berlin und Weimar 1975, S. 240—255).

187 Friedrich Schiller, Das Lied von der Glocke (1799).

188 Stiehler, Der Idealismus von Kant bis Hegel, S. 186.

189 Friedrich Engels/Karl Marx, Die heilige Familie; MEW, Band 2, S. 138f.

190 Büchner an Karl Gutzkow, [1836]; SWB, Band 2, S. 455.

191 SWB, Band 1, S. 12.

192 Büchner an Karl Gutzkow, [1836]; SWB, Band 2, S. 455.

193 Heinrich Heine, Lutetia. Berichte über Politik, Kunst und Volksleben. Préface — im Originaltext: „Qu'il soit brisé, ce vieux monde, où l'innocence a péri, ou l'égoïsme a prospéré, où l'homme a été exploité par l'homme!" (HWB, Band 6, S. 239f.)

194 Büchner an Karl Gutzkow, [1836]; SWB, Band 2, S. 455.
195 SWB, Band 2, S. 455.
196 SWB, Band 2, S. 455.
197 Gottfried Stiehler, Geschichte und Verantwortung. Berlin 1972, S. 46.
198 Julien Offray de La Mettrie, Der Mensch – eine Maschine. Französisch und Deutsch. Übersetzt von Theodor Lücke. Nachwort und Anmerkungen von Manfred Starke. Leipzig 1965, S. 27.
199 Vgl. Thomas Michael Mayer, Büchner und Weidig; t + k, S. 69f.
200 Engels/Marx, Die heilige Familie; MEW, Band 2, S. 139.
201 Die wichtigsten Quellen, die Büchner verwendete, sind: Louis-Adolphe Thiers, Histoire de la Révolution Française. 10 Bände, Paris 1823/24; Die Geschichte unserer Zeit, bearbeitet von Carl Strahlheim [d. i. Johann Konrad Friedrich]. Übersicht der merkwürdigsten Ereignisse von 1789 bis 1830, nach den vorzüglichsten französischen Werken bearbeitet. 30 Bände (mit Ergänzungsheften), Stuttgart 1826–1830 – dazu eine Reihe anderer historischer und Memoirenwerke. Zum Quellennachweis vgl.: Karl Viëtor, Quellen von Büchners Drama „Dantons Tod". In: Euphorion, 34. Jg., 1933, S. 357–379; Richard Thieberger, Georges Büchner, La mort de Danton. Publiée avec le texte des sources et des corrections manuscrites de l'auteur. Paris 1953; Adolf Beck, Unbekannte französische Quellen für „Dantons Tod" von Georg Büchner. In: Jahrbuch des Freien Deutschen Hochstifts, 23. Jg., 1963; Thomas Michael Mayer, Zur Revision der Quellen für „Dantons Tod" von Georg Büchner (I). In: Studi Germanici, Neue Folge, 7. Jg., 1969, S. 287–336; ders., Zur Revision der Quellen für „Dantons Tod" von Georg Büchner (II). In: Studi Germanici, Neue Folge, 9. Jg., 1971, S. 223–233; Thomas Michael Mayer, Entwurf einer Studienausgabe. In: Georg Büchner. Dantons Tod. Die Trauerarbeit im Schönen. Ein Theaterlesebuch.
202 Karl Gutzkow an Büchner, 10. Juni 1836; SWB, Band 2, S. 491.
203 [Karl Gutzkow], „Dantons Tod" von Georg Büchner. In: Phönix. Frühlingszeitung für Deutschland. Literatur-Blatt, Nr. 27, 11. Juli 1835, S. 646.
204 Hans Hirschstein, Die französische Revolution im deutschen Drama und Epos nach 1815. Stuttgart 1912, S. 57.
205 Ebenda. S. 60.
206 Büchner an die Familie, 28. Juli 1835; SWB, Band 2, S. 443f.
207 Büchner an die Familie, 28. Juli 1835; SWB, Band 2, S. 443.
208 Vgl. Jürgen Sieß, Zitat und Kontext bei Georg Büchner. Eine Studie zu den Dramen „Dantons Tod" und „Leonce und Lena". Göppingen 1975, S. 13.
209 [Gutzkow], „Dantons Tod" von Georg Büchner. In: Phönix. Literatur-Blatt, 11. Juli 1835, S. 646.
210 SWB, Band 1, S. 26.
211 SWB, Band 1, S. 12.
212 Engels/Marx, Die heilige Familie; MEW, Band 2, S. 131.
213 Vgl. Markov/Soboul, 1789, S. 453–462 (mit Literaturauswahl).
214 Ludwig Börne, Studien über Geschichte und Menschen der Französischen Revolution. In: Börne, Sämtliche Schriften. Neu bearbeitet und hrsg. von Inge und Peter Rippmann. Band 2, Dreieich 1977, S. 1095. – Vgl. auch: ebenda, S. 1065: „Robespierre ist der Mann der Zukunft."

215 Karl Marx, Revolution und Konterrevolution in Deutschland; MEW, Band 8, S. 95.

216 [Gutzkow], „Dantons Tod" von Georg Büchner. In: Phönix, Literatur-Blatt, 11. Juli 1835, S. 645.

217 SWB, Band 1, S. 11.

218 SWB, Band 1, S. 11.

219 Vgl. dazu das Kapitel „Schriftstellerberuf und Strategien revolutionärer Literatur 1835", S. 155f. dieses Buches.

220 SWB, Band 1, S. 86.

221 Thomas Michael Mayer, Büchner und Weidig; t + k, S. 76—86.

222 „Diderots Versuch über die Mahlerey mit Noten des Uebersetzers" war Büchner offenbar bekannt durch: Goethes Werke. Ausgabe letzter Hand. Band 36, Stuttgart und Tübingen 1830, S. 210ff.; vgl. dazu: Thomas Michael Mayer, Büchner und Weidig; t + k, S. 76. Vgl. auch: Goethe, Kunsttheoretische Schriften und Übersetzungen I. Berliner Ausgabe. Band 21, Berlin und Weimar 1977, S. 733.

223 Damit geht er entschlossen einen Weg weiter, den Goethe ausdrücklich dem Naturwissenschaftler vorbehalten wissen wollte und den der Künstler vermeiden sollte. Die Kunst habe sich „an die Oberfläche der natürlichen Erscheinungen" zu halten und dieser ihre „höchsten Momente" abzugewinnen, das Gesetz ihrer Schönheit und die Würde ihrer Bedeutung. Dementsprechend ist Goethe zufolge das Vorgehen des Künstlers gänzlich unterschieden von dem des Naturforschers, der „das Ganze trennen, die Oberfläche durchdringen, die Schönheit zerstören, das Notwendige kennenlernen" muß. Beim Blick „in die Tiefen", der Sache des Naturforschers sei, müsse den Künstler und den gewöhnlichen Betrachter „ein Grauen" ankommen, das ihnen nicht zuzumuten ist. (Ebenda, S. 740 und 736.)

224 Ludwig Börne, Briefe aus Paris (Einundachtzigster Brief. 13. November 1832). In: Börne, Sämtliche Schriften, Band 3, S. 599.

225 Darin fällt Börne weit hinter die Position Goethes zurück, wenn er z. B. über bestimmte Naturalismen in einem Drama Hugos urteilt: „Das ist Natur, aber es ist die häßliche Natur und was häßlich, ist unsittlich." (Börne, Briefe aus Paris [Achtundachtzigster Brief. 10. Dezember 1832], ebenda, S. 631.)

226 SWB, Band 1, S. 18.

227 SWB, Band 1, S. 9.

228 SWB, Band 1, S. 13.

229 Marx/Engels, Die deutsche Ideologie; MEW, Band 3, S. 403f.

230 SWB, Band 1, S. 14.

231 SWB, Band 1, S. 15.

232 Nach Lukács (Der faschistisch verfälschte und der wirkliche Georg Büchner. In: Lukács, Deutsche Realisten des 19. Jahrhunderts, S. 74f.) „beschränkt Büchner — mit sehr bewußter Kunst — die Rolle der Volksszenen darauf, daß sie chorartig ideell und stimmungshaft die tragischen Schicksale der führenden, der ‚welthistorischen Individuen' begleiten."

233 SWB, Band 1, S. 14.

234 SWB, Band 1, S. 73.

235 SWB, Band 1, S. 15f.

236 SWB, Band 1, S. 15.

237 SWB, Band 1, S. 15.

238 Vgl. schon St. Justs Kritik an Robespierre in der Szene im Anschluß an den Auftritt Danton — Robespierre am Ende des 1. Akts: „Wir werden den Vortheil des Angriffs verlieren. Willst du noch länger zaudern? Wir werden ohne dich handeln. Wir sind entschlossen." (SWB, Band 1, S. 29.)

239 SWB, Band 1, S. 71.

240 SWB, Band 1, S. 12.

241 SWB, Band 1, S. 12.

242 Hierzu vgl. auch die Ausführungen im Kapitel „Schriftstellerberuf und Strategien revolutionärer Literatur 1835", S. 144—151 dieses Buches.

243 Engels/Marx, Die heilige Familie; MEW, Band 2, S. 129.

244 Friedrich Maximilian Klinger, Das zu frühe Erwachen des Genius der Menschheit. In: F. M. Klingers sämmtliche Werke. Band 1—12. Stuttgart—Tübingen 1842. Band 10, S. 262.

245 SWB, Band 1, S. 41.

246 Büchner an Wilhelmine Jaeglé, [nach dem 10. März 1834]; SWB, Band 2, S. 426.

247 Georg Wilhelm Friedrich Hegel, Ästhetik. Berlin 1955, S. 1037.

248 Karl Marx, Ökonomisch-philosophische Manuskripte aus dem Jahre 1844; MEW/EB, Erster Teil, S. 579.

249 Friedrich Engels, Ludwig Feuerbach und der Ausgang der klassischen deutschen Philosophie; MEW, Band 21, S. 290.

250 Gutzkow, Ein Kind der neuen Zeit. In: Frankfurter Telegraph, Neue Folge, Nr. 43, Juni 1837, S. 338.

251 Vgl. Johann Wolfgang Goethe, Literarischer Sansculottismus. In: Goethe, Kunsttheoretische Schriften und Übersetzungen. Berliner Ausgabe. Band 17, Berlin 1970, S. 320—326.

252 Friedrich Schiller an Christian Gottfried Körner, 28. November 1796. In: Schillers Werke. Nationalausgabe. Band 29, Weimar 1977, S. 18.

253 Ebenda.

254 Ebenda.

255 Friedrich Schiller an Johann Gottfried Herder, 4. November 1795. In: Schillers Werke. Nationalausgabe. Band 28, Weimar 1969, S. 98.

256 Ebenda, S. 97.

257 Gutzkow, Ein Kind der neuen Zeit. In: Frankfurter Telegraph, Neue Folge, Nr. 42, Juni 1837, S. 330.

258 [Anonyme Rezension zu: Gutzkow, Götter, Helden, Don Quichote.] In: Das Rheinland. Zeitschrift für rheinisches Leben, Kunst, Literatur und Theater, Mainz und Coblenz, 2. Jg., Nr. 75, 24. Juni 1838, S. 4.

259 Gutzkow, Ein Kind der neuen Zeit. In: Frankfurter Telegraph, Neue Folge, Nr. 42, Juni 1837, S. 330.

260 Ebenda.

261 [Gutzkow], „Dantons Tod" von Georg Büchner. In: Phönix. Literatur-Blatt, 11. Juli 1835, S. 645.

262 Karl Gutzkow, Intermezzo. In: Phönix. Literatur-Blatt, Nr. 21, 29. Mai 1835, S. 502.

263 Heine, Die romantische Schule. Drittes Buch; HWB, Band 5, S. 126.

264 Ebenda, S. 127.

265 Karl Gutzkow in: Phönix. Literatur-Blatt, Nr. 1, 7. Januar 1835, S. 21.

266 Ebenda.

267 Ebenda, S. 24.

268 Ebenda, S. 22.

269 Ebenda.

270 Ebenda, S. 24.

271 Ebenda.

272 Felix Frei, Rezension zu: Büchner, Dantons Tod. In: Literarisches Notizenblatt der Dresdner Abendzeitung, 28. Oktober 1835, S. 313.

273 Ebenda, S. 314.

274 Vgl. ebenda. Thomas Michael Mayer (Büchner und Weidig; t + k, S. 127) vermutet, daß Felix Frei ein Pseudonym für Heinrich Leo ist.

275 Karl Gutzkow an Büchner, 7. April 1835; SWB, Band 2, S. 478.

276 Gutzkow, Ein Kind der neuen Zeit. In: Frankfurter Telegraph, Neue Folge, Nr. 42, Juni 1837, S. 332.

277 Ebenda.

278 Vgl. Politische Avantgarde 1830—1840. Eine Dokumentation zum „Jungen Deutschland". Hrsg. von Alfred Estermann. 2 Bände, Frankfurt a. M. 1972, Band 2, S. IX.

279 Gutzkow, Ein Kind der neuen Zeit. In: Frankfurter Telegraph, Neue Folge, Nr. 43, Juni 1837, S. 337f.

280 Karl Gutzkow an Büchner, 3. März 1835; SWB, Band 2, S. 475.

281 SWB, Band 2, S. 475.

282 SWB, Band 2, S. 476.

283 SWB, Band 2, S. 476.

284 Karl Gutzkow an Büchner, 3. März 1835; SWB, Band 2, S. 475.

285 SWB, Band 2, S. 436.

286 Abgedruckt in: Noellner, Actenmäßige Darlegung . . ., S. 223f.

287 Ebenda, S. 224.

288 So die Aussage von Adam Koch nach einem Bericht der Bundes-Zentralbehörde vom 31. Januar 1842, abgedruckt bei: Ilse, Geschichte der politischen Untersuchungen . . ., S. 429.

289 August Becker, „Weitling und die ‚freie Arbeit'" in der Zeitschrift der deutschen kommunistischen Vereine in der Schweiz „Die fröhliche Botschaft von der religiösen und sozialen Bewegung" (Nr. 6, September 1845), abgedruckt in: Kowalski, Vom kleinbürgerlichen Demokratismus zum Kommunismus, S. 390. Vgl. auch: Ruckhäberle, Flugschriftenliteratur im historischen Umkreis Georg Büchners, S. 231, der als erster Literaturwissenschaftler auf diesen Beleg aufmerksam gemacht hat.

290 Karl Gutzkow, Börne gegen Heine. In: Phönix. Literatur-Blatt, Nr. 25, 27. Juni 1835, S. 598.

291 Ebenda.

292 Karl Gutzkow an Büchner, 17. März 1835; SWB, Band 2, S. 476f.

293 Vgl. [Karl Gutzkow], Briefe eines Narren an eine Närrin. Hamburg 1832, S. 190: „Der Ideenschmuggel wird die Poesie des Lebens werden."

294 Karl Gutzkow an Büchner, 7. April 1835; SWB, Band 2, S. 477; ebenso am 23. Juli und 28. August; SWB, Band 2, S. 480 und 481.

295 Vgl. Johannes Proelß, Das junge Deutschland. Ein Buch deutscher Geistesgeschichte. Stuttgart 1892, S. 266.

296 Karl Gutzkow an Büchner, 17. März 1835; SWB, Band 2, S. 477.

297 Karl Gutzkow an Büchner, 7. April 1835; SWB, Band 2, S. 478.

298 Büchner an die Familie, 20. April 1835; SWB, Band 2, S. 437.

299 Karl Gutzkow an Büchner, 17. März 1835; SWB, Band 2, S. 477.

300 Gutzkow, Ein Kind der neuen Zeit (Fortsetzung). In: Frankfurter Telegraph, Neue Folge, Nr. 43, Juni 1837, S. 338.

301 Ebenda.

302 Ebenda.

303 Karl Gutzkow an Büchner, 28. August 1835; SWB, Band 2, S. 480.

304 SWB, Band 2, S. 481.

305 SWB, Band 2, S. 481.

306 Karl Gutzkow an Büchner, 12. Mai 1835; SWB, Band 2, S. 478.

307 SWB, Band 2, S. 479.

308 Büchner an die Familie, Juli 1835; SWB, Band 2, S. 442.

309 Karl Gutzkow an Büchner, 28. August 1835; SWB, Band 2, S. 480.

310 SWB, Band 2, S. 441.

311 SWB, Band 2, S. 441.

312 Büchner an die Familie, Juni 1833; SWB, Band 2, S. 418.

313 Büchner an Karl Gutzkow, Januar 1836; SWB, Band 2, S. 452f. — Die Weinschenke Zum Rebstock, in der Büchner sich mit seinen Freunden zu treffen pflegte, war ein Versammlungslokal, in dem die Straßburger Sektion der Société des Droits de l'Homme et du Citoyen ihre Sitzungen abhielt.

314 Karl Gutzkow an Büchner, 6. Februar 1836; SWB, Band 2, S. 486.

315 Julius Campe an Heinrich Heine, 23. Oktober 1835; HSA, Band 24, S. 351.

316 Büchner an Karl Gutzkow, [1836]; SWB, Band 2, S. 454f.

317 SWB, Band 2, S. 491.

318 Büchner an Karl Gutzkow, [1836]; SWB, Band 2, S. 455.

319 SWB, Band 2, S. 455.

320 SWB, Band 2, S. 455.

321 SWB, Band 2, S. 491.

322 SWB, Band 2, S. 491.

323 Karl Gutzkow, J. Jacobys Klagen eines Juden. In: Frankfurter Telegraph, Neue Folge, Nr. 1, April 1837, S. 3.

324 Karl Gutzkow, H. Heine über den Denunzianten. In: Beurmanns Telegraph, Neuste Folge, Nr. 20, August 1837, S. 156f.

325 Ebenda.

326 Ebenda.

327 Manfred Windfuhr, Heinrich Heine zwischen den progressiven Gruppen seiner Zeit. Von den Altliberalen zu den Kommunisten. Ein Arbeitspapier. In: Zeitschrift für deutsche Philologie, 91. Jg., 1972, Sonderheft: Heine und seine Zeit, S. 23.

328 Karl Gutzkow an Büchner, 17. März 1835; SWB, Band 2, S. 477.

329 SWB, Band 2, S. 449. — Karl Gutzkow und Ludolf Wienbarg hatten in der Augsburger „Allgemeinen Zeitung" (Außerordentliche Beilage, Nr. 430) am 26. Oktober 1835 eine Erklärung gegen Wolfgang Menzels Verunglimpfung der „Deutschen Revue" noch vor deren Erscheinen veröffentlicht. In dem Text, aus dem Büchner zitiert, heißt es: „Wenn wir die empfangene Zusage der Herren *Börne, Heine, Laube, Mundt, Veit, Varnhagen von Ense, Grabbe, Spazier, König, Kottenkamp, Lewald, Kolloff, Zimmermann,*

Beurmann, G. Büchner und *W. Schulz* erwähnen . . . so wird sich Hr. Menzel eine Vorstellung von dem Erfolg machen können, den wir trotz seiner Angriffe in der öffentlichen Meynung gewinnen werden."

330 Vgl.: Lukács, Der faschistisch verfälschte und der wirkliche Georg Büchner. In: Lukács, Deutsche Realisten des 19. Jahrhunderts, S. 73 und 81; Arnold Zweig, Epilog zu Büchner 1936. In: Zweig, Essays. Band 1, Berlin 1959, S. 204f.

331 Büchner an die Familie, 1. Januar 1836; SWB, Band 2, S. 451f.

332 SWB, Band 2, S. 452.

333 Büchner an Karl Gutzkow, [Straßburg]; SWB, Band 2, S. 441.

334 Heinrich Heine an Heinrich Laube, 23. November 1835; HWB, Band 8, S 477.

335 Büchner an Karl Gutzkow, [1836]; SWB, Band 2, S. 455.

336 SWB, Band 2, S. 455.

337 HSA, Band 24, S. 354.

338 HWB, Band 8, S. 502.

339 HWB, Band 8, S. 502.

340 Heinrich Heine, Verschiedenartige Geschichtsauffassung; HWB, Band 5, S. 379.

341 HWB, Band 5, S. 379.

342 Heinrich Heine, Französische Zustände, Artikel III; HWB, Band 4, S. 405f.

343 Heinrich Heine, Französische Maler; HWB, Band 4, S. 307.

344 HWB, Band 4, S. 307.

345 HWB, Band 4, S. 307f. Zum Aspekt des Märtyrers in Heines Bezugnahme auf Camille Desmoulins vgl. auch das Schlußwort zu den „Reisebildern" vom 21. November 1830: „Jetzt ist das Wort eine Tat, deren Folgen sich nicht abmessen lassen; kann doch keiner genau wissen, ob er nicht gar am Ende als Blutzeuge auftreten muß für das Wort." (HWB, Band 3, S. 489f.)

346 SWB, Band 1, S. 31.

347 HWB, Band 4, S. 254.

348 Heine, Französische Zustände, Artikel III; HWB, Band 4, S. 409.

349 Heine, Französische Zustände, Beilage zu Artikel VI; HWB, Band 4, S. 524.

350 Vgl. Heine, Die romantische Schule; HWB, Band 5, S. 126.

351 Heine, Vorrede zum ersten Band des Salon (17. Oktober 1833); HWB, Band 4, S. 586.

352 HWB, Band 5, S. 50.

353 SWB, Band 1, S. 37.

354 HWB, Band 5, S. 51.

355 SWB, Band 1, S. 37.

356 Hinrich C. Seeba (Die Kinder des Pygmalion. Die Bildlichkeit des Kunstbegriffs bei Heine. Beobachtungen zur Tendenzwende der Ästhetik. In: Deutsche Vierteljahrsschrift für Literaturwissenschaft und Geistesgeschichte, 50. Jg., 1976, S. 158—202) hat auf die bislang unbeachtete Singularität der Heineschen Version der kinderlosen Pygmalionstatue hingewiesen. Seeba ist dabei auch auf die gleichzeitige, damit übereinstimmende Verwendung des Motivs in „Dantons Tod" gestoßen, was er mit um so größerer Überraschung konstatiert, da er die allgemein herrschende Annahme teilt,

daß „die beiden Schriftsteller von einander kaum Notiz genommen haben" (S. 182). Er läßt es daher dahingestellt, ob es sich um eine mehr oder weniger zufällige Parallelität handelt und Büchner unabhängig von Heine zur gleichgerichteten Umprägung des Mythos gelangte.

357 Vgl. ebenda, S. 194.

358 Heine, Die romantische Schule; HWB, Band 5, S. 50.

359 HWB, Band 5, S. 377f.

360 HWB, Band 5, S. 377f.

361 HWB, Band 5, S. 378.

362 HWB, Band 5, S. 379.

363 HWB, Band 5, S. 379.

364 HWB, Band 5, S. 379.

365 HWB, Band 5, S. 379.

366 Heine, Französische Zustände, Artikel IX; HWB, Band 4, S. 496.

367 HWB, Band 4, S. 496.

368 Heine, Verschiedenartige Geschichtsauffassung; HWB, Band 5, S. 379.

369 Büchner an die Familie, 28. Juli 1835; SWB, Band 2, S. 444.

370 HWB, Band 5, S. 378.

371 SWB, Band 1, S. 87.

372 Heine, Die romantische Schule; HWB, Band 5, S. 48.

373 SWB, Band 1, S. 11. — Vgl. dazu den Hinweis auf die Parallelität von Büchners und Heines sensualistischer Bejahung des Lebensgenusses bei: Hans-Georg Werner, Die oppositionelle Dichtung des Vormärz und die bürgerliche Ordnung. In: Wissenschaftliche Zeitschrift der Martin-Luther-Universität Halle-Wittenberg, Gesellschafts- und Sprachwissenschaftliche Reihe, 8/1964, S. 565.

374 HWB, Band 5, S. 234.

375 SWB, Band 1, S. 11.

376 Vgl. Thomas Michael Mayer, Kurze Chronik; t + k, S. 390—392.

377 SWB, Band 1, S. 12.

378 SWB, Band 1, S. 14.

379 SWB, Band 1, S. 70f.

380 SWB, Band 1, S. 32.

381 Vgl. SWB, Band 1, S. 38.

382 Heinrich Heine, „Die deutsche Literatur". Von Wolfgang Menzel; HWB, Band 4, S. 242.

383 HWB, Band 7, S. 367.

384 HWB, Band 4, S. 242.

385 HWB, Band 4, S. 586.

386 Heinrich Heine, Deutschland. Ein Wintermärchen. Caput I; HWB, Band 1, S. 436.

387 Heinrich Heine, Über die französische Bühne, Sechster Brief; HWB, Band 6, S. 43.

388 HWB, Band 7, S. 58.

389 HWB, Band 7, S. 473.

390 HWB, Band 7, S. 473.

391 Karl Gutzkow an Büchner, 28. September 1835; SWB, Band 2, S. 482.

392 Büchner an die Familie, 28. Juli 1835; SWB, Band 2, S. 444.

393 SWB, Band 2, S. 443f.

394 SWB, Band 2, S. 444.
395 Büchner an die Familie, Juni 1833; SWB, Band 2, S. 418.
396 Büchner an die Familie, 1. Januar 1836; SWB, Band 2, S. 452.
397 Heine, Französische Zustände, Artikel IX; HWB, Band 4, S. 494.
398 Vgl. Dietmar Goltschnigg, Rezeptions- und Wirkungsgeschichte Georg Büchners. Kronberg/Ts. 1975, S. 223.
399 Anna Seghers, Ansprache in Weimar [Rede auf dem Internationalen Schriftstellertreffen 1965]. In: Seghers, Über Kunstwerk und Wirklichkeit. Hrsg. von Sigrid Bock. Band 1, Berlin 1970, S. 150.
400 Christa Wolf, Lesen und Schreiben. In: Wolf, Lesen und Schreiben. Aufsätze und Betrachtungen. Berlin und Weimar 1972, S. 204.
401 Goltschnigg, Rezeptions- und Wirkungsgeschichte Georg Büchners, S. 279.
402 Peter Schneider, Lenz. Berlin [West] 1973.
403 Goltschnigg, Rezeptions- und Wirkungsgeschichte Georg Büchners, S. 279.
404 U. a. Wolfram Schütte (Frankfurter Rundschau, 13. Oktober 1973); R. Baumgardt (Süddeutsche Zeitung, 6. Dezember 1973); U. Greiner (Frankfurter Allgemeine Zeitung, 29. Dezember 1973); Peter Laemmle (Akzente, 5/1974); Peter Rühmkorf (das da, 3/1973); Götz Großklaus (BASIS. Jahrbuch für deutsche Gegenwartsliteratur, 1975); Waltraut Schröder (Weimarer Beiträge, 12/1974). Vgl. auch: Wilhelm Heinrich Pott, Über den fortbestehenden Widerspruch von Politik und Leben. Zur Büchner-Rezeption in Peter Schneiders Erzählung „Lenz". In: Zeitgenosse Büchner. Hrsg. von Ludwig Fischer. Stuttgart 1979, S. 96—130; Oskar Sahlberg, Peter Schneiders Lenz-Figur, ebenda, S. 131—152.
405 SWB, Band 1, S. 79.
406 Arnold Zweig, Versuch über Georg Büchner. In: Georg Büchners Sämtliche poetische Werke nebst einer Auswahl seiner Briefe. Hrsg. und eingeleitet von Arnold Zweig. München und Leipzig 1923, S. XLII — wieder abgedruckt in: Zweig, Essays. Band 1, Berlin 1959, S. 188.
407 Büchner an die Familie, 5. April 1833; SWB, Band 2, S. 416.
408 SWB, Band 1, S. 79.
409 SWB, Band 1, S. 79.
410 SWB, Band 1, S. 79.
411 SWB, Band 1, S. 79.
412 SWB, Band 1, S. 79.
413 SWB, Band 2, S. 428.
414 Daniel Ehrenfried Stöber, Vie de Frédéric Oberlin. Strasbourg 1831. Oberlins Aufzeichnungen in: Erwina, 1839, Nr. 1—3, jetzt zugänglich in: Oberlins Aufzeichnungen und Georg Büchners ‚Lenz' in Gegenüberstellung; SWB, Band 1, S. 436—482; Jean-Frédéric Oberlin, Herr L . . . Edition des bisher unveröffentlichten Manuskripts. Ein Beitrag zur Lenz- und Büchner-Forschung. Hrsg. von Hartmut Dedert/Hubert Gersch/Stephan Oswald und Reinhard Spieß. In: Revue des Langues Vivantes, 42. Jg., 1976, S. 357—385.
415 Vgl. Karl Gutzkow an Büchner, 12. Mai 1835; SWB, Band 2, S. 479: „Ihre Novelle Lenz soll jedenfalls, weil Straßburg dazu anregt, den gestrandeten Poeten zum Vorwurf haben?"
416 Büchner an die Familie, Oktober 1835; SWB, Band 2, S. 448.
417 SWB, Band 2, S. 487.

418 Vgl. Walter Hinderer, Büchner — Kommentar zum dichterischen Werk. München 1977, S. 159.

419 Lenz. Eine Reliquie von Georg Büchner. Begleitet von einer Vor- und Nachbemerkung des Herausgebers (Karl Gutzkow). In: Telegraph für Deutschland, 1839, Nr. 5, 7—11, 13 und 14, S. 34—40, 52—56, 59—62, 69—72, 77—78, 84—87, 100—104, 108—110.

420 Telegraph für Deutschland, 1839, Nr. 5, S. 34f.

421 Johann Wolfgang Goethe, Dichtung und Wahrheit. Dritter Teil, 12. Buch. In: Goethe, Poetische Werke. Berliner Ausgabe. Band 13, Berlin 1960, S. 559f.

422 Theodor Mundt, Die Kunst der deutschen Prosa. Berlin 1837, S. 138.

423 Moderne Lebenswirren. Briefe und Zeitabenteuer eines Salzschreibers. Hrsg. von D. Theodor Mundt. Leipzig 1834, S. 196f.

424 Karl Gutzkow an Büchner, 17. März 1835; SWB, Band 2, S. 476.

425 SWB, Band 1, S. 87.

426 Vgl. das herabsetzende Bild, das Goethe in „Dichtung und Wahrheit" (11. und 14. Buch) von Lenz zeichnet, und seine Darstellung von dessen unglücklicher Beziehung zu Friederike Brion in der autobiographischen Notiz „[Besuch in Sesenheim 1779]". Demzufolge hätte Lenz sich nach Goethes Bruch mit Friederike in der Absicht, ihn „in der öffentlichen Meinung und sonst zugrunde zu richten", intrigant „nach seiner gewöhnlichen Weise verliebt in sie gestellt, weil er glaubte, das sei der einzige Weg, hinter die Geheimnisse der Mädchen zu kommen; und da sie nunmehr gewarnt, scheu, seine Besuche ablehnt und sich mehr zurückzieht, so treibt er es bis zu den lächerlichsten Demonstrationen des Selbstmords, da man ihn denn für halbtoll erklären und nach der Stadt schaffen kann." (Goethe, Poetische Werke. Berliner Ausgabe. Band 16, Berlin 1964, S. 393f.). Büchner revidiert das Verdikt Goethes, indem er dessen Charakterdeutung und psychologischer Interpretation (vgl. Dichtung und Wahrheit, 14. Buch) die durch Oberlins Bericht verbürgten Tatsachen gegenüberstellt, die den wirklichen lebensbedrohlichen psychotischen Zustand dokumentieren, in den Lenz nach dem Auseinanderbrechen des Straßburger Sturm-und-Drang-Freundeskreises und dem Sesenheimer Desaster geraten war.

427 Vgl. Ernst Kraepelin, Psychiatrie. 5. Aufl., Leipzig 1896.

428 Gerhard Irle, Der psychiatrische Roman. Stuttgart 1965, S. 82 (Schriftenreihe zur Theorie und Praxis der Psychotherapie, Band 7).

429 SWB, Band 1, S. 97f.

430 SWB, Band 1, S. 84.

431 SWB, Band 1, S. 84.

432 SWB, Band 1, S. 99.

433 Dantons Tod, III, 1; SWB, Band 1, S. 48.

434 SWB, Band 1, S. 87.

435 SWB, Band 1, S. 86.

436 SWB, Band 1, S. 87.

437 Hans Mayer, Georg Büchner und seine Zeit. Berlin 1947, S. 304. — Es darf wohl als ein Symptom der Verunsicherung in der Forschung angesehen werden, daß Hans Mayer seiner Einschätzung von „Leonce und Lena" als „romantisch-ironisches Zwischenspiel", die er unverändert in die neue Ausgabe seines Buches (Frankfurt a. M. 1972) übernahm, noch eine andere, dem

weitgehend entgegengerichtete Deutung der Komödie an die Seite setzte (Prinz Leonce und Doktor Faust. Büchners Lustspiel und die deutsche Klassik. In: Mayer, Zur deutschen Klassik und Romantik. Pfullingen 1963, S. 306–314). Abgesehen vom Festhalten an der alten, jetzt noch mehr an Karl Viëtors Auffassung vom heldischen Pessimismus Büchners angenäherten These von der Fatalismus-Klage des Dichters, die eine „geistige Gemeinschaft zwischen Danton, Leonce und Woyzeck" stifte (S. 313), und dem bleibenden Unbehagen an der Komödie, die sich Mayers normativem Begriff von Büchners Realismus entzieht, treten darin zwei neue Momente hervor, von denen besonders das zweite seither zu unrecht wenig Beachtung fand: Zunächst, trotz der unübersehbaren zahlreichen romantischen Reminiszenzen („Leonce hat allen Monologen Manfreds, Child Herolds, Don Juans zugehört, dazu den Tiraden der Helden Tiecks und Brentanos", S. 307), der Widerruf des Vorwurfs epigonaler Abhängigkeit von der Romantik durch die umgekehrte Würdigung des Werkes als ein originäres „Gebilde, das mit der deutschen Romantik in seiner eigentlichen Substanz gar nichts mehr zu tun hat" (S. 308); sodann die Antithese, daß Büchner mit „Leonce und Lena" nicht aus Opportunismus auf das Preisausschreiben des Cotta-Verlages für das beste deutsche Lustspiel eingegangen war, sondern, daß er mit dem Stück, das er dem Verlag der deutschen Klassik eingereicht hatte, „insgeheim gar nichts anderes anstrebte, als eine Demolierung der klassischen deutschen Literatur" und ihrer „philosophischen Grundlegung, des philosophischen Idealismus" (S. 308). – Die Basis, auf der Hans Mayer seine Vermutung verifiziert, ist gewiß zu schmal, wenn er in Leonce nur das komische Vehikel eines „hämischen Spiels mit Faust-Motiven" (S. 311) sieht und das Stück allzu bündig auf die Formel „Hegelparodie plus Faustparodie" (S. 314) reduziert. Dennoch macht er mit der Aufdeckung dieses Bezugsfeldes auf einen bislang übersehenen Aspekt aufmerksam, der bei einer Gesamtanalyse der Komödie nicht übergangen werden sollte.

438 Hans Mayer, Prinz Leonce und Doktor Faust. In: Mayer, Zur deutschen Klassik und Romantik, S. 305. – Im Gegensatz zu Hans Mayer – und jetzt auch Maurice B. Benn (The Drama of Revolt. A Critical Study of Georg Büchner. Cambridge 1976, S. 157–185) – kommt Gerhard P. Knapp (Georg Büchner. Eine kritische Einführung . . ., S. 106) zu der Auffassung, „daß die Bedeutung des Lustspiels für sich und in bezug auf die anderen Werke, von der Forschung . . . grob unterschätzt wurde"; Knapp stützt sich in seiner Auffassung auf Jürgen Schröder (Georg Büchners „Leonce und Lena". Eine verkehrte Komödie. München 1966) und Herbert Anton (Die „mimische Manier" in Büchners „Leonce und Lena". In: Das deutsche Lustspiel. Erster Teil. Hrsg. von Hans Steffen. Göttingen 1968). Während es Schröder jedoch um eine begründete genauere Bestimmung des bislang unsicheren Platzes von „Leonce und Lena" innerhalb der Dramatik Büchners geht, zielt Anton darauf ab, das Stück, in dem er „ein Lustspiel im Bewußtsein transzendentaler und ästhetischer Freiheit" sieht, als „überlegenes" und quasi widerlegendes Gegenstück gegen „Dantons Tod" und „Woyzeck" auszuspielen (S. 240).

439 Vgl. Wilhelm Hegeler, Intimes Theater. In: Neue deutsche Rundschau, 1895, S. 724.

440 Vgl. Alfred Döblins Äußerung über Reinhardt Brucks Inszenierung von „Leonce und Lena" im Staatlichen Schauspielhaus Berlin (16. Dezember 1921) und Max Reinhardts Inszenierung von „Dantons Tod" im Großen Schauspielhaus Berlin (17. Dezember 1921) in seiner Rezension vom 28. Dezember 1921 u. d. T. Deutsches und jüdisches Theater. In: Döblin, Griffe ins Leben. Theaterberichte 1921–1924. 2., durchgesehene Aufl., Berlin 1978, S. 35f. – vgl. auch: Axel Bornkessel, Georg Büchners „Leonce und Lena" auf der deutschsprachigen Bühne. Diss. Köln 1970.

441 Friedrich Gundolf, Romantiker. Berlin 1930, S. 390. Anders als bei Hans Mayer, für den das Lustspiel unvereinbar mit seinem Begriff des Büchnerschen Realismus war, lag für Gundolf der Grund für die Aburteilung des Stücks darin, daß es sich seinem irrationalistischen Bild von Büchner als einem „Genie", d. h. als einem „Träger von geheimnisvollen Mächten über- oder unterpersönlicher Herkunft" nicht fügte (S. 395). War Mayer die Affinität des Komödienschreibers zur Romantik verdächtig, so vermißte Gundolf an Büchners Komödie das ursprüngliche, vermeintlich echt Romantische der anderen Stücke, die er als „Stimmungsdramatik" auffaßte (S. 386).

442 Vgl.: Heinz Lipmann, Georg Büchner und die Romantik. München 1923; Armin Renker, Georg Büchner und das Lustspiel der Romantik. Eine Studie über „Leonce und Lena". Berlin 1924 (Germanische Studien 34).

443 Vgl. Ingeborg Strudthoff, Die Rezeption Georg Büchners durch das deutsche Theater. Berlin-Dahlem 1957, S. 84.

444 Schröder, Georg Büchners „Leonce und Lena", S. 13.

445 Kurt Tucholsky, Büchner. In: Die Schaubühne, 9/1913, S. 997; abgedruckt in: Materialien zur Rezeptions- und Wirkungsgeschichte Georg Büchners. Hrsg.: Dietmar Goltschnigg. Kronberg/Ts. 1974, S. 211.

446 Gerhart Baumann, Georg Büchner. Die dramatische Ausdruckswelt. Göttingen 1961, S. 101; ebenso schon: Helmut Krapp, Der Dialog bei Georg Büchner. Darmstadt 1958, S. 163: „Das ‚Sprachorgan' dieser Komödie bestätigt sich selber seine Priorität . . . Der Dialog wird selbst die Spielweise des Dramas. Diese Struktur verlagert den Akzent vom regulierten und ereignishaften Entwicklungszusammenhang . . . auf die in sich erfüllte Spracheinheit." – Vgl. auch: Anton, Die „mimische Manier" in Büchners „Leonce und Lena". In: Das deutsche Lustspiel. Erster Teil, S. 229: „Einer solchen Wortkunst geht es nicht mehr um ein pragmatisch begründetes Verhältnis von res und verbum, sondern um die Möglichkeit der Sprache, eine eigene Wirklichkeit zu erzeugen, wenn sie sich von ihrer pragmatischen Funktion lossagt und der Bewegung ihrer emanzipierten Bilder und Bedeutungen überläßt."

447 Ebenda, S. 226; analog dazu: Schröder, Georg Büchners „Leonce und Lena", S. 12.

448 Vgl. dazu: Wilhelm Emrich, Von Georg Büchner zu Samuel Beckett. Zum Problem einer literarischen Formidee. In: Aspekte des Expressionismus. Hrsg. von Wolfgang Paulsen. Heidelberg 1968, S. 11–32; ferner Werner R. Lehmann, „Geht einmal euren Phrasen nach . . .". Revolutionsideologie und Ideologiekritik bei Georg Büchner. Darmstadt 1969, S. 11: „‚Il n'y rien entre Shakespeare et le Don Juan de Molière jusqu'à Brecht que Büchner'. Das sagt ein Repräsentant der europäischen Avantgarde [Arthur Adamov].

Büchner erweist sich unversehens auch als Ahnherr des absurden Theaters … Büchner hat das erste Drama des absurden Theaters von hohem
künstlerischen Range geschrieben: ‚Leonce und Lena‘, die Tragikomödie
des menschlichen Sinnverlustes, die absurde Komödie der Langeweile."

449 Anton, Die „mimische Manier" in Büchners „Leonce und Lena". In: Das
deutsche Lustspiel. Erster Teil, S. 228 — Vgl. auch: Karl S. Guthke, Geschichte und Poetik der deutschen Tragikomödie. Göttingen 1961, S. 186f.

450 Die solchermaßen die Rezeption der Komödie Büchners weithin beeinflus-
sende Forschungsrichtung hält sich mit ihrer strengen Beschränkung auf
den vermeintlich allein spezifisch literarischen, nämlich den sprachkünstleri-
schen Aspekt des Textes nicht wenig auf die Entideologisierung zugute, die
der Garantieausweis ihrer wissenschaftlichen Authentizität sein soll. Wie es
aber tatsächlich selbst im besten Falle um die vorgebliche ideologische Vor-
aussetzungslosigkeit und Tendenzfreiheit ihrer Interpretationsansätze bestellt ist, macht Gustav Beckers (Georg Büchners „Leonce und Lena". Ein
Lustspiel der Langeweile. Heidelberg 1961) deutlich, der das Stück vordergründig auf eine behauptete geistige Verwandtschaft Büchners mit Kierkegaard hin auslegt und ihm direkt dessen Denk- und Kategorienschema
überzustülpen sucht. Jürgen Schröder hebt sich zwar methodisch entschieden von diesem Vorgehen ab, bleibt aber gerade durch seine erklärte Ablehnung inhaltsbezogener Fragestellungen an den Text unter der Hand letztlich ebenfalls dem alten Grundschema derselben existentialistischen Prä-
misse verhaftet, die Büchner dem sogenannten europäischen Nihilismus des
19. Jahrhunderts (sprich Kierkegaard bzw. Nietzsche) subsumiert, nur mit
dem Unterschied, daß diese präjudizierende Ausrichtung bei ihm auf indirekte Weise, transponiert ins Ästhetische, über den angesetzten Kunstbegriff erfolgt. Denn nichts anderes bedeutet es schließlich, wenn der Katego-
rienapparat, den Schröder anwendet, dem poetologischen System Gottfried
Benns entliehen ist und wenn die Anschauungsweise, die der Analyse zugrunde liegt, insgesamt erklärtermaßen von vornherein eingefärbt ist durch
die spätbürgerliche Sicht „des absurden Theaters und seines bodenlosen
Sprachulks, der Stücke eines Ionesco, Adamov, Beckett, Genet, Hildesheimer, Grass, Eich u. a." (vgl. Schröder, Georg Büchners „Leonce und Lena",
S. 14). — Jürgen Sieß (Zitat und Kontext bei Georg Büchner) und Jan
Thorn-Prikker (Revolutionär ohne Revolution. Interpretationen der Werke
Georg Büchners. Stuttgart 1978) belegen den anhaltendenden, allerdings
insgesamt ergebnisarmen Einfluß des „textur"-analytischen Verfahrens von
Schröder.

451 Lukács, Der faschistisch verfälschte und der wirkliche Georg Büchner. In:
Deutsche Realisten des 19. Jahrhunderts. — Vgl. auch: Alexander Dymschitz, Die ästhetischen Anschauungen Georg Büchners. In: Weimarer Beiträge, 1/1962, S. 108—123.

452 Peter Mosler, Georg Büchners „Leonce und Lena". Langeweile als gesellschaftliche Bewußtseinsform. Bonn 1974.

453 Lienhard Wawrzyn, Büchners „Leonce und Lena" als subversive Kunst. In:
Demokratisch-revolutionäre Literatur in Deutschland: Vormärz. Hrsg. von
Gert Mattenklott und Klaus R. Scherpe. Kronberg Ts. 1974, S. 100 (Litera-
tur im historischen Prozeß. Ansätze materialistischer Literaturwissenschaft.
Analysen, Materialien, Studienmodelle. Band 3/2).

454 Ebenda, S. 97.
455 Auch Wolfgang Rabe (Georg Büchners Lustspiel „Leonce und Lena". Diss. Potsdam 1967) übersieht das. Indem er das Stück durch die Brille einer diesem fremden — der klassischen — Dramaturgie liest, sieht er irrtümlicherweise in Valerio den positiven Helden des Stücks, der für die „gesunden Kräfte des Volkes" steht und „am Ende nicht nur über Leonce, sondern über die ganze im Stück vorgeführte abgelebte Gesellschaft" triumphiert (S. 177 und 355).
456 SWB, Band 1, S. 127.
457 SWB, Band 1, S. 127.
458 SWB, Band 1, S. 127.
459 SWB, Band 2, S. 44 und 46.
460 Vgl. Deutsch-Französische Jahrbücher. Hrsg. von Arnold Ruge und Karl Marx. 1. und 2. Lieferung. Paris 1844, Wiederdruck mit Einleitung und Anmerkungen von Joachim Höppner: Leipzig 1973; Heinrich Heines „Lobgesänge auf König Ludwig" leiteten den Hauptteil des ohne Fortsetzung gebliebenen Eröffnungsdoppelhefts der „Deutsch-Französischen Jahrbücher" ein, in dem die genannten Aufsätze von Marx erschienen, die erstmals aus der revolutionär-demokratischen Sammelbewegung heraus auf die neue Perspektive vorauswiesen, die weitere vier Jahre danach das „Manifest der Kommunistischen Partei" eröffnete. — Zum Zusammenhang zwischen Heines „Deutschland. Ein Wintermärchen" und den von Marx zu der Zeit entwickelten Positionen vgl.: Hans Kaufmann, Politisches Gedicht und klassische Dichtung. Berlin 1958.
461 Büchner an August Stöber, 9. Dezember 1833; SWB, Band 2, S. 421.
462 SWB, Band 1, S. 129.
463 Büchner an die Familie, April 1834; SWB, Band 2, S. 429.
464 Büchner an Wilhelmine Jaeglé, [nach dem 10. März 1834]; SWB, Band 2, S. 426; vgl. auch: an August Stöber, 9. Dezember 1833; SWB, Band 2, S. 421: daß „die widrigen Verhältnisse, unter denen ich hier lebe, mich in die unglückselige Stimmung setzen"; sowie an Wilhelmine Jaeglé, [um den 10. März 1834]; SWB, Band 2, S. 424: „Ich erschrak vor mir selbst. Das Gefühl des Gestorbenseins war immer über mir. Alle Menschen machten mir das hippokratische Gesicht, die Augen verglast, die Wangen wie von Wachs, und wenn dann die ganze Maschinerie zu leiern anfing, die Gelenke zuckten, die Stimme herausknarrte und ich das ewige Orgellied herumtrillern hörte und die Wälzchen und Stiftchen im Orgelkasten hüpfen und drehen sah, — ich verfluchte das Concert, den Kasten, die Melodie . . ." Valerios Kommentar zu dem von ihm inszenierten komödienhaften Auftritt des als Automaten maskierten Brautpaars klingt direkt an diese Briefstelle an. Hier in dem Brief an die Braut vom März 1834 wendete Büchner das Bild aus dem Makabren ins Komische, indem er sich über sich selbst lustig machte: „Ich hätte Herrn Callot-Hoffmann sitzen können, nicht wahr, meine Liebe? Für das Modelliren hätte ich Reisegeld bekommen. Ich spüre, ich fange an, interessant zu werden." — In der Komödie läßt Büchner dann umgekehrt durch das lustige Maskenspiel das Makabre durchblicken.
465 So z. B. Erwin Scheuer, Akt und Szene in der offenen Form des Dramas, dargestellt an den Dramen Georg Büchners. Berlin 1929, S. 82: „Hier aber wird

alles Leid überwunden durch die Schöpfung einer besseren und schöneren Welt." Ebenda, S. 83: „... es ist die Welt der zwecklosen Schönheit, der ungehemmten Lebensfreude." — Vgl. dagegen: Henri Plard, Apropos de *Leonce und Lena*. Musset et Büchner. In: Etudes Germaniques, 9. Jg., 1954, S. 26—36; deutsch u. d. T. Gedanken zu „Leonce und Lena". Musset und Büchner. In: Georg Büchner. Hrsg. von Wolfgang Martens. Darmstadt 1965, S. 289—304 (Wege der Forschung. Band 53). Plard, der die Wirkungsspuren der Komödien Mussets (besonders „Fantasio") präzisierte, betont den spezifischen satirischen Charakter von Büchners Komödie und weist auf deren Zusammenhang mit der revolutionären Intention von „Dantons Tod" und „Woyzeck" hin: „Wie in seinen Dramen, so ist auch hier die Literatur (mit den ihr eigenen Mitteln) gewissermaßen eine Fortführung des Krieges zwischen den ‚leeren und den vergoldeten Bäuchen'." (Ebenda, S. 304.)

466 SWB, Band 2, S. 454.
467 Büchner an Karl Gutzkow, [1836]; SWB, Band 2, S. 455.
468 Karl Marx, Zur Kritik der Hegelschen Rechtsphilosophie. Einleitung; MEW, Band 1, S. 382.
469 Der Hessische Landbote; SWB, Band 2, S. 34.
470 Schröder (Georg Büchners „Leonce und Lena", S. 188) rückt Büchner damit zu sehr in die Nähe des romantischen subjektivistischen Dichtungsverständnisses.
471 Scheuer, Akt und Szene ..., S. 85.
472 SWB, Band 2, S. 423.
473 SWB, Band 1, S. 109.
474 SWB, Band 1, S. 106.
475 SWB, Band 1, S. 134.
476 SWB, Band 1, S. 139.
477 SWB, Band 1, S. 139.
478 Dantons Tod (II, 3); SWB, Band 1, S. 37.
479 SWB, Band 1, S. 37.
480 SWB, Band 1, S. 37 und Band 2, S. 444.
481 So Gonthier-Louis Fink, Leonce et Léna. Comédie et réalisme chez Büchner. In: Etudes Germaniques, 16. Jg., 1961, S. 223—234; deutsch u. d. T. Leonce und Lena. Komödie und Realismus bei Georg Büchner. In: Georg Büchner, S. 488—506 (Wege der Forschung, Band 53): „Das Stück ist weit entfernt vom sozialen Realismus, ja, die dargestellte Welt ist ausgesprochen dichterisch, sogar märchenhaft." (Ebenda, S. 488.)
482 SWB, Band 1, S. 118.
483 SWB, Band 1, S. 109.
484 SWB, Band 1, S. 134.
485 SWB, Band 1, S. 131.
486 In der Jahrmarktszene in „Woyzeck", die mit der Vorführung des abgerichteten Pferdes eine ähnliche dramaturgische Funktion als Stück im Stück erfüllt wie die Automaten-Maskerade in „Leonce und Lena" bedient auch Büchner sich — im gleichen Sinne wie Marx — des Tierbildes.
487 Karl Marx an Arnold Ruge, Köln, im Mai 1843; Deutsch-Französische Jahrbücher, S. 108 und 113.
488 SWB, Band 1, S. 108.

489 SWB, Band 1, S. 115.
490 SWB, Band 1, S. 108; vgl. Hauptmann zu Woyzeck: „Er macht mich ganz confus mit seiner Antwort." (SWB, Band 1, S. 172.)
491 SWB, Band 1, S. 108.
492 SWB, Band 1, S. 108.
493 Karl Marx an Arnold Ruge, Köln, im Mai 1843; Deutsch-Französische Jahrbücher, S. 107.
494 „VALERIO. Ich weiß nicht, was Ihr wollt, mir ist ganz behaglich zu Muth." (SWB, Band 1, S. 122.)
495 Vgl. Robert Weimann, Shakespeare und die Tradition des Volkstheaters. Berlin 1967.
496 Gerhard Jancke (Georg Büchner. Genese und Aktualität seines Werkes. Kronberg/Ts. 1975, S. 253) geht daher in seiner Analyse des Stückes „Leonce und Lena" von einer falschen Voraussetzung aus, wenn er meint: „Mit dem ancien régime kämpft Büchner schon nicht mehr . . ."
497 Marx, Zur Kritik der Hegelschen Rechtsphilosophie. Einleitung; MEW, Band 1, S. 382.
498 Karl Marx an Arnold Ruge, Köln, im Mai 1843; Deutsch-Französische Jahrbücher, S. 110f.
499 Schlußprotokoll der Wiener Ministerialkonferenz vom 12. Juni 1834 mit dem Einleitungs- und Schlußvortrage des Fürsten Metternich, nebst einer rühmlichen Nachrede von Ferdinand Cölestin Bernays; ebenda, S. 243.
500 Ebenda, S. 246.
501 So im März 1843 an Ruge; ebenda, S. 102.
502 Marx, Zur Kritik der Hegelschen Rechtsphilosophie. Einleitung; MEW, Band 1, S. 381f.
503 MEW, Band 1, S. 380.
504 MEW, Band 1, S. 381 und 380.
505 MEW, Band 1, S. 381.
506 Vgl. Karl Marx, Aus der Kritik der Hegelschen Rechtsphilosophie; MEW, Band 1, S. 288: die von Hegel mystifizierten „wahren Gegensätze sind Fürst und bürgerliche Gesellschaft".
507 Wie diese Wechselseitigkeit des kritischen Erhellens der ungleichen Herrschaftsverhältnisse im zeitgenössischen Europa für Marx zu einem entscheidenden methodologischen Ausgangspunkt wurde, zeigt sich zuerst an seiner Kontroverse mit Bruno Bauer „Zur Judenfrage" und sehr deutlich dann auch in seinen „Kritischen Randglossen zu dem Artikel ‚Der König von Preußen und die Sozialreform. Von einem Preußen' " (d. i. Arnold Ruge) im „Vorwärts" am 7. August 1844, dem ersten Beitrag von Marx für den „Vorwärts". Das eine Mal wird die Stellung des Staats zum Problem der Judenemanzipation, das andere Mal zur Verelendung des Proletariats (unter dem Eindruck des schlesischen Weberaufstandes) zum Anlaß einer produktiven Polemik gegen die Enge einer (obschon radikalen) kritischen Sicht des deutschen Status quo, die selbst in nationaler Borniertheit steckenbleibt. Daß Bauer und Ruge das akute Versagen des Staates und dessen (bzw. des preußischen Königs) verkehrte Auffassung der sozialen Grundprobleme, einseitig der „Eigentümlichkeit eines unpolitischen Landes" wie Deutschland, also dem alten feudalen Regime, zuschreiben, veranlaßt Marx zu dem Nachweis, daß vor dieser Problematik die modernen Staatssysteme in England

und Frankreich einschließlich der Jakobinerrepublik von 1793, ebenso versagen müssen (MEW, Band 1, S. 395—404). Wenn es demnach illusorisch war, überhaupt lediglich auf der politischen Ebene eine Lösung der heranreifenden gesellschaftlichen Widersprüche für möglich zu halten, so konnte nicht mehr längerhin nur eine „bestimmte *Staatsform*", so mußte das „*Wesen des Staats*" (MEW, Band 1, S. 401) überhaupt, d. h. der Klassenstaat, Gegenstand der Kritik sein. — Von hier aus leuchtet es ein, daß auch in der Spiegelung bestimmter Erfahrungen Büchners mit dem hessischen Feudalstaat in der Jakobinerherrschaft eine gewisse Berechtigung liegt. In „Dantons Tod" geschieht das direkt; in bezug auf die Art der Verallgemeinerung bestimmter Strukturen geht es als Voraussetzung indirekt in „Leonce und Lena" ein.

508 Denn: „Je mächtiger der Staat, je *politischer* daher ein Land ist, um so weniger ist es geneigt, im *Prinzip des Staats*, also in der *jetzigen Einrichtung der Gesellschaft*, deren tätiger, selbstbewußter und offizieller Ausdruck der Staat ist, den Grund der *sozialen* Gebrechen zu suchen und ihr *allgemeines* Prinzip zu begreifen." (MEW, Band 1, S. 402.)

509 MEW, Band 1, S. 400.

510 MEW, Band 1, S. 402.

511 Vgl. dazu Schillers Apotheose des „ästhetischen Staats" in seinen Briefen „Über die ästhetische Erziehung des Menschen" (27. Brief):
„Mitten in dem furchtbaren Reich der Kräfte und mitten in dem heiligen Reich der Gesetze baut der ästhetische Bildungstrieb unvermerkt an einem dritten fröhlichen Reiche des Spiels und des Scheins, worin er dem Menschen die Fesseln aller Verhältnisse abnimmt und ihn von allem, was Zwang heißt, sowohl im physischen als im moralischen entbindet.
Wenn in dem *dynamischen* Staat der Rechte der Mensch dem Menschen als Kraft begegnet und sein Wirken beschränkt — wenn er sich ihm in dem *ethischen* Staat der Pflichten mit der Majestät des Gesetzes entgegenstellt, und sein Wollen fesselt, so darf er ihm im Kreise des schönen Umgangs, in dem *ästhetischen* Staat, nur als Gestalt erscheinen, nur als Objekt des freyen Spiels gegenüber stehen. *Freyheit zu geben durch Freyheit* ist das Grundgesetz dieses Reichs." (Schillers Werke. Nationalausgabe. Band 20, S. 410.)

512 „Hier also in dem Reiche des ästhetischen Scheins, wird das Ideal der Gleichheit erfüllt, welches der Schwärmer so gern auch dem Wesen nach realisiert sehen möchte ..." (Ebenda, S. 412.)

513 Ebenda.

514 Von hier aus bedurfte es nur eines Schrittes bis zu der faktischen Selbstpreisgabe des humanen Emanzipationsanspruchs, die in der Ansicht lag, man müßte in der realen Unfreiheit der bestehenden Verhältnisse dankbar „die gütige Schickung erkennen, die den Menschen oft nur deswegen in der Wirklichkeit einzuschränken scheint, um ihn in eine idealische Welt zu treiben" (ebenda).

515 Ebenda, S. 410.

516 SWB, Band 1, S. 134.

517 Vgl. Ursula Wertheim, Von Tasso zu Hafis. Berlin 1965.

518 SWB, Band 1, S. 133.

519 SWB, Band 1, S. 133.

520 SWB, Band 1, S. 133.

521 Karl August Varnhagen von Ense, Tagebuch, 24. September 1848; Varnhagen von Ense, Betrachtungen und Bekenntnisse. Aus den Tagebüchern von 1835 bis 1858. Berlin 1980, S. 161.

522 Wilhelm John, Die Kunst, in der Theaterwelt zu leben. In: Berliner Theater-Almanach auf das Jahr 1828. Hrsg. von Moritz Gottlieb Saphir. Berlin o. J., S. 196 — zitiert nach: Horst Denkler, Restauration und Revolution. Politische Tendenzen im deutschen Drama zwischen Wiener Kongreß und Märzrevolution. München 1973, S. 23. Vgl. auch ebenda, S. 50f.

523 SWB, Band 1, S. 106.

524 SWB, Band 1, S. 106.

525 SWB, Band 1, S. 107 — vgl. auch S. 119: „LEONCE. Aber Valerio, die Ideale! Ich habe das Ideal eines Frauenzimmers in mir und muß es suchen."

526 SWB, Band 1, S. 117.

527 SWB, Band 1, S. 123.

528 SWB, Band 1, S. 112.

529 SWB, Band 1, S. 121.

530 SWB, Band 1, S. 112. Auf diese Weise parodiert Leonce das theatergläubige Publikum.

531 Friedrich Schiller, Über den Gebrauch des Chors in der Tragödie. In: Schillers Werke. Nationalausgabe. Band 10, Weimar 1980, Tragödie. S. 14.

532 Büchner setzt Leonce hier in das fluchbeladene Spätlingsschicksal ein, das aus demselben gesellschaftlichen Endzeitbewußtsein heraus der Verfasser der „Nachtwachen des Bonaventura" (eines der wichtigsten romantischen Bezugstexte der Komödie Büchners) bereits Hamlet mit den Worten antizipieren ließ: „. . . laß uns lieben und fortpflanzen und alle die Possen miteinander treiben — bloß aus Rache, damit nach uns noch Rollen auftreten müssen, die alle diese Langweiligkeiten von neuem ausweiten, bis auf einen letzten Schauspieler, der grimmig das Papier zerreißt und aus der Rolle fällt, um nicht mehr vor einem unsichtbar dasitzenden Parterre spielen zu müssen." (Die Nachtwachen des Bonaventura. Leipzig 1965, S. 120f.)

533 SWB, Band 1, S. 116.

534 Vgl. die Schlußzeilen von Schillers Gedicht „Die Worte des Wahns":

Was kein Ohr vernahm, was die Augen nicht sahn,
   Es ist dennoch das Schöne, das Wahre!
   Es ist nicht draußen, da sucht es der Tor,
   Es ist *in* dir, du bringst es ewig hervor.

(Schiller, Sämtliche Werke in zehn Bänden. Berliner Ausgabe. Band 1, Berlin und Weimar 1980, S. 491.)

535 SWB, Band 1, S. 116.

536 SWB, Band 1, S. 116.

537 SWB, Band 1, S. 109f.

538 SWB, Band 1, S. 111.

539 SWB, Band 1, S. 111.

540 SWB, Band 1, S. 112.

541 Vgl. z. B. den Brief an Wilhelmine Jaeglé vom März 1834 aus Gießen: „Wie gefällt die meine Bedlam? Will ich etwas Ernstes thun, so komme ich mir vor, wie Larifari in der Komödie; will er das Schwerdt ziehen: so ist's ein Hasenschwanz." (SWB, Band 2, S. 427.)

542 SWB, Band 1, S. 117.
543 SWB, Band 1, S. 112.
544 SWB, Band 1, S. 126.
545 SWB, Band 1, S. 125.
546 SWB, Band 1, S. 125.
547 SWB, Band 1, S. 117.
548 SWB, Band 1, S. 123f.
549 SWB, Band 1, S. 122.
550 Friedrich Schiller an Christian Gottfried Körner, 23. Februar 1773; Schillers Briefwechsel mit Körner. Von 1784 bis zum Tode Schillers. 4 Bände, Berlin 1847, Band 3, S. 44.
551 Ebenda.
552 SWB, Band 1, S. 124.
553 SWB, Band 1, S. 123.
554 SWB, Band 1, S. 123.
555 SWB, Band 1, S. 126.
556 SWB, Band 1, S. 118. Das Zitat aus dem Gedicht „Die Blinde" von Adelbert von Chamisso ist von Büchner nicht korrekt wiedergegeben.
557 SWB, Band 1, S. 119.
558 SWB, Band 1, S. 119.
559 Büchner an Eugen Boeckel, 1. Juni 1836; SWB, Band 2, S. 458.
560 SWB, Band 2, S. 457.
561 SWB, Band 2, S. 460.
562 SWB, Band 2, S. 460.
563 SWB, Band 2, S. 464.
564 Mit dem anderen Drama ist vermutlich das aus dem Nachlaß nicht aufgetauchte Stück „Pietro Aretino" gemeint. Vgl. Karl Emil Franzos, Über Georg Büchner. In: Deutsche Dichtung, 29. Jg., 1/1901, abgedruckt in: Materialien zur Rezeptions- und Wirkungsgeschichte Georg Büchners, S. 95f.
565 Zitiert nach: WB, S. 585.
566 Franzos, Über Georg Büchner. In: Materialien zur Rezeptions- und Wirkungsgeschichte Georg Büchners, S. 93.
567 Ebenda, S. 94.
568 Ebenda, S. 97.
569 Ebenda, S. 40.
570 Zitiert nach: Franzos, Über Georg Büchner. In: Materialien zur Rezeptions- und Wirkungsgeschichte Georg Büchners, S. 105.
571 Ebenda, S. 104.
572 Vgl. ebenda, S. 102. Noch 1874, so berichtet Franzos, hatte ihm „ein Vertreter der deutschen Literaturgeschichte" auf eine Georg Büchner betreffende Frage geantwortet: „Sie meinen wohl *Ludwig* Büchner? ‚Kraft und Stoff', einen Georg Büchner gibt es nicht!" (Ebenda, S. 101.) — Rilke, den die Entdeckung Büchners tief beeindruckte, sah sich noch 1915 veranlaßt zu erklären: „G. Büchner war der jung verstorbene Bruder des bekannteren Ludwig B." (an Marie von Thurn und Taxis-Hohenlohe, München, 9. Juli 1915; Rainer Maria Rilke/Marie von Thurn und Taxis. Briefwechsel. Band 1, Zürich[—Wiesbaden] o. J., S. 426.)
   Die beginnende Ausbreitung von Büchners spätem Ruhm ist eng verbunden mit der vehementen Rezeption des „Woyzeck" (neben „Dantons Tod")

durch das Theater. Die Uraufführung am 8. November 1913 am Residenz-
theater München durch Eugen Kilian anläßlich des 100. Geburtstages Büchners zog (zunächst noch einmal unterbrochen durch den ersten Weltkrieg)
eine von Jahr zu Jahr vermehrte Zahl weiterer Inszenierungen nach sich.
Die größte, auch das Theater selbst verändernde Wirkung unter ihnen er-
zielten die Inszenierungen Victor Barnowskys vom 1. Dezember 1913 und
13. Dezember 1920 (beide am Lessing-Theater Berlin) und Reinhardts vom
6. April 1921 (am Deutschen Theater Berlin). — Vgl. dazu: Ingeborg Strudthoff, Die Rezeption Georg Büchners durch das deutsche Theater. Berlin-
Dahlem 1957; Materialien zur Rezeptions- und Wirkungsgeschichte Georg
Büchners. — Eine Auswahl von Kritiken (von Herbert Ihering, Siegfried Ja-
cobson, Alfred Kerr u. a.) bietet: Hans Mayer, Georg Büchner: Woyzeck.
Vollständiger Text und Paralipomena. Dokumentation. Frankfurt a. M.—
Berlin 1963 (Dichtung und Wirklichkeit) — im folgenden zitiert als: Georg
Büchner: Woyzeck. Dichtung und Wirklichkeit.

573 Franzos, Über Georg Büchner. In: Materialien zur Rezeptions- und Wir-
    kungsgeschichte Georg Büchners, S. 105.
574 Ebenda.
575 Ebenda, S. 107.
576 Ebenda, S. 109.
577 Vgl. u. a.: Hinderer, Büchner — Kommentar zum dichterischen Werk,
    S. 173; Werner R. Lehmann, Textkritische Noten. Prolegomena zur Ham-
    burger Büchner-Ausgabe. Hamburg 1967, S. 36; Egon Krause in der Einlei-
    tung zu: Georg Büchner, Woyzeck. Texte und Dokumente. Kritisch hrsg.
    von Egon Krause. Frankfurt a. M. 1969, S. 12.
578 Vgl. Dietmar Goltschniggs Einleitung zu: Materialien zur Rezeptions- und
    Wirkungsgeschichte Georg Büchners, S. 15f.
579 Eine gründliche und übersichtliche Darstellung der Textproblematik auf
    Grund des neuesten Erkenntnisstandes bietet der Kommentarteil zu: Georg
    Büchner, Woyzeck. Faksimileausgabe der Handschriften. Bearbeitet von
    Gerhard Schmid. Leipzig 1981.
580 Eugen Kilian, Georg Büchner auf der deutschen Bühne, abgedruckt in: Ma-
    terialien zur Rezeptions- und Wirkungsgeschichte Georg Büchners, S. 218.
581 Ebenda, S. 214.
582 Vgl. Bo Ullmann, Der unpolitische Georg Büchner. Zum Büchner-Bild der
    Forschung, unter besonderer Berücksichtigung der „Woyzeck"-Interpreta-
    tionen. In: Stockholm Studies in Modern Philology, Neue Folge, Band 4,
    1972, S. 86—130.
583 Entstanden 1917—1921, Uraufführung 1925 — Vgl. Alban Berg, Das
    „Opernproblem"; [„Wozzeck"-Vortrag von 1929] u. a. in: Berg, Glaube,
    Hoffnung und Liebe. Schriften zur Musik. Leipzig 1981, S. 255—297. — Li-
    teraturhinweise bei: Knapp, Georg Büchner. Eine kritische Einführung . . .,
    S. 171f. und 175; Bo Ullmann, Produktive Rezeption ohne Mißverständnis.
    Zur Büchner-Deutung Alban Bergs im „Wozzeck". In: Zeitgenosse Büch-
    ner. Hrsg. von Ludwig Fischer. Stuttgart 1979, S. 9—39; sowie die Doku-
    mentation: Berg, Wozzeck. In: L' Avant-Scène. Opéra, Nr. 36, Paris, Sep-
    tember/Oktober 1981.
584 Vgl. Lehmann, Textkritische Noten, S. 37: „Das Fiasko der ‚Woyzeck'-For-
    schung setzt mit den Bergemannschen Leseausgaben ein. . . . der Text wird

in seiner authentischen Szenenfolge verändert, wobei Argumente einer normativen Gattungspoetik, die dem Typus des klassischen Dramas entlehnt sind, ebenso in Anspruch genommen werden wie subjektive Geschmacksurteile. . . . Besonders nachteilig aber wirken sich die Manipulationen aus, die den Wortlaut der verschiedenen Werk- und Entstehungsstufen durcheinanderwürfeln und kontaminieren, ohne daß diese Eingriffe begründet oder auch nur nachgewiesen würden." Nach Lehmann (Textkritische Noten, S. 68) stilisiert Bergemann ins „Monumentale und Expressive". Die folgenreiche wissenschaftliche Kritik an der Textgestaltung Bergemanns begann mit Ursula Paulus, Georg Büchners „Woyzeck". Eine kritische Betrachtung zu der Edition Fritz Bergemanns. In: Jahrbuch der Deutschen Schiller-Gesellschaft, Band 8, 1964, S. 226—246.

585 Vgl. Franz Theodor Csokor, Versuch einer Vollendung von Georg Büchners Woyzeck. In: Die Scene, 17. Jg., 1927, S. 269f., abgedruckt in: Materialien zur Rezeptions- und Wirkungsgeschichte Georg Büchners, S. 250f. Csokor hatte „mit zwei eingefeilten und vier angeschlossenen neuen Szenen, mit Abrundungen, Ergänzungen, Verdichtungen im Text, das Letztere zum Teil unter Verwendung der verschiedenen Lesarten der Urschrift eine Vollendung des Woyzeck versucht", ein Unterfangen, das er als „Synthese aus Dichtung und Wissenschaft" verstand (ebenda, S. 251).

586 Woyzeck. Eine Tragödie von Georg Büchner nach den neu entzifferten Handschriften für Leser und Bühne hergestellt von Ernst Hardt. Leipzig o. J. [1922] (Insel-Bücherei).

587 Vgl.: Wilfried Buch, Woyzeck. Fassungen und Wandlungen. Dortmund 1970; Klaus Kanzog, Wozzeck, Woyzeck und kein Ende. Zur Standortbestimmung der Editionsphilologie. In: Deutsche Vierteljahrsschrift für Literaturwissenschaft und Geistesgeschichte, 47. Jg., 1973, S. 420—442; David G. Richards, Georg Büchners Woyzeck. Interpretation und Textgestaltung. Bonn 1975; sowie Gerhard Schmids Kommentarteil zu: Georg Büchner, Woyzeck. Faksimileausgabe der Handschriften.

588 Georg Büchner, Woyzeck. Nach den Handschriften des Dichters hrsg. von Georg Witkowski. Leipzig 1920.

589 Vgl. Hans Elema, Der verstümmelte Woyzeck. In: Elema, Imaginäres Zentrum. Studien zur deutschen Literatur. Assen 1968, S. 146—174; Lehmann, Textkritische Noten, S. 36; Egon Krause in seiner Einleitung zu: Georg Büchner, Woyzeck. Texte und Dokumente, S. 12f.; und schließlich Knapp, Georg Büchner. Eine kritische Einführung . . ., S. 32: „Die Ursachen dieses Mißstandes reichen zurück zu dem ersten Büchner-Herausgeber nach Ludwig Büchner, Karl Emil Franzos, dessen gelehrter Dilettantismus auch hier der nachfolgenden Forschung eine fragwürdige Ausgangsbasis vermachte."

590 Georg Büchner, Woyzeck. Texte und Dokumente. Kritisch hrsg. von Egon Krause. Frankfurt a. M. 1969.

591 Buch, Woyzeck. Fassungen und Wandlungen, S. 11.

592 Krause, Einleitung zu: Georg Büchner, Woyzeck. Texte und Dokumente, S. 11f.

593 Krause, Anhang (Die Bedeutung der Bibelstellen), ebenda, S. 224 und 226. — Eine Konzeptionsänderung während der Niederschrift, durch die Büchners Intention grundsätzlich in Frage gestellt würde, behauptete vor Krause

in gleichgerichteter Argumentation schon Franz H. Mautner, Wortgewebe, Sinngefüge und „Idee" in Büchners „Woyzeck". In: Deutsche Vierteljahrsschrift für Literaturwissenschaft und Geistesgeschichte, 35. Jg., 1961, S. 521–557, wieder abgedruckt in: Georg Büchner, S. 507–554 (Wege der Forschung, Band 53). Mautner entwarf (an Benno von Wiese orientiert) das Deutungsschema, das von christlich-konservativen Interpreten seither zunehmend strapaziert wird: „Der arme Teufel Woyzeck wächst auf zum Vertreter des Leidens in der Welt, das des Armen und Verachteten im besonderen, und er nimmt es auf sich. Büchner hat es hier dargestellt in der *Not eines Menschen.* Seine ökonomische Notlage und seine soziale, die Not des Herzens und die des Körpers sind alle nur verschiedenartige Erscheinungsformen des Leidens, dem der Mensch nicht entweichen kann. Aber die Einsicht in seine Unausweichlichkeit und die willige Teilhabe an ihm scheinen es zu lindern, machen es zur erbetenen [!] menschlichen Aufgabe: ,So laß mein Herz sein aller Stund' – und Franz Woyzeck steht in einem überindividuell verklärenden Lichte vor uns." (Ebenda, S. 536). – Die Theorie einer säkularisierten Leidensbereitschaft Woyzecks vertritt dagegen Heinrich Anz, „Leiden sei all mein Gewinnst". Zur Aufnahme und Kritik christlicher Leidenstheologie bei Georg Büchner. In: Text & Kontext, Kopenhagen, 4. Jg., 1976, Heft 3, S. 57–72.

594 Krause, Anhang (Die Bedeutung der Bibelstellen) und Einleitung zu: Georg Büchner, Woyzeck. Texte und Dokumente, S. 224–226 und 27. Die These, im Abbruch der letzten Handschrift mit der „Testamentsszene" (Caserne) zeichne sich das Scheitern von Büchners Versuch ab, nach einer konzeptionellen Veränderung der Figur Woyzecks die Handlung noch sinnvoll zu Ende zu führen, übt auf einen Teil der Forschung einen nachhaltigen Einfluß aus. Vgl. Heinz Wetzel, Die Entwicklung Woyzecks in Büchners Entwürfen. In: Euphorion, 74. Band, 1980, 3. Heft, S. 375–396, besonders 390f. mit Anm. 18.

595 Vgl. Anm. 587.

596 Alfred Kerr, Theaterkritik vom 15. Dezember 1927, zitiert nach: Hans Mayer, Georg Büchner: Woyzeck. Dichtung und Wirklichkeit, S. 157.

597 Rainer Maria Rilke an Marie von Thurn und Taxis-Hohenlohe, 9. Juli 1915; Rilke/Thurn und Taxis, Briefwechsel, S. 426f.

598 Arnold Zweig, Versuch über Büchner (1926). In: Zweig, Essays. Band 1, S. 171 und 199f.

599 Vgl. Volker Klotz, Geschlossene und offene Form im Drama. München 1960.

600 SWB, Band 1, S. 181.

601 SWB, Band 1, S. 181.

602 SWB, Band 1, S. 155. Aus dem „Barbier" („Louis") dieser frühen Fassung wird in der letzten überlieferten Fassung „Woyzeck" („Franz").

603 Krause, Anhang (Die Bedeutung der Bibelstellen) zu: Georg Büchner, Woyzeck. Texte und Dokumente, S. 226 und 224.

604 SWB, Band 1, S. 181.

605 SWB, Band 1, S. 181.

606 SWB, Band 1, S. 181.

607 Vgl.: Georg Büchner, Woyzeck. Erläuterungen und Dokumente. Hrsg. von Lothar Bornscheuer. Stuttgart 1972, S. 49–67 (Dokumentation zu den

Mordfällen Schmolling, Woyzeck, Dieß); Krause, Anhang (Gutachten über Mörder als Quellen) zu: Georg Büchner, Woyzeck. Texte und Dokumente, S. 160–203. Dagegen beachten Lehmann (SWB, Band 1, S. 485–549 [Die Gutachten des Hofrats Clarus zum Fall Woyzeck]) und Hans Mayer (Georg Büchner: Woyzeck. Dichtung und Wirklichkeit, S. 75–155 [Dokumentation zum Fall Woyzeck]) allein den Fall Woyzeck.

608 Vgl. Hans Mayer, Georg Büchner: Woyzeck. Dichtung und Wirklichkeit, S. 58.

609 Die Zurechnungsfähigkeit des Mörders Johann Christian Woyzeck, nach den Grundsätzen der Staatsarzneikunde aktenmäßig erwiesen von Dr. Johann Christian August Clarus. In: Zeitschrift für die Staatsarzneikunde. Hrsg. von Adolph Henke. 4. Ergänzungsheft, Erlangen 1825; dass. zuvor schon als Privatdruck zum Tage der Hinrichtung Woyzecks (am 27. August 1824) in Broschürenform (Leipzig 1824). — Außerdem (nach kritischen Stimmen zum Clarus-Gutachten): Früheres Gutachten des Herrn Hofrath Dr. Clarus über den Gemüthszustand des Mörders Joh. Christ. Woyzeck, erstattet am 16. September 1821. Nebst einem Vorworte des Herausgebers. In: Zeitschrift für die Staatsarzneikunde, 5. Ergänzungsheft, Erlangen 1826, S. 129–149. — Über Protest und Zustimmung zu Clarus vgl.: Eduard Hitzig, [Sammelrezension] Über die Zurechnungsfähigkeit des Mörders Johann Christian Woyzeck. Zusammenstellung und Beleuchtung der hierwegen von drei angesehenen Ärzten [Clarus, Carl Moritz Marc und Johann Christian August Heinroth] erschienenen Schriften. In: Zeitschrift für die Civil- und Criminal-Rechtspflege im Königreiche Hannover. Hrsg. von P. Gans. Band 1, Hannover 1827, S. 126ff.

610 Zusammenfassende Dokumentationen zu den Mordfällen des Tabakspinnergesellen Daniel Schmolling (25. September 1817 in der Hasenheide bei Berlin), des Leinewebergesellen Johann Dieß (15. August 1830 bei Darmstadt; in Zuchthaushaft im Mai 1834 gestorben, seine Leiche wurde der Anatomie in Gießen übergeben, wo Büchner zu der Zeit an anatomischen Übungen teilnahm) und Woyzeck in: Georg Büchner, Woyzeck. Texte und Dokumente, S. 160–203; und: Georg Büchner, Woyzeck. Erläuterungen und Dokumente, S. 49–67.

611 Krause, Anhang (Gutachten über Mörder als Quellen) zu: Georg Büchner, Woyzeck. Texte und Dokumente S. 162.

612 Ebenda.

613 Johann Christian August Clarus, Vorwort zur Veröffentlichung seines Gutachtens zum Fall Woyzeck, datiert: „Leipzig den 16. August 1824", zitiert nach: SWB, Band 1, S. 488.

614 Ebenda, S. 490.

615 SWB, Band 1, S. 163.

616 Wolfgang Martens (Zum Menschenbild Georg Büchners. „Woyzeck" und die Marionszene in „Dantons Tod". In: Georg Büchner, S. 373–385 [Wege der Forschung, Band 53]) benutzt diesen Umstand der Gebundenheit der Woyzeck-Gestalt an ein historisches Frühstadium, um ihren Zusammenhang mit dem Proletariat überhaupt zu leugnen und sie zum sozial indifferenten Typ des „Armen" im Sinne „jener Besessenen, Geschlagenen und Aussätzigen, von denen die Bibel spricht" (S. 384) zu erklären. Auf diese Weise versucht er die vielbemühte alte These, nach der „Woyzecks Ver-

zweiflung . . . primär kein soziales Faktum" sei, sondern ein „menschliches Martyrium" schlechthin, neu zu stützen (S. 383f.).

617 Marx, Zur Kritik der Hegelschen Rechtsphilosophie. Einleitung; MEW, Band 1, S. 390.

618 MEW, Band 1, S. 390.

619 SWB, Band 1, S. 170.

620 So Benno von Wiese, Franz H. Mautner, Wolfgang Wittkowski (vgl. Anm. 624) und Erwin Kobel. — Daß Büchner in der letzten Fassung Maries „Sündenbewußtsein auffällig problematisiert" habe, findet jüngstens auch Hans-Georg Werner, Büchners „Woyzeck". Dichtungssprache als Analyseobjekt. In: Weimarer Beiträge, 12/1981, S. 79.

621 SWB, Band 1, S. 169.

622 SWB, Band 1, S. 180.

623 SWB, Band 1, S. 180.

624 Werner (Büchners „Woyzeck". In: Weimarer Beiträge. 12/1981, S. 77) sieht in Woyzeck außer dem „Charaktermuster eines ‚Schmerzensmannes' " (vgl. Mautner und Krause) ergänzend sogar den Mann, „der wild mit dem Messer in seine Frau hineinstößt, um die Sünde aus der Welt zu schaffen". Werners Sicht berührt sich darin auf überraschende Weise mit dem Interpretationsansatz Wolfgang Wittkowskis, der die Beweggründe zu Woyzecks Mordtat ebenfalls aus dessen „Sodom-und-Gomorra-Denken" und verblendeter Überzeugung ableitet, sein „primitiv-egozentrisches Rachedenken habe Gottes Segen" und „stimme mit den Forderungen der universellen Ordnung überein" (Wolfgang Wittkowski, Georg Büchner. Persönlichkeit, Weltbild, Werk. Heidelberg 1978. S. 311, 327 und 325).

625 Clarus, Vorwort zur Veröffentlichung seines Gutachtens zum Fall Woyzeck; SWB, Band 1, S. 490.

626 Vgl. SWB, Band 1, S. 178.

627 SWB, Band 1, S. 178.

628 SWB, Band 1, S. 152.

629 SWB, Band 1, S. 172.

630 SWB, Band 1, S. 172. — Kurt Krolop (Büchner und Pfeffel. In: Acta Universitatis Carolinae. Philologica, 3. Jg., 1960, S. 3—12; „Im Himmel donnern helfen". In: Wissenschaftliche Zeitschrift der Martin-Luther-Universität Halle-Wittenberg. Gesellschafts- und Sprachwissenschaftliche Reihe, 12. Jg., 1963, S. 1049f.) hat darauf hingewiesen, daß Büchner hier ein sozialkritisches Motiv des volksverbundenen Aufklärungsdichters Konrad Pfeffel aus der Zeit der Revolution von 1789 aufgreift („Wir armen Bauern werden wohl / im Himmel fronweis donnern müssen"). Zur Verbreitung des Zitats als „einer damals geläufigen und politisch ausgemünzten Wendung" vgl. auch: Lothar Bornscheuer, Wort- und Sacherklärungen. Quellenhinweise in: Georg Büchner, Woyzeck. Erläuterungen und Dokumente, S. 9f.

631 Büchner an Karl Gutzkow [1836]; SWB, Band 2, S. 455.

632 Büchner an die Familie, Februar 1834; SWB, Band 2, S. 422.

633 SWB, Band 1, S. 174.

634 Ronald Peacock, A note on Büchner's plays, deutsch u. d. T. Eine Bemerkung zu den Dramen Georg Büchners. In: Georg Büchner, S. 366 (Wege der Forschung, Band 53).

635 SWB, Band 1, S. 175 — vgl. auch: SWB, Band 1, S. 168.

636 SWB, Band 1, S. 174.

637 SWB, Band 1, S. 149.

638 SWB, Band 1, S. 175.

639 SWB, Band 1, S. 151.

640 Georg Büchner, Woyzeck. Faksimileausgabe der Handschriften. Transkription, Bl. 1 — vgl. SWB, Band 1, S. 145.

641 SWB, Band 1, S. 145 und 158.

642 SWB, Band 1, S. 145 und 158.

643 SWB, Band 1, S. 159.

644 Dantons Tod (II, 3); SWB, Band 1, S. 37.

645 SWB, Band 2, S. 283.

646 SWB, Band 2, S. 269.

647 SWB, Band 2, S. 270 und 276.

648 So Hans Jürgen Schings (Der mitleidigste Mensch ist der beste Mensch. Poetik des Mitleids von Lessing bis Büchner. München 1980), der kurzschlüssig annimmt, daß „Büchner sich in die gegen-klassische Tradition der Mitleidspoetik einreiht" (S. 79; vgl. auch besonders S. 11f. und 67—84).

649 Schings (Der mitleidigste Mensch . . .) findet in Merciers „Neuem Versuch über die Schauspielkunst" (1773, deutsch 1776 von Heinrich Leopold Wagner auf Veranlassung Goethes) die entscheidende Quelle des Einflusses auf die deutsche kunstprogrammatische Entwicklungslinie über den Sturm und Drang bis Büchner. Er vernachlässigt dabei die zentralere Rolle Diderots, der die vorrevolutionäre bürgerliche Erneuerung der Kunst theoretisch noch am entschiedensten im Zeichen des Materialismus initiierte. — Thomas Michael Mayer (Büchner und Weidig; t + k, S. 75—86) hat dagegen nachgewiesen, daß Büchner den Traditionsbezug seiner ästhetischen Auffassungen vor allem im kritischen Rückgriff auf Diderot und dessen Rezeption durch Goethe entwickelte. — Die Textvergleichung (Goethes kommentierende Übersetzung von Diderots „Versuch über die Malerei" und die bezugnehmenden Stellen aus „Lenz", „Dantons Tod" und Büchners Brief an die Familie vom 28. Juli 1835) ergibt, daß Büchner gegen Goethes Vorbehalt auf dem materialistischen Ansatz Diderots besteht. Zu analysieren bleibt danach noch, auf welche Weise er andererseits den noch in bürgerlicher Sicht befangenen Materialismus der Ästhetik Diderots in die neue Qualität überführt, die in seiner originären literarischen Praxis zum Ausdruck kommt.

650 Denis Diderot, Parodox über den Schauspieler, zitiert nach: Martin Fontius, Zur Ästhetik des bürgerlichen Dramas. In: Französische Aufklärung. Bürgerliche Emanzipation, Literatur und Bewußtseinsbildung. Leipzig 1974, S. 468.

651 Bertolt Brecht, Vergnügungstheater oder Lehrtheater. In: Brecht, Schriften zum Theater. Band 3, Berlin und Weimar 1964, S. 69.

652 Dantons Tod (IV, 5); SWB, Band 1, S. 71.

653 Vgl. das Kunstgespräch, das Camille mit Danton führt (SWB, Band 1, S. 37f.), dessen Kontext meist übersehen wird. In der voranstehenden Promenadenszene (II, 2) findet sich der Hinweis auf die Rolle des Theaters bei der Stimulierung der Fortschrittsbegeisterung des Bürgertums in der Phase seines Aufstiegs:

„ERSTER HERR. Ich versichere Sie, eine außerordentliche Entdeckung! Alle technischen Künste bekommen dadurch eine andere Physiognomie. Die Menschheit eilt mit Riesenschritten ihrer hohen Bestimmung entgegen. ZWEITER HERR. Haben sie das neue Stück gesehen?" (SWB, Band 1, S. 36). An gleicher Stelle wird auch auf die Eignung des Theaters als Refugium für ein unbeirrt harmonisches Bewußtsein, in dem man sich über die realen Gefährdungen und Verunsicherungen der Außenwelt erhebt, hingewiesen: „Man muß mit Vorsicht auftreten, man könnte durchbrechen. Aber gehn Sie in's Theater, ich rath' es Ihnen." (SWB, Band 1, S. 37.)

654 Dantons Tod (II, 3); SWB, Band 1, S. 37.

655 Woyzeck; SWB, Band 1, S. 171.

656 Vgl. Dantons Tod (III, 1); SWB, Band 1, S. 49: „PAYNE. Erst beweist ihr Gott aus der Moral und dann die Moral aus Gott."

657 Woyzeck; SWB, Band 1, S. 172.

658 SWB, Band 1, S. 171 und 176.

659 SWB, Band 1, S. 172.

660 SWB, Band 1, S. 176.

661 SWB, Band 1, S. 171 und 172f.

662 SWB, Band 1, S. 172.

663 SWB, Band 1, S. 164.

664 Fontius, Zur Ästhetik des bürgerlichen Dramas. In: Französische Aufklärung, S. 476.

665 Büchner an Karl Gutzkow, [Straßburg]; SWB, Band 2, S. 441.

666 Vgl. den Ausrufer in der Szene „Öffentlicher Platz, Buden, Lichter": „Sehn Sie die Fortschritte der Civilisation. Alles schreitet fort, ein Pferd, ein Aff, ein Canaillevogel! Der Aff ist schon ein Soldat, s'ist noch nit viel, unterst Stuf von menschliche Geschlecht!" (SWB, Band 1, S. 159.)

667 Friedrich Schiller, Über den Grund des Vergnügens an tragischen Gegenständen. In: Schillers Werke. Nationalausgabe. Band 20, S. 141 und 140.

668 SWB, Band 1, S. 71.

669 SWB, Band 1, S. 71.

670 Vgl. Büchner an Wilhelmine Jaeglé, [um den 10. März 1834]; SWB, Band 2, S. 424: „... und — ach, wir armen schreienden Musikanten, das Stöhnen auf unsrer Folter, wäre es nur da, damit es durch die Wolkenritzen dringend und weiter, weiter klingend, wie ein melodischer Hauch in himmlischen Ohren stirbt? Wären wir das Opfer im glühenden Bauch des Peryllusstiers, dessen Todesschrei wie das Aufjauchzen des in den Flammen sich aufzehrenden Gottstiers klingt?" — Vgl. auch: SWB, Band 1, S. 72.

671 SWB, Band 1, S. 155. — Der abgebrochene Szeneneinsatz „Gerichtsdiener, Barbier, Arzt, Richter" am Ende der ersten handschriftlichen Fassung (ohne weiteren Dialogtext) hat unzweifelhaft konzeptionsbestimmenden Charakter.

672 Zitiert nach: Hans Mayer, Georg Büchner: Woyzeck. Dichtung und Wirklichkeit. S. 146.

673 Clarus, Vorwort zur Veröffentlichung seines Gutachtens zum Fall Woyzeck; SWB, Band 1, S. 488.

674 SWB, Band 1, S. 490.

675 SWB, Band 1, S. 490.

676 Vgl. Anm. 649.

677 SWB, Band 1, S. 48.
678 SWB, Band 1, S. 49.
679 Hans Robert Jauß, Literaturgeschichte als Provokation. Frankfurt a. M.
1974, S. 107.
680 Ebenda, S. 108.

Personenregister

Abutille, Carlo Mario 315
Adamov, Arthur 326 327
Aischylos 11 287
Anton, Herbert 325 326
Anz, Heinrich 336
Aretino, Pietro 295

Babeuf, François-Emile
 (gen. Gracchus) 84
Barnowsky, Victor 334
Bauer, Bruno 84 330
Bazard, Armand 20
Becker, August 24 f. 36 40 65 69 72
 129 290 291 294 308 310
Becker, Louis 294
Beckers, Gustav 327
Beckett, Samuel 327
Benn, Gottfried 41 327
Benn, Maurice B. 325
Berg, Alban 241 242
Bergemann, Fritz 241 243 248 308
 334 f.
Bernays, Ferdinand Cölestin 207
Beurmann, Eduard 321
Blanqui, Louis-Auguste 20 f. 90
Boeckel, Eugen 7 35 37 39 234 289
Bogen, Ludwig 310
Bonaventura 332
Börne, Ludwig 8 30 32 52 68 89 f. 99
 101 124 125 126 129 134 136 138
 144 f. 148 295 317 320
Brecht, Bertolt 271 327
Brentano, Clemens 198
Brion, Friederike 170 171 175 324
Brutus, Marcus Junius (oder Lucius
 Junius B.) 146
Büchner (Familie) 235 f. 238
Büchner, Alexander 288
Büchner, Caroline Luise (geb. Reuß)
 6–8 287 295
Büchner, Ernst Karl 6–8 56 f. 236 250
 287
Büchner, Jakob Karl 287
Büchner, Louise 16 287
Büchner, Ludwig 62 236 f. 287 333
 335

Büchner, Mathilde 287 295
Büchner, Wilhelm 6 56 76 234 287 293
 313
Buonarroti, Filippo 20 88
Büttner, Ludwig 315
Byron, Lord George Gordon Noel 57

Cabet, Etienne 68
Calderón de la Barca, Pedro 11 287
Campe, Julius 135
Cartesius s. Descartes, René
Cäsar, Gajus Julius 17
Cato, Marcus Porcius C. Uticensis
 17 f.
Chalier, Marie-Joseph 156
Chamisso, Adelbert von 333
Cicero, Marcus Tullius 158
Clannern von Engelshofen 69
Clarus, Johann Christian August 250 f.
 255 281
Csokor, Franz Theodor 335
Cuvier, Georges 289

Danton, Georges-Jacques 96 f. 112
David, Jacques-Louis 51
Descartes, René (Cartesius) 87 234
 267 295
Desmoulins, Camille 144–148 158
 321
Dézamy, Théodore 90
Diderot, Denis 100 269–271 283 f.
 339
Diehl, Wilnelm 39 308
Dieß, Johann 337
Dilthey, Karl 12
Du Bos du Thil, Karl Wilhelm Hein-
 rich Freiherr 13 15
Duller, Eduard 31
Du Thil s. Du Bos du Thil
Duvernoy, Georges-Louis 289

Eich, Günter 327
Eichelberg, Leopold 59 61 64 69 72 73
 292 293 294 314
Emil, Prinz von Hessen-Darmstadt 17
Enfantin, Prosper 20

Engels, Friedrich 83—85 95 260
Enzensberger, Hans Magnus 308
Etienne, Michael 238

Feuerbach, Ludwig 84 210
Fichte, Johann Gottlieb 6 12 82 288
Fink, Gonthier-Louis 329
Flick, Heinrich Christian 294
Follen, Karl 12
Forster, Johann Georg 14
Fourier, Charles 20
Franz, Eckhart G. 312
Franzos, Karl Emil 63 237f. 241—244
   247 293 313 333 335
Friedrich Wilhelm IV., König von
   Preußen 207 213

Gay, Jules 90
Genet, Jean 327
George, Stefan 241
Georgi, Konrad 33 35 37—41 43 51 53
   292 294
Goethe, Johann Wolfgang 11 57 82
   100 116 123 149—152 169—172 175
   198 233 277 281—283 287 317 324
   339
Goltschnigg, Dietmar 165
Grab, Walter 311
Grabbe, Christian Dietrich 48 106 189
   320
Grass, Günter 327
Gundolf, Friedrich 180 326
Gutzkow, Karl 27—31 53 66 69 78 91
   94 97 99 116 119—137 138—142 161
   163 171—174 190 235f. 267 283 293
   294 295 320

Hardt, Ernst 241
Hebbel, Friedrich 114
Hegel, Georg Wilhelm Friedrich
   80—82 114 122 210 213 325 330
Heine, Amalie 41
Heine, Harry s. Heine, Heinrich
Heine, Heinrich 21 30 42 45 49 52f.
   80 85 89 99—101 104 122 124 126
   129f. 134 136 137—163 186 255 287
   295 320 321 322 328
Heise, Wolfgang 315
Herder, Johann Gottfried 11 169 287

Herwegh, Georg 176
Hildesheimer, Wolfgang 327
Hillebrand, Joseph 291
Hoffmann, Ernst Emil 17
Hoffmann, E. T. A. 180 328
Hofmannsthal, Hugo von 180
Homer 11 287
Hugo, Victor 131 132 284 294 317
Hus, Jan 289

Irle, Gerhard 175
Ionesco, Eugène 327

Jaeglé, Johann Jakob 22 171 288
Jaeglé, Wilhelmine (Minna) 22 41 57
   171 288 290 291 293 296
Jancke, Gerhard 330
Jauß, Hans Robert 284
Jean Paul (Johann Paul Friedrich
   Richter) 6 11 287
Jordan, Sylvester 293 314

Kafka, Franz 164
Kant, Immanuel 108 277
Kekule (Anwalt) 310
Kerr, Alfred 245
Kierkegaard, Sören 114 327
Kilian, Eugen 240 324
Klemm, Gustav 40 63 128 291 292 294
   311
Klinger, Friedrich Maximilian 113 169
Klotz, Volker 247
Knapp, Gerhard P. 325 336
Koch, Adam 57 62 319
Kolloff, Eduard 320
König, Heinrich 320
Körner, Theodor 6
Kottenkamp, Franz 320
Kotzebue, August 12
Kowalski, Werner 60
Krapp, Helmut 326
Krause, Egon 243f. 248 335
Krolop, Kurt 338
Kuhl, Konrad 34f. 38 292 308

Lamennais, Felicité de (Abbé L.) 68f.
   86
La Mettrie, Julien Offray de 88
Langermann (poln. General) 49 289

Laube, Heinrich 99 134 f. 142 295 320
Lauth, Ernest-Alexandre 288 f.
Lehmann, Werner R. 265 326 335 337
Lenz, Jakob Michael Reinhold 169—172, 174—178 283 324
Leopold I., Großherzog von Baden 140
Lessing, Gotthold Ephraim 269
Lewald, August 135 142 320
Liebig, Justus 252
Locke, John 87
Louis-Philippe, König der Franzosen 77 212 294 315
Löwenthal, Zacharias (später Loening) 132 133 f.
Luck, Ludwig Wilhelm 10 287 288
Ludwig I., König von Bayern 139
Ludwig II., Großherzog von Hessen-Darmstadt 15 309
Lukács, Georg 106 183

Marat, Jean-Paul 156
Martens, Wolfgang 337
Marx, Karl 42 80 83—85 95 97 104 112 185 186 190 201 206—214 252 260 328 329 330
Matthisson, Friedrich 6
Mautner, Franz H. 336
Mayer, Hans 63 179 183 307 308 324 f. 326 337
Mayer, Thomas Michael 21 62 73 100 307 309 311 312 313 339
Menzel, Wolfgang 125 133 f. 135 159 161 295 320 f.
Mercier, Louis-Sébastien 269 282 f. 339
Metternich, Klemens Wenzel Lothar, Fürst von 30 48 69
Minnigerode, Karl 33—35 36 37 40 42 59 288 291 292 293 308 309 f. 313
Molière (Jean-Baptiste Poquelin) 326
Mosler, Peter 183
Mülher, Robert 312
Mundt, Theodor 46 99 134 f. 138 173 f. 295 320
Musset, Alfred de 180 329
Muston, Alexis 289

Napoleon I., Kaiser der Franzosen 5 f. 8 48
Nero, römischer Kaiser 147
Nietzsche, Friedrich 114 327
Nievergelter, Ludwig 294
Noellner, Friedrich 312

Oberlin, Johann Friedrich 170—172 174 175 324
Oken, Lorenz 296
Ovid 151

Paulus, Ursula 335
Peacock, Ronald 261
Périer, Casimir 49
Pfeffel, Gottlieb Konrad 338
Pillot, Jean-Jacques 90
Plard, Henri 329
Preller, Karl 37 292

Rabe, Wolfgang 328
Ramorino (poln. General) 49 f. 289
Ravaillac, François 289
Reinhardt, Max 180 334
Reuß, Johann Georg 287
Ricker, Peter Joseph 72
Rilke, Rainer Maria 245 333
Robespierre, Maximilien de 51 f. 96 f. 112 124 144 146—148 158 215
Rosenstiel, Ludwig 311
Rousseau, A. 289
Rousseau, Jean-Jacques 151 169 213 269
Ruge, Arnold 207 213 330

Saint-Just, Louis de 143 148
Saint-Simon, Claude-Henri 20 218
Sand, Karl Ludwig 12 289
Sauerländer, Johann David 27 29 31 127 235 237 293 294
Schaub, Gerhard 305
Schelling, Friedrich Wilhelm Joseph 159
Scheuer, Erwin 192 328
Schiller, Friedrich 6 11 48 53 82 115 116 117 f. 123 149 151 215 f. 277 f. 281 287 331
Schings, Hans Jürgen 281 339
Schlegel, August Wilhelm 151

Schlegel, Friedrich 132
Schleiermacher, Friedrich Daniel 122
132
Schlosser, Johann Georg 170
Schmid, Gerhard 265 334
Schmolling, Daniel 337
Schneider (poln. General) 49 289
Schneider, Peter 165
Schönlein 296
Schopenhauer, Arthur 114 271
Schröder, Jürgen 181 192 325 327
329
Schroot 134
Schulz, Caroline 235 294 296
Schulz, Wilhelm 55 138 235 294 295
296 321
Schuster, Theodor 67
Schütz, Jakob Friedrich 35 36 f. 291
292 294 308
Seeba, Hinrich C. 321
Shakespeare, William 10 11 115 180
200 204 f. 287 326
Siebenpfeiffer, Philipp Jakob 14 52 f.
Sieß, Jürgen 93
Sophokles 11 287
Spazier, Richard Otto 320
Spinoza, Baruch 234 267 269 295
Stendhal (Henri Beyle) 284
Stöber, Adolph 289
Stöber, August 23 170 f. 186 289
Stöber, Daniel Ehrenfried 171 289
Strudthoff, Ingeborg 181

Tacitus, Cornelius 147
Thiers, Adolphe 91
Thil, du s. Du Bos du Thil
Thorn-Prikker, Jan 327

Tieck, Ludwig 57 180 287
Tucholsky, Kurt 182

Ueding, Cornelie 310

Varnhagen von Ense, Karl August 220
320
Veit, Moritz 320
Vernet, Horace 145—147
Viëtor, Karl 308 312 315 325

Wagner, Heinrich Leopold 169 339
Wawrzyn, Lienhard 183
Weidig, Friedrich Ludwig 8 15 24—26
33 f. 36 40 f. 59 61—63 64 f. 69 72 90
99 136 290 291 292 293 294 308 310
Weitling, Wilhelm 75 129
Weller, Franz 294
Wernekinck 290
Werner, Hans-Georg 322 338
Wienbarg, Ludolf 130 139 295 320
Wiener, Hermann 63
Wiese, Benno von 312 336
Winckelmann, Johann Joachim 151
233
Witkowski, Georg 242
Wittkowski, Wolfgang 338
Wolf, Christa 164
Woyzeck, Johann Christian 250—252
281

Zeuner, Karl 28 36 293 308
Zimmermann, Friedrich 11 288
Zimmermann, Georg 236 288
Zimmermann, Johann Georg 12
Zimmermann, Wilhelm 320
Zweig, Arnold 166 246

Inhalt

Jahrgang 1813. Zwischen zwei Revolutionen 5

Vom „Hessischen Landboten" zu „Dantons Tod" 27
    Aktion und Drama. Autor und handelnde Person . . . 27
    Bürgerliche Revolution und früher kommunistischer Horizont 58
    „Dantons Tod". Drama der bürgerlichen Revolution . . 90

Schriftstellerberuf und Strategien revolutionärer Literatur
1835 119
    Karl Gutzkow 119
    Heinrich Heine 137

Der Präzedenzfall „Lenz" 164

„Leonce und Lena". Komödie des Status quo 179

„Woyzeck" 234
    Überlieferung und Textproblematik 234
    Werksubstanz und Werkstruktur 245
    Ästhetik des Dramas im Umbruch 268

Zeittafel 287
Bibliographische Hinweise 297
Anmerkungen 305
Personenregister 342